La marque du titre

Approaches to Semiotics

60

MOUTON PUBLISHERS · THE HAGUE · PARIS · NEW YORK

La marque du titre

Dispositifs sémiotiques d'une
pratique textuelle

Leo H. Hoek

MOUTON ÉDITEUR   LA HAYE · PARIS · NEW YORK

Ce travail a bénéficié de l'assistance financière de l'Organisation Néerlandaise pour le développement de la Recherche Scientifique (Z.W.O.). Qu'elle en soit ici remerciée.

ISBN: 90 - 279 - 3319 - 7 (Mouton, La Haye)
2 - 7193 - 0892 - 7 (Mouton, Paris)
© 1981, Mouton Publishers, The Hague, The Netherlands
Printed in the Netherlands

Je préfère, devant l'agression, rétorquer que des contemporains ne savent pas lire —

Sinon dans le journal; il dispense, certes, l'avantage de n'interrompre le choeur de pré-occupations.

Lire —

Cette pratique —

Appuyer, selon la page, au blanc, qui l'inaugure son ingénuité, à soi, oublieuse même du titre qui parlerait trop haut: et, quand s'aligna, dans une brisure, la moindre, disséminée, le hasard vaincu mot par mot, indéfectiblement le blanc revient, tout à l'heure gratuit, certain maintenant, pour conclure que rien au-delà et authentiquer le silence —

(Mallarmé, *Le mystère dans les lettres*)

Table des matières

x

Avant-propos

Les signes imprimés qui marquent sur la page de titre l'ouverture du texte qu'ils intitulent, forment le **discours intitulant**. Chaque texte porte ainsi une marque indélébile: le titre est la marque du texte et "par lui le texte subit une parfaite oblitération" (Ricardou, 1978, *145*). Le discours intitulant, lui, porte à son tour certaines marques, dont l'ensemble constitue le **modèle général du titre**. Au point d'intersection de la théorie littéraire, de la linguistique et de la sémiotique, *La marque du titre* voudrait être une description sémiotique tant des marques laissées par le titre sur le texte que des marques distinctives, propres au titre: le titre marque et est marqué, en même temps.

La description vise la production d'un modèle qui comprendra les **universaux du titre**; il ne s'agit pas de l'analyse d'un corpus de titres. L'analyse sémiotique des titres de périodes éloignées et de genres différents ne peut ni ne veut décrire leur spécificité historique. Le modèle général, élaboré à partir de la spécificité formelle du titre et mis à l'épreuve par des descriptions de titres fort différents, est universel par rapport à l'ensemble des titres observés; le modèle général n'est pas universellement valable: la valeur du modèle que nous proposons est limitée temporellement et spatialement à la culture française depuis la fin du Moyen Age. Les universaux sont des catégories sémiotiques qui permettent la description du discours intitulant (cf. Grivel 1978). La description de la **spécificité historique** doit être basée sur la confrontation du modèle général avec un corpus de titres homogène et soigneusement circonscrit. Par rapport au modèle général le titre individuel est toujours quelque peu déviant par suite de cette spécificité; le titre individuel ne peut pas être obtenu mécaniquement par analogie avec le modèle général.

Un chapitre préliminaire expose l'**état présent** des études du titre; les problèmes que pose le titre sont esquissés et des arguments sont apportés pour défendre la légitimité de l'objet d'étude. Notre descrip-

tion sémiotique du titre appelle dans le premier chapitre un éclaircisse-
ment de la trajectoire **théorique** et **méthodologique** suivie dans les
chapitres suivants; l'appareil descriptif sémiotique est mis en place. Le
deuxième chapitre entend présenter une **description syntaxique** du
titre; la nature semi-grammaticale du titre, son style elliptique et sa
forme nominale sont examinés; les divers types d'écarts de la norme
sont décrits. Le troisième chapitre est consacré à l'analyse des **structures sémantiques et rhétoriques** d'un ensemble de titres romanesques
romantiques français. Le quatrième chapitre traite des **relations "sigmatiques"** entre le titre et le texte qu'il désigne, et de celles entre le
titre d'un texte et d'autres titres ou textes; il présente une analyse
approfondie du titre en tant que nom propre d'un texte. Le dernier
chapitre est consacré à l'**étude pragmatique** de l'énoncé intitulant
comme acte de parole performatif; les structures du contexte communicatif du titre, ainsi que ses fonctions et ses effets idéologiques
sont pris en considération. Quant à la description sémiotique du **titre
secondaire**, elle se trouve répartie sur les différents chapitres d'après
l'aspect traité. Nous avons laissé hors de considération les **titres de
chapitre**, dont les structures sont parfois analogues à celles du grand
titre mais dont les fonctions sont différentes.

Le titre, qui forme l'objet de notre description sémiotique, est au
fond un objet artificiel: tel qu'il est décrit, le titre constitue le produit
de la transcription par un bibliographe, qui procède volontiers à une
grammaticalisation factice; le titre trop long est raccourci; la typographie, la mise en page et la ponctuation du titre ne sont souvent pas
respectées; tout cela pour conformer l'exemplaire à la série, l'individu
au modèle. Ainsi la *Bibliographie de la France* (1833) ajoute au titre
balzacien son épigraphe: "4802. LE MÉDECIN DE CAMPAGNE. Aux
coeurs blessés, l'ombre et le silence (de Balzac). Deux volumes in-8°
etc." En fait, le titre ne se présente pas isolément; il fait partie d'un
bloc typographique, **la page de titre**. Aussi, faudra-t-il compléter la
description sémiotique du titre par une analyse **bibliographique**, faite
dans une perspective sémiotique, pour rendre compte des structures
matérielles de la page de titre avec sa typographie et sa mise en page.
La matière bibliographique est fondamentale pour la description sémiotique du titre: syntaxe, sémantique, typographie et mise en page y
sont en fait inséparables. De ce point de vue la portée de notre travail
est donc limitée; la distinction entre aspects sémiotiques et aspects
bibliographiques est opératoire et provisoire (cf. Hoek *en préparation*).

L'**objectivité** que nous poursuivons dans cette étude doit être définie "par la tentative pour rendre explicite le système de valeurs sous-jacent au propre travail théorique" (Zima, 1978, *98*; cf. Barthes, 1966a, *20, 62*). Une telle explicitation relève de l'ordre **poétique** et **politique** à la fois: nous croyons que les textes sont conditionnés par des forces historiques, sociales et économiques; nous sommes convaincu que le contenu idéologique d'un texte et la conception du monde qu'il exprime sont fondamentaux dans l'interprétation et l'évaluation; nous nous méfions de toute doctrine poétique qui se base exclusivement sur des éléments irrationnels, extra-textuels ou purement formalistes pour expliquer le texte; la procédure d'analyse du texte ne peut être que dialectique, étant donné que la relation entre la base économique et la superstructure politique et idéologique est, elle aussi, dialectique plutôt que normative (cf. Steiner, 1967, *310*).

Il ne paraît guère possible de surestimer l'importance du langage des titres dans la vie sociale (enseignement, librairies, bibliothèques, journaux, vie scientifique, etc.): "ces indications ont un rôle immense dans la vie, et exercent une influence sensible sur le développement de la langue" (Brunot, 1922, *7*). L'analyse du rôle ambigu que joue le titre par rapport au texte qu'il désigne et vis-à-vis de ses usagers, contribue à une meilleure compréhension du fonctionnement réel des textes dans une société.

Pour rehausser la lisibilité, l'emploi de notes de bas de page a été évité; elles sont remplacées par des notes dans le corps du texte, intitulées REMARQUE, PARALLÈLE, DÉMONSTRATION, DIGRESSION, EXEMPLE, PRÉCISION, etc., qui ont l'avantage de marquer la place qu'occupent ces considérations au sein du raisonnement. Les exemples de titres reproduits dans le texte sans indication d'auteur ni de date désignent des récits et sont extraits de la *Bibliographie de la France* du 1er janvier 1830 au 31 décembre 1835 (cf. Hoek 1973); dans les autres cas, seul le nom de l'auteur a été ajouté. Lorsque la mention du titre secondaire n'est pas indispensable à l'exemple, nous nous limitons à la citation du titre principal. Les titres fictifs sont précédés d'un astérisque; les titres agrammaticaux sont précédés de deux astérisques.

Amsterdam, été 1980

Problématique du titre

> Il est même inévitable de commencer
> par où l'oeuvre commence: par le point
> de départ qu'elle se donne, son projet,
> ou encore ses intentions, lisibles sur tout
> son long comme un programme. C'est
> aussi ce qu'on appelle son *titre*.
>
> (Pierre Macherey, *Pour une théorie de la
> production littéraire*)

0.1 LA LÉGITIMITÉ DE L'OBJET D'ÉTUDE: LE TITRE

La société bourgeoise occidentale est impensable sans les moyens de
communication modernes, dont le plus important, le plus ancien et le
plus généralement répandu est sans doute le **texte** (cf. Derrida 1967).
Production, diffusion et réception de textes forment autant de conditions nécessaires au fonctionnement de cette société. Le texte doit
cette place de choix d'abord au faut qu'il est un moyen de **communication de masse** et ensuite au fait qu'il est **quasi-anonyme**. Souvent, le
lecteur-récepteur ignore tout de l'instance émettrice du texte, jusqu'à
son nom; c'est le cas de certains textes publicitaires, comme les affiches et les slogans. L'étude de la production, de la réception et de la
structuration du texte est particulièrement importante pour acquérir
une connaissance approfondie du **fonctionnement** d'un texte dans une
société donnée.

Une fois accepté le texte comme objet d'étude, le problème se pose
de savoir "par où commencer?" (cf. Barthes, 1970a, *3*). Nous croyons
qu'il faut commencer l'étude du texte par celle de son titre: le titre a
la primauté sur tous les autres éléments composant le texte. Nous

parlons ici de primauté dans un double sens: le titre est non seulement cet élément du texte qu'on perçoit le premier dans un livre mais aussi un élément autoritaire, programmant la lecture. Cette suprématie de fait influence toute interprétation possible du texte.

Notre affirmation cache deux présuppositions importantes, dont la première est que **tout texte porte un titre**. Ici une restriction s'impose: disons plutôt que tout texte est susceptible de porter un titre. Car, si le texte peut porter un nom, une étiquette, un titre, pour être désignable et identifiable, il existe aussi des textes qui peuvent se dispenser de porter un titre dans le sens strict du mot (tracts, par exemple); ceux-ci sont traditionnellement désignés par leurs premiers mots, l'incipit, ou par leur contenu global. Il n'est donc pas vrai que le texte, démuni de titre, tombe dans un chaos sémiotique où les choses n'ont pas de noms, faute de signifiants (cf. Levin, 1977, *xxiii*). L'identification d'un texte non intitulé doit être prise en charge par la situation de communication où le texte est inséré et qui place ce texte dans un contexte verbal ou situationnel plus ou moins précis; ainsi, dans le cas d'un tract politique non signé, distribué pendant une manifestation politique, le contexte suffit à déterminer cette situation de communication et particulièrement le parti ou le groupe émetteur, le public visé, les motifs cachés, les effets espérés, etc. (cf. § 5.2.4 c).

La deuxième présupposition implique que **le titre est autonome par rapport au texte** (cf. § 4.2), implication qui ne paraît pas évidente. Parfois on ne considère pas le titre comme une partie intégrante de son texte (par exemple Gray, 1975, *179* et Kellman, 1975, *153*: "titles are rarely *in* works of art (...) titles are extrinsic, perhaps even aesthetically irrelevant") et souvent il n'est même pas pris en considération dans l'analyse de texte, en vertu d'axiomes qui restent le plus souvent implicites. Quelquefois, le titre est considéré comme partie intégrante du texte (cf. Levenston, 1978, *66, 79*). L'incertitude du statut à accorder au titre est générale: il paraît à la fois faire et ne pas faire partie du texte (cf. Bronzwaer, 1978, *18* note 15, Mouillaud, 1973, *157* ou Scherner, 1976, *300*). Le titre, qui figure sur une page à part, est en effet étranger au texte par sa typographie, ses structures syntaxiques et sémantiques et par son fonctionnement. Mais il faut reconnaître aussi que le titre forme une unité étroite avec le texte: il n'est pas choisi arbitrairement; il est choisi en fonction de la lecture du texte qu'il annonce. Aussi adopterons-nous l'hypothèse selon laquelle **le titre est un élément autonome quoique non indépendant** (cf. § 4.2).

Plusieurs arguments doivent convaincre le chercheur de l'intérêt

qu'il a à commencer l'étude d'un texte par celle de son début, le titre.
D'abord, on constate que **le titre ouvre le texte** et en constitue le point
de départ naturel. **Le titre se trouve dans un rapport paradigmatique
avec le texte**, dont il constitue un résumé, au moins, partiel: primant
l'ensemble du texte, le titre demande à être rapproché de chaque
phrase, de l'initiale à la finale. C'est dans le titre que se manifeste déjà
le sens du texte (cf. Rey-Debove, 1979, *699*), non seulement dans le
cas des titres de récits mais aussi dans celui des titres de presse:
"L'étude des titres ... est un des exercices les plus instructifs de l'analyse de presse" (Agnès et Croissandeau, 1979, *47*). Ensuite, le titre
constitue cette partie du texte par laquelle celui-ci **s'affiche** et s'offre
ouvertement à la lecture, généralement dès la couverture ou dès le dos
du volume. Si le titre est bien choisi, il contribue considérablement au
succès commercial du texte: "Un beau titre est le vray proxenete d'un
livre, et ce qui en fait faire le plus prompt débit" (Furetière, cité dans
Hélin, 1956, *139*; cf. Escarpit, 1964, *67* note 2, Galliot, 1955, *349* et
Grivel, 1973a, *170*). Puis, en tant qu'enseigne du texte, le titre mène
une vie plus ou moins indépendante du texte. La **diffusion** du titre,
beaucoup plus large que celle du texte, est particulièrement stimulée
par l'enseignement traditionnel de l'histoire de la littérature et par le
système de scolarisation en général; le titre est sans doute la partie la
plus citée d'un texte: "Interroger un roman à partir de son titre est du
reste l'atteindre dans l'une de ses dimensions sociales, puisque le titre
résulte de la rencontre de deux langages, de la conjonction d'un énoncé romanesque et d'un énoncé publicitaire" (Duchet, 1976, *143*).
Nous supposons que c'est au niveau du titre qu'on peut repérer le
discours (ou la parole) social(e) (cf. Dubois 1973, Duchet 1976, Kristeva 1970), où se croisent un langage romanesque (ou fictionnel), un
langage publicitaire et un langage idéologique, propres à une époque
déterminée. Finalement, le titre est l'élément le plus important de la
page de titre, qui doit être considérée comme l' "état civil" d'un texte:
cette page de titre peut en marquer le "nom" (le titre), la "profession"
(la fonction du titre qui prélude au contenu du texte), le "domicile"
(la marque de l'éditeur), la "date de naissance" (l'année de publication) et l' "autorité émettrice" (le nom d'auteur).

0.2 LA MÉCONNAISSANCE DES PROBLÈMES DU TITRE

Le texte se trouve au centre d'intérêt de nombreuses disciplines: linguistique, théorie littéraire (disposition rhétorique, structures narra-

tives, typologie, etc.), sociologie (production, réception, conditionnement psychosocial et idéologique), psychologie (psychanalyse, psychocritique), philologie, bibliologie, etc. Malgré l'importance du titre et l'envergure qu'a prise l'étude du texte, la grande majorité des études consacrées au texte ignore toujours jusqu'à l'existence du titre, ou, de toute façon, sousestime son importance et néglige ses problèmes: "Es gibt kaum ein grösseres Missverhältnis auf literarischem Gebiet als das zwischen der aufdringlichen Anziehungskraft des literarischen Titels im öffentlichen Leben und seiner Geringschätzung durch Literaturwissenschaft" (Kuhnen, 1953, *3*). A quelques exceptions près (les travaux de Duchet, de Furet et Fontana, de Grivel et ceux du groupe Mu) la **critique littéraire** ignore le problème: ni Bantel 1972, ni Best 1972, ni Ducrot et Todorov 1972, ni Wellek et Warren 1966 ne mentionnent le titre. Si toute **histoire de la littérature** fourmille de titres, ils n'y figurent pas autrement que comme des étiquettes. La **monographie littéraire** consacre parfois un ou deux alinéas à la discussion d'un titre particulier, qui est toujours révélateur ou significatif, parfois étrange, énigmatique et secret. La monographie ne dépasse pas le cadre du texte à discuter et ne pose pas le problème au niveau théorique; rarement le chercheur présente une analyse sémique ou idéologique: Dubois (1973, *9, 57-58, 106-107*) et Hemmings 1970 forment d'heureuses exceptions. La monographie se borne généralement à présenter une interprétation du titre: Mouillaud (1973, *156-165*) rappelle les explications les plus courantes du titre *Le rouge et le noir* (Stendhal); maints articles sont consacrés à l'étude de tel ou tel titre particulier; cherchant leur inspiration dans la philologie, l'histoire des idées ou la critique thématique, ils visent toujours à éclaircir l'emploi concret du titre en question et à en présenter une interprétation.

EXEMPLES 1:   Amossy et Rosen 1978 (Apollinaire, Desnos), Bailey 1977 (Sartre, *Le mur*), Blinkenberg 1950 (Montaigne, *Essais*), Boase 1968 (Montaigne, *Essais*), Casadei 1980 (Tozzi), Cloonan 1973-1974 (Racine), Conner 1963 (Balzac), Desné 1974 (Jean Meslier, *Testament / Mémoire*), Diorio 1972 (Stendhal, *Le rouge et le noir*), Fabre 1975 (Huysmans), Geerts 1976b (Gide, *L'immoraliste*), Griffin 1967 (Montaigne, *Des coches*), Hemmings 1970 (Flaubert, *Madame Bovary*), Imbert 1971 (Stendhal, *Le rouge et le noir*), Kamerbeek 1970 (Malraux, *La condition humaine*), Mitterand 1979 (Guy des Cars), Richard 1979b (Perse, *Anabase*), Vivier 1973 (Verlaine, *Sagesse*), Wentzlaff-Eggebert 1972 (La Rochefoucauld, *Réflexions ou sentences et maximes morales*).

La **critique philologique** se hâte de comparer les variantes du titre envisagées par l'auteur.

EXEMPLES 2: Henri Guillemin (1968, *16*): "Zola s'était proposé à lui-même plusieurs titres pour son roman: *"La Lézarde"*, *"La Maison qui craque"*, *"L'orage qui monte"*, ou encore: *"L'avenir qui souffle"*, *"Le Sang qui germe"* ... Qui *"germe"*? Il a trouvé *Germinal.* Comme il l'écrira à van Santen Kolff, ce titre-là, *"c'est un coup de soleil qui éclaire toute l'oeuvre".* Ou encore Jouanny (1972, *42*) citant Zola: "Quant au titre, *La Bête humaine,* il m'a donné beaucoup de mal, je l'ai cherché longtemps. Je voulais exprimer cette idée: l'homme des cavernes resté dans l'homme de notre XIXe siècle, ce qu'il y a en nous de l'ancêtre lointain. D'abord j'avais choisi: *Retour atavique.* Mais cela était trop abstrait et ne m'allait guère. J'ai préféré *La Bête humaine,* un peu plus obscur mais plus large; et le titre s'imposera, lorsqu'on aura lu le livre".

La **linguistique** traditionnelle s'occupe surtout du langage parlé et déclare explicitement à propos du titre: "Such phenomena occur in written language only and thus fall outside language proper" (Jespersen, *Philosophy of grammar,* 1924, cité par Straumann, 1935, *37* note 2). La linguistique transformationnelle ne dépasse pas le niveau de la phrase et se borne à rendre compte des phrases grammaticales. La linguistique du discours s'essaie surtout à décrire les rapports de cohérence entre les différentes phrases d'un texte, se limitant à formuler des hypothèses spéculatives, auxquelles n'obéissent pas les rapports entre le titre et l'ensemble du texte. Citons deux exceptions: parmi les études structuralistes sur la grammaire discursive, il faut souligner l'intérêt pour le titre que Harweg manifeste dans ses travaux; dans le domaine de la grammaire discursive transformationnelle il faut mentionner Rieser 1971.

On voit que généralement parlant, ni la critique littéraire, ni la linguistique n'ont sérieusement posé les problèmes du titre. C'est pourquoi nous allons essayer de formuler quelques problèmes que pose le titre, afin de justifier l'objet de recherche et d'en circonscrire les limites.

Le premier problème qui se pose est celui de la **définition du titre**. Le mot titre s'emploie dans divers sens. Etymologiquement, il vient du latin "titulus", qui veut dire "inscription", "marque"; il désigne l'étiquette "appendue à l'extrémité du bâton (umbiculus) sur lequel s'enroulait la bande de papyrus qui constituait le volumen, elle dispensait de dérouler celui-ci pour connaître l'auteur de l'oeuvre ou la matière de l'ouvrage" (Hélin, 1956, *140*; cf. aussi Volkmann, 1967, *1155*). Les dictionnaires nous donnent les deux sens modernes du terme:

"Désignation du sujet traité (dans un livre): un nom donné (à une oeuvre littéraire) par son auteur, et qui évoque plus ou moins clairement son contenu" (Robert, 1970, *1788*);

"Inscription en tête d'un livre, indiquant la matière qui y est traitée, et ordinairement le nom de l'auteur qui l'a composé" (Littré, 1970, *1012*).

La première définition couvre le sens étroit du mot titre et l'autre désigne plutôt la page de titre (cf. Hiller, 1958, *277* et Hélin, 1956, *140* note 2). Ni l'une ni l'autre de ces deux définitions ne couvrent parfaitement l'objet de recherche: le titre n'évoque pas toujours et nécessairement le contenu de son texte, ce dont le bibliographe ne cesse de se plaindre (cf. Meisner 1904); de plus, le titre peut désigner le genre ou la forme du texte au lieu de son contenu: *Journal, Mémoires, Drame, Chroniques*, etc. et il peut aussi s'inscrire en faux contre un genre: anti-roman, antipièce, etc.; enfin, le texte ne porte pas nécessairement un titre qui lui est donné par son auteur: le texte, médiéval surtout, peut être anonyme; l'auteur, de Molière à Sollers, peut se cacher derrière un pseudonyme; et souvent c'est l'éditeur qui donne un titre à l'ouvrage.

EXEMPLES 3: L'auteur avant-gardiste se fait un devoir de choisir un titre qui est réfuté par le texte: *L'automne à Pékin* (Vian), *La cantatrice chauve* (Ionesco); *Poésies* de Lautréamont ne correspond guère à l'image traditionnelle de la poésie; *Récits complets* (Denis Roche), *Les lignes de la prose* (Pleynet) et *Prose pour des Esseintes* (Mallarmé) désignent des recueils de poésie (cf. Pleynet, 1968, *101-102*); *L'histoire de la peinture en trois volumes* (Bénézet) est un recueil de poésie de 116 pages en tout. Les anti-textes portent depuis toujours des titres comme *Anti-Huguenot* (Reboul), *Anti-Mariana* (Roussel), *L'anti-roman* (Sorel), *Antimachiavel* (Frédéric II et Voltaire), *Anti-Romantique* (Saint-Chaman), *Antimémoires* (Malraux), *Anti-manuel de français* (Duneton et Pagliano). Denis Roche donne comme titre à une série de poèmes la date et le temps de composition (cf. Pleynet, 1968, *103*), ce qu'avait fait aussi le groupe naturaliste en publiant *Les soirées de Médan*. Un texte de Derrida qui traite entre autres de l'imposture des titres et qui, pour cette raison, ne portait pas de titre est appelé par la rédaction de la revue Tel Quel, où ce texte parut, *La double séance*, parce qu'il donna lieu à deux séances du Groupe d'Etudes théoriques de Tel Quel (cf. Derrida, 1970, *3* note 1). *L'heptaméron* de Marguerite de Navarre doit son titre à Claude Gruget, qui publia ce texte (cf. François, 1964, *ix*; cf. sur les relations auteur-éditeur Sabatier 1971; sur l'édition en général cf. Schuwer 1977 et Cain e.a. éds. 1972).

Posons pour le moment que le titre est cette partie de la marque inaugurale du texte qui en assure la désignation et qui peut s'étendre sur la page de titre, la couverture et le dos du volume intitulé.

Un texte, disons, traditionnel ne peut pas commencer de n'importe quelle manière; il faut donc savoir quelles sont **les conditions qu'un texte impose à son début**, quelles sont **les fonctions que peut remplir son titre** et quels sont **les rapports qu'il entretient avec le texte qu'il désigne**. Le statut et la forme linguistiques du titre présentent également des problèmes: une description linguistique (syntaxique et sémantique) s'impose. Puis, afin d'expliquer la circulation des titres dans une société et donc afin de préciser leur fonctionnement dans la communication, il faut analyser les conditions contextuelles pragmatiques de l'acceptabilité d'un titre. Voilà quelques problèmes, parmi d'autres, qui justifient pleinement, il nous semble, l'objet de recherche.

0.3 ÉTAT PRÉSENT DE LA "TITROLOGIE"

Si le titre est un élément négligé du texte, il n'est pas moins vrai qu'il a attiré de temps à autre l'attention des savants. Nous procédons donc à une inventarisation des types de recherches menées jusqu'ici.

REMARQUE ET RENVOIS: Nous laissons ici hors de considération les **problèmes documentaires** que pose le titre (cf. Escarpit 1976); le titre peut être analysé comme indicateur bibliographique (cf. Feinberg 1973), c'est-à-dire comme moyen pour renvoyer de façon précise, économique et élégante à un texte.

Nous ne parlons pas non plus ici des problèmes bibliographiques, bibliologiques et typographiques que pose le titre; sur la **typographie du titre** cf. avant tout de Vinne 1904 et aussi Bammes 1911, Bauer 1905, Berry et Johnson 1953, *Buch und Schrift* 1929, Bücher 1912, Johnson 1966, McKerrow 1972 (*88-96*), Schottenloher 1927, *id.* 1928, *id.* 1939, Sondheim 1927. Sur l'**esthétique du titre** cf. Alberti éd. 1965, Barbier 1973, Gray 1938, Johnson 1928, Lewis 1967, Nesbitt 1964, Pollard 1891. Sur la **description bibliographique** de la page de titre cf. Gaskell 1974 (**322-335**), McKerrow 1972 (*127-154*) ou *Regels voor de titelbeschrijving* 1971; pour les **instructions typographiques** servant à la composition de la page de titre cf. Théotiste Lefevre, *Guide pratique du compositeur* (cité et discuté dans de Vinne, 1904, *403-416*), puis C.F. Gessner, *Handbuch der Buchdruckerskunst* (Leipzig, 1743) (cité dans Bammes, 1911, *40-42*) et *Code typographique* (Syndicat National des Cadres et Maîtrises du Livre, de la Presse et des Industries Graphiques, Paris). On trouve des collections de **fac-similés** de pages de titre dans Alberti éd. 1965, Audin 1924, *id.* 1929, Bammes 1911, Barbier 1973, Bauer 1905, Claudin 1900, Gray 1938, Johnson 1928, Kapr 1963, Le Petit 1969, Lewis 1967, Lewis et Brinkley 1954, Morison 1925a, *id.* 1925b, Sondheim 1927, Steinberg 1974 et dans *The art of the printed book* 1973. Nous préparons la publication d'une analyse bibliologique (bibliographique, typographique) et sémiotique de la page de titre, qui constitue le complément de cette monographie (Hoek *en préparation*).

0.3.1 *La préhistoire de la "titrologie"*

Avant la fin du XIXe siècle les rares indications sur l'art de l'intitulation sont surtout d'ordre prescriptif. Elles figurent par exemple dans les "artes poeticae" du Moyen Age, où l'auteur formule des conditions normatives auxquelles devrait répondre un titre approprié. Au IVe siècle Donatus, ainsi que Servius, recommandent de traiter le titre de l'ouvrage parmi d'autres sujets avant d'entamer son interprétation. Des remarques identiques sur la nécessité de l'étude du titre se trouvent chez Boethius et Konrad von Hirsau. Plus tard on demande aux auteurs de pourvoir eux-mêmes leurs oeuvres d'une introduction où ils traitent ces sujets; on en trouve la preuve dans l'introduction au *Paraclitus*, un poème didactique théologique du XIe siècle par Warnerius von Basel (cf. Curtius, 1948, *226*). Un des premiers à attirer l'attention sur le titre est J.C. Scaliger dans son *Poetices libri septem* (Lib. III, Cap. 123) de 1561, qui présente une explication historique, fort obscure d'ailleurs, de l'habitude d'intitulation, et qui en décrit le but; il distingue l' "argumentum" du "titulus"; l' "argumentum" annonce le contenu du livre et contient au moins cinq éléments: "persona", "res", "actio", "locus", "tempus"; le "titulus" est l'inscription qui désigne le livre même (cf. Volkmann, 1967, *1147, 1165*). En 1668 l'allemand Georg Trinkhus (ou Trinckaus) aurait publié à Iéna (cf. Volkmann, 1967, *1148*) ou à Gera (cf. Bücher, 1912, *8*) le premier livre consacré en entier au titre; cette *Dissertatiuncula de ineptis librorum titulis*, qui n'a jamais été retrouvée, doit contenir surtout des listes de titres curieux et peu appropriés aux textes qu'ils désignent. Un des premiers Français à s'occuper, sommairement il est vrai, de l'intitulation est le père Le Bossu dans son *Traité du poëme épique* (1675). Il discute la provenance des titres des poèmes épiques et constate que c'est dans les Fables normalement l'ensemble des noms des héros et dans l'épopée le seul nom du héros principal qui figure comme titre (Le Bossu, 1714, *213*). L'exemple d'Homère lui permet pourtant de déclarer que l'auteur peut trouver ailleurs aussi la matière pour son titre: l'*Iliade* au lieu de l'* *Achilléide* et aussi la *Thébaïde* et la *Pharsale*. L'épopée est à distinguer de la tragédie: "Dans les Tragédies, où l'on met pour Tître le nom d'un Personnage, le Poëte y ajoûte quelque chose, lorsqu'il fait plusieurs pièces sous le nom du même Héros" (*ibid.*, *214*): *Hercules Furens, Hercules Oetaeus* (Sénèque); le titre de l'épopée ne désigne pas l'action car: "Il est arrivé plusieurs choses considérables à Médée, à Ulysse, à Enée, à Troye" (*ibid.*, *215*). Dix ans plus tard Adrien Baillet publie ses *Jugemens des Savans sur les principaux ouvrages des auteurs* (1685-1686), qui contient un chapitre *Préjugés du Titre des Livres* où l'auteur demande que le titre du livre soit approprié au contenu; le titre doit être aussi juste, clair et naturel que possible:

"Le Titre d'un Livre doit être son abrégé, et il en doit renfermer tout l'esprit autant qu'il est possible. Il doit être le centre de toutes les paroles & de toutes les pensées du Livre, de telle sorte qu'on n'y en puisse pas même trouver une qui n'ait de la correspondance & du raport. (...) Le Titre d'un Livre est souvent la marque du jugement de son Auteur, & rien n'est plus ordinaire que de voir condamner ou approuver un Livre sur un simple Préjugé où son Titre nous aura mis d'abord. C'est pourquoi il est de la dernière importance pour la fortune d'un Livre & pour la réputation de son Auteur que son Titre soit juste, simple, naturel, modeste, en termes propres, sans figure, sans affectation, sans obscurité, sans équivoque, sans finesse, sans raffinement, sans fourbe, sans hablerie, sans fanfare, sans rodomontade, sans enflure, sans impertinence, sans expression ridicule, sans superfluité & sans aucun air qui soit rude & choquant" (Baillet, 1725, *489, 491*).

De tels critères lui permettent de remplir cinquante pages, où il cite des titres qui n'y répondent pas, et de conclure: "En effet un Titre juste auquel un Ouvrage corresponde parfaitement est quelque chose d'assés rare dans le Monde" (*ibid., 492*).

NOTE: La majeure partie des considérations consacrées au titre avant le XXe siècle s'emploie à citer des titres mal appropriés au texte et à insister auprès des écrivains pour qu'ils choisissent un titre qui annonce correctement le contenu du texte: Joh. Gottl. Bidermann, recteur à Fribourg, écrivit *De insolentia titulorum libraiorum Numburgi* (1743); Christian Jac. Wagenseil publia *Von wundersamen Büchertiteln* in: *Literarische Almanach* (1827) (cf. Volkmann, 1967, *1148*), cf. aussi Georg Harrys, *Das Buch mit vier Titeln, um den Titulomanie Genüge zu leisten*, Hannover, 1826.

Le premier livre qui traite le titre comme problème littéraire est probablement *Critik der Titel, oder wie soll mann die Büchertitel einrichten? Ein Versuch zum Vortheil der Litteratur*, paru à Halle en 1804; l'auteur anonyme y expose les origines de l'intitulation dans l'Antiquité et cherche à distinguer le titre d'un texte littéraire du titre d'un texte scientifique et prend les normes de l'intitulation pour la première fois dans le langage du titre. A la fin du XIXe siècle on peut constater un intérêt croissant pour le titre, surtout dans le domaine bibliologique allemand (cf. Schmidt 1927 et les revues *Zeitschrift für Bücherfreunde* et *Börsenblatt für den deutschen Buchhandel*). Les considérations sur le titre sont de deux sortes: prescriptives et descriptives.

0.3.2 *Les études prescriptives*

Jusqu'au XIXe siècle les normes traditionnelles d'après lesquelles on juge un titre sont généralement acceptées par tous les usagers: auteurs, lecteurs, bibliothécaires, libraires, éditeurs, etc. Les prescriptions sont surtout les suivantes:

— **le titre doit se conformer au texte qu'il désigne**: le titre doit être approprié au contenu du texte (cf. Kleemeier, 1909, *3450*); on stigmatise l'emploi de titres fallacieux; on interdit d'attribuer à un texte existant un nouveau titre et d'employer un titre existant pour intituler un nouveau texte (cf. § 5.2.5.2); le titre doit renseigner immédiatement le lecteur (cf. Bettmann, 1929, *188*; Kothe, 1905, *8998*); et surtout le bibliothécaire, ce protecteur de l'intitulation correcte, se plaint des difficultés que poserait un titre mal choisi et mal écrit (cf. Frankfurter, 1905, *230*); et même lorsque Bücher (1912, *13*) affirme que le titre ne rend pas nécessairement la quintessence du livre et n'en est que le nom, il s'empresse d'ajouter que cela ne le dispense pas d'être linguistiquement et logiquement correct et de dire vrai (*ibid.*, *16*); et si le bibliologue se voit obligé de faire des concessions devant les titres abstraits des textes d'avant-garde, c'est toujours à contre-coeur (cf. Brandt 1951). Même de nos jours le rôle du titre n'a guère changé:

"Les titres anciens résumaient volontiers le contenu de l'ouvrage: leur longueur les rendait incommodes. Les titres modernes visent à combiner une fonction identificatoire et expressive: pratiques par leur brièveté, ils renseignent mal sur l'objet auquel ils réfèrent" (Laufer, 1972, *98*).

— **le titre doit être bref, frappant, donc original, intéressant, surprenant** (cf. Brandt 1951; Bücher, 1912, *14, 33*; Kleemeier, 1909, *3450*; Kothe, 1905, *8999*); rarement on se demande comment provoquer cet intérêt; d'ailleurs, la longueur relative du titre paraît moins importante que le souci d'offrir un titre qui provoque la curiosité du lecteur (cf. Mühlenweg, 1960, *3*):

"Un titre doit être matériellement bref. (...) D'un point de vue objectif, il doit être concentré — contenir beaucoup d'information sous une petite morphologie — mais incomplet — créer une demande de supplément d'information que le lecteur ira chercher dans le texte" (Loffler, 1972, *89*).

NOTE: Les auteurs eux-mêmes n'attachent pas toujours beaucoup d'importance à leurs titres; il faut mentionner ici les résultats d'une petite enquête, reproduits dans Moncelet (1972, *204-207*), qui posait aux auteurs la question suivante: "Quelle importance accordez-vous au titre d'une oeuvre?". La plupart répondaient consciencieusement qu'à leurs yeux elle était capitale, mais certains (par boutade?) étaient d'un autre avis:
— Jean Cayrol: "Aucune";

— Félicien Marceau: "En ce qui concerne les romans et les pièces, je ne crois pas que le titre ait une importance capitale";
— Francis Ponge: "Pas la plus grande importance";
— Claude Simon: "Importance: Secondaire".
Cf. aussi Jouhandeau (*La mort d'Elise*, Gallimard, 1978, *105*): "Le titre est un indicatif. Il doit donner le ton. De très bons écrivains ne choisissent pas les titres convenables. Il entre dans ce choix une part de chance et aussi d'intuition, parfois refusée". Pour Bergengrün (1960, *13*) "Das eigentliche Merkmal eines Titels ist weder seine Qualität noch das von ihm Ausgedrückte. Es ist sein Rhythmus und nichts anderes".

— **le titre doit être spécifique**; les titres ne doivent pas trop se ressembler; ils doivent être différenciés afin d'être facilement classifiables pour le bibliothécaire (cf. Bücher, 1912, *14*; Kleemeier, 1909, *3450*; Kothe, 1905, *8999*).

— **le titre doit être clair**: comme au XVIIe et au XVIIIe siècles on demande au titre d'être simple et naturel (cf. Schottenloher, 1939, *176*).

— **le titre doit attirer le lecteur**; souvent on attire l'attention sur la fonction publicitaire du titre; il doit être allègre et vif, racoler l'acheteur (cf. Bettmann, 1929, *188*; Brandt 1951; Kiessling, 1929, *9*).

Le philosophe résume toutes ces prescriptions:

"Daher soll der Titel bezeichnend und, da er wesentlich kurz ist, koncis, lakonisch, prägnant und wo möglich ein Monogramm des Inhalts seyn. Schlecht sind demnach die weitschweifigen, die nichtssagenden, die schielenden, zweideutigen, oder gar falschen und irreführenden Titel, welche letztere ihrem Buche das Schicksal der falsch überschriebenen Briefe bereiten können. Die schlechtesten aber sind die gestohlenen Titel, d.h. solche die schon ein andres Buch führt: denn sie sind erstlich ein Plagiat und zweitens der bündigste Beweis des allertotalsten Mangels an Originalität: denn wer deren nicht genug hat, seinem Buch einen neuen Titel zu ersinnen, wird noch viel weniger ihm einen neuen Inhalt zu geben fähig seyn" (Schopenhauer, 1913, *549*).

Ces prescriptions valent, de nos jours, pour les titres de presse: "Les qualités d'un bon titre: court, précis, nerveux, et surtout parfaitement adapté à l'article" (Agnès et Croissandeau, 1979, *47*).

0.3.3 *Les études descriptives*

A côté des considérations normatives nous rencontrons des descriptions, presque toujours d'ordre anecdotique et impressionniste, consacrées aux sujets suivants:

— **la mode du titre**; l'hypothèse générale est que le titre reflète plus ou moins fidèlement le goût du jour et d'une façon plus générale la vie spirituelle d'une époque (cf. Arnold, 1901-1902, *141*; Arnold, 1903-1904, *167*; Bader, 1902-1903, *68*; Bammes, 1911, *12*; Bauer, 1905, *1*; Fürst, 1900-1901, *1089*; von Komorzynski 1903-1904; Meisner 1904; Mühlenweg, 1960, *3*; Volkmann, 1967, *1149*; cf. aussi §§ 4.1 et 4.5.2.4). Le romancier lui aussi reconnaît cette influence de la mode dans le choix de ses titres (cf. Bergengrün, 1960, *11*). La même hypothèse est avancée à propos de l'emploi des noms propres figurant dans les titres (cf. Ostrop, 1918-1919, *219*); la page de titre est conçue en entier comme un reflet de la conception de l'art (d'imprimer) propre à une époque (cf. Bogeng, 1929, *90*; Sondheim, 1927, *10*). Cette hypothèse a gardé son crédit jusqu'à nos jours:

"Au niveau des titres, on trouvera les notions qui s'affichent. On peut supposer que les interdits y pèseront plus lourd; mais aussi qu'on y trouvera les notions les plus valorisées par la civilisation. (...) on trouvera dans les titres des notions privilégiées par rapport à l'ensemble de celles qui constituent l'outillage mental de la société mise en cause. J'émettrai donc l'hypothèse suivante: la fréquence d'un mot au niveau des titres est signe du rayonnement licite de la notion qu'il exprime" (Flandrin, 1965, *939*).

"It is interesting to note that when a novel title is conventionally abbreviated, the abbreviation often seems to reflect a judgment about what is the central point of the story. Thus Prévost's *Histoire du Chevalier des Grieux et de Manon Lescaut* has been shortened to *Manon Lescaut* and not *Le Chevalier des Grieux*; *Pamela or Virtue Rewarded* became *Pamela* while *Julie ou la nouvelle Héloïse* became *La Nouvelle Héloïse*" (Pratt, 1977, *61*).

La bibliologie moderne s'en tient toujours fermement à l'hypothèse avancée (cf. Steinberg, 1974, *150, 152*) et si l'histoire littéraire doute que le texte reflète fidèlement un mouvement littéraire, ses conclusions ne sont guère différentes:

"Und doch ist die Titelfassung, literarhistorisch betrachtet, ein wertvolles Zeugnis insbesondere für die Intentionen der Schriftsteller, für ihre Stellung zum Stoff und zur literarischen Tradition, für den von ihnen ins Auge gefassten Leserkreis, für dessen literarischen Geschmack und für den allgemeinen Wandel der Geschmacksrichtungen" (Volkmann, 1967, *1151*).

— **l'imposture du titre** est son défaut principal, dit-on. Le bibliothécaire-bibliographe, fasciné par le titre imposteur, en fait consciencieusement collection, et, châtiment de leur insolence, les publie dans un article (cf. von Gebhardt 1900, Hayn 1899-1900, Klenz 1923, Nestle 1905, Rumpf 1938; cf. aussi Hoek 1974); le bibliographe se plaint de ne pas pouvoir se fier même à une page de titre: "and if one may not accept the title-page at face, then where does credence leave off and madness begin?" (Blanck, 1966, *8*).

  – **la longueur du titre** (cf. § 0.3.2 et Moncelet, 1972, *86-89*; pour la longueur des titres de film cf. Dubois e.a., 1970b, *96*; pour celle des titres d'annonces cf. Haas, 1958, *216-217*). Meisner (1904, *39*) s'est amusé à trouver le titre le plus long (*Der wahrhafte Farbenkoch ohne Maske* ... Brünn, 1794, comptant 175 mots) et discute la longueur des titres du XVIe au XVIIIe siècle: sous l'influence des titres concis de Samuel Richardson (*Pamela, Clarissa Harlowe, Sir Charles Grandison*) les titres seraient devenus plus courts. Il avertit contre les titres trop courts comme *M.R.* (= *Meine Reisen*) ou trop obscurs comme *Das Buch ohne Titel* et contre les titres qui se restreignent à des signes de ponctuation. Si les premiers titres sont souvent assez longs, la tâche de rendre compte du contenu d'un livre est par la suite de plus en plus assumée par le titre secondaire et par le titre de chapitre, qui remplacent l' "argumentum" qui annonçait le contenu du livre (cf. § 0.3.1) et/ou la "proposition" (cf. Le Bossu, 1714, *215* sq) qui est cette première partie d'un texte où l'auteur propose ce qu'il va dire dans le corps de l'ouvrage. Au XVIIe et XVIIIe siècles, quand le titre secondaire lui est subordonné, le titre principal va de plus en plus prendre une fonction appellative. L'influence des titres de presse et celle des conceptions esthétiques du siècle des Lumières (cf. les titres de Richardson) font qu'au début du XIXe siècle le titre a pris la longueur que nous lui connaissons (cf. Volkmann, 1967, *1305*; Flandrin, 1965, *940*; Mouillaud, 1968, *79*). Au début du XXe siècle, le titre ne sera ni trop long ni trop concis (cf. Frankfurter, 1905, *239*); les titres continuent à se faire de plus en plus courts et sont souvent réduits à quelques lettres: *H* (Sollers), ϵ (Roubaud), *W* (Perec), *Z* (Costa-Gavras), *S/Z* (Barthes), et même avant notre époque *C.R.D.N.* (Gide), *M* (Lang); d'autre part, il existe depuis les années soixante des titres qui s'incrivent en faux contre cette évolution en s'allongeant plus que d'habitude. *Quel petit vélo à guidon chromé au fond de la cour?* (Perec), *Oh'pa, pauvre'pa, maman t'a pendu dans le placard et moi j'en ai le cafard* (Kopit), *Bonjour! Bérenger! Comment ça va ce matin? Pas mal? Tant mieux!* (Kopit), qui rappelle la tragi-comédie de François Billetdoux *Comment va le monde, Môssieu? – Il tourne, Môssieu*, et *La persécution et l'assassinat de Jean-Paul Marat, représentés par le* *groupe de théâtre de l'Hospice de Charenton sous la direction de M. de Sade* (Peter Weiss); s'agirait-il surtout de titres de théâtre?

— **la thématique du titre**: souvent la description (impressionniste) du titre se concentre sur ses thèmes; le titrologue ne s'intéresse alors qu'aux titres qui comportent des noms de fleurs (par exemple von Komorzynski 1903-1904), ou qui sont d'une époque ou d'une région déterminées; très souvent il esquisse une histoire impressionniste du titre en quelques pages (cf. Arnold 1903-1904, Bader 1902-1903, Eckert 1936, Samuel 1931, Schulze 1952, Traumann 1907).

Des travaux descriptifs sérieux ont été effectués surtout dans trois domaines: philologie, linguistique et sciences littéraires.

— la **philologie** a surtout étudié les titres grecs, hébreux et allemands; le travail des philologues se concentre surtout sur l'étymologie, les origines, les variantes et la description bibliographique des titres (cf. Arnold 1901-1902).

RENVOIS 1: Pour les titres grecs ou latins cf. Nachmanson 1941, Schmalzriedt 1970, Zilliacus 1938; pour les titres hébreux cf. Berliner 1904, *id.* 1905, Cassel 1890; pour le titre au Moyen Age cf. Lehmann 1948 et 1953, Richter 1937; le Moyen Age anglais est traité dans Schröder 1938a; le Moyen Age allemand dans Denecke 1939, Schröder 1937, *id.* 1938b; pour les titres des *Psaumes* en éthiopien cf. Schneider 1970.

— la **linguistique** s'est surtout occupée des titres de presse et des titres d'annonces, dont la description d'inspiration souvent structuraliste a fait l'objet de multiples recherches.

RENVOIS 2: cf. pour l'analyse syntaxique des **titres de presse** et des titres publicitaires: Beugel 1969, Elwert 1968, Harweg 1968a (*297-301*), Leech 1966, Maurer 1972, Richter 1937, Sandig 1971, Straumann 1935, Sutter 1955; cf. aussi Dubois e.a. 1970a, *86-90* (rhétorique), Friedel 1965 (description fonctionnelle), Kaminker 1976 (typologie des lectures), Loffler 1972, Loffler-Laurian 1975 (lexicologie), Mahin 1924 (évolution historique et intérêt du titre de presse), Michael 1949 (description fonctionnelle), Mouillaud 1968 (sociolinguistique), Robberecht 1975 (syntaxe du titre), Turner 1972 (syntaxe du titre), de Vroomen 1970 (typographie fonctionnelle).
Le journalisme a toujours attaché une grande importance au titre de presse; ainsi Haas (1958, *219*) nous rappelle que "dans les grands journaux d'information, les titres ne sont pas rédigés par les rédacteurs de la copie, mais par des spécialistes" (cf. aussi Agnès et Croissandeau, 1979, *48*). Pour les titres d'annonces cf. Bieri 1952, *Communications* 17 1971, Galliot 1955, Haas 1958, Péninou 1972, de Plas et Verdier 1974, Victoroff 1970.
Pour le reste, il existe quelques articles qui entament les problèmes théoriques de la description des titres: Furet et Fontana 1970 (sémantique historique), Hoek 1973 (*1-10*: grammaire du discours), Rey-Debove 1979 (sémiotique); on relèvera des remarques pertinentes dans Harweg 1968a, *id.* 1968b, *id.* 1971a, *id.* 1973 et dans Raible 1972.

— l'histoire littéraire connaît plusieurs travaux, surtout allemands, consacrés au seul titre de poème; ces travaux sont menés d'un point de vue historique et ont pour objet le recensement des types de titres de poèmes lyriques et leurs fonctions (cf. Hollander 1975, Kuhnen 1953, Levenston 1978, Rang 1925, Rosskopf 1927, Wiegand 1942a, *id.* 1942b, Wilke 1955). Jusqu'ici le titrologue s'est peu occupé des titres de pièces de théâtre (cf. Minor 1904, Moncelet 1972, *106-108*); ils constituent un problème spécial, parce que le titre d'une pièce est une des rares parties du texte dramatique qui n'est pas susceptible de dramatisation, mais qui est diffusée par d'autres moyens (billets d'entrée, affiches, programme, etc.); le problème du rapport entre le titre et le texte est éliminé dans la dramatisation. Dans le domaine romanesque on compte à peine deux ou trois travaux pour la littérature allemande de 1470 à 1914 (cf. Mühlenweg 1960 pour les titres romanesques de 1750-1914; Volkmann 1967 pour les titres romanesques de 1470-1770; cf. aussi Elema 1972, Grevenstett 1909, Nagel 1905; Rothe 1969 pour le titre secondaire et Wieckenberg 1969 pour le titre de chapitre). Pour la littérature française ce sont surtout les titres du XVIIIe siècle et ceux de quelques périodes des XIXe et XXe siècles qui ont fait l'objet d'analyses.

RENVOIS 3: cf. Amossy et Rosen 1978 (titres surréalistes), Duchet 1973b (titres romanesques de 1815-1832), Fontana 1970a et *id.* 1970b (corpus "méthode" au XVIIIe siècle), Furet 1970 (corpus "histoire" au XVIIIe siècle), Grivel 1973b (*143-185*: titres romanesques de 1870-1880), Hoek 1972 (titres du Nouveau Roman), Hoek 1973 (*11-52*: titres romanesques de 1830-1835), Molino e.a. 1974 (titres de Jean Bruce), Moncelet 1972.

— la critique et la théorie littéraires sont les domaines où le titre a été le moins étudié; notre monographie espère. combler cette lacune. Le groupe Mu a analysé les figures de rhétorique qui caractérisent les titres de presse (cf. Dubois e.a. 1970a, *86-90*) et les titres de films (*id.*, 1970b, *94-102*); signalons finalement quelques tentatives pour formuler une théorie du titre romanesque: introduction générale (cf. Schoolmeesters 1977), fonctions narratives (cf. Grivel 1973a, *166-175*), vraisemblabilisation (cf. Hoek 1974), théorie sémiotique (cf. Grivel, 1973a, *175-181*; Hoek, 1973, *1-10*). Les recherches consacrées aux titres d'objets non (exclusivement) verbaux sont encore rares: Albera 1975, Blanchard 1977 et Dubois e.a. 1970b (titres de films), Butor 1969 et Caillois 1975, (peinture), Faust 1972 (Paul Klee), Fraenkel 1968 (musique), Kröll 1968 (Paul Klee), Lotman et Gasparov 1979, *85-87* et Moncelet 1972, *159-200*.

Il faut finalement mentionner un roman allemand de Werner Bergengrün (1960), intitulé *Titulus. Das ist: Miszellen, Kollektaneen und fragmentarische, mit gelegentlichen Irrtümern durchsetzte Gedanken zur Naturgeschichte des deutschen Buchtitels oder unbetitelter Lebensroman eines Bibliotheksbeamten*; ce roman raconte la vie d'un bibliothécaire qui a eu l'idée d'écrire le chef d'oeuvre de sa vie, une typologie des titres qu'il rencontre quotidiennement. Malgré son caractère impressionniste, ce roman réussit non seulement à éveiller l'intérêt du public pour la problématique soulevée par le titre, mais aussi à proposer beaucoup de données empiriques qui aident à proposer une description sérieuse du titre.

Préliminaires à une sémiotique du titre

Faire de la philosophie, c'est faire de la
politique dans la théorie.
(Althusser, *Réponse à John Lewis*)

1.0 PLAN

Ce chapitre comprend deux parties: les préliminaires méthodologiques
(§ 1.1) et les préliminaires sémiotiques (§ 1.2).

1.1 PRÉLIMINAIRES MÉTHODOLOGIQUES

Nous justifions ici l'objet de recherche (§ 1.1.1) et la méthode suivie
(§ 1.1.2); ensuite, nous considérons brièvement les problèmes méthodologiques que posent la description de l'objet (§ 1.1.3) et son impact
idéologique (§ 1.1.4).

1.1.1 *L'objet de recherche*

Au début de cette monographie il est indispensable de définir et de
valider le terrain de recherche (le titre) et la méthode d'investigation
(la sémiotique). L'**objet** de cette sémiotique appliquée est constitué
par un domaine assez particulier: **l'ensemble de signes linguistiques**
(mots, phrases, voire textes) **qui peuvent figurer en tête d'un texte**
pour le désigner, pour l'identifier, pour en indiquer le contenu global
et pour allécher le public visé. **Nous considérons le titre comme un
texte**, souvent déformé, peu grammatical et fort condensé, mais par-

fois aussi parfaitement régulier, se composant d'une phrase complète (*Les lauriers sont coupés*, Dujardin) ou, rarement, d'une série de phrases enchaînées. Le titre n'est donc pas vu comme une partie intégrante du **co-texte** (cf. §§ 4.2 et 4.2.1).

NOTE: Le terme "co-texte" est emprunté à Petöfi 1971 pour indiquer ici l'ensemble de phrases qui suivent ou qui devraient suivre le(s) titre(s) mentionné(s) à la page de titre. Le co-texte est ainsi l'équivalent du texte dépourvu de son titre. Le terme "contexte" désigne l'ensemble de facteurs verbaux (intertextuels) et non verbaux (situationnels) qui jouent dans le procès de communication et qui se trouvent hors du texte en question (cf. van Dijk, 1972, *39*). Les **phrases enchaînées** se présentent surtout dans les titres de textes plus anciens (XVe et XVIe siècles) et dans leurs titres de chapitres; cf. par exemple ceux de *L'heptaméron* (M. de Navarre) ou de *L'hystoyre et plaisante cronique* du petit Jehan de Saintré et de la jeune dame des Belles Cousines (A. de La Sale) (cf. Kristeva, 1970, *45* sq) (cf. § 2.1 NOTE 2).

Etant donné qu'il est probable que le texte, plutôt que la phrase ou le mot, doit être conçu comme le signe (trans-)linguistique originel (cf. Dressler, 1972, *3*; Hartmann, 1971, *10*), on s'explique que le titre conçu comme texte circule indépendamment du co-texte qu'il annonce et programme.

Décrivons maintenant l'objet de recherche en précisant a) le **statut méthodologique** des exemples cités, b) le **domaine linguistique** et c) l'**époque** de leur production, d) le **genre** littéraire dont ils relèvent.

(a) Nous visons à décrire les **invariants** du titre et non pas les caractéristiques spécifiques d'une période ou d'un genre déterminés. Les exemples de titres ont une valeur purement **observationnelle**; ils permettent de formuler des hypothèses, dont l'ensemble constitue le **modèle général** du titre. La généralité est atteinte à travers une **spécificité** qu'il faut appeler **partielle**, parce que l'ensemble des titres observés montre rarement l'homogénéité indispensable à un véritable "corpus". Lorsqu'il arrive de temps à autre que l'analyse d'un groupe de titres un peu plus homogène fournit des résultats plutôt spécifiques, ces résultats sont d'ordre **hypothétique**, dans la mesure où nous retraçons les universaux du titre. Les exemples ont donc un statut méthodologique purement inductif: l'extrapolation à laquelle nous procédons en érigeant les résultats obtenus au statut d'hypothèses sur la structure universelle du titre, est un pas nécessaire, méthodologiquement,· et risqué, pratiquement, parce que les hypothèses formulées doivent sans doute par la suite être complétées et modifiées à partir de résultats de recherches à effectuer sur des corpus précis et homogènes, qui ont une valeur non pas exemplaire mais représentative. **La spécificité ne pourra toutefois être établie que sur la base d'une comparaison**

entre le modèle général que nous prétendons fournir ici et les résultats
obtenus sur ces corpus. La spécificité d'un tel corpus devra sémiotiquement être décrite aux quatre niveaux syntaxique, sémantique,
sigmatique et pragmatique; nous pouvons déjà émettre l'hypothèse
selon laquelle **cette spécificité se situera surtout au niveau sémantique**;
d'une époque à l'autre, le titre change plus rapidement de caractéristiques sémantiques (les thèmes du titre) que de caractéristiques syntaxiques (son ellipticité, sa structure nominale) ou de caractéristiques
pragmatiques (sa fonction publicitaire, son effet idéologique). **Somme
toute, nous pouvons provisoirement considérer les résultats obtenus
comme décisifs dans la mesure où ils se rapportent à une époque
déterminée, et comme hypothétiques dans la mesure où ils décrivent
les invariants du titre.**

REMARQUE 1: La méthode préconisée dans cette monographie n'est pas celle du corpus à
proprement parler. Nous la rejetons pour les raisons méthodologiques suivantes: cette méthode inductive n'est pas conforme à notre but, qui n'est pas de faire des investigations sur un
ensemble strictement délimité mais plutôt de décrire les invariants du titre; en outre, il est
permis de douter de la validité du procédé en soi. Les recherches en théorie de la science ont
suffisamment démontré l'impact que constitue le choix d'un corpus pour la méthode et pour
ses résultats; la délimitation d'un corpus décide d'avance des résultats: on n'y trouvera pas
autre chose que ce qu'on y a mis. Une grammaire ne saurait être déduite à partir d'un corpus
(cf. Seuren, 1975, *21*); somme toute, la méthode et l'objet se déterminent réciproquement:
"la méthode est nécessaire pour construire l'objet; mais la juridiction de la méthode est
elle-même subordonnée à l'existence de l'objet" (Macherey, 1970, *17*).

(b) A première vue, rien ne distingue la structure d'un titre français de celle d'un titre anglais ou allemand, sauf évidemment les différences qui découlent de la formulation dans le langage objet. Quoiqu'il
ne paraisse pas évident a priori qu'il existe des différences notables
entre des titres provenant de domaines linguistiques différents, nous
aurons quand même la prudence de limiter la validité des résultats de
cette recherche aux titres formulés en **français**. Si nous choisissons des
titres français, c'est simplement pour des raisons de commodité; la
présente étude ne vise aucunement à décrire la spécificité du titre
français d'une certaine période.

REMARQUE 2: Un texte français ne porte pas nécessairement un titre français. On connaît
l'engouement de Verlaine pour les titres anglais, par exemple dans une partie des *Romances
sans paroles* intitulée *Aquarelles*, qui comporte les poèmes suivants: *Green, Spleen, Streets,
Child wife, A poor young shepherd, Beams.*

La matière signifiante du titre n'est d'ailleurs pas nécessairement restreinte à la matière linguistique seule. Une typologie du titre basée sur la **nature de la matière signifiante** comprend quatre catégories:

(1) les titres dont la matière signifiante est d'ordre **linguistique**; c'est évidemment le cas le plus fréquent; dans cette monographie nous précisons leurs structures, leurs références et leurs fonctions.

(2) les titres dont la matière signifiante est empruntée à des **langages artificiels ou formels**; cela se présente dans le cas des titres constitués par des chiffres, qui peuvent désigner des textes individuels dans un recueil, et également des titres sigles qui ne sont pas des abréviations de mots et qui ne peuvent donc être reliés directement à la langue naturelle: ϵ (Roubaud), *S/Z* (Barthes), *H* (Sollers) (cf. Rey-Debove, 1979, *699*).

(3) les titres dont la matière signifiante est d'ordre **iconique**: titres rébus, titres images, etc.: *Contes bruns* par (image d'une tête à l'envers) (Balzac, Chasles et Rabou).

(4) les titres dont la matière signifiante est d'ordre **diacritique**, comme les signes de ponctuation (points d'interrogation, points d'exclamation, tirets, etc.), qui servent à la démarcation typographique et qui peuvent servir de titres (cf. Meisner, 1904, *41*); on citera par exemple le cas de Hugo qui intitule *?* un des poèmes des *Contemplations* (III, xi).

(c) Les observations se rapportent surtout à des titres du **XIXe et XXe siècles**. Nous répétons que les résultats ne décrivent pas la spécificité des titres de cette période; en principe, ils valent également pour des periodes moins récentes, disons depuis l'invention de l'imprimerie à la fin du XVe siècle. Une telle date est évidemment approximative, car les titres des siècles précédents que notre description couvre parfaitement ne sont pas rares.

(d) Si nous citons surtout des titres réputés **romanesques**, on constatera que nous ne nous interdisons pas la référence occasionnelle à d'autres types de textes; au besoin nous avons puisé un peu partout des exemples de titres, dont l'existence pouvait déjà être induite des observations. Vu que notre but est de décrire les invariants du titre en général et non pas la spécificité du titre fictionnel voire romanesque, on comprend que des emprunts à d'autres genres que le romanesque sont non seulement justifiés mais même souhaitables. Nous basons nos propositions sur des analyses de certains groupes de titres romanesques (ceux du roman français entre 1830 et fin 1835 et ceux du Nouveau

Roman) qui servent d'illustrations. La prédilection pour le genre romanesque que montre notre travail s'explique comme suit.

Pour servir à la description des invariants du titre, le **titre romanesque** constitue un matériel plus profitable que d'autres types de titres par son **universalité** et son **rendement idéologique**. Nous supposons que la lecture de n'importe quel type de texte s'effectue plus ou moins par analogie avec la lecture d'un texte romanesque; la lecture de tout type de titre est fortement influencée par celle du titre romanesque. L'universalité de ce type de lecture est assurée par l'Ecole, l'Eglise, l'Administration, la Publicité, le Journal, bref, par tous les "appareils idéologiques d'Etat" (Althusser), qui fonctionnent à base de récits et de mythes (cf. Hoek, 1978b, *44-45*): "ainsi, on le voit, la société et le fonctionnement de chacun s'appuient foncièrement, de mille manières, sur toutes sortes de récits oraux ou écrits" (Ricardou, 1974, *113*). Or, l'avènement du roman coïncide avec l'arrivée au pouvoir de la classe bourgeoise au début du XIXe siècle. Le roman se trouve être le moyen d'expression le plus répandu dans la société libérale et est fortement lié à sa structure même; **le texte de fiction est la parole de classe de la bourgeoisie** (cf. Grivel, 1973a, *338*): "LE ROMAN EST LA MANIÈRE DONT CETTE SOCIÉTÉ SE PARLE, la manière dont l'individu DOIT SE VIVRE pour y être accepté. Il est donc essentiel que le point de vue "romanesque" soit omniprésent, évident, intouchable" (Sollers, 1968b, *228*). Ce n'est donc pas un hasard si le roman est devenu au cours du XIXe siècle le type de texte qui jouit de la plus grande diffusion et du plus gros tirage.

RENVOI: Troubnikoff (1972, *97*) constate pour la France qu'en 1970 sur 100 lecteurs de livres, dont 41,5% n'avaient aucun ouvrage en cours de lecture, 33,5% lisaient des romans (d'aventures, sentimentaux ou littéraires). De 1960 à 1970 la production en titres de la rubrique littéraire générale a évolué de 4430 a 8882 (*ibid., 108*). Dans la répartition de la production en exemplaires, les romans figurent en 1970 à une première place avec 112.781.482 exemplaires, nombre qui représente à son tour plus de la moitié de l'ensemble des exemplaires produits en France (*ibid., 112-113*). On suppose d'ailleurs que le règne du roman était à son apogée autour de 1970: "En ce qui concerne le contenu, il est par exemple probable que, dans les années à venir, se confirmera un certain recul ou tout au moins une certaine métamorphose de la littérature de fiction. C'est sans doute que la littérature informationnelle – essai, reportage, histoire, vulgarisation – répond mieux aux besoins d'un public dont les horizons se sont soudain élargis" (Barker et Escarpit, 1973, *15*).

Le roman peut remplir un **service de classe** pour trois raisons: d'abord, il constitue un genre non suspect, parce que la "récitivité" y est plus purement présente qu'ailleurs; ensuite, il est relativement récent et donc peu entaché d'influences antiques ou de traditions classiques (cf. Coulet, 1970, *6 7*; Pernoud, 1967, *45*); finalement, le roman prend dès son origine la suite immédiate du genre historique, censé dire vrai et il est donc par là particulièrement apte à présenter la fiction sur le mode du vrai (cf. Badel, 1969, *196*; Pernoud, 1967, *69*).

La prépondérance du roman peut être constatée également dans l'influence qu'exerce son titre depuis toujours sur les écrits non fictionnels; ce qui n'a rien d'étonnant, vu que le titre fictionnel appartient avec le titre non fictionnel à un seul type de titres, celui du **titre livresque** qui s'oppose au **titre slogan** (manchettes, publicité, graffiti, etc.) (cf. Harweg, 1968a, *298*).

DÉMONSTRATION: De Vries 1958-1959 a signalé l'usage de doter des textes non fictionnels de titres fictionnels chez Aulu-Gelle déjà, auteur des *Nuits Attiques*, usage qu'il réprouve formellement. L'explication de son titre par Aulu-Gelle lui-même ("Nos ... ex ipso loco ac tempore hibernarum vigilarium *Atticas Noctes* inscripsimus", cité *ibid.* 90) appelle chez de Vries le commentaire suivant: "Gellius' eigen vondst is en blijft gezocht" (*id.*); cf. aussi Compagnon, 1979, *300*. Cet usage s'est perdu plus ou moins au début de notre siècle (cf. Frankfurter, 1905, *240*) et jusqu'à nos jours on continue à réclamer aux travaux scientifiques des titres qui délimitent rigoureusement le sujet traité, exigence à laquelle la littérature n'aurait pas à se plier (cf. Hélin, 1956, *147*). Parfois, des influences particulières sont immédiatement repérables: l'édition d'une série de cours de J.L. Austin sur la philosophie du langage intitulée *Sense and sensibilia* parodie spirituellement le titre du célèbre roman de Jane Austen *Sense and sensibility*; parfois aussi on trouve des titres mi-fictionnels mi-scientifiques: *Subjekt, Präsuppositionen, mein Freund Falk und das Ungeheuer von Loch Ness* (Utz Maas), *Interpretative semantics meets Frankenstein* (McCawley), *Interpretive semantics meets the Zombies* (Katz); nous empruntons à Moncelet (1972, *27*) quelques exemples français de titres fictionnels couvrant un co-texte non fictionnel: *La polka des canons* (Lanoux), *La voie royale* (Viallaneix), *La mer et les prisons* (Quilliot), *Les sandales d'Empédocle* (Magny), *L'oeil vivant* (Starobinski), etc. Dans les titres plusieurs genres se trouvent ainsi mélangés; Guido Arbizzoni (communication personnelle, 1978) signale des genres comme la biographie romancée (*Messalina*), l'historiographie ou les traités, livres de préceptes etc. (*La valige smarrita*, livre de modèles épistolaires; *Il corriere svaligiato*, pamphlet; *Spada d'onore*, traité de chevalerie), où le non fictionnel s'est déguisé en fictionnel; un tel emprunt vise bien entendu à racoler les lecteurs.

1.1.2 *La méthode hypothético-déductive*

Une fois l'objet désigné, il faut stipuler la méthode qui paraît le plus apte à nous faire arriver au but de nos recherches: l'analyse de la structure syntaxique et sémantique, de la portée et des fonctions de l'objet en question, afin de parvenir à la description de la **structuration sémiotique** et du **fonctionnement socio-historique** (cf. Vernier, 1974, *38*). A cette fin, la méthode inductive propre au sondage d'un corpus ne saurait nous convenir, nous optons pour une methode **hypothético-déductive**, qui paraît dans une recherche empirique comme la nôtre le plus apte à garantir la scientificité, parce qu'elle part de l'établissement d'un certain nombre d'hypothèses sur un phénomène de la réalité; l'ensemble cohérent et consistent d'hypothèses constitue une theorie, qui doit être empiriquement falsifiable (cf. Popper 1973). Une **théorie** scientifique peut se concevoir comme un **système métasémiotique**, c'est-à-dire comme un système qui donne des instructions permettant la construction de systèmes sémiotiques particuliers, par exemple celui du titre (cf. Gopnik 1977).

DÉVELOPPEMENT: Les étapes suivantes doivent globalement être distinguées:
   (a)   la **problématisation**: on isolera un problème, le phénomène de l'intitulation d'un texte (cf. chap. 0).
   (b)   l'**observation**: c'est la partie inductive de notre recherche. L'observation empirique est une activité systématique, dans la mesure où elle répond à des critères délimités par la problématisation, et où elle conduit à autre chose qu'à la triviale constatation de la présence d'un phénomène. L'observation mène au stade suivant:
   (c)   l'**hypothétisation**: dans cette étape déductive le chercheur déduit des observations empiriques certaines hypothèses dont l'ensemble constitue une **théorie**, qui rend compte des phénomènes observés, à condition de se plier à certaines contraintes, à savoir: la cohérence, la consistance (y compris l'élégance et l'économie du discours), l'explicitation et la falsifiabilité des hypothèses, de façon à éviter équivoques, contradictions, détours et affirmations incontrôlables. **Une théorie sur les invariants du titre est donc un ensemble cohérent d'affirmations sur une partie de la réalité** (le phénomène de l'intitulation), **comprenant des généralisations ayant valeur de loi et empiriquement vérifiables.** Une telle théorie veut être un moyen scientifique moderne pour rendre compte de certains phénomènes non éclaircis encore (cf. Bense, 1962, *11*).
   (d)   la **falsification**: dans ce stade il s'agit de confronter les hypothèses énoncées avec des phénomènes du même genre non encore observés. La confrontation avec de nouveaux faits, voire avec de nouvelles théories ou hypothèses, peut mener à la correction ou la révision de la théorie et même à son rejet total ou partiel.
   (e)   l'**évaluation**: on juge si la théorie permet suffisamment de rendre compte des faits observés. Si cela est le cas, la théorie reste valable jusqu'à sa prochaine correction ou éviction.
   Toutefois, la description d'une telle méthode pose bien moins de problèmes que son application: il existe très peu de travaux en sciences humaines qui soient à l'épreuve d'une critique méthodologique vigilante. Est-ce qu'ils renoncent pour autant à la scientificité? Nous croyons qu'il faut dans l'état actuel des choses se contenter de s'approcher le plus possible des limites utopiques constituées par les conditions méthodologique stipulées. Pour les problèmes de méthodologie et de théorie de la science, nous renvoyons aux travaux suivants: pour une approche néo-positiviste Stegmüller 1969 et *id.* 1970; pour une approche matérialiste Badiou 1969, Klaus 1972b et Sandkühler éd. 1975. Dans le domaine de la linguistique on citera Bach 1966, Dressler 1969, Kristeva éd. 1971, Ruwet 1968, Wunderlich 1979 et Wunderlich éd., 1976. Pour la théorie et l'histoire de la littérature, des précisions ont été apportées par van Dijk 1970, Kibédi Varga 1974, Pasternack 1975, van Rees 1974, *id.* 1975, van Rees et Verdaasdonk 1974, Schmidt 1970-1971, *id.* 1973a et Verdaasdonk 1974-1975.

NOTE: Le terme de **rendre compte**, utilisé jusqu'ici malgré son équivocité, demande à être précisé. Au fond, ce terme signifie deux choses à la fois: "décrire explicitement" – c'est le sens qu'on donne à ce terme en grammaire transformationnelle –, mais aussi "expliquer". On pourrait croire que dans une théorie qui décrit et explique un phénomène il manque précisément ce qui fait la force d'une théorie, sa capacité de prédiction. Or, Stegmüller (1969, *154*) a pu conclure a une conformité structurale de l'explication et de la prédiction: si le phénomène P se présente d'abord et qu'on trouve ensuite des hypothèses A, B, C, ... qui éclaircissent ce phénomène, il est question d'une **explication** de P; si, par contre, les hypothèses sont données d'abord et qu'il s'ensuit un phénomène P, il est question d'une **prédiction**. De plus, Toulmin (1973, *113-114*) affirme que "l'idée de 'prédiction' repose sur l'idée d'explication au lieu de la définir. La science est principalement un effort pour comprendre; elle désire rendre le cours de la Nature non simplement prévisible mais intelligible; cela signifie qu'elle recherche des systèmes rationnels de connexion, grâce auxquels on peut attribuer un sens au cours des événements"; "rendre compte" des titres veut donc dire quelque chose comme **décrire afin de les rendre signifiants, afin de leur attribuer une signification** La nature même des explications à fournir est d'ailleurs pour quelque chose dans cette confusion de termes, étant donné que ces explications n'ont jamais la force de loi, ne sont jamais **nomologiques** mais tout au plus **probabilistes** (cf. Stegmüller, 1969, *83*).

1.1.3 *Description et explication*

Dans la recherche scientifique deux activités distinctes se trouvent souvent mélangées: la **description** et l'**explication** (cf. Stegmüller, 1969, *76-78*; van Rees et Verdaasdonk, 1974, *110-111*). La description a pour but de répondre à la question du COMMENT: comment est le titre, comment est sa structure linguistique, comment est son fonctionnement littéraire, comment est sa relation au texte, comment est sa relation au lecteur? L'explication vise à répondre à la question du POURQUOI: pourquoi la structure est-elle telle qu'elle est, pourquoi fonctionne-t-elle telle qu'elle le fait? (cf. Stegmüller, 1969, *76*; van Rees, 1974, *158*). Les deux activités sont complémentaires: la description ne peut remplacer l'explication, ni l'explication la description. La description précède logiquement l'explication, parce que la description d'un phénomène peut se faire indépendamment de son explication, tandis que l'explication doit être fondée sur les résultats de la description (cf. Stegmüller, 1969, *77*; Wells, 1966, *213*). La description contient donc déjà en germe l'explication: "c'est le *comment* qui explique, non le *pourquoi* qui s'y trouve toujours impliqué" (Sollers, 1968b, *219*).

REMARQUE: Il faut se garder de prendre le terme **description** dans le sens que lui donne Todorov (1967, 7): "la seule façon de justifier l'existence d'un discours scientifique sur la littérature est d'opposer dès le départ la science à la description". Todorov (1968b, *99*) distingue deux attitudes vis-à-vis de l'oeuvre littéraire: la première considère la littérature "comme un discours qu'il faut connaître pour lui-même", tandis que dans la deuxième "on part de ces manifestations particulières que sont les oeuvres pour arriver à des structures (ou propriétés, ou essences, etc.) abstraites, qui forment le véritable objet de ce type de réflexion" (*ibid., 101*). Et Todorov, étant d'avis que "ce n'est pas l'oeuvre littéraire elle-même qui est l'objet de l'activité structurale" (*ibid., 102*) mais plutôt sa **littérarité**, rejette la description de l'oeuvre littéraire (cf. *ibid., 100*; Todorov, 1967, *7*). On voit pourtant mal comment des connaissances sur la littérarité doivent être acquises, dans l'optique de Todorov, en dehors de la description, à moins que ces connaissances ne soient acquises directement, ce qui n'est pas le cas dans la tradition structuraliste. Cf. van Rees, 1974, *158*: "Ce qui est à réfuter comme étant non-scientifique, ce n'est pas tant la démarche descriptive en soi, mais c'est l'approche "emphatique" des herméneuticiens et des phénoménologues, qui prétendent avoir une connaissance directe de leur objet"; cf. aussi Hendricks, 1973, *87* sq.

Or, nous croyons que les deux attitudes vis-à-vis de l'oeuvre littéraire constituent deux phases distinctes, dans la recherche, qui doivent être complétées par une troisième, le but n'étant en fin de compte ni la **description** du texte, ni celle de sa **littérarité** mais bien plutôt une explication de son **fonctionnement socio-historique.**

1.1.4 *Méthodologie et idéologie*

La théorie qu'on se forge en respectant les étapes indiquées, a pour but de faire comprendre les phénomènes problématisés non pas tellement dans leur essence mais dans leur fonctionnement socio-historique et idéologique. Il serait faux de croire que le travail scientifique mené dans cette optique puisse ne pas être le produit d'une certaine **vision du monde**; le travail théorique ne peut jamais être innocent, mais doit toujours être démystifiant: "une lecture marxiste du fait littéraire ne peut pas, en effet, ne pas être une lecture démystificatrice, et par là militante. Parce que toutes sous-tendent ou justifient une pratique et en particulier une pédagogie, il n'est pas de critique, il n'est pas d'histoire littéraire innocente. Toutes véhiculent, visent à transmettre, et en tout état de cause transmettent une vision du monde relative à une idéologie, donc à des intérêts. Même — surtout — lorsqu'elles prétendent à ces vertus: neutralité scientifique, élégance sans problème, sérénité de bonne compagnie. Toute histoire littéraire, toute critique vise et sert à quelque chose. Toute histoire littéraire, toute critique, d'une manière ou d'une autre, *avoue*, fût-ce en creux" (Barbéris, 1971, *17*; cf. aussi Kosing, 1975, *11*, ainsi que Laitko, 1975, *96* et, pour une application, cf. Hoek 1980b).

   L'objet de la science est globalement constitué par les rapports que l'Homme entretient avec le Monde (cf. Kosing, 1975, *6*); l'objet de notre recherche est de voir non seulement pourquoi le titre a telle **structure**, telle **fonction**, mais encore quel en est l'**avantage** tant par rapport au texte qu'il annonce que par rapport au type de lecture auquel le titre invite, et quel est le bénéfice d'un tel type de lecture, c'est-à-dire à qui (à quelle classe sociale) elle est avantageuse et dans quelle mesure elle profite d'une conception de la littérature qui permet la reproduction de certaines valeurs idéologiques.

Nous refusons d'embrasser certains points de vue de la philosophie néopositiviste: ses conceptions idéologiques de départ sont incompatibles avec le matérialisme historique, en ce que le néopositivisme évite de prendre en considération les rapports historiquement déterminables que le Sujet entretient avec le Monde; il se veut franchement ahistorique et prétend travailler en dehors d'une vision du monde. L'historicité y est considérée tout au plus comme un "contexte" qui peut éventuellement — cela dépend des goûts du chercheur — être pris en considération (cf. Sandkühler, 1975, *xiv*). Souvent le néopositivisme considère la science purement comme une affaire de logique qui pourrait être menée en dehors du cadre historique (cf. Kröber et Laitko, 1975, *114*). Manquant précisément d'une pratique fondée qui n'est pas que l'application d'une théorie mais qui est le lieu même où la théorie s'élabore, le néopositivisme a tendance à verser dans la spéculation pure (cf. Helmut Mielke in: Klaus et Buhr éds., 1975, *1157*). Contrairement à la philosophie de la science néopositiviste, la théorie de la science matérialiste affirme que la science a une nette fonction sociale en tant que force productive catalysatrice du progrès social par suite de la transformation qu'elle opère d'une matière première (les phénomènes problématisés) en produit fini (la connaissance sur ces phénomènes). Une telle théorie sera nécessairement une forme spécifique de la pratique.

RENVOI: Cf. Althusser, 1971, *167-168*: "Par *pratique* en général nous entendrons tout processus de *transformation* d'une matière première donnée déterminée, en un *produit* déterminé, transformation effectuée par un travail humain déterminé, utilisant des moyens (de 'production') déterminés. (...) Par théorie, nous entendrons donc, à cet égard, une *forme spécifique de la pratique*, appartenant elle aussi à l'unité complexe de la "pratique sociale" d'une société humaine déterminée. La pratique théorique rentre sous la définition générale de la pratique. Elle travaille sur une matière première (des représentations, concepts, faits) qui lui est donnée par d'autres pratiques, soit 'empiriques', soit 'techniques', soit 'idéologiques'. Dans sa forme la plus générale, la pratique théorique ne comprend pas seulement la pratique théorique *scientifique*, mais également la pratique scientifique préscientifique, c'est-à-dire 'idéologique' (les formes de 'connaissance' constituant la préhistoire d'une science et leurs 'philosophies')". Cf. encore *ibid.*, *175* sq.

La science doit être comprise comme une activité avant tout sociale: "Wissenschaft ist ein im Gesamtzusammenhang der jeweiligen Gesellschaftsformation bestimmtes System gesellschaftlicher Tätigkeiten, die auf die Gewinnung, Vermittlung, Reproduktion und Anwendung von Erkenntnissen gerichtet sind" (Kröber et Laitko, 1975, *118*; cf. aussi Kosing, 1975, *13*).

OBJECTION: Maintenant que nous avons précisé les considérations qui nous ont poussé à opter pour la méthode que nous venons d'exposer, on pourrait nous objecter l'emprunt que nous avons fait tantôt à la philosophie de la science **néopositiviste** (le choix du modèle hypo-thético-déductif) tantôt à la théorie de la science **matérialiste** (les motivations de la visée du travail).

RÉFUTATION: A cela nous répondrions que les principes épistémologiques qui sont à la base d'une théorie hypothético-déductive ne nous paraissent pas a priori incompatibles avec les exigences d'une épistémologie matérialiste; l'hypothétisation est une procédure parfaite-ment acceptée dans l'épistémologie matérialiste: "Es war in der Geschichte der Erkenntnis notwendig und ist es heute wie in Zukunft, nicht nur mit Aussagen zu arbeiten, die einen grösseren oder geringeren Grad relativer Wahrheit haben, sondern auch mit Regeln, die gewis-sermassen hypothetischen Charakter tragen und der Erprobung bedürfen" (Wolfgang Segeth in: Klaus et Buhr éds., 1975, *793*). Nous n'hésitons pas à profiter des apports importants et incontestables tant de la philosophie matérialiste que de la philosophie néopositiviste: "Die marxistische Philosophie darf an diesen Arbeiten und ihren Resultaten nicht vorbeigehen, was durchaus nicht bedeutet, dass sie diese einfach übernehmen kann. Es kommt vielmehr darauf an, Positionen des dialektischen Materialismus her kritisch zu verarbeiten, alles Wertvolle zu assimilieren, die falschen philosophischen Auffassungen jedoch gründlich zu widerlegen und zurückzuweisen" (Kosing, 1975, *8-9*). On se gardera donc de rejeter ces acquis d'un côté comme des produits "réactionnaires", "subjectivistes-idéalistes", voire "ascientifiques" et de l'autre côté comme des thèses "dogmatiques", "idéologiques", "étatiques". Sur le plan épisté-mologique, une telle attitude contribue à l'**unification des sciences naturelles et sociales**, dont les sciences humaines (cf. Kibédi Varga, 1974, *1-2* citant les noms de Piaget, Lévi-Strauss et de Groot, et du côté marxiste Kosing, 1975, *9* citant Fiedler).

1.2 PRÉLIMINAIRES SÉMIOTIQUES

Dans la seconde partie de ce chapitre nous précisons le statut du titre en tant que pratique sémiotique: le titre est à considérer comme un signal (§ 1.2.1) et peut donc être l'objet d'une sémiotique (§ 1.2.2). Ensuite, nous discutons les différents domaines dont relève l'analyse du titre: scription, sémiotique et linguistique (§ 1.2.3).

1.2.1 *Le titre comme signal communicatif*

Globalement, on peut définir la sémiotique comme l'etude de "proces-sus culturels en tant que processus de communication" (Eco, 1972, *30*; *id.*, 1976, *8*). Les **processus culturels** sont considérés comme des systèmes de **signes**, si l'on définit comme signe **tout ce qui peut être**

interprété comme tel en vertu d'une convention sociale préétablie (cf.
ibid., *16, 65*, à l'instar de Morris) et donc aussi tout ce qui fait semblant de fonctionner comme tel: tout ce qui peut ruser, tromper, se
dissimuler, bref, tout ce qui est sujet à une "distorsion comique ou
tragique" (cf. Eco, 1976, *7, 58, 64*); un titre imposteur dissimule la
portée réelle de son co-texte, il prête à rire ou il déçoit. Tout phénomène de culture peut donc être étudié dans une optique sémiotique
(cf. *ibid.*, *28* et Wells 1977).

L'intitulation des textes constitue un **processus culturel** pour les
raisons suivantes (cf. Eco, 1976, *21*):

(a) le titre est un signe culturel parce que les usagers s'en servent
pour renvoyer à un monde possible (ou réel) par le biais du co-texte;
ils utilisent ces textes et donc ces titres pour transformer la relation
entre l'homme et la nature par réflexion, spéculation, action, etc.

(b) le titre est un signe culturel parce qu'il permet à ses usagers de
renvoyer à des textes, en leur assignant un nom.

(c) le titre est un signe culturel dans la mesure où il permet
l'échange de biens (textes), en facilitant la transformation de leur
valeur d'usage en valeur d'échange. Bref, le titre renvoie indirectement
à un monde possible, il donne au texte un nom en vertu d'une convention sociale et il permet l'échange de biens dans une société.

En tant que composante du texte, le titre a comme celui-ci une
intention de communication: le titre est un **signal communicatif**. Ce
signal est **informatif** et **persuasif** car il renseigne le récepteur sur le
texte présenté et l'incite à le lire; en marquant le début du texte, le
titre participe à la délimitation textuelle (cf. Hoek 1975, *id.* 1978b, *id.*
1980a) et constitue un signal **prosodique**; en renseignant le lecteur sur
le sujet du texte présenté, le titre forme un signal **sémantique**.

NOTE: Parlons ici de **signal**, parce que le signal est un instrument qui sert à transmettre un
message (cf. Prieto, 1972, *9, 13*). Cet instrument est constitué par un signe dont l'emploi
repose sur une convention (cf. Kondratov, 1968, *9*). Un signal a toujours un **émetteur** et un
récepteur, ce qui n'est pas toujours le cas pour les signes non conventionnels (notamment les
signes indices ou naturels et les signes iconiques) (cf. *ibid.*, *10-11*). Grâce à la langue naturelle
dans laquelle le titre est formulé, il fait partie d'un **système** de signes ou plutôt de signaux.

Dans une conception structuraliste, le titre comporte, comme tout
signe, deux aspects: le signifiant et le signifié (cf. Jakobson, 1963,
162). Son **signifiant** est caractérisé par la capitalisation des graphèmes
et par sa position prééminente vis-à-vis du co-texte, dont il est séparé
par un blanc de tête. Son **signifié** est caractérisé d'abord par "une

certaine conformité avec la tradition poétique, et ensuite (par) une accentuation de l'importance des lexèmes qu'il contient" (van Dijk, 1969, *35*). Il nous paraît inévitable d'ajouter un troisième aspect du signe, le **référent**, qui indique ce à quoi le signe renvoie, le **référé**: le référent fait partie du signe et se situe dans l'univers sémiotique; le référé fait partie de la réalité (cf. Flahaut, 1978, *89*). Le référé du titre est constitué par le co-texte. **Comme le titre fait fonction de signal comportant un signifiant, un signifié et un référent et qu'il fait partie d'un processus culturel, nous pouvons admettre qu'il peut être l'objet d'une sémiotique.**

RAPPEL: L'introduction du référent est à mettre au compte de savants comme par exemple Frege ("Bedeutung"), Peirce ("object"), Ogden et Richards 1972 ("referent"), qui, sur ce point, critiquaient Saussure: "Unfortunately this theory of signs, by neglecting entirely the things for which signs stand, was from the beginning cut off from any contact with scientific methods of verification" (*ibid.*, *6*). En outre, le concept de référent est indispensable à l'explication de l'arbitraire du signe; le lien entre le signe et le référé est arbitraire, le lien entre le signifiant et le signifié ne l'est pas (cf. Benveniste, 1966, *51, 52*).

1.2.2 *Le titre comme objet de la sémiotique descriptive*

Sémiotique théorique et sémiotique appliquée: Dans le champ de la sémiotique théorique on apporte souvent une distinction entre **sémiotique pure** et **sémiotique descriptive**: la sémiotique pure fait l'étude des langages formels et la sémiotique descriptive celle des langages naturels.

L'application de la sémiotique théorique descriptive à des systèmes de signes concrets et précis comme l'intitulation, s'appelle **sémiotique appliquée**. Dans cette monographie nous ne visons pas à pousser à fond les recherches théoriques mais bien plutôt, en profitant des travaux menés en sémiotique descriptive, à voir où mène la pratique d'une sémiotique appliquée. La distinction apportée entre **sémiotique théorique**, soit pure soit descriptive, et sémiotique appliquée doit toutefois être conçue comme une distinction opératoire, parce que, d'une part, les applications demandent à chaque fois une réflexion au niveau théorique et, que, d'autre part, elles ont des implications pour la sémiotique théorique et constituent ainsi une rétroaction régularisante:

SÉMIOTIQUE THÉORIQUE
(sémiotique pure et sémiotique descriptive)
↑p↓r↑a↓t↑i↓q↑u↓e↑
SÉMIOTIQUE APPLIQUÉE

La sémiotique appliquée est donc en fait théorie et application à la fois; son but est la production de modèles de l'objet de recherches (cf. Kristeva, 1968, *81*). **Le but de la sémiotique théorique est la réflexion critique sur sa propre activité.** Il s'ensuit que la sémiotique est en même temps **outil** par la production de modèles au niveau de l'application et **objet de réflexion** au niveau de la théorie (cf. Kristeva, 1968, *82-83; id.*, 1969a, *424; id.*, 1969b, *196-197*). **L'objet de la sémiotique appliquée est constitué par une pratique signifiante particulière** (cf. Kristeva, 1969a, *425; id.*, 1969c, *41*). **Notre travail voudrait être une application des apports de la sémiotique descriptive textuelle à une pratique signifiante particulière, l'intitulation des textes, que cette sémiotique s'efforce de mettre en modèle.**

NOTE: A la suite de Carnap, il y a Klaus (1972b, *61-62*), Stegmüller (1969, *33-34*), Verdaasdonk (1974, *168-169),* etc. qui adoptent une distinction entre sémiotique pure et sémiotique descriptive; cf. aussi Lieb 1971a. Morris (1971, *24, 303*) apporte une distinction différente entre **sémiotique pure**, l'élaboration du métalangage, quelle que soit sa nature, et **sémiotique descriptive**, l'application de ce métalangage afin de décrire des signes concrets. La distinction opératoire entre sémiotique théorique et sémiotique appliquée rappelle celle apportée par Klaus (1972b, *62*), qui distingue entre théorie de la syntaxe, sémantique, etc. et syntaxe, sémantique, etc., ainsi que celle apportée par Kristeva (1969b, *196-197*) entre **sémiotique** et **sémiologie**: "Etre une SCIENCE EMPIRIQUE qui aspire à une MISE EN MODÈLE des pratiques signifiantes à l'aide de formules logiques, mathématiques ou linguistiques (...) Réservons à cette conception du discours sur les systèmes signifiants le nom de SÉMIOTIQUE. Devenir le point d'où s'élaborerait un discours nouveau qui, de l'intérieur de la scientificité, l'énonce en dénonçant sa théorie. Discours critique et autocritique, donc dans une posture scientifique par rapport à sa propre scientificité, il débouche sur l'idéologie: la dénonce et se pense comme telle, l'idéologie de ses "objets" et celle de son propre tissu. Nous réserverons, provisoirement et à titre distinctif, le nom de SÉMIOLOGIE à ce type de discours".

Les relations sémiotiques: la question se pose de savoir comment aborder cette pratique signifiante constituée par l'intitulation des textes. Pour y répondre nous allons faire l'inventaire des éléments concernés (cf. Klaus, 1972a, *12; id.*, 1972b, *56-57*; Stegmüller, 1969, *33*):

1. l'ensemble de **signes linguistiques** (phonèmes, syntagmes, phrases) (**s**);

2. l'ensemble de **représentations mentales** abstraites provoquées par s, bref leur sens (**r**);
3. l'ensemble d'**objets** auxquels renvoie **r** (**o**);
4. l'ensemble des **individus** qui émettent ou perçoivent **s** (**i**).

Ces quatre éléments correspondent aux quatre aspects de la transmission d'un signe. Quand le signe est constitué par un **titre**, par exemple *Le rouge et le noir* (Stendhal), ces quatre aspects sont respectivement:

1'. la concaténation de deux adjectifs employés substantivement, précédés d'articles définis, au moyen d'une conjonction de coordination: D + N + C + D + N (D = déterminant, N = nom, C = conjonction), et la représentation phonétique([ləRuʒelənwaR]) ou graphique (LE ROUGE ET LE NOIR);

2'. la représentation mentale de deux couleurs, le rouge et le noir, avec leurs connotations;

3'. un texte réputé littéraire, publié en 1830 par Stendhal et racontant l'incompatibilité de l'amour et de l'ambition dans la vie du héros romanesque Julien Sorel;

4'. l'individu Henri Beyle (1783-1842), qui écrivait sous le pseudonyme Stendhal, ainsi que son public.

Entre ces quatre éléments toutes sortes de relations sont possibles, dont quelques-unes se révèlent pertinentes pour la sémiotique, à savoir celles que les signes d'une pratique signifiante peuvent entretenir avec les autres éléments de cette pratique et avec eux-mêmes; ce sont les relations suivantes:

a. R (s, s'), où R symbolise la relation et s' un signe autre que s de la pratique signifiante considérée; la partie de la sémiotique qui étudie les relations qui existent entre les différents signes de la pratique sémiotique considérée s'appelle la **syntaxe**. On peut distinguer entre **syntaxe pure** (celle d'un langage formel), **syntaxe descriptive** ou empirique (celle d'un langage naturel) et **syntaxe appliquée** (l'application de la syntaxe descriptive à une pratique signifiante à décrire) (cf. Stegmüller, 1969, *33*). Dans la sémiotique descriptive, la syntaxe coïncide avec la syntaxe d'une langue naturelle; elle vise la construction d'un modèle syntaxique (du titre).

REMARQUE 1: Nous avons pris la décision (arbitraire) de ne pas parler dans ce travail des aspects (mor-)phonologiques du titre. Plutôt que de **phonèmes**, il faudrait parler de **graphèmes** (cf. § 1.2.3). Il faudrait rendre compte des transgressions de là norme, qui serait à peu près: capitalisation totale ou partielle et écriture conventionnelle. Une telle transgression est constituée par exemple par une nouvelle transcription à la Queneau ou par un mélange d'écritures: *Le zoiseau ivre* (Lacour), *Chers zoiseaux* (Anouilh), *Rintru pa trou tar hin* (Billetdoux, "rentre pas trop tard, hein!"), *Code χ* (M. Roche), dont le titre peut se lire de différentes manières qui dépendent de l'interprétation de l'allographe X: *Code χ*, dont seule la couverture mentionne d'ailleurs le titre correct, peut signifier par exemple "codex" (manuscrit, livre, liste), "code x" (code inconnu ou secret), "code χ" (code χ, avec toutes connotations de la lettre grecque chi et de la lettre hébraïque aleph), etc. La métagraphie forme une autre moyen: *Les Яusses arrivent, les Яusses arrivent* (cité par Dubois e.a., 1970b, *97*).

Les **figures de style phoniques** les plus fréquentes dans le titre sont l'**allittération** et la **répétition**: *Tartarin de Tarascon* (Daudet), *Banco à Bangkok* (Bruce), *Tristes Tropiques* (Lévi-Strauss), *Je t'aime, je t'aime* (Resnais et Robbe-Grillet), *Eden, Eden, Eden* (Guyotat), etc.

Dans son analyse des titres de romans de Jean Bruce, Molino *e.a.* 1974 a retenu la **paronomase** comme valeur pertinente au niveau phonique; il propose la classification suivante:

1. allittérations – assonances : *Atout coeur à Tokyo*
2. rimes : *Moche coup à Moscou*
3. rimes en miroir : *Métamorphose à Formose*
4. isométrie : *Du lest à l'Est*
5. homophonie : *Cinq gars pour Singapour*
6. rime emperière : *Cache-cache au Cachemire*

De tels jeux phoniques ou graphiques dans le titre peuvent devenir la signature (commerciale) d'un auteur (de romans policiers, parfois). Havank, auteur de romans policiers hollandais, montre dans ses titres une prédilection pour l'allittération: *Vier vreemde vrienden, De weduwe in de wilgen, Drie dartele doodgravers, Menuet te middernacht, Deurwaarders delirium, Dodemans dollars, Caviaar en cocaïne*, etc.

Un problème particulier de l'analyse phonique est constitué par l'**harmonie imitative et suggestive**. En phono-stylistique, tantôt on retient une certaine valeur sémique qu'on attribue à un son déterminé de l'énoncé, tantôt on postule un symbolisme des sons qui s'étend jusqu'aux syntagmes et jusqu'à la langue entière (cf. les travaux de Grammont, Guiraud, Jakobson, Delbouille, Genette et Todorov 1972). En général, c'est plutôt le sens qui invite à faire des affirmations sur l'harmonie ou le symbolisme présumés d'un groupe de mots (cf. aussi Kerbrat-Orecchioni, 1977a, *23-58*).

b.   **R (s, r)**, c'est-à-dire l'ensemble de relations qui existent entre les signes de la pratique signifiante abordée et leurs représentations mentales; cet aspect de la sémiotique s'appelle la **sémantique**. On distingue entre **sémantique pure, sémantique descriptive** et **sémantique appliquée** (cf. Stegmüller, 1969, *34*; Klaus, 1972b, *61*). Dans la sémiotique descriptive, la sémantique coïncide avec la sémantique linguistique; elle vise la construction d'un modèle sémantique de la pratique signifiante envisagée.

c.   **R (s, o)**, c'est-à-dire l'ensemble de relations qui existent entre les signes de la pratique signifiante abordée ·et les objets auxquels ils renvoient. Cet aspect de la sémiotique est parfois appelée **sigmatique**. La distinction entre sémantique et sigmatique repose sur celle faite par Frege entre "Sinn" (sens) et "Bedeutung" (référence), sur celle apportée par Carnap entre "intension" et "extension" des signes et sur

celle de Quine entre "theory of meaning" et "theory of reference";
une telle distinction est indispensable à une théorie matérialiste (cf.
Klaus, 1972a, *16*). La signification d'un énoncé peut être représentée
par l'ensemble de sens contenus; la référence est concevable comme
une valeur de vérité, c'est-à-dire que la relation entre la représentation
mentale d'un énoncé et l'objet auquel il réfère peut être vraie ou
fausse suivant les conditions générales imposées à cette relation par des
facteurs situationnels (locuteur, lieu, temps, etc.) ou par les mondes
possibles où cette relation s'instaure (cf. Klaus, 1972b, *67*). La relation entre s et o n'est jamais directe mais toujours médiatisée par r (cf.
ibid., 71).

EXEMPLES: On distingue entre les sens et la référence d'un titre comme *Dans la chaleur
vacante* (Du Bouchet). La référence de ce titre est au moins double: d'abord, il renvoie à la
première partie du recueil qui porte le même nom et, ensuite, il renvoie au recueil en entier.
La valeur de vérité de l'énoncé du titre est déterminée par les conditions du monde "réel", où
le lecteur en situation de lecture constate que ce titre renvoie en effet à ce recueil, parce qu'il
en marque le sujet: la dernière ligne du recueil reprend le titre par l'isotopie /chaleur/ : "rien ne
désaltère mon pas" et ferme ainsi la boucle. Il n'en serait pas de même pour un titre de roman
cité dans un autre roman par le héros romanesque. Là, la valeur de vérité du titre cité par le
héros est déterminée par les conditions propres au monde de fiction où ce titre figure, et non
pas par les conditions de vérité valables pour le monde réel, même si ce titre lui est emprunté.
   La distinction entre sigmatique et sémantique est indispensable, parce que l'action de
référer et celle de signifier sont bien différentes. Le sens d'un énoncé comme "la table de
nuit" est à peu près "petit meuble placé au chevet du lit où l'on range les objets nécessaires
pour la nuit" (Robert, 1970, *1738*); ce sens existe indépendamment de l'objet particulier que
je vise dans mon énoncé et qui n'est même pas nécessairement une table de nuit mais par
exemple un exemplaire du recueil de nouvelles *La table de nuit* (1832) de Paul de Musset.

REMARQUE 2: La distinction d'une composante **sigmatique** n'est pas évidente. Le néopositivisme connaît seulement trois composantes, syntaxe, sémantique et pragmatique; la sigmatique s'y trouve incorporée dans la sémantique (cf. Carnap, 1970, *4*; Morris, 1971, *302*). Et
même des sémioticiens comme Eco ou Benveniste ne réservent aucune place pour la référence:
"il nous faut admettre que la notion de référent – sans doute utile aux physiciens et aux
logiciens – est inutile et nuisible à la sémiotique" (Eco, 1972, *64*; cette opinion est d'ailleurs
sensiblement mitigée dans Eco, 1976, *58* sq); "premièrement, à aucun moment, en sémiotique, on ne s'occupe de la relation du signe avec les choses dénotées, ni des rapports entre la
langue et le monde" (Benveniste, cité par Coquet et Derycke, 1972, *59*). La sémantique
d'inspiration matérialiste distingue par contre toujours quatre composantes: "Eine solche
Unterscheidung ist aber auf der Grundlage der materialistischen Widerspiegelungstheorie uner-
lässlich, und zwar dēshalb, weil das wirkliche Objekt, dessen gedankliches Abbild und das
sprachliche Gebilde, mit dessen Hilfe der Gedanke formuliert wird, nicht dasselbe sind"
(Klaus, 1972a, *16*); cf. aussi § 4.0.

   d. **R (s, i)** , c'est-à-dire l'ensemble de relations, psycho-sociales
notamment, qui existent entre les signes de l'énoncé de la pratique
signifiante abordée et leurs usagers, émetteurs et récepteurs. Cet aspect

de la sémiotique s'appelle **pragmatique**. En pragmatique, on étudie deux fonctions de l'énoncé, que Klaus (1972b, *77*) appelle **fonction symptomatique** et **fonction signalétique**; la première concerne la capacité de l'énoncé à émouvoir, la deuxième sa capacité à inciter le lecteur à réagir.

EXEMPLE: Un titre comme *Napoléon le Petit* (Hugo) exprime la mesquinerie de Napoléon III, contrastant implicitement avec la grandeur de Napoléon Ier, et aussi, indirectement, la haine et le mépris que Victor Hugo éprouve pour lui, contrastant implicitement avec l'admiration qu'il porte à Napoléon Ier; cela indique que le texte doit être rangé dans la catégorie des plaidoyers politiques, polémiques et satiriques: c'est la fonction symptomatique du titre. La fonction signalétique de l'énoncé en question réside dans l'appel que fait Hugo au lecteur pour que celui-ci, convaincu par l'argumentation hugolienne, réagisse contre le régime de Napoléon III.

Il paraît difficile de distinguer entre pragmatique pure et pragmatique descriptive; la pragmatique étant toujours empirique, elle n'existe qu'en tant que description (cf. Klaus, 1972b, *61*; Stegmüller, 1969, *33*). Nous en arrivons à distinguer quatre composantes de la sémiotique appliquée: syntaxe, sémantique, sigmatique et pragmatique. *Hiérarchie des relations*:   Nous aurions tort de croire que ces quatre composantes soient parfaitement indépendantes les unes des autres. Il faut souligner la **relation d'inclusion** qui existe entre elles. L'étude des relations syntaxiques est caractérisée par la mise hors jeu provisoire des composantes pragmatique, sigmatique et sémantique; la syntaxe est un sous-domaine de la sémantique et il existe une relation d'inclusion entre syntaxe et sémantique. La sémantique se définit comme la mise hors jeu provisoire des aspects sigmatiques et pragmatiques; il existe une relation d'inclusion entre d'une part la sigmatique et d'autre part la sémantique et la syntaxe: la sigmatique implique toujours la sémantique et la syntaxe. La pragmatique signifie la considération de tous les aspects: la pragmatique présuppose la sigmatique, la sémantique et la syntaxe, parce que les énoncés désignent, signifient et sont ordonnés selon certaines regles: certains faits syntaxiques demandent des explications sémantiques et pragmatiques, et certains faits sémantiques demandent des explications pragmatiques (cf. Fillmore, 1976, *83* et van Dijk 1977b pour une démonstration des rapports étroits entre sémantique et pragmatique). La pragmatique représente le point de vue le plus large, celui qui est en dernière instance déterminant du sens de l'énoncé et donc celui où devrait commencer toute réflexion sémiotique. Pour des raisons de commodité on commence pourtant habituellement l'étude sémiotique par la syntaxe, sans oublier qu'elle est déterminée par les autres composantes; la classification syntaxique des énoncés de la pratique signifiante reste le premier pas à faire dans une analyse sémiotique (cf. Sandig, 1971, *20*). La hiérarchie des relations peut être représentée comme suit:

$$((R(s, s') \subset R(s, r)) \subset R(s, o)) \subset R(s, i)$$

Le symbole $\subset$ représente la relation d'inclusion (cf. Klaus, 1972a, *16*; Klaus, 1972b, *72*; Plett, 1975, *101*). Nous pouvons résumer avec les paroles de Klaus:

"Die Semiotik lässt sich in drei bzw. vier Teildisziplinen untergliedern: in die Pragmatik, die Semantik und die Syntaktik; falls man sie nicht ihrerseits als Bestandteil der Semantik ansieht, kommt noch die Sigmatik hinzu. In der Pragmatik wird jedes Zeichen in einer vierstelligen Relation betrachtet. Diese Relation enthält den Menschen als Erzeuger bzw. Empfänger des Zeichens, das Zeichen selbst, seine Bedeutung und das, worauf dieses Zeichen hinweist. In der Pragmatik wird also die Sprache in der Gesamtheit ihrer gesellschaftlichen, psychologischen und anderen Verflechtungen betrachtet. Abstrahiert man von dem Erzeuger und dem Empfänger der Zeichen und betrachtet nur die Beziehung zwischen Zeichen und Bedeutung sowie zwischen Zeichen und Bezeichnetem, so kommt man zur Semantik. Die Beziehung zwischen dem Zeichen und Seinem Designat ist der spezielle Gegenstand der *Sigmatik*. Abstrahiert man von dieser Beziehung sowie auch noch vom Bedeutungsgehalt einer Sprache und betrachtet nur die Zeichen und ihre Verknüpfungen (z.B. die Regeln über die korrekte Aufeinanderfolge von Worten usw.), so kommt man zum syntaktischen Bereich der allgemeinen Semiotik" (Klaus in: Klaus et Buhr éds., 1975, *1096*).

Avertissement: Il faut faire remarquer que les frontières entre ces quatre domaines de la **sémiotique appliquée** ne se laissent pas déterminer de façon non ambiguë. L'analyse de la **perspective narrative** dans un récit, par exemple, relève d'une part de la description **syntaxique** dans la mesure où un changement de point de vue dans la narration constitue une technique éprouvée dans le récit; d'autre part, le changement de perspective narrative signifie un changement dans la relation entre l'énoncé et l'énonciateur, et relève donc de la description **pragmatique**. La distinction entre les phénomènes qui doivent être décrits dans le cadre de la composante **sigmatique** et ceux qui ressortissent plutôt à la composante **pragmatique** n'est pas toujours claire non plus. La sigmatique a pour tâche d'analyser les relations entre le signe et ses référés; elle doit donc rendre compte aussi de la façon dont les signes (les textes) reflètent des valeurs et des normes sociales et elle doit décrire comment les signes sont utilisés dans la société et s'insèrent dans l'Histoire. Cela signifierait qu'on serait obligé de considérer la description sigmatique comme supérieure à la description pragmatique, parce que les déterminations économiques et politiques et donc les motivations idéologiques déterminent finalement aussi la structure communicative de l'énoncé (cf. Schulte-Sasse et Werner, 1977, *59*). Nous nous conformons aux propositions de Klaus (1972a, 1972b) et à l'usage généralement adopté, parce que la description socio-historique et idéologique d'un texte est une analyse des rapports entre le texte et sa production/réception et qu'elle ressortit donc à la description pragmatique. De plus, il existe une raison plus pratique pour conserver une composante sigmatique placée entre la sémantique et la pragmatique: si l'on considère la sigmatique comme une composante hiérarchiquement supérieure à la composante pragmatique, il devient difficile de trouver un lieu approprié pour analyser le problème capital des relations intertextuelles et le problème de la référence (les noms propres, les mondes possibles, etc.). Les distinctions entre syntaxe, sémantique, sigmatique et pragmatique se présentent nettement dans le cas d'une sémiotique pure mais non pas dans le cas d'une sémiotique descriptive, où les frontières sont floues. La distinction est pour nous **opératoire**, c'est-à-dire qu'elle a une simple fonction organisatrice: un propos sur le titre peut avoir une dimension syntaxique, sigmatique ou pragmatique; pour localiser un objet sémiotique il faut spécifier ses dimensions (cf. Oller, 1972, *50*), c'est-à-dire son impact syntaxique, sigmatique et pragmatique. Strictement parlant, il n'existe pas non plus de relations d'inclusion entre les différents domaines distingués, parce qu'ils ne sont pas bien circonscrits eux-mêmes (cf. Petöfi, 1974, *11*; van Dijk, 1976c, *54* note 1; Lieb 1971a).

EXEMPLES: Voici comment la pragmatique du signe intitulant détermine la sigmatique, comment la sigmatique détermine la sémantique et comment la sémantique détermine la syntaxe. Soit le titre suivant *Le roman de la momie* (Gautier). Pour bien déterminer le sens de l'énoncé, il faut commencer par déterminer la situation de communication. L'énoncé "*Le roman de la momie* évoque la vie de l'Egypte dans les temps pharaoniques" peut être la réponse de l'élève à la question du professeur, qui demande de préciser le sujet de ce roman. L'établissement du contexte situationnel permet de déterminer avec précision l'objet de référence: tel livre lu par tel élève dans telle édition. Maintenant que la référence est déterminée, le sens des mots peut être précisé: les locuteurs parlent d'un texte en prose romanesque qui raconte l'histoire du cadavre embaumé d'une jeune Egyptienne. La détermination du sujet permet de comprendre la construction syntaxique: entre les syntagmes nominaux "le roman" et "la momie" il existe une relation syntaxique qui est celle entre sujet et objet (indirect); cette relation syntaxique peut être explicitée par l'introduction d'un verbe dans la structure de surface, par exemple "traiter de", "parler de", "porter sur", etc.: "le roman a pour sujet la momie". Nous montrerons maintenant que l'analyse faite en sens inverse, donc commençant par la syntaxe, ne permet pas de décider de la structure d'ensemble de l'énoncé, avant que l'approche pragmatique n'en ait précisé la situation de communication. Une première approche syntaxique déjà se trouve ne pas permettre de décider entre les diverses structures profondes que l'énoncé pourrait avoir et qui correspondent à des significations différentes: "le roman qui appartient à la momie": la momie a un roman; "le roman qui est écrit par la momie": la momie a écrit un roman; "le roman qui traite de la momie": la momie est le sujet d'un roman; "le roman qui provient de la momie": la momie a donné un roman. La structure profonde sémantique décide de la structure syntaxique de surface et cette structure sémantique ne se laisse établir qu'à partir du référé de l'énoncé: il peut s'agir soit du roman de Gautier, soit du papyrus dont Gautier raconte qu'on l'a trouvé à côté de la momie et dans lequel son histoire est racontée. Une ambiguïté analogue se présente dans un titre comme *Les fruits d'or* (Sarraute), qui renvoie 1° au co-texte, 2° au roman imaginaire homonyme de Bréhier et 3° à l'objet nommé dans le titre, donc à des fruits d'or. Pour choisir entre ces possibilités, le lecteur se base sur une donnée pragmatique, comme le fait qu'il s'agit d'un titre de roman et sur la tradition poétique en matière d'intitulation; il connaît l'intitulation traditionnelle de romans comme *Roman de Brut*, *Roman de Fauvel*, *Roman de la rose*, *Roman de Renart*, etc., dont les titres renvoient à l'ensemble du co-texte et non pas à un élément narratif (le roman) dont il serait question dans ce co-texte. Encore ignorons-nous toujours de quel exemplaire et de quelle édition il pourrait s'agir. C'est de nouveau la situation de communication qui nous renseigne: il s'agit par exemple de l'édition Garnier-Flammarion et d'un exemplaire que l'élève a emprunté à la bibliothèque de son lycée, qui n'en possède qu'un seul exemplaire. Constatons que **les spécifications de la situation de communication permettent de préciser les structures syntaxiques et sémantiques, ainsi que la valeur de vérité du titre**. Ces spécifications concernent les locuteurs (véritable professeur, véritable élève), le lieu (salle de classe), l'heure (prévue à cet effet), les conditions de sincérité (volonté d'interroger, volonté de réussir), etc.

1.2.3 *Le titre comme objet graphématique et comme objet linguistique*

Dans le texte le titre figure toujours sous forme de **graphes** et il est donc l'objet de la **graphématique** (cf. *Linguistische Berichte* 13, 1971, *78-85* et 16, 1971, *49-59*)(§ 1.2.3.1). Par sa matière linguistique transcrite, le titre est aussi un **objet linguistique**. Nous nous posons trois questions: quelles sont les objections contre la linguistique structuraliste, quelle est la relation entre linguistique et sémiotique et quels sont les apports de la linguistique transphrastique à la sémiotique (§ 1.2.3.2).

1.2.3.1 *La scription du titre.* Etant donne, d'une part, que la linguistique s'occupe en principe de l'analyse des produits langagiers, des énoncés matériellement phoniques, et, d'autre part, que ce matériel phonique se présente couramment en transcription graphématique, on peut postuler avec Peytard (1971, *45*) l'existence de deux types d'actualisation de l'énoncé, l'**ordre oral** dont relève l'énoncé réalisé par **articulation** et susceptible d'**audition**, et l'**ordre scriptural**, où s'inscrit l'énoncé réalisé par la **scription** et susceptible de **lecture**. L'intitulation ne se fait pas au moyen de la matière phonique et relève donc de l'ordre scriptural; il faut ajouter immédiatement que **la matière graphique du titre ne doit pas être considérée comme la simple transcription d'une matière phonique,** parce que la matière graphique du titre ne constitue pas un stade second appelé à traduire un produit phonique originel: les traces graphiques du titre forment sa "matière première" et il n'est pas nécessaire d'insérer des phonèmes entre les graphèmes et le sens (cf. Prieto, 1975, *86*). La matière graphique du titre est d'autant plus importante qu'elle est le plus souvent négligée lors de la **transcription bibliographique**; le bibliographe fait son travail de classification, en distinguant, parfois arbitrairement, un titre principal d'un titre secondaire, en apportant une ponctuation qui lui paraît appropriée et en négligeant, en bonne partie, la typographie du titre, la disposition des lignes, bref toute la mise en page.

La **scription** ou l'écrit est généralement considérée comme un faible reflet de la parole. Barthes (1974b, *3-4*) présente la parole comme une instance de communication beaucoup moins surveillée que sa transcription, où nous nous barricadons derrière l'imposante façade de l'imprimé durable. A part l'innocence, il manque dans l'écrit la rigueur logique des transitions du discours parlé idéal: "lorsque nous parlons, lorsque nous 'exposons' notre pensée au fur et à mesure que le langage lui vient, nous croyons bon d'exprimer à haute voix les inflexions de notre recherche; parce que nous luttons à ciel ouvert avec la langue, nous nous assurons que notre discours 'prend', 'consiste', que chaque état de ce discours tient sa légitimité de l'état antérieur" (Barthes, 1974b, *3*). Finalement, Barthes fait encore remarquer que le locuteur se répète souvent pour être sûr que son interlocuteur l'entend et le comprend. Il constate donc que la parole perd son **innocence**, sa **consistance** et sa **redondance** lors de son passage à l'écrit; bref, la **personnalité** du discours est perdue dans l'ordre écrit scriptural (cf. Barthes, 1974b, *3-4*). La scription répare en partie ces pertes au moyen de la typographie (la ponctuation, les parenthèses, l'italique, le gras, etc.) et de la mise en pages.

Or, l'**intitulation** n'est pas sujette à de telles pertes, étant donné qu'elle ne forme pas la transcription d'un ordre oral. Au contraire, la scription du titre porte elle-même un sens indépendamment de l'ordre oral; le titre produit un effet calculé, en se présentant comme ambigu, voire illogique et au lieu d'être explicite ou redondant il use de préférence de l'ellipse. En littérature, on a d'ailleurs toujours profité de l'apport de la scription à l'établissement du sens: "Ton acte toujours s'applique à du papier; car méditer, sans traces, devient évanescent" (Mallarmé, 1956, *369*).

NOTE: Il vaut mieux parler de **scription** ou d' **écrit** que d'**écriture**, étant donné d'une part que "l'écriture n'est pas forcément le mode d'existence de ce qui est écrit" (Barthes, 1974b, *3*), et d'autre part que ce terme signifie tout autre chose dans la terminologie structuraliste: "l'écriture est une fonction: elle est le rapport entre la création et la société, elle est le langage littéraire transformé par sa destination sociale, elle est la forme saisie dans son intention humaine et liée ainsi aux grandes crises de l'Histoire. (...) Placée au coeur de la problématique littéraire, qui ne commence qu'avec elle, l'écriture est donc essentiellement la morale de la forme, c'est le choix de l'aire sociale au sein de laquelle l'écrivain décide de situer la Nature de son langage" (Barthes, 1968, *17, 18*); et Sollers, 1968a, *78*: "Toute écriture, qu'elle le veuille ou non, est politique. L'écriture est la continuation de la politique par d'autres moyens". L'écrit ou la scription se manifestent par des traces ou graphes, qui sont à distinguer de l'écriture: "*La graphie*, ce serait l'acte scriptural qui reste indifférent aux relations mutuelles des différents éléments de l'acte de communication. *L'écriture*, ce serait l'investigation de ces relations, l'exploration, et complémentairement, l'effort pour rendre apparentes, lisibles, ces relations, pour les instituer par la langue et ses ressources" (Peytard, 1968, *31*). Sur l'inscription du texte poétique cf. Delas 1978.

HISTORIQUE: Pour éclaircir la relation entre la **parole** et l'**écrit** nous supposons avec Derrida 1967 (cf. son résumé 1968) qu'à l'issue de la pensée amorphe une sorte d'archi-écriture originelle s'est développée, qui n'est ni **parole** – forme développée concurremment avec l'évolution de la pensée linéaire – ni **écriture** – forme fixe nécessaire par la vie en société et développée par interaction constante avec la parole, mais qui est une sorte de graphisme actualisé par des traces non linéaires, mobiles, dynamiques, traduisant la transformation de la pensée amorphe en pensée linéaire, logique (cf. Derrida, 1967, *127*); la parole se trouve insérée dans un milieu d'écriture (cf. *ibid.*, *339*).

PENSÉE AMORPHE
   t↑r↓a↑c↓e s
ARCHI-ÉCRITURE
   t↑r↓a↑c↓e s
PENSÉE LINÉAIRE
   t↑r↓a↑t↓v↓aux en société
PAROLE
      e↑x↓p↑l↓oitation
ÉCRITURE

L'archi-écriture est généralement décrite comme un ensemble de réprésentations mimétiques. Les travaux du paléontologue André Leroi-Gourhan 1964a et *id*. 1964b, qui défend l'hypothèse selon laquelle les premiers graphismes ne doivent pas être considérés comme des représentations ou des pictogrammes mais comme des traces conventionnelles, prouvent que "l'art figuratif est, à son origine, directement lié au langage, et beaucoup plus près de l'écriture au sens large que de l'oeuvre d'art" (1964a, *266*) et que "le graphisme (des premiers hommes) débute non dans la représentation naïve du réel, mais dans l'abstrait, réhabilitant ainsi le niveau mental des premiers graphistes humains" (1964a, cité par Richaudeau, 1969, *152*). Ce graphisme a probablement son origine dans un besoin de communication avec les dieux et avait donc une fonction rituelle: "Mais un grand nombre de ces peintures préhistoriques enfouies dans les profondeurs des cavernes s'adressaient, semble-t-il, plus aux dieux dont elles invoquaient l'intervention − en vue d'une chasse fructueuse par exemple − qu'elles ne servaient de moyen de transmettre des messages à d'autres êtres humains" (*Liber Librorum*, 1973, *17*); "Jacques Gernet (...) se demande si 'dès ses premiers emplois l'écriture n'a pas été en Chine, de façon exclusive, un moyen de communication avec les dieux ou, du moins certaines catégories de divinités' " (Etiemble, 1961, *9*).

Marx et Engels ont insisté sur l'*inséparabilité de la parole et de la pensée*, développées par le besoin d'*outils sociaux*: "Die Lautsprache ist zusammen mit dem Denken unter dem entscheidenden Antrieb der gesellschaftlichen Arbeit entstanden. Wie Engels schrieb, "trug die Ausbildung der Arbeit notwendig dazu bei, die Gesellschaftsglieder näher aneinanderzuschliessen, indem sie die Fälle gegenseitiger Unterstützung, gemeinsamen Zusammenwirkens vermehrte und das Bewusstsein von der Nützlichkeit dieses Zusammenwirkens für jeden einzelnen klärte". (...) Sprache und Denken bilden von ihrem Ursprung und ihrer Funktionsweise her eine untrennbare Einheit. "Die Sprache ist so alt wie das Bewusstsein − die Sprache *ist* das praktische, auch für andre Menschen existierende wirkliche Bewusstsein, und die Sprache entsteht, wie das Bewusstsein, erst aus dem Bedürfnis, der Notdurft des Verkehrs mit andern Menschen... Die unmittelbare Wirklichkeit des Gedankens ist die Sprache" (Marx/Engels 3, 30, 432)." (Alfred Kosing in: Klaus et Buhr éds., 1975, *1161*).

Le développement de l'*écriture*, considérée dès son apparition comme un pouvoir magique, se trouverait à l'origine même de l'*inégalité* parmi les hommes et en constituerait la cause première: cf. Rousseau discuté dans Derrida 1967 et Paul-Louis Courrier, qui écrit le 10 mars 1820: "Mais, quand un Phénicien (ce fut, je m'imagine quelque manufacturier, sans titre, sans naissance) eut enseigné aux hommes à peindre la parole, et fixer par des traits cette voix fugitive, alors commencèrent les inquiétudes vagues de ceux qui se lassaient de travailler pour autrui, et en même temps le dévouement monarchique de ceux qui voulaient à toute force qu'on travaillât pour eux. Les premiers mots tracés furent *liberté, loi, droit, équité, raison*; et dès lors on vit bien que cet art ingénieux tendait directement à rogner les pensions et les appointements. De cette époque datent les soucis des gens en place, des courtisans" (cité par Etiemble, 1961, *5*). Etiemble fait remarquer ensuite que "Court de Gébelin supposait que l'écriture ne pouvait apparaître que chez des peuples agriculteurs: elle leur serait indispensable pour tenir registre de leur gens, de leurs troupeaux, de leurs champs, de leurs recettes et de leurs dépenses. Selon le P. Wieger s.j., "l'écriture commença par être un instrument de gouvernement, d'administration". De fait, un texte au moins l'affirme, en Chine: "*Chang-kou hien-jen kie cheng yi tcheu*", autrement dit: "les saints hommes des temps très anciens nouèrent des cordelettes (écrivirent), afin de gouverner" (*ibid., 9*). Et Lévi-Strauss cite dans *Tristes Tropiques* le cas d'un Indien illettré mais intelligent qui feint de savoir écrire pour s'asservir ceux que jusque-là il traitait en égaux: "la fonction primaire de la communication écrite est de faciliter l'asservissement. L'emploi de l'écriture à des fins désintéressées, en vue de tirer des satisfactions intellectuelles et esthétiques, est secondaire".

Or, depuis le développement de **la parole**, celle-ci a **prévalu sur l'écriture** et cela dès l'Antiquité; Socrate affirme que l'écrit ne sert qu'à nous rappeler ce que nous savons déjà;

c'est un pur amusement qui n'est qu'un remède contre l'oubli; seule la parole est vraie, vitale, dynamique, écrite dans l'âme de l'auditeur (cf. Platon, *Phèdre*; Wimsatt et Brooks, 1970, *64*). Cet assujettissement de l'écriture à la parole va jusqu'à l'absorption de l'une par l'autre: l'invention de l'imprimerie en Europe constitue pour la parole le moyen de s'exprimer à travers l'écriture: "Le langage a désormais pour nature première d'être écrit. Les sons de la voix n'en forment que la traduction transitoire et précaire" (Foucault, 1966, *53*). La linguistique n'a jamais cessé de considérer l'écriture comme un simple suppôt de la parole: par exemple, Bloomfield: "Writing is not language, but merely a way of recording language by means of visible marks" (cité par Stubbs, 1980, *24*). Derrida (1967, *46* sq et *78* sq; 1968, *140-141*) accumule les preuves de l'exclusion de l'écriture du champ de la linguistique saussurienne et jakobsonienne: l'écriture y est considérée comme représentation pure. Vers la fin des années '60 on signale, à l'instar des travaux de Derrida par exemple, une revalorisation de l'écriture, surtout dans le structuralisme français: "On a longtemps considéré l'écriture, et spécialement l'écriture dite phonétique telle que nous la concevons et l'utilisons, ou croyons l'utiliser, en Occident, comme un simple instrument de notation de la parole. On commence à comprendre aujourd'hui qu'elle est un peu plus que cela, et Mallarmé déjà disait que "penser, c'est écrire sans accessoires". Du fait de la spatialité spécifique que l'on vient de rappeler, le langage (et donc la pensée) est déjà une sorte d'écriture, ou, si l'on préfère, la spatialité manifeste de l'écriture peut être prise pour symbole de la spatialité profonde du langage" (Genette, 1969, *45*). Et parallèlement Butor, 1968, *391*: "Le langage de ceux qui n'écrivent pas, enfants ou illettrés, se modèle toujours sur celui de ceux qui écrivent"; "Aussi l'on doit se demander s'il existe en fait une société où il n'y ait point au moins un embryon d'écriture. (...) À cet égard on peut dire que toute architecture, toute organisation d'un site, est déjà une écriture élémentaire. (...) Victor Hugo disait: "On plantait une pierre debout, et c'était une lettre, et chaque lettre était un hiéroglyphe, et sur chaque hiéroglyphe reposait un groupe d'idées comme le chapiteau sur la colonne..." " (*392*); "Hugo déclarait que le livre était une transformation moderne de l'architecture, une architecture devenue pleinement mobile du fait qu'elle était, par sa multiplication, libérée de son lieu" (*402*).

Nous concluons à la primauté sociale et peut-être même chronologique de l'écriture sur la parole (cf. Stubbs, 1980, *21-42*).

1.2.3.2 *Sémiotique et linguistique.* Dans la pratique, la sémiotique emprunte très souvent ses outils à la linguistique **structuraliste**. Nous avons déjà vu que ces emprunts (la méthode du corpus, notamment) ne se laissent pas toujours bien défendre d'un point de vue méthodologique; contre ces emprunts on peut formuler les **objections** suivantes.

Le structuralisme et surtout ses applications dans le domaine de la poétique (analyses structurales) ont tendance à **assigner à la structure découverte dans le texte un caractère ontologique**: dans le texte il y aurait une (des) structure(s) cachée(s) qu'il importerait à l'analyste de découvrir; cette découverte serait d'autant plus spectaculaire que la structure et donc la signification serait mieux cachée. Or, nous croyons que la structure retracée ne préexiste pas à l'analyse mais au contraire dépend de la méthode d'investigation choisie: "tandis que les éléments du champ ont une existence "objective" (car ils existent comme aspects de la culture), la structure du champ en tant que système doit être vue comme une *hypothèse opérationelle*, le filet méthodologique que nous avons jeté sur la multiplicité des phénomènes afin de pouvoir en parler. Cette structure est posée, par déduction, et ne prétend pas être la "structure réelle du champ". Par conséquent y voir la structure objective du champ serait inexact et le discours se présenterait comme achevé, avant même d'avoir commencé" (Eco, 1972, *12*). **Le texte n'a donc pas de structures objectives**; celles qu'on veut bien y découvrir dépendent finalement beaucoup plus de l'approche méthodologique du texte et donc des conceptions poétiques de l'analyste que de propriétés objectives de ce texte. Le choix de la méthode est probablement déterminé par les conceptions de l'investigateur sur la nature et la fonction de la littérature, ainsi que sur les techniques et procédés censés être typiquement littéraires. On peut supposer que la structure de la **conception poétique** dépend finalement des conceptions sur la nature et la fonction de la communication et sur le mode d'organisation de la société (cf. Verdaasdonk 1979, Verdaasdonk et van Rees 1977). La procédure structuraliste ressemble à ce jeu d'enfants qui consiste à relier dans un ordre prescrit des points marqués sur un bout de papier, jusqu'à ce qu'il apparaisse un dessin quelconque. Or, la représentation dans ce dessin n'est ni une propriété du papier ni une propriété des points qui y sont marqués, mais elle est le résultat de l'application rigoureuse d'instructions données d'avance: "les signes n'existent que pour autant qu'ils sont reconnus" (Barthes, 1978, *15*) (cf. par contre Corneille, 1976, *235* sq).

EXEMPLE 1: Dans un titre comme *Le mort vivant ou les aventuriers espagnols* on repère sans peine l'oxymoron /mort/ vs /vivant/. Or, une telle analyse, souvent implicite, repose toujours déjà sur le principe de la binarité de l'opposition. Etant donné que la **binarité** et l'**opposition** sont deux instances d'un grand principe de la linguistique structurale, la **valeur différentielle** (cf. Jakobson, 1963, *162* sq et Benveniste, cité dans Coquet et Derycke, 1972, *59*), on constate que les résultats de l'investigation dépendent du choix, souvent implicite, de la méthode (structuraliste).

Ensuite, comme la structure n'est au fond qu' "un *modèle statique* d'organisation des constituants textuels" (Grivel, 1974, *130*, nous soulignons), **le caractère statique de la structure entrave la formation d'un modèle qui puisse rendre compte de la mobilité du sens textuel**, notamment par rapport au fonctionnement socio-historique du texte.

EXEMPLE 2: Dans le titre, le sens est offert en vrac et c'est la lecture du co-texte qui permet à l'analyste de trier dans cet amas un sens cohérent par rapport au co-texte. Ainsi, un titre comme *La Place de l'Etoile* (Modiano) offre les sens suivants:

- nom de lieu parisien
- symbole du natiolisme français
- centre rayonnant
- constellation d'étoiles
- endroit précis où se trouve une étoile, etc.

La lecture du co-texte renseigne le lecteur sur le sens précis du titre: l'endroit où les Juifs français devaient porter l'étoile jaune pendant l'occupation allemande. Il ne s'agit pas simplement de remplacer les sens possibles du titre par un seul sens, le juste, ni de désambiguïser ce titre, mais plutôt de voir comment les différents sens possibles sont confirmés dans le co-texte et comment ils contribuent à fonder le sens pluriel du titre. La place de l'Etoile à Paris renvoie métonymiquement à l'Arc de Triomphe; le titre du roman de Modiano symbolise par là le nationalisme français, humilié par l'occupation allemande; cette étoile jaune que les juifs devaient porter à la place du coeur et qui était le symbole de l'Occupation, devient après la Libération le symbole même de la liberté, la place de l'Etoile connotant des entités historiques comme l'entrée de la division Leclerc à Paris le 24 août 1944, l'Arc de Triomphe de l'Etoile et le Premier Empire, la pierre tombale du Soldat inconnu, le défilé du 14 juillet, etc. Le rapport entre le sens spatial du titre (la place du coeur, la place à Paris) et son sens connotatif (le nationalisme français) est établi dans le co-texte, de façon à ce que le co-texte ferme la boucle en opérant un mouvement de retour au titre, qui signifie les deux sens à la fois. Une telle refonte de sens dans le titre opérée par le co-texte ne saurait être mise en modèle par le structuralisme; il faudra donc trouver "un moyen d'investigation qui révélerait ce qu'une analyse structurale s'inspirant de la phonologie n'est pas capable de découvrir, à savoir: LE PROCESSUS DE STRUCTURATION de cette organisation déjà dynamique au niveau de sa syntagmatique explicite, qu'est le roman" (Kristeva, 1970, *37-38*).

Une troisième faille de la méthode structuraliste réside dans son **ahistorisme**, qui est une conséquence logique de son "statisme", parce que celle-ci considère généralement l'objet de recherches comme un **système clos** (cf. Eco 1965). Une telle conception paraît inacceptable lorsqu'on se rend compte que la réalité sociale dont l'objet fait partie et dans laquelle il est inséré ne se présente pas sous l'aspect d'un système clos. Cette notion de système clos est en contradiction totale avec l'histoire de la science et avec la progression de la pensée, bref, avec le concept d'Histoire même (cf. Lojkine, 1970, *3, 5*). Cela signifie aussi que l'**analyse des implications idéologiques d'un texte est rendue impossible dans une conception structuraliste** (cf. Grivel, 1974, *131*).

PARALLÈLE: La déconsidération des implications idéologiques se retrouve de façon analogue dans la linguistique structurale, qui se voudrait neutre et objective; or, "science sociale, la linguistique se devrait d'étudier en priorité le statut de la langue dans la société; son rôle dans la lutte des classes, ses déterminations idéologiques" (Calvet, 1973, *20*). Le bien-fondé d'une telle entreprise est suffisamment démontré par Balibar 1974 et par Balibar et Laporte 1974.

NOTE: Concevons ici le mot "clos" dans le sens de "sans relation avec l'extérieur" et non pas dans le sens kristévien de "structuralement fini" (cf. Kristeva, 1969c, *113-142: Le texte clos*), ni dans le sens de "limité dans le temps et/ou dans l'espace" (cf. Arrivé, 1969, *5-6*).

Le structuralisme, dans le sens étroit du terme, s'est avéré incapable d'expliquer le rôle que joue un texte vis-à-vis d'autres textes et dans l'Histoire; la production et la réception du texte comme facteurs déterminants dans son fonctionnement socio-historique sont systématiquement négligées par le structuralisme. Pour y remédier, il faut analyser non seulement les structures mais encore la **structuration**, c'est-à-dire le fonctionnement des structures: "Etudier le texte comme une transformation sur l'axe diachronique signifie que nous l'abordons comme une STRUCTURATION plutôt que comme une STRUCTURE. La méthode consisterait à considérer les différentes séquences (ou codes) d'une structure textuelle précise comme autant de "transformations" de séquences (codes) prises à d'autres textes" (Kristeva, 1969a, *443*; cf. aussi Kristeva, 1970, *37-38*; et Grivel, 1974, *130*). Par son idéologie la conception structuraliste de la science relève nettement du néopositivisme (cf. Lefebvre 1975, Sebag 1969, *Structuralisme et marxisme* 1970).

EXEMPLE 3: Nous démontrons maintenant que le point de vue linguistique ne réussit pas toujours à épuiser le sens (historique) à attacher à tel titre, lorsque le champ sémantique de ce titre est considéré comme un système clos. L'article de Roland Barthes intitulé *Par où commencer?* (1970a) est l'article d'ouverture de la revue *Poétique*; en tant que tel, le titre de l'article paraît tout à fait compréhensible, d'autant plus que l'auteur y traite (entre autres) du problème de l'amorce du texte. Ce qui se voit moins, c'est le fait que ce titre renvoie directement à un texte homonyme de Lénine sur l'organisation générale du Parti, publié dans l'*Iskra* 4, mai 1901. Ce texte est repris et développé l'année d'après dans le cinquième chapitre de *Que faire?*, où Lénine démontre que "le journal n'est pas seulement un propagandiste collectif et un agitateur collectif; il est aussi un organisateur collectif" (Lénine, 1969, 225); "Ce journal serait comme une partie d'un gigantesque soufflet de forge qui attise chaque étincelle de la lutte de classes et de l'indignation populaire, pour en faire jaillir un immense incendie" (*ibid.*, *234*). On peut maintenant assigner à l'article de Barthes un sens précis: la revue *Poétique* y est implicitement comparée à l'*Iskra* (= l'Etincelle): le rôle décisif que l'*Iskra* a joué en tant que premier journal marxiste, fondé par Lénine en 1900, dans l'édification d'un parti marxiste de la classe ouvrière est comparé à celui que la revue *Poétique* serait appelée à jouer dans l'approche structuraliste de la littérature, et le fondateur de l'*Iskra* est comparé à l'auteur de l'article d'ouverture de *Poétique*. De la même façon que le titre de Barthes renvoie à celui de Lénine, le titre *Que faire?* de Lénine renvoie à un roman de Nicolaï Tchernychevski, critique littéraire, savant et représentant du socialisme utopique, qui écrivit en prison son roman *Que faire?* (1863) pour montrer comment les conditions sociales doivent changer, afin que l'homme puisse se déployer librement.

Nous nous attendons à ce que la sémiotique puisse pallier les défauts du structuralisme: "La sémiotique littéraire tend à dépasser déjà ce qu'on croit être les défauts inhérents au structuralisme: le "statisme" et le "non-historisme", en se donnant la tâche qui la justifiera: trouver un formalisme isomorphe à la productivité littéraire se pensant elle-même" (Kristeva, 1969c, *174*). A cette fin, nous allons voir maintenant comment concevoir la **relation hiérarchique entre sémiotique et linguistique.**

Il existe une nette filiation historique entre sémiotique et linguistique. Le développement contigu de ces deux disciplines remonte au *Cours de linguistique générale* (1915) de Ferdinand de Saussure (cf. *id.*, 1971, *33*) et se retrouve encore chez Jakobson (1963, *162*). Le point de vue structuraliste traditionnel est que la linguistique serait un sous-domaine de la sémiotique, qui, elle, constitue à son tour une partie de la psychologie sociale (cf. Saussure, 1971, *33*):

LINGUISTIQUE ⊂ SÉMIOTIQUE ⊂ PSYCHOLOGIE SOCIALE

Il se trouve pourtant que la sémiotique profite plus de la linguistique que la linguistique de la sémiotique. Et Saussure (1971, *101*) a remarqué lui-même que "la linguistique peut devenir le patron général de toute sémiologie, bien que la langue ne soit qu'un système particulier". C'est surtout Barthes 1967b et 1968 qui a élaboré et nuancé ce renversement, en montrant que la linguistique ou du moins le concept linguistique du signe est resté normatif pour la sémiotique, qui, d'ailleurs, "n'est accessible à la connaissance qu'a travers la langue" (Kristeva, 1968, *81*). Barthes (1968, *80-81*) postule une sorte de translinguistique, qui comprendrait la sémiotique et qui aurait la linguistique pour modèle dans l'analyse d'objets langagiers, iconiques, gestuels, etc.

LINGUISTIQUE ⊂ SÉMIOTIQUE ⊂ TRANSLINGUISTIQUE

PRÉCISION: Pour Derrida (1967, *74*) la sémiotique reste plus générale et plus compréhensive que la linguistique, qui − il est vrai − reste exemplaire pour la sémiotique, tandis que Benveniste (1969, *130*) considère la sémiotique comme un sous-domaine de la linguistique: "Toute sémiologie d'un système non-linguistique doit emprunter le truchement de la langue, ne peut donc exister que par et dans la sémiologie de la langue. (...) La langue est l'interprétant de tous les autres systèmes, linguistiques et non-linguistiques"; et Benveniste cité par Coquet et Derycke, 1972, *59*: "Énonçons donc ce principe: tout ce qui relève du sémiotique a pour critère nécessaire et suffisant qu'on puisse l'identifier au sein et dans l'usage de la langue. (...) Qui dit "sémiotique", dit "intra-linguistique"." On connaît les propositions de Barthes (1968, *80-81*) qu'il résume comme suit: "Il faut donc peut-être renverser la formulation de Saussure et affirmer que c'est la sémiologie qui est une partie de la linguistique" (*id.*, 1967b, *9*).

Cette **translinguistique** a été précisée à tour de rôle par Derrida, par Kristeva, par les sémioticiens russes, etc. Derrida (1967, *77*) approuve le "renversement barthésien", et il identifie cette translinguistique immédiatement à sa grammatologie, qui permettrait d'arracher le signe à la dominance linguistique, et il la fonde sur la différance. Pour Kristeva (1970, *10-11*) les concepts de la linguistique ne suffisent plus à élaborer les concepts de la translinguistique, notamment lorsqu'on aborde des pratiques signifiantes plus compliquées. Elle envisage d'adopter les acquis d'une grammaire transformationnelle et en particulier sa formalisation qui opère un dépassement des classements binaires, ou bien, solution autre mais contiguë, d'appliquer à l'objet des modèles de formalisation empruntés aux mathématiques ou à la logique. Une autre conception de la translinguistique se retrouve chez les sémioticiens russes comme Lotman 1974, qui étudie les systèmes modélisants secondaires; ces modèles se construisent sur le type de la langue naturelle; pour eux, la description linguistique ne suffit pas à élucider ce qu'est un texte (cf. Kristeva, 1969b, *200*). A l'instar des sémioticiens russes, Renier (1974, *42*) définit le projet sémiotique comme "la volonté d'élargissement de la linguistique par l'étude de modèles transformationnels qui rendent compte du transcodage dans le procès métalinguistique de la signification" (cf. van Rees 1978 pour une critique vigilante de Lotman).

Depuis qu'elle compte parmi les sciences exactes la linguistique sert volontairement de modèle à maintes autres disciplines (cf. Bartsch et Vennemann éds. 1973). C'est pour des raisons méthodologiques qu'il est impossible d'accepter telles quelles les méthodes structuralistes et que la description linguistique ne saurait suffire à une explication du texte (cf. Kristeva, 1969c, *16-17*). On peut donc se demander raisonnablement quel est l'**apport de la linguistique à la sémiotique.** En principe, il y a deux types d'approche linguistique de l'objet littéraires:

1. les analyses de la littérature à l'aide de la **méthode structuraliste,** inspirées surtout des travaux de Jakobson; ces approches ont été caractérisées comme des "tentatives d'annexion" (Kibédi Varga, 1974b, *12-13*); la linguistique structurale s'est simplement emparée d'un nouveau domaine d'application, la littérature. Le reproche principal qu'on leur adresse est de ne présenter que des hypothèses peu cohérentes, par exemple celle de la déviation, celle de la "clôture" du texte, celle de la spécificité linguistique de l'objet littéraire, etc.

2. les analyses de la littérature à l'aide de la **méthode générative,** inspirées surtout des travaux de Chomsky. Ces approches constituent une "extension" (Kibédi Varga, 1974, *12-13*) de la linguistique généra-

tive à la générativité textuelle. Le reproche principal qu'on adresse à une telle extension est de ne présenter que des visions d'ensemble hautement spéculatives et peu motivées.

EXEMPLE 4: Tandis que van Dijk (1972, *205*) définit encore l'approche linguistique de la littérature (la **poétique générative**) comme une discipline autonome quoique non indépendante, Oomen 1973 et Delas et Filliolet (1973, *54*) considèrent l'analyse linguistique comme une simple phase par laquelle passe l'étude du fonctionnement poétique. Harweg (1973, *71*) trace une ligne de démarcation entre les deux disciplines et constate que les règles de la grammaire reposent sur la compétence innée du locuteur, tandis que celles de la poétique lui sont assignées par les poètes et les rhétoriciens; Harweg admet pourtant qu'il y a des exceptions, dont précisément l'**intitulation, dont les règles reposent sur une compétence** (cf. § 2.1).
   On critique surtout l'introduction d'une **grammaire de texte** particulière: "si le texte n'est qu'une suite de phrases, comme la différence n'est pas nette entre phrase et suite de phrases, alors il n'y a pas lieu de modifier le modèle de la grammaire de phrase pour qu'il s'adapte à l'objet "Texte". On voit (...) que le remplacement dans la grammaire de l'axiome de départ Phrase par l'axiome Texte n'est pas en fait une modification fondamentale, qualitative du modèle. (...) J'espère avoir montré que les arguments proposés jusqu'ici ne suffisent pas pour rendre nécessaire une grammaire de texte qualitativement différente d'une grammaire de phrase, n'entraînent pas, en bref, l'"éclatement" du modèle antérieur" (Lang, 1972, *78*). Le texte n'en reste pas moins, bien entendu, une unité différente de la phrase, parce que la signification d'un texte est plus que la somme des significations des phrases. Lang (*ibid.*) localise ce supplément de signification dans les propriétés textuelles suivantes: " a) Le texte est le cadre à l'intérieur duquel les phrases se désambiguïsent; b) Le texte contient d'autres présupposés et implications que les phrases qui le constituent; c) Le texte a d'autres possibilités de paraphrases que la phrase". Brinkman 1974 a démontré pourquoi la grammaire de texte est d'un point de vue méthodologique une entreprise inacceptable: "de tekstgrammatica is geen grammatica, en het is niet aannemelijk dat zij dat ooit zal worden" (*231*).

RENVOIS: La description linguistique des textes littéraires a été l'objet de maints travaux de présentation dont *Langages* 51 1978, Adam 1976, Arrivé et Chevalier éds. 1969, van Dijk 1972 (surtout *189-209*), Delas et Filliolet 1973, Guiraud et Kuentz 1970, Ihwe éd. 1971-1972, Ihwe 1972, Kuentz éd. 1970, Sumpf 1971. Pour une critique de la poétique linguistique cf. Baumgärtner in: Ihwe éd. 1971-1972, Brinker 1971, Brinkman 1974, Posner in: Ihwe éd. 1971-1972, van Rees 1974. Pour la grammaire du discours en général cf. Dressler 1972 et Dressler et Schmidt 1973, une bibliographie commentée.

Somme toute, il paraît prudent de considérer pour le moment **la linguistique comme une discipline auxiliaire et non pas comme un modèle exclusif.**
   La **critique marxiste** de l'emprunt inconditionnel de méthodes linguistiques pour analyser les textes littéraires est double, méthodologique et idéologique. La critique d'ordre **méthodologique** consiste à affirmer que le transfert de concepts et de méthodes propres à l'objet linguistique donne une fausse **illusion de scientificité**: "toute assimilation, même honteuse, de la littérature au langage, de la critique littéraire à la linguistique, est (...) à l'avance condamnée" (Macherey,

1970, *160*; cf. aussi Vernier, 1974, *238*). La critique d'ordre **idéolo-gique** consiste à demander instamment la prise en considération des **implications idéologiques et du fonctionnement socio-historique** des textes; l'objet littéraire en tant qu' "ensemble de pratiques et de va-leurs situées dans une société donnée" (Barthes, 1974a, *12*) doit être replacé dans le cadre de la socialité (cf. Vernier, 1974, *239*).

Syntaxe du titre

Quel pivot, j'entends, dans ces contrastes,
à l'intelligibilité? il faut une garantie
— La Syntaxe —

(Mallarmé, *Le mystère dans les lettres*)

A l'intérieur de cela toute révolution ne
peut être que grammaticale ou syntaxique.

(Denis Roche, *La poésie est inadmissible*)

2.0 PLAN

Dans ce chapitre nous expliquons pourquoi et comment nous nous
servons d'une grammaire transformationnelle (§ 2.1) pour rendre
compte de la structure semi-grammaticale du titre (§ 2.2). Ensuite,
nous indiquons quels sont les types d'écarts constatés dans les titres
(§ 2.3) et nous analysons les rapports syntaxiques entre le titre principal et le titre secondaire (§ 2.4).

2.1 LA COMPÉTENCE DISCURSIVE

Au début de ce chapitre il convient de rappeler que dans la sémiotique
descriptive la **syntaxe** empruntée à la linguistique fonctionne comme
une **science auxiliaire** et peut aider à construire le modèle syntaxique
du titre. Etant donné que l'analyse du fonctionnement socio-historique passe nécessairement par une phase descriptive, et que la descrip-

tion de la langue du titre doit être exécutée dans un cadre précis élaboré en vue de la description syntaxique des langues naturelles, nous ne pouvons pas ne pas faire appel à une théorie syntaxique adéquate, par exemple celle que Chomsky et ses élèves ont développée depuis 1957. Cela n'empêche pas la méthode de rester sémiotique, tout en empruntant à la **grammaire transformationnelle** ses procédures, afin de pouvoir décrire le modèle universel qui caractérise le titre et afin de pouvoir mesurer la spécificité éventuelle d'un titre particulier par rapport au modèle général.

RAPPEL: Toute grammaire a la tâche de faire correspondre une représentation sémantique et une représentation phonétique (ou graphique) (cf. Hundsnurscher, 1971, *1*; Ruwet, 1972, *13*). Dans la théorie standard, qui date déjà de 1965, Chomsky 1971a distingue entre deux niveaux de structuration: la structure profonde est la résultante de l'insertion lexicale dans le composant de base (de réécriture), qui engendre une description syntaxique structurale déterminant l'interprétation sémantique de l'énoncé; la structure de surface est générée par l'application à la structure profonde de nombreuses transformations qui laissent le sens intact, de sorte que les règles d'interprétation du composant sémantique opèrent sur la structure profonde (cf. Chomsky, 1971a, *30* sq; Katz, 1972, *31*). L'hypothèse de la préservation du sens dans les transformations est en 1972 encore défendue par Katz 1972. Cette hypothèse a mené à l'adoption de structures de profondeur de plus en plus complexes, dans lesquelles la frontière entre syntaxe et sémantique devient de plus en plus floue; on parlera même de "sémantaxe" (cf. Abraham et Binnick 1969, Newmeyer 1970, Seuren 1969, *id.* 1975, *id.* éd. 1974, Weinreich 1966, Wunderlich 1970b). Dans une version étendue de la théorie standard (cf. Kayne 1977, Ronat éd. 1977, Ruwet 1972), Chomsky 1971b choisit la solution d'admettre que les règles d'interprétation peuvent même parfois être appliquées à la structure de surface (cf. Chomsky, 1971b, *213*) et donc que les transformations peuvent bel et bien changer le sens. La sémantique interprétative adopte une formalisation de type logique pour représenter l'interprétation sémantique (cf. Chomsky 1975, Jackendoff 1972). Des règles morphologiques attribuent à chaque structure de surface une représentation phonétique dans un alphabet phonétique universel.
    Les partisans d'une sémantique générative (cf. dans la bibliographie les travaux de Bach, Fillmore, Lakoff, McCawley, Ross ainsi que Fillmore et Langendoen éds. 1971, Harman et Davidson éds. 1972, Steinberg et Jakobovits éds. 1971; introductions françaises Dubois-Charlier et Galmiche 1972, Galmiche 1975) adoptent l'hypothèse selon laquelle la structure profonde coïncide avec la représentation sémantique (cf. Lakoff, 1971b, *234*), de sorte que "les règles syntagmatiques engendrent directement des représentations sémantiques" (Ruwet, 1972, *33*). Dans cette conception, la structure profonde est superflue (cf. McCawley, 1972a, *369*); elle est remplacée par une représentation sémantique conceptuelle (cf. Lakoff, 1971b, *269*, McCawley, 1972a, *384*); les transformations ne changent pas le sens des structures générées (cf. Partee 1971). Globalement, cette structure sémantique peut être représentée comme un prédicat à n places, accompagné de n arguments. Les relations fonctionnelles entre ces arguments d'un côté et le prédicat de l'autre côté peuvent être spécifiées en termes logico-sémantiques et sont peut-être formalisables dans le cadre d'une sémantique formelle (cf. les travaux de Montague et de Hintikka par exemple).
    Nous ne choisirons pas entre le modèle transformationnel de Chomsky (cf. Chomsky et Lasnik 1977) et celui de la sémantique générative. La question est toujours de savoir s'il existe au fond une différence réelle entre les deux modèles ou s'il s'agit de "variantes notationnelles" (Katz, 1972, *397*), c'est-à-dire de deux théories équivalentes qui diffèrent par leur formulation

dans deux systèmes terminologiques différents (cf. Postal 1972). S'il existe une différence, elle réside surtout dans l'idée que les deux théories se font de la nature de la structure profonde et du fonctionnement des transformations.

NOTE 1: Nous ne pouvons pas accepter l'objection que fait Sandig (1971, *20-21*) contre l'emploi de la méthode transformationnelle dans l'inventarisation des structures syntaxiques possibles pour les titres de journaux, lorsqu'elle affirme que "Formale Unterschiede würden dadurch (...) allzuleicht verwischt". Le modèle transformationnel, dûment élaboré, permet au contraire, à notre avis, de générer tous les énoncés différents qui peuvent fonctionner comme titres et d'en fournir une description structurale univoque et explicite. Un désavantage réel de la méthode transformationnelle paraît plutôt résider dans son énorme puissance générative (cf. Chomsky, 1972, *67*).

A la grammaire incombe la tâche de rendre compte du fait empirique qu'au moins certains groupes de locuteurs possèdent la compétence de construire un nombre indéfini d'énoncés intitulants et que tout locuteur possède la compétence de les comprendre. Pour pouvoir rendre compte de la diversité des énoncés, la grammaire transformationnelle distingue entre **compétence** — l'ensemble de règles qui permet au locuteur de comprendre et de construire des séquences grammaticales — et **performance**, l'utilisation de cette compétence par le locuteur dans les actes de parole, avec les défaillances et les distorsions dues au sujet linguistique et/ou à la situation de communication.

REMARQUE: La distinction chomskyenne entre **compétence** et **performance** ne couvre que partiellement celle de Saussure entre **langue** et **parole**, l'emploi de ces termes étant ambigu (cf. Al 1971, Bossuyt 1977, Hoek 1971b). Le terme de "langue" représente pour Saussure "un inventaire, une taxonomie d'éléments, une somme de listes" (Tuţescu, 1972, *9*), où l'aspect créateur de la langue n'est pas présent; pour Chomsky ce terme représente le processus génératif basé sur des règles récursives (cf. Al, 1971, *91*). Al (1971, *90-91*) a signalé que le terme de "parole" désigne non seulement le **mécanisme** qui extériorise les produits de l'activité combinatoire mais aussi le produit de ce mécanisme, c'est-à-dire le **discours**. Le terme de "performance" est également sujet à un emploi ambigu: il désigne tant "l'emploi effectif de la langue dans des situations concrètes" (Chomsky, 1971a, *13*) que "le processus de perception (et de production)" (Al, 1971, *91*). Il faut ajouter encore que la notion de compétence ne paraît pas non plus bien définie (cf. Lieb 1971b) et que la distinction d'avec la performance pourrait bien reposer sur une idéologie individualiste et subjective de la créativité (cf. Haroche e.a., 1971, *98*). Cf. le schéma suivant, inspiré de Al, 1971, *91*:

COMPÉ-TENCE	structure profonde composante transformationelle structure de surface	langue	objet de connais-sance
	représentation phonétique		non audible
PERFORMANCE (modèles sociolinguistiques et psycholinguistiques)		parole (mécanisme)	
RÉALISATIONS D'ÉNONCÉS		parole (discours)	objet réel audible
Chomsky		Saussure	

Il faut préciser maintenant le **statut grammatical de la langue des titres**. En tant que langage discursif et parfois littéraire, le langage du titre spécifique est un **langage secondaire**, un "système modélisant secondaire" (Lotman 1974), qui "utilise des signes agencés de façon particulière" (*ibid.*, *34-35*); ce langage particulier se construit sur le type de la langue naturelle sans reproduire nécessairement tous les traits des langues naturelles (cf. *ibid.*, *37*). **Le titre spécifique est un texte formulé dans un langage particulier, qui se distingue de la langue naturelle par l'emploi de règles particulières** (par exemple: suppression des éléments verbaux). Par ses particularités le titre ne relève pas directement de la compétence linguistique; par suite des particularités propres au titre spécifique et de son acceptabilité empiriquement observable, il faut supposer que **les irrégularités du titre sont codifiées et qu'il existe un système canonique qui se trouve à leur base. La grammaire du titre peut**, à notre avis, **être conçue comme une extension par rapport à la compétence linguistique**, qui rend compte des phrases de la langue naturelle. **La description de la grammaire du titre doit être comprise comme la construction d'un modèle d'une compétence linguistique dérivée.** Nous supposons avec Ihwe (1971, *614*) et Fowler (1971, *359*, *369*) que la spécificité d'un texte et donc d'un titre relève plutôt d'une **théorie de la performance linguistique** que d'une chimérique compétence textuelle indépendante (cf. Brinkman, 1974, *223*). Puisqu'il y a donc un système à la base de l'emploi de cette performance, on pourrait parler d'une compétence performancielle ou plutôt encore d'une **compétence discursive** (cf. Eco, 1976, *136-137*), qui rend compte de la capacité du sujet de produire et de reconnaître la cohérence du discours (cf. Charolles 1978). Pour pouvoir rendre compte des particularités des titres spécifiques, nous supposons qu'**il y a des règles spéciales dérivées de la compétence linguistique, qui forment une compétence discursive.** Cette dérivation pourrait s'effectuer au moyen de **règles d'extension** (Klima), dont un sous-ensemble pourrait générer les titres spécifiques. La différence réelle entre les séquences grammaticales et les énoncés intitulants se situe donc plutôt au plan de l'**acceptabilité** qu'à celui de la **grammaticalité**: situés par exemple à l'intérieur d'un texte écrit, les titres ne possèdent pas toujours l'acceptabilité des séquences grammaticales.

PARALLÈLE: Au fond le titre fonctionne donc comme un **code dans le code** (cf. Loffler, 1972, *87*). On peut penser aussi à ce que Ducrot (1972, *16*) appelle un "code second", qui constitue "une partie importante, et peut-être la totalité, de ce qu'on appelle 'rhétorique' ". Les variantes stylistiques et rhétoriques sont considérées par Katz (1972, *419*) comme des phénomènes de surface qui n'auraient aucun impact sur le sens profond, excepté quelques concessions qu'il se voit obligé de faire et qu'il caractérise de "mineures" (*ibid.*, *441*). Afin de rendre compte des interprétations différentes de ces variantes, Katz prône l'introduction d'un nouveau composant interprétatif, "a theory of rhetorical form" (*ibid.*, *420*), qui opérera sur les structures de surface et fournira une représentation des potentialités rhétorico-stylistiques (cf. *ibid.*, *443* sq). Cf. aussi les "règles stylistiques", composant mentionné dans Chomsky et Lasnik (1977, *431*, *433*). Nous ne croyons donc pas, comme le fait Robberecht (1975, *94*), qu'il soit possible de rendre compte des titres au moyen des règles de la compétence linguistique, les structures des titres étant souvent trop spécifiques; nous ne croyons non plus, comme le fait Straumann (1935, *21*), qu'il faille des règles autonomes, les structures des titres étant parfois parfaitement grammaticales; nous **postulons seulement l'existence de règles dérivées des règles existantes; ces règles dérivées constituent un sous-ensemble de la compétence discursive.** Harweg (1973, *71*) postule également l'existence de règles grammaticales pour rendre compte de certains phénomènes textuels, dont l'intitulation: "For there also seem to be rules of this kind which, instead of being conscious creations of certain individuals, already belong to the ideal speaker's intuition, and they, according to our delimitation between grammar on the one hand and poetics and rhetoric on the other, undoubtedly come within the range of grammar. Among these rules are, for instance, all those that are concerned with the relation between a text and its heading or title".

L'introduction d'une **compétence discursive** est indispensable pour plusieurs raisons: nous avons déjà constaté que les titres sont parfois parfaitement réguliers et une grammaire des titres ne saurait donc se passer de la compétence linguistique, qui rend compte des énoncés non intitulants. Il faut pourtant une **extension** de cette compétence, parce qu'il existe une différence entre la capacité de **production** des énoncés intitulants et la capacité de **réception** de ces énoncés: la première est beaucoup moins générale que la dernière. Les règles de la compétence linguistique ne font pas de différence entre production et réception; les règles de la compétence discursive doivent pouvoir rendre compte du fait que le sujet linguistique, pour être capable de comprendre les titres qui introduisent un texte, n'est pas nécessairement capable de les produire. La capacité d'intituler un texte est de ce point de vue comparable à la capacité de mettre par écrit des idées, de construire une argumentation logique, de résumer un raisonnement, de paraphraser un texte. Avec Sandig (1971, *14*), nous distinguons entre une **compétence discursive active** et une **compétence discursive passive**: tout locuteur possède la capacité de comprendre une infinité d'énoncés intitulants sans être nécessairement capable de les produire; le locuteur ne possède pas automatiquement cette compétence discursive active avec le don de la parole; il faut un enseignement approprié pour jeter un pont entre la compétence discursive passive, qui paraît acquise avec le langage et la compétence discursive active, qui demeure souvent à l'état latent.

NOTE 2:   L'unité de base dont la grammaire rend compte est constituée par la phrase; cela ne veut pas dire qu'une telle grammaire soit par là incapable de décrire des phénomènes qui dépassent les frontières de la phrase (cf. la fin du chapitre précédent). Comme il est rare que le titre principal ou le titre secondaire se compose de plus d'une "phrase", nous considérons le titre spécifique comme un texte d'une seule phrase (cf. § 1.1.1 NOTE). Lorsque le titre principal ou secondaire comporte plus d'une seule phrase, ces phrases se trouvent en général au même niveau syntaxique, c'est-à-dire elles sont syntaxiquement dominées par le même noeud. Ce cas se présente lorsque le titre principal comporte deux propositions coordonnées: *Lève-toi et marche* (Bazin). Dans les titres la coordination d'éléments est un phénomène moins rare que la subordination (cf. Đik 1968, R. Lakoff 1971).

2.2   TITRES ET SEMI-GRAMMATICALITÉ

Les titres constituent des séquences tantôt déformées et tantôt régulières; la grande majorité des titres — comme bien d'autres types d'énoncés — se départ de la construction syntaxique habituelle (§ 2.2.1); il faut voir quelles sont les conséquences grammaticales de cette particularité pour la description syntaxique (§ 2.2.2).

2.2.1   *Un style elliptique et nominal*

On constate empiriquement que dans les titres les éléments verbaux sont en général supprimés au profit quantitatif des éléments nominaux: le style du titre est elliptique (§ 2.2.1.1) et nominal (§ 2.2.1.2).

2.2.1.1   *Un style elliptique.*   Dans la langue et dans l'écriture il existe un groupe particulier d'énoncés, tout aussi bien compris que les autres mais pourtant différents de ceux-ci par leur structure irrégulière; on constate que "le syntagme verbal faisant défaut, la structure de la 'phrase minimale' n'est pas respectée" (Dubois e.a., 1970a, *74*). Ces énoncés figurent dans les types de textes suivants:

    a.   **télégrammes**: *papa malade stop rentrez d'urgence stop maman stop* (cf. Brandstetter 1968);

    b.   **bulletin météorologique**: *temps nuageux avec belles éclaircies sur tout le territoire* (cf. Rath 1968, Sandig 1970);

    c.   **textes publicitaires, slogans, inscriptions**: *du pain, du vin, du Boursin, Giscard à la barre, accès interdit aux mineurs* (cf. Péninou 1972);

    d.   **titres** et **manchettes**: *Le mari de Delphine, Claude François: tympans déchirés* (Nice-Matin 7-9-1975) (cf. Grivel, 1973a, *166-181*, Sandig 1971);

e. recettes de cuisine, modes d'emploi: *pommes de terre salardaises: 1 kg de pommes de terre, 100 g de beurre, sel, poivre, pelures de truffe,* etc. (cf. Sandig 1970);

f. poésie et prose littéraire:

FAUSSE JOIE

La tristesse

l'attente

le désespoir

La ville lumineuse en haut du rocher blanc

Et l'éclat de Midi passé

Malgré le temps ...

(Reverdy, *Grande nature*) (cf. van Dijk 1972);

g. communications officielles: *départ du défilé à 10.00 heures*;

h. indications de prix: *3 bouteilles 10 F, 5 F pièce*;

Ce type d'énoncés figure aussi bien dans le langage parlé:

i. exclamations, avertissements: *hourrah, au voleur, attention,* etc.;

j. énumérations: *des lions, des tigres, des éléphants, des zèbres,* etc.;

k. voeux et salutations: *joyeux noël, bonnes vacances, au revoir,* etc.;

l. apostrophes: *garçon, madame,* etc.;

m. commandes: *une bière* (cf. Culicover 1970);

n. phrases qui dépendent grammaticalement d'autres phrases; par exemple:

— des réponses: *à Jean* (question: *à qui l'as-tu dit?*);

— des bouts de phrases (*Jean aussi*) articulés sur une phrase précédente (*Pierre est chômeur*).

Ces énoncés peuvent être exprimés aussi dans un langage parfaitement régulier. Leurs particularités n'empêchent pas ces énoncés d'être tout à fait acceptables pour leurs usagers. Comme il s'agit dans tous ces cas d'énoncés dépourvus de verbes (cf. Grosse 1968), donc d'expressions contractées où manque le verbe, il est question d'ellipses. Nous adoptons la définition de l'ellipse donnée par Jean Dubois (e.a. 1973, *183*): "Dans certaines situations de communication ou dans certains énoncés, certains éléments d'une phrase donnée peuvent ne pas être exprimés, sans que pour cela les destinataires cessent de comprendre". Dans toutes les définitions du terme d'ellipse, de Fontanier (1968, *305*) à Dubois (e.a. 1970a, *73*), on souligne le fait qu'il s'agit d'un contenu complet en dépit d'une construction incomplète (cf. pourtant REMARQUE 2). L'ellipse a fait l'objet de recherches en général limitées (cf. Gunter 1963, Isačenko 1965), exception faite pour les travaux de Shopen (1972, 1973). Gunter (1963, *140*) et Isačenko (1965, *163*) ont suggéré que cela s'explique par le fait que l'ellipse relève au fond d'une grammaire (con-)textuelle dans la mesure où le problème en question est celui du contexte dans lequel tel énoncé est inséré et donc celui de la connexion de deux phrases (cf. Karlsen 1959).

REMARQUE 1: Il ne nous paraît pas possible de distinguer entre deux domaines linguistiques différents: "Sprachbereiche, in denen nur gelegentlich eine Setzung auftritt" et "Sprachbereiche, die durch den Gebrauch von Setzungen gekennzeichnet sind" (Rath, 1968, *10-11*); il n'y a pas de type d'énoncés où ne figure jamais l'ellipse (cf. supra l'exemple *n*) et il n'y a pas de type d'énoncés qui soit caractérisé par l'ellipse. Tout au plus on peut constater qu'il y a des types d'énoncés où la présence de l'ellipse est plus fréquente qu'ailleurs. La distinction formelle entre des types de discours littéraires qui comportent des éléments verbaux et ceux où ces éléments sont supprimés est difficile, parce qu'il existe des types de discours où le rôle du verbe est réduit; c'est le cas par exemple des maximes (cf. Meleuc, 1963, *77*). L'ellipse se présente non seulement au niveau micro-structural de la phrase mais aussi au niveau de la **macro-structure narrative**: "les énoncés narratifs logiquement impliqués dans le cadre d'une performance peuvent être elliptiques dans la manifestation" (Greimas, 1970, *174*). Comme au niveau microstructural l'ellipse ne change pas la disposition des autres éléments ni la compréhension de l'ensemble (cf. Propp, 1970, *32, 134*). Cela explique pourquoi le terme de **contraction** est plus adéquat pour caractériser l'ellipse que celui de suppression, ce dernier suggérant toujours plus ou moins une perte de sens et/ou un changement de la disposition structurale; le terme de contraction suggère seulement **l'élimination de la redondance** (cf. Escarpit, 1976, *161*).

REMARQUE 2: Il n'est pas évident a priori que la classification des ellipses doive se faire sur la base d'un manque dans la construction. On pourrait également partir de la positivité de la construction incomplète, c'est-à-dire se baser sur les éléments présents dans l'énoncé elliptique, pour établir leur contribution au fonctionnement du discours, par exemple leur apport à la cohérence du discours. Cherchi (1978, *120*) affirme: "Notre idée directrice sera de tirer des enseignements, non de ce qui manque, mais de ce qui est présent, dans les énoncés elliptiques". Il constate que l'ellipse contribue à la cohérence du texte (cf. Charolles 1978) par un isolement du thème ou du rhème (Cherchi, 1978, *124*); il s'ensuit que l'ellipse prend une part privilégiée dans la délimitation du texte. Constatation qui se voit confirmée par le rôle que joue le titre traditionnellement!

D'après le mode de restauration de la complétude de l'énoncé elliptique on peut distinguer **trois types d'ellipses**:

1. **l'ellipse co-textuelle** se présente dans des phrases incomplètes qui ne peuvent être complétées qu'à base du co-texte linguistique; le complètement d'une telle ellipse dépend directement d'une ou plusieurs phrases précédentes (cf. Gunter, 1963, *140*):

— Et lorsque le mari est entré, où se trouvait madame?, demanda le juge.
— Dans mes bras, répondit-il fièrement. (qui signifie: "elle se trouvait dans mes bras").

2. **l'ellipse contextuelle** se présente dans des phrases incomplètes qui peuvent être complétées à base du contexte situationnel indépendamment des énoncés précédents (cf. Pike, 1974, *21* sq):

    – Les bras! les bras!

Cet énoncé peut être une instruction du professeur de gymnastique.

    – Jean, mon manteau!

Cet énoncé est l'ordre donné au valet par le maître.

3. **l'ellipse grammaticale** se présente dans des phrases incomplètes qui peuvent être complétées à base de "la connaissance de la langue (des règles syntaxiques)" (Dubois e.a., 1973, *183-184*), c'est-à-dire à base de leur structure grammaticale interne seule, indépendamment du co(n)texte:

    – Arriverons demain.
    – Soit dit entre nous.
    – Dans mes bras!

Dans ces cas, la signification des énoncés peut être établie, sans que le co-texte linguistique ou le contexte situationnel soient connus. Dans le dernier exemple, l'exclamation marquant l'enthousiasme du locuteur signifie "venez tout de suite et jetez-vous dans mes bras".

REMARQUE 3: La plupart des auteurs ne distinguent que deux types d'ellipse; Plett (1975, *228-230*) constitue une exception. On a tendance à confondre ellipse contextuelle et ellipse grammaticale (cf. Gunter, 1963, *140*) et plus souvent encore on confond ellipse co-textuelle et ellipse contextuelle: Dubois e.a., 1973, *184* parle dans les deux cas d'"ellipse situationnelle"; à l'instar de Karlsen 1959, Dressler (1970a, *68*) distingue des "ellipses anaphoriques" ("Didn't you know?", sc. "it" ou "that") et des "ellipses déictiques" ("P. Corneli Corinti servos fecit", sc. "hoc vas(um)"); Lyons (1970, *135*) apporte une distinction entre des énoncés qu'il juge complets parce que leur expansion est indépendante du co-texte linguistique ("Got the tickets?") et qu'il considère comme des phrases, et des énoncés incomplets du point de vue syntaxique ("A Jean sauf erreur de ma part"), qu'il ne considère pas comme des phrases et qui doivent être dérivés par des règles supplémentaires. Ries (1931, *123-125*) distingue entre phrases abrégées ("verkürzte Sätze"), qui peuvent être complétées à base du co-texte linguistique et phrases imparfaites ("unvollkommene Sätze), qui ne peuvent être complétées qu'à base du contexte situationnel. Ces auteurs ne distinguent donc pas entre ellipse contextuelle et ellipse co-textuelle. Sandig (1971, *22-23*) distingue deux types d'ellipse: les "Ersparungen" sont caractérisés par le fait que le sens des parties supprimées est impliqué dans ce qui reste de la phrase (ellipse grammaticale); les "Auslassungen" sont caractérisés par une perte de sens, au fond contradictoire avec la définition traditionnelle de l'ellipse.

    Le discours intitulant caractérisé par l'ellipse a reçu des noms différents au cours des ans: Straumann (1935, *21*) parle de "block-language", Sandig (1971, *22-23*) parle de "Ersparungen".

La question se pose de savoir si le titre doit être considéré comme ellipse co-textuelle, contextuelle ou grammaticale. Dans sa situation

originelle, donc à la couverture, sur la page de titre, au dos du livre
mais aussi dans une bibliographie ou dans un catalogue, l'énoncé intitulant constitue une phrase incomplète et il doit donc être considéré
comme une ellipse: il présente un sens complet, quoique souvent peu
clair, et une forme syntaxique incomplète (cf. Grivel, 1973a, *172*).
Pour déterminer maintenant le type d'ellipse présent dans le titre,
nous pouvons commencer par exclure d'avance l'ellipse grammaticale:
il est impossible de compléter le sens du titre à base de sa structure
interne. Tel énoncé, par exemple "mon manteau", est une ellipse
contextuelle, lorsqu'il est utilisé comme ordre, mais il peut tout aussi
bien constituer le titre d'une nouvelle ou former la réponse à la question "qu'est-ce que tu cherches?"; "Le père Goriot" pourrait être la
réponse à la question "qui est ce monsieur?" et constituer une ellipse
co-textuelle. Dans cette situation originelle le titre peut facilement
être complété par une phrase du type "le livre où il est question de
...." ou "le livre qui est intitulé ..." (cf. § 5.2). La stéréotypie de la
complémentarisation est, dans cette situation originelle, à mettre au
compte de la situation de communication: le lecteur consulte une
bibliographie, il lit un titre sur une couverture, il regarde les dos des
livres dans une bibliothèque, etc. Dans ces cas, le lecteur est au courant du code utilisé: il sait que des titres comme *J'irai cracher sur vos
tombes* (Vian), *Je ne vous aime pas* (Achard) ne doivent pas être pris à
la lettre. **C'est ainsi la situation de communication qui permet au
lecteur de compléter le sens du titre; dans cette situation originelle le
titre constitue donc une ellipse contextuelle.** Il faut préciser maintenant que le titre est fréquemment utilisé hors de cette situation originelle dans des énoncés comme "j'admire *Le manteau*" ou bien "vous
avez lu *Notre Dame de Paris*". Dans ces cas, la complémentarisation du
sens de l'énoncé est tantôt contextuelle, tantôt co-textuelle. **L'énoncé
intitulant forme une ellipse contextuelle, lorsque la phrase est ambiguë**: "j'admire Notre Dame de Paris" (la cathédrale ou le livre),
"En 1832 Alphonse Karr a écrit sous les tilleuls" (l'endroit ou le
roman), "nous préférons les feuilles d'automne" (la saison ou le recueil poétique de Hugo), "Madame Bovary m'exaspère" (le livre ou le
personnage), etc. Dans ces cas, la situation de communication (le
thème de la conversation) permet la désambiguïsation. Dans d'autres
cas cette ambiguïté ne se présente pas, parce que les **restrictions de
sélection ne permettent qu'une seule lecture**: "j'ai lu *Le rouge et le
noir*" (le prédicat "lire" demande un objet "lisible"), "Sollers a écrit
aussi *Le parc*", etc.; dans ces exemples ce sont les prédicats (lire, écrire,

etc.) qui permettent de compléter l'ellipse; dans ces cas les titres sont donc des **ellipses co-textuelles**. Ce type d'ellipse se présente aussi lorsque le titre forme la réponse à une question: "Quel est le roman que vous aimez le plus?" *"Mémoire"*.

EXEMPLE: Soit les énoncés suivants: – "Qu'est-ce que vous avez étudié pour ajourd'hui?" – "Racine et Shakespeare, monsieur". Dans cette réponse donnée par l'étudiant au professeur nous voyons que les deux types d'ellipse se présentent à la fois. L'énoncé "Racine et Shakespeare", forme une ellipse co-textuelle, parce qu'il est une forme abrégée de "nous avons étudié Racine et Shakespeare"; il forme une ellipse contextuelle parce que "Racine et Shakespeare" est un énoncé ambigu, désignant soit deux auteurs de pièces de théâtre soit le traité homonyme de Stendhal; seule la situation de communication et notamment le sujet de discussion permet la désambiguïsation.

REMARQUE 4: La complémentarisation d'un titre elliptique ne signifie pas que son sens soit par là déjà interprétable. L'interprétation du sens d'un titre dépend dans une large mesure du co-texte qu'annonce le titre en question (cf. chap. 4); sens et interprétation ne doivent pas être confondus (cf. Schoolmeesters, 1977, *4*). Au premier abord, le titre se présente seulement comme énoncé intitulant elliptique, conditionné pragmatiquement (cf. chap. 5).

REMARQUE 5: Il n'est pas étonnant que le titre constitue normalement une ellipse contextuelle car 1) tout lecteur doit pouvoir le comprendre immédiatement, et le comprend en effet grâce à la stéréotypie et l'uniformité de la situation; 2) le titre est lui aussi soumis au postulat de la "complétude" (l'énoncé demande à pouvoir être complété), substrat idéologique d'une certaine tradition philosophique du langage (cf. Haroche 1975).

Le problème crucial qui se pose ici est celui de savoir si le titre qui présente une ellipse, doit être considéré comme une phrase, comme une phrase tronquée ou comme une non-phrase, c'est-à-dire un syntagme (cf. Richter, 1937, *104*). Pour Benveniste une phrase est caractérisée par son caractère prédicatif, qui manque précisément au titre (cf. Coquet et Derycke, 1972, *48*). Cela explique pourquoi on hésite généralement à accorder au titre le statut de phrase (cf. Ries, 1927, *52*; Ries, 1931, *135-136*). Les énoncés dont l'irrégularité consiste dans une ellipse co(n)textuelle sont considérés le plus souvent comme des non-phrases, des syntagmes, qui doivent être dérivées par des règles supplémentaires (cf. Faust, 1972, *98*; Grivel, 1973a, *172*; Lyons, 1970, *135*; Sandig, 1971, *23*). Les énoncés irréguliers qui présentent par contre une ellipse grammaticale sont parfois considérés comme des phrases (Lyons, 1970, *135*), mais le plus souvent comme des phrases tronquées (cf. Sandig, 1971, *23*). Lorsqu'on considère le titre comme une phrase, il s'agit souvent de titres de journal (cf. Robberecht, 1975, *95*) ou bien c'est par rapport à l'effet produit que le titre est vu comme phrase complète (cf. Brandstetter, 1968, *24*). **Les titres spéci-**

fiques, qui forment une ellipse co(n)textuelle, ne constituent donc pas à proprement parler des phrases, mais tout au plus des bouts de phrase, des syntagmes.

PRÉCISION: Sandig (1971, *14, 106*) distingue entre "Themaüberschriften", qui n'ont pas la valeur communicative d'une phrase, et "Schlagzeilenüberschriften", qu'elle considère comme des phrases tronquées. Une distinction comparable se trouve dans Elwert (1968, *179-180*), qui considère le titre-résumé comme une phrase incomplète par opposition au titre livresque.

Pour établir une typologie de l'ellipse, il ne suffit pas de prendre en considération la manière dont l'ellipse peut être complétée; il faut analyser aussi la partie supprimée par suite de la contraction. D'après la **nature de la partie supprimée** Shopen (1973, *65* sq) distingue deux types d'ellipse: l'**ellipse de fonction** ("functional ellipsis"), c'est-à-dire l'énoncé elliptique qui présente un argument qui n'est pas accompagné de son prédicat; et l'**ellipse de constituant** ("constituent ellipsis"), où l'on constate la présence d'un prédicat qui n'est pas accompagné de tous ses arguments. Ces définitions permettent de considérer "Jean recevait une lettre" comme une ellipse de constituant par rapport à la phrase complète "Jean recevait une lettre de Pierre", parce que l'entrée lexicale d'un verbe comme "recevoir" comporte des indications sur l'origine et sur la destination d'un objet transférable. Lorsqu'il est possible d'identifier de façon univoque la partie supprimée, Shopen parle d'**ellipse définie** ("definite ellipsis"); et si l'identification univoque est impossible, il parle d'**ellipse indéfinie**. L'ellipse de constituant "Pierre a refusé" est une ellipse définie, parce que cet énoncé peut être complété par un constituant emprunté à un énoncé présent, par exemple "refuser de collaborer"; l'ellipse de constituant "Pierre a mangé" est une ellipse indéfinie, parce que cet énoncé est analysable seulement par superposition à un énoncé virtuel comme "Pierre a mangé un steak".

Vu sa structure nominale et le manque d'une composante verbale, le titre se présente à première vue comme une ellipse de fonction. Il faut pourtant se rendre compte du fait que le titre constitue probablement un prédicat nominal et qu'il forme en tant que tel plutôt un prédicat qu'un argument (cf. § 2.2.1.2). **Si le titre a le caractère d'une prédication, il faut admettre qu'il constitue une ellipse de constituant.** Shopen (1973, *70-71*) avance encore un autre argument en faveur du caractère prédicatif du titre; cet argument est d'ordre pragmatique. On ne saurait rendre compte de la force illocutionnaire du titre qu'en lui supposant la structure prédicative illocutionnaire suivante:

le livre ⎫ ⎧ *Le curé de village*
le tableau ⎬ est intitulé(e) ⎨ *La ronde de nuit*
la composition ⎭ ⎩ *La symphonie pastorale*

Les ellipses qu'on rencontre dans le titre sont appelées par Shopen (*ibid.*) des **ellipses déictiques**, parce qu'elles ont pour effet de focaliser l'attention du locuteur sur le référé de la partie supprimée, c'est-à-dire sur le livre, sur le tableau, sur la composition, etc. Cette partie supprimée est parfaitement identifiable à partir du titre, qui pour cette raison constitue donc un exemple d'**ellipse définie**.

2.2.1.2 *Un style nominal.* La suppression du complément verbal du titre a pour conséquence que son style elliptique est avant tout un **style nominal**, qu'on appelle aussi **style holophrastique** (cf. Kristeva, 1974, *267*), parce que le nom y fonctionne à lui seul comme mot-phrase: une phrase entière est réduite à un seul syntagme nominal. Le style nominal du titre se manifeste sous forme de **phrases nominales**. Le manque d'éléments verbaux qui caractérise l'énoncé nominal a la conséquence suivante: **l'énoncé nominal est posé hors de portée du temps et du mode qu'impose au prédicat une copule, et hors de la subjectivité du locuteur** (cf. Benveniste, 1966, *159*; Kristeva, 1969c, *326*).

NOTE: Nous préférons ici le terme de phrase nominale à celui de groupe nominal ou de syntagme nominal, parce que ce premier terme suggère mieux que les autres que, si la phrase nominale consiste dans un syntagme, elle n'en est pas moins une phrase complète du point de vue sémantique. Les titres sont donc à considérer comme des syntagmes qui ont la forme d'une phrase nominale mais la fonction d'une phrase complète: "Il apparaît d'abord que la phrase nominale ne saurait être considérée comme privée de verbe. Elle est aussi complète que n'importe quel autre énoncé verbal" (Benveniste, 1966, *159*; cf. Sandig, 1971, *30* citant Kuryłowicz dans un même sens). Pour le style nominal voir entre autres Blanche-Benveniste et Chervel 1966, Lombard 1930, Tuţescu 1972. Pour l'emploi de la phrase nominale dans le langage publicitaire voir Leech, 1966, *127-134*.

Il faut probablement définir **la phrase nominale du titre comme un prédicat nominal sans copule** (cf. Benveniste, 1966, *151*; Behaghel, 1928, *464*). **Le titre a une fonction prédicative, indépendamment de la catégorie morphologique des termes assumant cette fonction** (cf. Kristeva, 1977, *325-329*). Benveniste (1966, *151-167*) attribue à cette fonction prédicative deux traits fondamentaux: elle constitue une **assertion** qui pose un référent comme vrai ("quelque chose est le cas", "*La porte étroite* est le cas"); le deuxième trait est formé par la

cohésion qui soude deux termes en un ensemble: "l'acte prédicatif est nécessairement l'articulation d'une complétude constituée par deux termes (...) dont l'un identifie suffisamment l'autre; cette identification constitue une complétude qui ne tiendrait pas seule si elle ne s'appuyait pas sur la fonction assertive de la prédication, toutes deux étayées sur la position d'un sujet parlant et d'un objet réel ou vraisemblable. On dira que la cohésion, ou la complétude identifiante que constitue l'articulation des deux termes (ou l'énonciation d'un seul), est due en même temps à la fonction assertive de la prédication" (Kristeva, 1977, *326*). Tant en linguistique structurale qu'en linguistique transformationnelle, on s'accorde pour considérer l'étiquette qu'est le titre comme un prédicat nominal et non pas comme un sujet, un objet ou un complément. La **linguistique structurale** présente l'argument suivant: cette étiquette qu'est le titre est collée par le locuteur sur une entité, dont la mention est supprimée dans l'énoncé mais qui peut être déterminée à base du co(n)texte (cf. Blanche-Benveniste et Chervel, 1966, *5*). En **linguistique transformationnelle**, Bach (1968, *91, 121*) a fourni des arguments pour conclure que tous les substantifs sont dérivables à partir d'une proposition relative qui comporte un prédicat nominal. Et même en poétique structuraliste, on affirme: "Bien des titres de textes, qu'on comprend toujours comme des substantifs décrivant l'être-référent, pourraient se lire aussi comme des adjectifs qualifiant le ton, le style, la nature du texte même" (Todorov, 1978 a, *251*).

PRÉCISION: Ainsi Bach (1968, *92*) dérive un nom commun comme "l'anthropologue" de la manière suivante (NP = phrase nominale, VP = phrase verbale, Det = déterminant, S = phrase, Aux = auxiliaire):

N = Det + one + S   : *the one   S*
S = Det + one + Aux + be + Predicate nominal: the one is an anthropologist

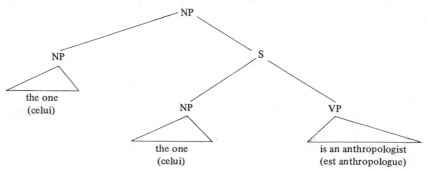

Par une transformation de phrase relative cette structure est convertie en "the one who is an anthropologist". Le substantif "anthropologue" est dérivé d'une structure sous-jacente "celui qui est anthropologue", qui peut être représentée comme "le x tel que x est y". D'après une telle analyse les distinctions entre Nom, Verbe et Adjectif s'avèrent être réductibles à des différences de surface qui sont les résultats de développements transformationnels différents à partir d'un seul constituant de base, le prédicat ou, dans les termes de Bach (1968, *91*, *121*) le "contentif" (cf. McCawley, 1972b, *517* et *id*., 1971a, *221*). Cette hypothèse est adoptée aussi dans la sémantique interprétative (cf. Chomsky, 1970, *210*: l'introduction de la théorie X̄). Cette hypothèse permet de rendre compte de tous les titres qui se composent d'un seul nom comme *L'épicier, Le peintre, Le pénitent*, etc.

Pour un avis contraire à l'hypothèse utilisée cf. Coyaud (1972, *10*); cf. aussi Benveniste, (1966, *154*) sur ce problème. Il faut faire remarquer finalement que les noms peuvent être aussi le résultat d'une transformation de **nominalisation**; nous laissons de côté ce problème auquel plusieurs travaux ont été consacrés (cf. Chomsky 1970, Lees 1960, Tuțescu 1972, Wunderlich 1971, etc.). La nominalisation au niveau du titre a ceci de particulier qu'elle est cataphorique, tandis qu'elle est en général anaphorique; on peut supposer que c'est l'optique de l'auteur choisissant son titre après avoir écrit le texte correspondant qui explique cette particularité (cf. Moirand, 1975, *69*).

Certes, il est vrai que la suppression n'est pas une transformation très influente et que "la réduction syntaxique est moins considérable que la suppression sémantique" (Dubois e.a., 1970a, *72*; cf. van Dijk 1972, *225-226*). Il faut pourtant constater que l'ellipse syntaxique réalise par son style nominal un certain nombre d'**effets qui assurent au titre un réduction extrême de la forme et un taux d'information accru**:

a. un tout premier effet est formé par l'**informativité** du titre; l'information d'une phrase entière étant condensée dans un seul syntagme nominal, il résulte de cette contraction pour le titre une élimination de la redondance dans l'énoncé et une augmentation de son informativité. Pour le titre la règle principale est de "faire le plus d'effet avec le moins de mots possible" (Brunot, 1922, *7*; cf. Sandig, 1971, *23, 53*). Il existe donc un rapport inversement proportionnel entre la longueur de la phrase et son contenu en information (cf. Breuer, 1974, *65-66*). La fonction d'un énoncé contracté est très souvent de nommer le sujet ou l'objet de l'action, donc le thème ou le rhème (cf. Cherchi, 1978, *124*; Niculescu, 1961, *449*).

b. par la concision de la forme placée hors de toute détermination temporelle, modale ou personnelle le style nominal assigne au titre une certaine **assertivité**: "Dans la succession des phrases nominales ou presque nominales ou nominalisées par l'écart blanc qui leur donne une autonomie syntaxique, s'annule la possibilité même d'une temporalité, s'élude la parole du sujet, les marques d'une subjectivité" (Formentelli, 1977, *265* à propos du style nominal de Reverdy). La présentation dans le titre d'un énoncé nominal qui n'est pas inséré dans un environnement verbal et qui n'est donc pas affaibli par une modalité quelconque ou par une contextualisation, constitue l'assertion d'une qualité voire d'une vérité: "Telle est la puissance de la marque isolée (sans contexte immédiat) que ce qu'elle affirme s'impose comme évidence, se reconnaît comme vrai, échappe à l'interrogation. L'isolation de la marque soutient l'affirmation qu'elle recèle" (Grivel, 1973a, *178*). Le titre est réduit à l'expression d'un pur être-là. L'assertion d'énoncés comme *Les martyrs de Lyon* ou *Celui qu'on aime* est beaucoup plus directe, indubitable et sentencieuse que ne le seraient ces mêmes énoncés figurant dans une phrase complète, où ils pourraient être attribués à un locuteur précis, où ils seraient modelés par un verbe qui restreint leur puissance à une action déterminée et où ils seraient mis en relation avec des compléments divers (cf. Benveniste, 1966, *158*, *159*; van Dijk, 1972, *230*).

c. le style nominal est caractérisé par une **descriptivité** statique et impersonnelle; le style verbal par contre permet l'introduction de plus de modalités dans le discours et est plus diversifié. Le dynamisme apporté par l'action que le verbe exprime, fait défaut dans le style nominal, qui en devient plus catégorique, plus définitif et plus imperturbable dans ces affirmations (cf. Wells, 1966, *217*). Le rôle que jouent les arguments dans la phrase complète n'est définissable qu'en fonction du prédicat; en cas d'absence de ce prédicat, la fonction des arguments devient floue et on ne peut plus présumer que leur simple existence; par conséquent, le style nominal ne permet pas l'expression de l'action et de l'événement, à moins qu'il ne soit question de nominalisation (cf. van Dijk, 1972, *230*). L'action indispensable à la dramatisation propre au titre peut tout de même être suggérée par suite des effets connotatifs. L'absence de verbe est "un signe disjonctif" (Bonnefis, 1974, *117*), parce que "l'activité verbale subordonne, l'assertion nominale suspend". Disons que le style verbal se rapporte à la narration comme le style nominal à la description (cf. Niculescu, 1961, *446*).

d. le style nominal du titre comporte un haut degré de **stéréotypie**: "Le stéréotype, c'est le mot répété, hors de toute magie, de tout enthousiasme, comme s'il était naturel, comme si par miracle ce mot qui revient était à chaque fois adéquat pour des raisons différentes, comme si imiter ne pouvait plus être senti comme une imitation: mot sans-gêne, qui prétend à la consistance et ignore sa propre insistance" (Barthes, 1973b, *69*). Le titre est en effet plus conventionnel et opportuniste que le texte (cf. Elema, 1972, *330*; Barthes, 1971a, *8*);

ainsi des textes extrêmement différents peuvent porter des titres identiques ou ressemblants (cf. EXEMPLE). La stéréotypie du titre s'explique par le fait que le titre est, dans une large mesure, déterminé par une situation de communication très précise: le titre signifie un appel à un public très large (une classe sociale) et il est donc déterminé en fonction de son destinataire (cf. Furet et Fontana, 1970, *98* et § 5.2). Par sa stéréotypie le titre se désigne précisément comme objet de la sémiotique: cf. Barthes (1978, *32*) définissant la sémiotique: "il s'agissait en somme de comprendre (ou de décrire) comment une société produit des stéréotypes, c'est-à-dire des combles d'artifice, qu'elle consomme ensuite comme des sens innés, c'est-à-dire des combles de nature". Si Barthes parle ici de l'objet de "la première sémiologie" (1954-1968), cela n'enlève rien à la pertinence de la remarque parce qu'"elle (la sémiologie) s'est colorée différemment, tout en gardant le même objet, politique – car il n'y en a pas d'autre" (*ibid., 33*). La stéréotypie est indispensable au titre dans la mesure où celui-ci fonctionne comme étiquette, comme nom propre auprès d'un texte. Rien que par sa forme elliptique nominale, il s'offre déjà comme titre et, une fois fonctionnant comme tel, il n'est plus susceptible de changements. Pour un locuteur il est impossible de formuler un titre autrement que par l'énoncé fixé à cet effet.

EXEMPLE: *Le condamné à mort* ou *Le misérable* ne sont pas des synonymes pour *Claude Gueux* (Hugo), malgré le fait que ce sont des titres parfaitement hugoliens (cf. *Le dernier jour d'un condamné à mort, Les misérables*) et qu'ils pourraient fort bien résumer la matière du roman de *Claude Gueux*. D'autre part, il existe des titres homonymes: en 1928 un avocat parisien, Jean Priou, publie chez Berger-Levrault des notes de voyage intitulées *Nord-Sud*; onze ans auparavant Reverdy avait fondé la revue éphémère *Nord-Sud*, dans laquelle s'exprimait l'avant-garde contemporaine. Le même titre peut donc recouvrir des types de textes aussi différents que le récit de voyage et la poésie moderne.

e. les formes nominales présentent un double avantage par rapport aux formes verbales. Lorsqu'on compare les paires de titres suivantes:

Les femmes vengées	vs	* *Les femmes sont vengées*
La fille du croisé	vs	* *Le croisé a une fille*
La conspiration de Cellamare	vs	* *Cellamare conspire*

on constate que **la phrase nominale est moins indépendante que la phrase verbale**; elle demande toujours une détermination ultérieure, procurée en général par le co-texte. On constate donc avec Shopen (1973, *71*): "The lack of independence of noun phrases is ideal for titles because it insures that we will conceptualize the title and the work as a coherent whole". Le deuxième avantage réside dans le fait que l'attention du lecteur est dirigée sur le référé (le co-texte) par suite de l'ellipse déictique (cf. § 2.2.2.1).

2.2.2   *La semi-grammaticalité du langage des titres*

Nous analysons ici les conséquences grammaticales de l'irrégularité syntaxique du langage des titres et nous précisons par là le statut syntaxique de cette irrégularité.

La grammaire transformationnelle a pour tâche de déterminer la grammaticalité ou l'agrammaticalité de chaque séquence composée d'éléments linguistiques pris dans le vocabulaire de la langue objet (cf. Katz, 1964, *401*); elle doit permettre de distinguer les phrases parfaitement grammaticales des autres. En principe, cette grammaire ne saurait donc rendre compte des titres, qui constituent des écarts par rapport à la règle; mais il est probable que les phrases irrégulières sont interprétées par analogie avec des phrases grammaticales correspondantes et qu'elles pourraient être décrites sur cette base (cf. Brinkman, 1974, *218*). Le problème revient donc à se demander si les phrases stigmatisées comme défectueuses sont vraiment celles qui doivent rentrer dans les catégories de la semi-grammaticalité ou de l'agrammaticalité (cf. Fillmore, 1972b, *6*).

Nous procédons en deux temps: nous commençons par distinguer entre grammaticalité et acceptabilité (§ 2.2.2.1) et ensuite nous discutons quelques solutions proposées (§2.2.2.2).

2.2.2.1 *Grammaticalité et acceptabilité.* Chomsky a envisagé un moment la possibilité de **définir la grammaticalité en termes d'acceptabilité** (cf.Al, 1975, *7*); mais il s'est vite aperçu que les deux termes ne se couvrent qu'imparfaitement et doivent donc être bien distingués: "La grammaticalité est seulement l'un des nombreux facteurs qui, par leur interaction, déterminent l'acceptabilité" (Chomsky, 1971a, *23*; cf. aussi van Dijk, 1972, *226*; *id.*, 1973, *84-85*). Il existe en effet des séquences grammaticales bien formées qui n'en sont pas moins difficilement acceptables: Ruwet (1968, *132*) cite l'exemple des phrases qui montrent un haut degré d'enchâssement, comme "le rat que le chat que le chien a chassé a tué a mangé le fromage"; il existe aussi des séquences agrammaticales parfaitement compréhensibles, comme les

écarts stylistico-rhétoriques, dont les titres (cf. Chomsky, 1971a, *206-207*).

L'acceptabilité d'un texte est conditionnée par deux propriétés: un **texte acceptable** est un texte dont le **langage est grammaticalement bien formé** et qui est, en outre, bien **approprié à la situation de communication** (cf. van Dijk, 1972, *314* et Verdaasdonk 1976). La tâche d'une science de la littérature, c'est-à-dire de textes souvent agrammaticaux mais acceptables, est de décrire précisément cette acceptabilité des séquences et non pas seulement leur grammaticalité (cf. Barthes, 1966a, *58*). Etant donné d'une part que la grammaticalité est un concept appartenant à l'étude de la compétence (cf. Chomsky, 1971a, *23*) et d'autre part que la **compétence** peut être **linguistique** ou **discursive** (cf. § 2.1), il faut constater qu'il existe à côté des deux systèmes de règles de la compétence deux systèmes correspondants dans la performance: la **performance linguistique** et la **performance discursive**. Expliquons-nous. La **compétence linguistique** (C_l) rend compte des séquences grammaticales et la **performance linguistique** (P_l) rend compte de l'actualisation correcte de ces séquences mais aussi de leurs actualisations incorrectes mais compréhensibles, qui peuvent être la suite de l'inadvertance d'un locuteur qui se trompe, se reprend ou ne finit même pas sa phrase, sans que la compréhensibilité de l'énoncé en souffre. Comme certains types d'irrégularité grammaticale peuvent être ramenés dans un cadre de règles (cf. Lyons, 1970, *323*), nous distinguons à côté de la compétence linguistique une **compétence discursive** (C_d), qui rend compte entre autres des énoncés intitulants; l'écart de ces séquences déviantes par rapport à la norme est réglementé, dépend de la situation de communication spécifique (celle du titre, par exemple) et déclenche l'usage de règles complémentaires constituant cette compétence discursive. **La description des titres doit, dans cette optique, être comprise comme l'étude d'un type de déviation régularisée par la compétence discursive.** Or, ces énoncés déviants peuvent une nouvelle fois être soumis à une déviation, résultant d'une inadvertance du locuteur, sans nuire toutefois à la compréhension lors de l'actualisation; la **performance discursive** (P_d) rend compte de ces irrégularités-là. Jusqu'ici nous avons distingué quatre systèmes différents (C_l, P_l, C_d, P_d) qui constituent ensemble la compétence et la performance. Les séquences dont ces quatre systèmes rendent compte sont toutes acceptables (=a). A côté de ces quatre systèmes, on pourrait supposer quatre systèmes imaginaires correspondants où placer les énoncés non acceptables (=na), respectivement $C_{l\,n\,a}$, $P_{l\,n\,a}$, $C_{d\,n\,a}$, $P_{d\,n\,a}$.

Le schéma suivant spécifie la relation entre les huit types de systèmes distingués d'après trois critères:

— grammaticalité (régularité)   vs   agrammaticalité (irré-
                                                  gularité)
— compétence (régularisation)   vs   performance (actuali-
                                                  sation)
— acceptabilité (compréhensibilité)   vs   non-acceptabilité
                                                  (incompréhensibilité)

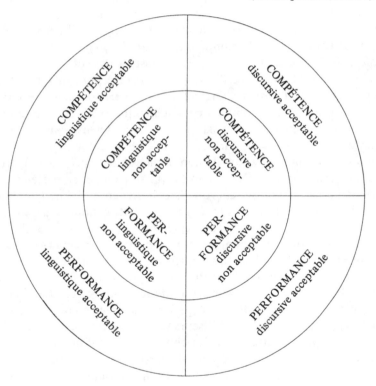

EXEMPLIFICATION:

— C_{la}: l'ensemble des règles qui rendent compte des séquences grammaticales et acceptables; exemple d'une séquence formée d'après ces règles: "Une alouette est prise dans les rets; un autour s'empare d'elle mais est à son tour attrapé par l'oiseleur";

— C_{lna}: l'ensemble des règles qui rendent compte des séquences grammaticales et acceptables définit par exclusion son complément, le domaine des séquences grammaticales mais non acceptables car incompréhensibles; par exemple: "L'alouette que l'autour que l'oiseleur a attrapé a chassé est prise dans les rets";

– C_{da}: l'ensemble des règles qui produisent une séquence acceptable mais déviante; par exemple: "A l'école nous avons appris *L'oiseleur, l'autour et l'alouette* de Jean de La Fontaine";

– C_{dna}: le titre de La Fontaine serait inacceptable car incompréhensible, si La Fontaine avait intitulé sa fable **Fable de l'alouette que l'autour que l'oiseleur a attrapé a chassé est prise dans les rets*;

– P_{la}: dans l'actualisation d'une séquence formée d'après les règles de la compétence linguistique acceptable, il peut arriver que le locuteur se trompe et se reprenne, sans que la compréhensibilité de la séquence en souffre: "Une alouette est attrapée par l'oiseleur et l'autour aussi, c'est-à-dire il est pris dans les rets, enfin non... c'est elle qui est prise dans les rets et lui la chassait";

– P_{lna}: quand le locuteur s'est complètement embrouillé dans l'actualisation de son énoncé, de sorte que son interlocuteur ne réussit plus à deviner le sens de ses paroles, ce locuteur doit se reprendre et il ne peut plus rendre acceptable l'énoncé qu'il avait entamé; par exemple: "je vous raconte l'histoire de l'alouette que l'autour a attrapé est chassé par l'alouette, que l'oiseleur....";

– P_{da}: la séquence produite d'après les règles de la C_{da} peut être déviante et acceptable, malgré une inadvertance du locuteur qui se trompe; par exemple: "A l'école nous avons appris *L'autour et l'aloue...* non, je veux dire *L'oiseleur, l'autour et l'alouette*;

– P_{dna}: maintenant la séquence déviante est devenue inacceptable, non pas par suite de la déviation elle-même qui est réglementée, mais par suite de l'actualisation incompréhensible de la séquence par l'inadvertance du locuteur qui s'est complètement embrouillé; par exemple: "A l'école nous avons appris que ... non *L'alouette et* ... non que *L'oiseleur qui a* ...". Faisons remarquer encore que la performance acceptable rend, bien entendu, aussi compte de toute actualisation individuelle correcte d'une séquence formée d'après les règles de la compétence acceptable correspondante.

2.2.2.2 *Grammaticalité et semi-grammaticalité.* L'acceptabilité des séquences semi-grammaticales, comme les titres, peut être expliquée au sein d'une **compétence discursive** (cf. § 2.1): on peut supposer qu'il existe des degrés de grammaticalité, qui peuvent être déterminés par une comparaison entre les règles de la compétence linguistique et celles de la compétence discursive, qui sont calculées sur les règles de la compétence linguistique ou simplement dérivées d'elles.

DÉVELOPPEMENT: Plusieurs solutions ont été proposées pour rendre compte de séquences déviantes comme les titres.

Une première possibilité consiste à **générer la non-grammaticalité** tout autant que la grammaticalité (cf. Seuren, 1969, *16*; Sumpf, 1968, *33*). Le problème se pose alors de tracer une frontière entre semi-grammaticalité et agrammaticalité: le critère du sens ne paraît guère satisfaisant, parce qu'il est difficile de décider si telle déviation est plutôt syntaxique que sémantique, lorsqu'on admet des déviations sémantiques des séquences déviantes. Ensuite, il est souvent difficile de déterminer la signification précise des séquences déviantes. Et finalement, on se demandera pourquoi l'anomalie sémantique serait à inclure dans la théorie linguistique plutôt que l'anomalie syntaxique.

Une deuxième solution est celle de la dérivation indirecte et consiste à construire une **théorie de la semi-grammaticalité**: "La grammaire *engendre de manière dérivée* toutes les autres séquences (= les séquences déviantes, L.H.H.), pourvues de leur description structurale" (Chomsky, 1971a, *204* note 2). La proposition la plus simple dans cette optique est celle de

Katz 1964 (cf. la critique de Seuren, 1969, *17-25*): cette proposition consiste à associer les séquences agrammaticales et compréhensibles, les semi-phrases, à leurs correspondantes grammaticales et à exclure les séquences agrammaticales incompréhensibles, les séquences non-sens. A cette fin, Katz distingue trois catégories de séquences différentes: des séquences grammaticales, des séquences semi-grammaticales et des séquences agrammaticales. Comme la grammaire transformationnelle ne se prononce pas sur l'acceptabilité ou la compréhensibilité des combinaisons d'éléments grammaticaux et d'éléments agrammaticaux, Katz (1964, *402*) se propose d'élaborer une théorie des semi-phrases, c'est-à-dire une théorie des phrases qui ont gardé suffisamment de structure pour pouvoir être comprises, ce qui veut dire pour Katz (*ibid.*, *411*), pour pouvoir être associées par le lecteur à une ou plusieurs phrases grammaticales. Lorsque deux ou plusieurs de ces phrases grammaticales reconstituées ne sont pas des paraphrases les unes des autres, il se présente une ambiguïté. L'objection principale qu'on fait contre cette proposition est qu'une telle distinction globale entre trois catégories de séquences est trop schématique et ne répond pas à la grande variation de types d'écarts qu'on rencontre (cf.Al, 1975, *22-23*). C'est pourquoi Chomsky 1964 a élaboré un système qui devrait permettre de calculer des **degrés de grammaticalité**. Chomsky (1957, *13-14*) avait déjà tenté de résoudre le problème en partant des cas "évidents", solution qui avait paru peu satisfaisante, parce que le choix des cas évidents implique déjà l'usage de la norme qu'on cherche justement à établir (cf. Fillmore, 1972b, *7*); comme le choix d'un cas "évident" est dicté par l'intuition de l'individu et qu'elle est donc d'origine purement idiolectale, rien ne permet de croire à la validité générale de l'observation (cf. Al, 1975, *12*). Plus tard Chomsky (1964, *387* et 1971a, *201-208*) part du principe que le degré de grammaticalité d'une séquence semi-grammaticale peut être calculé par comparaison de la séquence déviante en question avec une phrase grammaticale plus ou moins semblable. Un tel calcul demande pourtant l'élaboration préalable d'une hiérarchie unique des catégories et des sous-catégories auxquelles appartiennent les éléments où l'agrammaticalité se cache et cela paraît être impossible (cf. Al, 1975, *32*). Tout cela présuppose encore que l'on sache distinguer exactement la grammaticalité de l'agrammaticalité et, en outre, l'agrammaticalité causée par des défauts dans l'actualisation de celle provoquée intentionnellement, ce qui est le cas dans les déviations stylistico-rhétoriques. Ensuite, il faudrait savoir précisément où réside dans la séquence semi-grammaticale la violation des règles grammaticales; et encore n'est-il pas toujours sûr qu'on puisse retrouver une ou plusieurs phrases grammaticales correspondantes, puisque cela suppose déjà la disponibilité d'une ou de plusieurs interprétations univoques de la phrase semi-grammaticale en question. Finalement, on pourrait encore reprocher à Chomsky que "les prédictions concrètes qu'on peut en déduire ne se vérifient que très partiellement" (Al, 1975, *49*).

Une troisième solution est celle de Lakoff (1970a, *9*), qui propose de prendre en considération tant le **nombre** que le **type des écarts par rapport à la règle** (cf. Al, 1975, *30*; Fillmore, 1972b, *9-10*).

Une dernière solution est proposée par Al 1975, qui prévoit un mécanisme évaluateur permettant de "calculer le degré de grammaticalité d'une séquence en fonction du produit des probabilités d'application associées aux règles de la grammaire qui ont joué un rôle dans la dérivation de cette séquence" (*ibid.*, *50*). Cette proposition permet de calculer le degré de grammaticalité des séquences semi-grammaticales engendrées par une compétence discursive, au moyen d'une association non pas à leurs variantes grammaticales mais à **la probabilité d'application des règles grammaticales**; la frontière entre grammaticalité et agrammaticalité est, dans cette optique, une frontière fluctuante (cf. Al, 1977, *22* sq).

Pour rendre compte du titre au moyen d'une compétence discursive il faut comparer ses règles de formation à celles qui fonctionnent dans la compétence linguistique proprement dite et éviter le biais d'une traduction de la séquence semi-grammaticale en une séquence grammaticale, biais qui depuis toujours a paru porter atteinte à la spécificité de l'écart. Nous constatons que les séquences semi-grammaticales ne sont pas complètement indépendantes de la compétence linguistique: s'il est vrai qu'elles sont **autonomes**, puisque leur interprétation ne dépend pas de la compétence linguistique mais de la compétence discursive, et s'il est vrai qu'elles sont assez **spécifiques** pour pouvoir se passer d'une confrontation avec des variantes grammaticales correspondantes, leur semi-grammaticalité ne se laisse pourtant **calculer** que **par rapport à la probabilité d'application des règles** de la compétence linguistique. Il ne s'agit donc pas de postuler un langage ou un dialecte autonome et indépendant comme le propose Thorne 1973. Nous supposons que les phrases déviantes se trouvent hors de la portée d'une grammaire transformationnelle: **les séquences déviantes sont interprétées par analogie avec des phrases grammaticales** (cf. Chomsky, 1971a, *203*); leur **description**, par contre, ne saurait se faire qu'à base d'une comparaison entre les **règles** de la compétence linguistique et celles de· la compétence discursive. Afin de résoudre le problème de la relation formelle entre la compétence linguistique et la compétence discursive, Seuren (1969, *24*) formule la solution suivante: la grammaire est construite de façon à contenir des règles assurant aux éléments lexicaux une combinaison propre dans leurs différentes positions spécifiques dans la chaîne. L'observation de ces règles conduit nécessairement à la génération des seules séquences non déviantes. Mais lorsque la grammaire ignore ces règles sans que le mécanisme générateur soit bloqué ou sans qu'il mène à la génération de séquences agrammaticales, elle pourra rendre compte tant des séquences grammaticales que des séquences semi-grammaticales.

REMARQUE: Le problème de la **semi-grammaticalité** relève déjà de la **pragmatique** dans la mesure où la compétence discursive, propre à un usage particulier de la langue, est conditionnée par une situation de communication spécifique, par exemple celle des titres (cf. § 5.2). Cela signifie qu'on ne saurait rendre un jugement sur la grammaticalité ou l'agrammaticalité d'une séquence sans prendre en considération cette situation de communication, c'est-à-dire sans relier la (semi-)grammaticalité à des **présuppositions** concernant le monde possible où figure cette situation de communication: "La notion de grammaticalité est donc assujettie à la subjectivité individuelle, dépendante des croyances, opinions, convictions, connaissances, etc. ... que chacun partage ou ne partage pas" (Henry, 1977, *39*). C'est pourquoi il faut rendre compte des problèmes de grammaticalité sous formes de paires (PR, S), où PR représente l'ensemble des présuppositions sur le monde représentées dans la phrase S (cf. Lakoff, 1971a, *336-337* et *id*., 1971b, *234* sq). Dans cette conception la grammaticalité des phrases est ramenée à la manière dont les composants de la paire (PR, S) sont assortis.

2.3   TYPES D'ÉCARTS

Nous traitons ici des types d'écarts propres à la semi-grammaticalité syntaxique des titres. Nous relevons les différents constituants qui peuvent figurer dans les titres (§ 2.3.1), nous élaborons une formalisation globale de la dérivation des titres (§ 2.3.2) et nous esquissons une typologie syntaxique des formes du titre (§ 2.3.3).

2.3.1   *Les constituants des titres*

Tout **titre spécifique**, formé par une séquence semi-grammaticale, fonctionne comme un **nom** (propre) et a donc une **fonction substantive** indépendamment de la matière du signifiant (chiffres, lettres, sigles, signes de ponctuation, images etc.) et de la forme linguistique revêtue accidentellement (adverbe, infinitif, participe, etc.) (cf. Rey-Debove, 1979, *700*). Nous recensons ici les éléments constituants possibles des titres et nous distinguons cinq types différents: types nominaux, adverbiaux, adjectifs, phrastiques (verbaux) et interjectifs.

2.3.1.1   *Les types nominaux*. Le type nominal, isolé ou éventuellement accompagné d'épithètes et/ou précédé de déterminants et/ou suivi d'une extension prépositionnelle est la forme la plus fréquente du titre (cf. Faust, 1972, *98*); cela vaut pour les titres de films (cf. Dubois e.a., 1970b, *95*) et pour les titres de romans (cf. Fabre, 1975, *292*). Seuls s'opposent parfois à cette règle les titres de poésie et les titres de roman non conformistes, par exemple ceux de Huysmans: "l'originalité des titres formellement originaux (...) c'est qu'ils ressemblent à des titres qui voudraient se donner pour le texte lui-même" (Fabre, 1975, *293*).

   a.   le **substantif** consiste dans un nom commun (*La confession*) et/ou un nom propre (*Le nain Clicthique, Claude Gueux*). Le substantif peut se présenter isolément (*Anathème*); il peut aussi être suivi de **déterminants**, c'est-à-dire d'adjectifs épithètes (*Le secrétaire intime*), de compléments adnominaux (*La table de nuit*), de participes (*Albertine disparue*, Proust), de propositions conjonctives ou relatives (*L'homme qui rit*, Hugo). Le substantif peut être précédé de **prédéterminants**, dont le genre et le nombre dépendent du substantif qu'ils déterminent: les articles (*Les écorcheurs*), les adjectifs préposés (*Les mauvais garçons*), les possessifs (*Mon oncle Thomas*), les déterminatifs (*Celui qu'on aime*), les démonstratifs (*Ce lieu déshérité*, Dhôtel), les interrogatifs (*Quel petit vélo à guidon chromé au fond de la cour?*, Perec), les indéfinis (*Quelques destinées*), les numéraux (*Quarante ans d'absence*). Le prédéterminant peut comporter à son tour des **préprédéterminants** ("tout") et des **postdéterminants** (au fond, des postprédéterminants) ("même", "divers", "autre", "quelque"):

syntagme nominal ⟶ (prédéterminants) ⌢ nom ⌢ (déterminants)

(préprédéterminants) prédéterminants (postdéterminants)

Dans le syntagme nominal peuvent figurer à la fois plusieurs (pré)-déterminants et plusieurs noms, coordonnés (*Le duc et le page*), juxtaposés (*Départ, voyage et retour, Le comptoir, la plume et l'épée*) ou répétés (*Eden, Eden, Eden*, Guyotat; *Pomme, pomme, pomme*, Audiberti).

Dans le titre au **singulier** on rencontre généralement l'**article défini** (*L'inceste*) et aussi l'**article indéfini** ou l'**article partitif** (*Une faute, Du vent dans les branches de Sassafras*, Obaldia) (cf. Weinrich, 1971a, *228-229*). L'emploi de l'article défini dans le titre dirige l'attention du lecteur sur une certaine "pré-information" (Weinrich, 1971a, *228*) et suggère la **particularité** (*Le bonnet rouge*), ou bien la **généralité** (*Le curé de village*) (cf. Moncelet, 1972, *92*). Dans les deux cas, la présence de l'article défini incite le lecteur à récupérer la connaissance du particulier ou du général suggérée dans le titre par la lecture du cotexte. La forme du titre au **pluriel** contribue également à opérer une particularisation ou une généralisation du sujet présenté. La particularité est exprimée par le titre au pluriel déterminé par un nom de nombre (*Les deux cadavres, Les trois amis*), par un complément adnominal (*Les brigands du vieux château, Les solitaires d'Isola Doma*) ou constitué par un nom propre déterminé (*Les derniers Bretons*). La généralité est exprimée par un titre au pluriel constitué d'un nom propre (*Les Concini*) ou de noms décrivant le genre ou le type des protagonistes; ce sont souvent des histoires de moeurs (*Les étudiants, Les chevaliers d'industrie, Les jolies filles*). Les titres de recueils de poésie (*Les orientales*, Hugo; *Romances sans paroles*, Verlaine) et les titres génériques (*Chroniques, Confessions, Mémoires, Aventures, Contes, Nouvelles, Scènes de ...*, etc.), qui sont souvent au pluriel, opèrent, eux aussi, le plus souvent une généralisation. Dans certains cas, l'**article fait défaut**: le substantif isolé non générique accorde au titre une certaine densité, suggérant presque le nom propre (*Colline*,

Giono; *Alcools*, Apollinaire; *Partage de midi*, Claudel); le substantif isolé générique au pluriel suggère souvent la diversité, surtout lorsque ce pluriel renvoie à des parties du texte (*Poésies*, Mallarmé; *Contes philosophiques* et *Harmonies politiques et poétiques*, Lamartine) (cf. Moncelet, 1972, *91* et Hélin, 1956, *147*).

    b. le **pronom**: *Quoi ...?*, *Tout ou rien*, *Toi et moi* (Géraldy), *Tu* (Emmanuel); le pronom peut jouer le même rôle que le substantif; de plus, il a une valeur suggestive capitale: George Sand a écrit un roman *Elle et lui* sur sa relation avec Musset; indigné, son frère, Paul de Musset, réplique par *Lui et elle* (1859). A la fin de cette année, Louise Colet se contente d'intituler son livre *Lui*; et de nos jours des magazines, qui entendent s'adresser à un public très large, s'appellent *Lui* ou *Elle*.

    c. le **nom de nombre** peut figurer comme titre indépendamment du substantif: *Quatre-vingt-treize* (Hugo), *Huit et demi* (Fellini), *1984* (Orwell), *Le 19 octobre 1977* (Noël).

2.3.1.2 Les types adverbiaux. On rencontre les formes suivantes:

    a. l'**adverbe**: *Longtemps après*, *Hier et demain* (Verne), *Peut-être*, *A rebours* (Huysmans), *Jadis et naguère* (Verlaine). Vu la précision de certains compléments adverbiaux (*Vingt ans après*, Dumas), nous ne croyons pas que l'adverbe s'oppose par son flou ou son imprécision au substantif (cf. Hélin, 1956, *148*). Pour rendre compte syntaxiquement des adverbes, le problème est de savoir si les adverbes doivent être introduits transformationnellement (Lakoff) ou s'ils doivent figurer déjà dans la structure profonde (Jackendoff).

    b la **proposition adverbiale**: *Quand j'étais jeune*, *Quand on a vingt ans*.

    c. le **gérondif**: *En attendant Godot* (Beckett).

    d. le **syntagme prépositionnel**: *Au mois de mai, Sur l'oreiller, Sous les rideaux, A cent lieues de Paris, Sous les tilleuls*. Le syntagme prépositionnel (préposition + substantif) qui se rapporte à un verbe (éventuellement supprimé) a une fonction adverbiale, contrairement au complément adnominal, qui a la même structure de surface mais qui est un déterminant auprès d'un substantif et qui a donc une fonction adjective (cf. Meisel, 1973, *14*, ainsi que van Riemsdijk 1978).

    Comme une des fonctions du titre est de désigner un des éléments diégétiques du récit, **le titre de type adverbial présente fréquemment des indications sur le temps et le lieu de l'action narrative.** Les précisions temporelles portant sur le récit données par le titre ne l'empêchent pas d'être lui-même **grammaticalement atemporel**: le temps grammatical et le temps narratif ne doivent pas être confondus.

Dans l'indication du lieu c'est la préposition "à" qui joue le premier rôle (cf. Danell, 1974, *28-53*; Gunnarson, 1972, *42*). Cette préposition peut être supprimée dans un titre comme *D'un château l'autre* (Céline); cette suppression met l'accent sur le caractère nominal de l'énoncé et rend bien la monotonie et l'inutilité du voyage raconté.

DÉVELOPPEMENT: Ruwet (1969, *119*) a soutenu l'hypothèse que la préposition "à" est sous-jacente à tous les syntagmes prépositionnels compléments de lieu. Il constate des différences entre le comportement de la préposition "à" et celui des autres prépositions; vu que la préposition "à" est pour le sens la plus neutre, Ruwet en vient à l'hypothèse mentionnée, qui permettrait de traiter uniformément des prépositions apparemment aussi différentes que "sur" et "au-dessus de", "dans" et "à l'abri de", "sous" et "au-dessous de". Ruwet voudrait les considérer comme des noms, comparables à "intérieur", "porte" ou "ombre" dans des énoncés comme "à l'intérieur du château", "à la porte du château" et "à l'ombre des tilleuls". Avec McCawley, (1971a, *220*), on pourrait supposer maintenant que la plupart des prépositions font partie de verbes dans la structure sous-jacente, et que la forme V⌢prép⌢SN est transformationnellement dérivée d'une structure sous-jacente V⌢SN (cf. Galmiche, 1975, *148*). Un titre comme *A cent lieues de Paris* pourrait dans cette optique être considéré comme le résultat d'une série de transformations à partir de la structure sous-jacente "il y a un X tel que X ÊTRE à à 100 lieues de Paris"; et de même *Sous les tilleuls* aurait pour structure sous-jacente "il y a un X tel que X ÊTRE à sous les tilleuls":

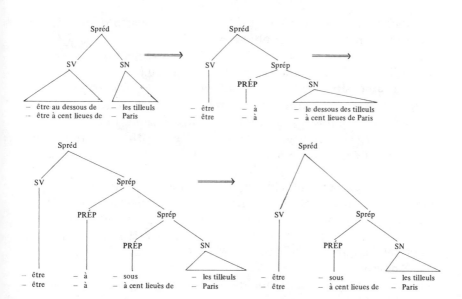

A cette époque il n'était pas encore question de conditions sur les transformations; telles quelles, les transformations proposées ne seraient plus acceptables actuellement.

2.3.1.3   *Les types adjectifs*

a. l'**adjectif**: *Boiteuse et bossue*; souvent substantivé: *La laide*, *Le rouge et le noir*, *Les blancs et les bleus*. L'adjectif ne représente pas une catégorie syntaxique autonome; Bach 1968 a proposé de réduire à une seule catégorie de profondeur, appelée "contentif", des sous-catégories de surface aussi différentes que le nom, le verbe et l'adjectif (cf. § 2.2.1.2 PRÉCISION). L'adjectif pourrait alors être transformationnellement dérivé à partir d'une proposition relative. Ainsi *La laide* serait dérivé à partir de la structure sous-jacente

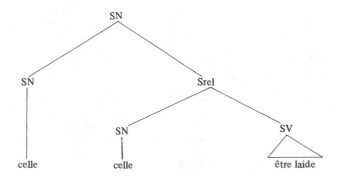

Les adjectifs non restrictifs ne sont pas dérivés à partir d'une relative, mais sont introduits par une phrase pleine: *Littérature française* vs *Les joyeux Bourguignons*, qui sont dérivés respectivement de "littérature qui est française" et "les Bourguignons sont joyeux".

b. la **proposition relative**: *Celui qu'on aime*, *L'homme qui rit* (Hugo). On distingue les propositions relatives déterminatives des propositions relatives appositives (cf. Jacobs et Rosenbaum, 1973, *108-122*). Thompson 1971 essaie de démontrer que les relatives déterminatives et les relatives appositives sont dérivées à partir de conjonctions sous-jacentes.

c. le **complément adnominal**, c'est-à-dire les syntagmes prépositionnels qui constituent des extensions prépositionnelles fonctionnant comme des compléments déterminatifs auprès de substantifs (cf. Ruwet, 1972, *267-275*; cf. Milner 1977 et Danell 1974 pour l'analyse structurale du groupe SN + prép + SN): *Les consultations du docteur Noir*, *Souvenirs de jeunesse*.

La préposition la plus fréquente est "**de**"; le rapport logico-sémantique entre le syntagme nominal et le complément adnominal est des plus divers:

Deux mois de sacerdoce *Une heure de bonheur*	} GÉNITIF PARTITIF
Le perruquier du grand duc *Le perroquet de Walter Scott*	} GÉNITIF POSSESSIF

L'écu de 5 francs   GÉNITIF QUANTITATIF ⎫

Une vie d'homme
L'échelle de femmes
L'enfant de choeur   } GÉNITIF QUALITATIF ⎬ GÉNITIF EXPLICATIF
Le prisonnier de guerre
La veste de satin

Le vicomte de Béziers
Au mois de mai
Le château d'Oppenheim   } GÉNITIF IDENTIFICATIF ⎭
Le val d'amour

Coups de pinceaux
Lettres de Léonie   } GÉNITIF D'AGENT
Journal d'Amélie

L'écolier de Cluny
Les chanoines de Paris   } GÉNITIF LOCATIF

Souvenirs de jeunesse
Chroniques bretonnes des   } GÉNITIF TEMPOREL
XIIIe et XVe siècles

Histoire de la soeur Inès   GÉNITIF D'OBJET

La conspiration des
Marmouzets   GÉNITIF SUBJECTIF

L'attaque du pont   GÉNITIF OBJECTIF

Le **génitif partitif** marque un ensemble dont une partie est isolée; le **génitif possessif** marque la possession ou l'appartenance; le **génitif quantitatif** marque la quantité, la mesure ou la valeur; le **génitif qualitatif** marque la qualité, l'espèce, le genre, le type, la matière; le **génitif identificatif** est caractérisé par une combinaison de deux noms dont le deuxième fonctionne comme attribut apposé auprès du premier; les génitifs quantitatif, qualitatif et identificatif sont des instances différentes du **génitif explicatif**; le **génitif d'agent** marque l'instrument, le

moyen, la cause, le destinateur ou l'auteur; on constate que la préposition "de" a dans ce cas le sens de "par"; le **génitif locatif** et le **génitif
temporel** marquent respectivement le lieu (origine, destination, autres
rapports locaux) et le temps (les rapports temporels); le **génitif d'objet**
marque la personne ou l'objet représentés; en tant que déterminants
d'un nom déverbal, les **génitifs objectif** et **subjectif** sont distincts des
autres types de génitifs. A l'instar de Hatcher 1960 et de Moody 1973,
nous proposons une classification logique comprenant cinq catégories,
qui permettent de ranger les différents types de génitifs distingués; A
représente le substantif et B le complément adnominal:

a.   **A ⊂ B**: A est contenu dans B, B est plus large que A: génitif
partitif;

b.   **A ⊃ B**: B est contenu dans A, A est plus large que B: génitif
qualitatif, génitif locatif, génitif temporel, génitif d'objet et génitif
possessif;

c.   **A ← B**: B est la source de A: génitif d'agent, génitif subjectif;

d.   **A → B**: B est la destination de A: génitif objectif;

e.   **A ≡ B**: A équivaut strictement à B: génitif identificatif, génitif
quantitatif.

REMARQUES: 1. Les **grammaires traditionnelles** se limitent généralement à présenter une
énumération plus ou moins exhaustive des rapports constatés entre le SN et le complément
adnominal, sans établir des relations taxinomiques entre ces différents rapports. Grevisse
(1969, *159*) cite pêle-mêle les rapports suivants: le génitif peut marquer le possesseur, l'espèce,
le genre, la matière, la destination, le but, la quantité, la valeur, la mesure, l'origine, la qualité,
la manière d'être, le lieu, le temps, l'instrument, le moyen, la cause, l'auteur, le contenu, le
tout, etc. Dans les grammaires latines on cite habituellement quelques exemples de "genitivus
possessivus", "genitivus explicativus", "genitivus qualitativus", "genitivus partitivus", "genitivus objectivus" et "genitivus subjectivus". Ces classifications ne peuvent évidemment pas
manquer de provoquer certaines objections: un énoncé comme "jambon d'Ardenne" comporte un complément adnominal désignant à la fois l'origine et le lieu; "robe d'intérieur"
comporte un complément adnominal marquant le lieu et la destination ou le but: "it is
evident that this classification is not logically consistent, since different criteria are used to
establish the categories set up" (Moody, 1973, *10*).
2. Le **génitif possessif** et le **génitif subjectif** sont caractérisés par le fait qu'ils ne sont pas
combinables avec des adjectifs possessifs: donc, *La vie d'une jolie femme* mais non pas **Ma
vie d'une jolie femme* et aussi *La conspiration des Marmouzets* mais non pas **Ma conspiration des Marmouzets*. Les autres génitifs admettent fort bien l'adjectif possessif: *Une vie de
courtisane* ou bien *Ma vie de courtisane*, *Souvenirs de jeunesse* ou bien *Mes souvenirs de
jeunesse*, etc. Milner 1977 a remarqué des différences de comportement linguistique entre le
génitif possessif et les génitifs non possessifs: Milner part de l'hypothèse que les types de
génitifs distincts par leur interprétation doivent avoir des structures syntaxiques différentes. Il
constate que les génitifs non possessifs se rapprochent des compléments prépositionnels introduits par d'autres prépositions que "de" ("le livre sur...", "une agression contre...") et il
oppose le génitif possessif au génitif non possessif comme un groupe dont le caractère prépositionnel est partiel et secondaire à un groupe prépositionnel de statut plein: "les génitifs

non-possessifs sont directement engendrés dans la base comme des groupes prépositionnels compléments; les génitifs possessifs ne le sont pas" (*ibid.*, *72*).

3. **L'ordre** des deux noms dans le **génitif identificatif** est inversé dans des expressions comme "fripon de valet", "drôle de guerre", *Drôle de jeu* (Vailland), le premier élément, attribut épithète, déterminant le second. Il est question ici de génitif identificatif, parce que la préposition "de" est dépourvue de sens et que les deux substantifs se superposent sémantiquement (cf. Eskénazi, 1967, *191-192* et aussi Arrivé 1964, Lombard 1931, Thomas 1970, Tuţescu 1969, Tuţescu 1972, *287-305*).

4. En général, il ne paraît pas possible de **combiner un seul nom recteur avec deux ou plusieurs compléments adnominaux, à moins que le type de génitif des compléments adnominaux et/ou leur portée ne soient différents.** Milner (1977, *67-68*) donne des exemples de combinaisons où un nom recteur est accompagné de deux compléments adnominaux de types différents: "le livre de Zola de mon frère", où "de Zola" et "de mon frère" se rapportent tous les deux à "le livre"; cette construction est possible, parce qu'il s'agit de deux types de génitifs différents (génitif d'agent et génitif possessif). Par contre, un énoncé comme ****Le perruquier** *du grand duc de l'écolier* est inacceptable, parce que les deux compléments adnominaux sont du même type (génitif possessif) et déterminent un seul nom recteur. Cette dernière adjonction est nécessaire parce qu'une telle construction redevient acceptable lorsque le complément adnominal déterminant fonctionne à son tour comme déterminé d'un nouveau déterminant: "la maison de l'oncle de la servante de mon père". On peut en conclure que la série SN + prép + SN + prép + SN + ... n'est acceptable que si deux compléments adnominaux déterminant un seul nom recteur constituent deux types de génitifs différents et/ou si la portée des différents compléments adnominaux n'est pas identique. De cette manière on peut expliquer un énoncé comme "la critique de l'histoire des souvenirs d'amour de jeunesse du duc de Bourgogne du professeur ...", où l'on constate successivement des génitifs objectif, d'objet, qualitatif, temporel, possessif, locatif et d'agent; la grammaticalité syntaxique de l'énoncé s'explique aussi par les portées différentes des compléments adnominaux. Ces deux conditions permettent de distinguer **deux types** de combinaisons: celles formées en vertu du critère des génitifs différents (*La soeur de lait du vicaire*) et celles formées en vertu du critère de la portée différente des compléments adnominaux (*Confessions d'un homme de cour, Chronique du jour des morts, Galanteries d'une demoiselle du monde, Mémoires d'une célèbre courtisane des environs du Palais-Royal*); ce dernier type est de loin le plus fréquent dans les titres. Pour ces deux types il faut postuler une dérivation différente; opposons "la soeur du père du vicaire" à "la soeur de lait du vicaire" (cf. Galmiche, 1975, *157* et Ruwet, 1972, *269* note 8):

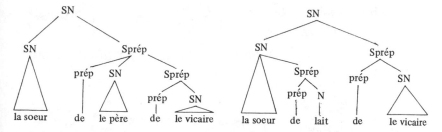

5. Pour le **degré de cohésion** entre deux noms reliés par "de" voir Carlsson 1966; par exemple: *Le chien du berger* et *La maison du berger* (Vigny) vs**Le chien de berger* et *Les chiens de garde* (Nizan).

La structure sous-jacente aux syntagmes nominaux accompagnés d'un complément adnominal consiste dans un SN et une phrase P, qui dépendent d'un même noyau SN. P comporte un SN et un prédicat:

(1)   SN → SN ⌢ P
(2)   P → SN ⌢ Spréd

La dérivation d'un titre comme *Le perruquier du grand duc* se fait donc à partir de la structure profonde suivante (cf. Greimas, 1976, *31*):

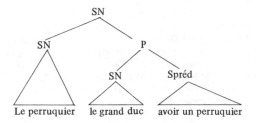

Une structure comme **SN₁ de SN₂** est donc dérivée à partir de la structure suivante: **SN₁, SN₂ Spréd SN₁**, où Spréd dépend du type de génitif:

— **génitif partitif:**   SN₁, SN₂ { durer / être limité à / ... } SN₁

exemple: *Une heure de bonheur*: "une heure, le bonheur durer une heure";

— **génitif possessif:**   SN₁, SN₂ { avoir / posséder / disposer de / ... } SN₁

exemple: *Le perroquet de Walter Scott*: "le perroquet, Walter Scott avoir un perroquet";

— **génitif quantitatif:** SN₁, SN₂ { être la valeur de / être la mesure de / être l'âge de / .... } SN₁

exemple: *L'écu de 5 francs*: "l'écu, 5 francs être la valeur de l'écu"

— **génitif qualitatif**: SN_1, SN_2 $\left\{\begin{array}{l}\text{être la qualité de}\\ \text{spécifier}\\ \ldots\end{array}\right\}$ SN_1

exemple: *La veste de satin*: "la veste, satin être la qualité de la veste";

— **génitif identificatif**: SN_1, SN_2 $\left\{\begin{array}{l}\text{être}\\ \text{être le nom de}\\ \ldots\end{array}\right\}$ SN_1

exemple: *Le vicomte de Béziers*: "Le vicomte, Béziers être le nom du vicomte";

— **génitif d'agent**: SN_1, SN_2 $\left\{\begin{array}{l}\text{faire}\\ \text{écrire}\\ \ldots\end{array}\right\}$ SN_1

exemple: *Journal d'Amélie*: "Journal, Amélie écrire le journal";

— **génitif locatif**: SN_1, SN_2 $\left\{\begin{array}{l}\text{être le lieu de}\\ \text{naissance de}\\ \text{être le lieu de}\\ \text{provenance de}\\ \text{être l'habitation de}\\ \ldots\end{array}\right\}$ SN_1

exemple: *Les chanoines de Paris*: "les chanoines, Paris être l'habitation des chanoines";

— **génitif temporel**: SN_1, SN_2 $\left\{\begin{array}{l}\text{être la date de}\\ \ldots\end{array}\right\}$ SN_1

exemple: *Souvenirs de jeunesse*: "souvenirs, la jeunesse être la date des souvenirs";

— **génitif d'objet**: SN_1, SN_2 $\left\{\begin{array}{l}\text{figurer dans}\\ \text{être l'objet de}\\ \ldots\end{array}\right\}$ SN_1

exemple: *Histoire de la soeur Inès*: "histoire, la soeur Inès être l'objet de l'histoire";

— **génitif subjectif**: SN_1, SN_2 $Spréd_{nom_1}$

exemple: *La conspiration des Marmouzets*: "la conspiration, les Marmouzets conspirent";

— **génitif objectif**: SN_1, SN_2 Spréd$_{nom\ passif_1}$
exemple: *L'attaque du pont*: "l'attaque, le pont être attaqué".

2.3.1.4 *Les types phrastiques*. La plupart des titres phrastiques ne sont pas des titres spécifiques (elliptiques et nominaux); ils ne se situent pas hors du temps grammatical, hors de la subjectivité et hors de la modalité. Sous l'influence probable des titres de presse américains (cf. Elwert, 1968, *180*) on rencontre régulièrement depuis la deuxième moitié du XIXe siècle des titres phrastiques, c'est-à-dire des titres qui ont la forme d'une phrase complète régulière. L'emploi de ce type de titres s'est déjà généralisé et normalisé dans les titres de films (cf. Dubois e.a., 1970b, *95*). Ainsi on trouve des titres de textes comme *Les dieux ont soif* (France), *Les lauriers sont coupés* (Dujardin); les exemples plus anciens ne manquent d'ailleurs pas: *Il faut qu'une porte soit ouverte ou fermée*, *Il ne faut jurer de rien* et *On ne badine pas avec l'amour* de Musset, *Est-il bon? Est-il méchant?* (Diderot). Le titre peut se composer d'une phrase simple, de deux ou plusieurs phrases juxtaposées et aussi de phrases coordonnées (*Oh 'pa, pauvre 'pa, maman t'a pendu dans le placard et moi j'en ai le cafard*, Kopit). Dans les phrases subordonnées la proposition principale est parfois supprimée; il en résulte une certaine force suggestive et une valeur proverbiale; le cotexte est censé suppléer à ce manque: *Quand la mer se retire* (Lanoux), *Si le grain ne meurt* (Gide). Dans de rares cas la phrase complète régulière est réduite à un participe: *Maritalement parlant, Résignée*. Le titre phrastique s'accommode de tous les modes syntaxiques:
— **indicatif**: *Je vivrai l'amour des autres* et *Je l'entends encore* de Cayrol, *La guerre de Troie n'aura pas lieu* (Giraudoux);
— **subjonctif**: *Que ma joie demeure* (Giono);
— **conditionnel**: *Je voudrais pas crever* (Vian);
— **impératif**: *Mais ne te promène pas toute nue* et *Occupe-toi d'Amélie* de Feydeau, *N'oubliez pas que nous nous aimons* (Cayrol), *Va jouer avec cette poussière* (Montherlant), *Priez pour elle*;
— **infinitif**: *Parvenir!*, *Aimer, pleurer, mourir*.
A côté des affirmatives on trouve des phrases interrogatives (*Aimez-vous Brahms?* de Sagan, *Etes-vous fou?* de Crevel), des exclamatives (*Comme on gâte sa vie*), des citatives ("*disent les imbéciles*", Sarraute), etc.

REMARQUES: 1. La suppression des éléments verbaux n'est pas systématique dans les **titres de journaux**: on y supprime l'auxiliaire mais le participe est gardé. Dans ce type de titres on supprime aussi les articles et parfois certains prédicats vides de sens ou sémantiquement redondants (cf. Friedel, 1965, *2*).

  2. Les titres phrastiques sont générés régulièrement à partir de la compétence linguistique, à l'exception des titres phrastiques irréguliers. Les titres à composante verbale ont rarement une structure déviante; en poésie on trouve parfois quelques cas isolés: *Hier régnant désert* (Bonnefoy), *Comment une figue de paroles et pourquoi* (Ponge). Cette irrégularité n'est pas spécifique des titres mais relève d'autres règles de la compétence discursive décrivant les particularités du langage poétique (cf. van Dijk 1972); une description du langage des titres spécifiques ne s'en occupe pas nécessairement.

  3. Les deux derniers types de constituants des titres, la proposition relative et le complément adnominal sont généralement précédés d'un substantif ou d'un pronom (souvent déterminatif: *Ce qu'ils disent ou rien*, Ernaux) et ne se présentent presque jamais isolément.

2.3.1.5 *Les types interjectifs.*

Nous rangeons ici les différentes exclamations, interjections, apostrophes, formules de salutation, souhaits, onomatopées etc.: *Ainsi soit-il, Crac! pchcht!! baounhd!!!*, *Bonjour tristesse* (Sagan), *Bah!* (titre originel de *La soeur de lait*).

2.3.2 *La dérivation des titres*

Le titre spécifique est caractérisé par un style elliptique et nominal; au niveau syntaxique cela veut dire que ce titre est caractérisé par la suppression des éléments verbaux. La suppression d'une catégorie majeure comme le prédicat verbal appelle quelques observations.

On pourrait se demander si la présence d'un élément verbal est vraiment indispensable au niveau profond. Nous avons déjà vu que les catégories présentes dans les structures sous-jacentes sont d'un nombre réduit, comparé au nombre de catégories qui, après l'application des transformations, apparaissent à la surface; or, la formalisation de la structure sous-jacente ne demande aucunement la présence d'un élément verbal, qui ne paraît obligatoire qu'au niveau de la surface (cf. van Dijk, 1972, *269*); une expression comme *Les pilotes de l'Iroise* pourrait être formalisée comme "il y a un x, tel que x est les pilotes de l'Iroise": $(\exists x)[P(x)]$. Seule la présence d'un argument et d'un prédicat est nécessaire, et ce prédicat n'est pas nécessairement actualisé sous forme d'un élément verbal. La représentation des structures sous-jacentes comporte un prédicat accompagné de un ou plusieurs arguments, ou, en termes linguistiques, d'un contentif (nom, verbe, adjectif, représentés par V) accompagné de un ou plusieurs syntagmes nominaux (cf. McCawley, 1971a, *221*, *224*). La phrase peut être réécrite comme

$$P \rightarrow PROP \frown SN_1 \frown SN_2 \frown SN_3 \ldots$$

Le symbole PROP est muni d'indices permettant d'identifier les
SN:x_1, x_2, etc. Une phrase comme *Notre prison est un royaume*
(Cesbron) peut être représentée comme

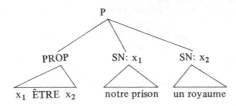

Comme le contentif peut être un verbe qui n'indique que la simple
existence ou bien un adjectif ou un nom, cette réécriture permet de
rendre compte des titres constituant des phrases grammaticales (*Le roi
s'amuse*, Hugo) et des phrases semi-grammaticales (*Le roi des ribauds*).
La représentation de ces deux titres est respectivement:

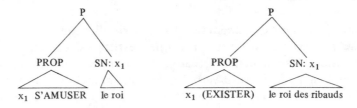

Une telle formalisation implique que le **titre spécifique** fonctionne
comme **une phrase complète dont la forme est abrégée mais qui
demande dans sa profondeur une structure identique à celles des
phrases grammaticales.** La différence syntaxique entre le titre spécifique et la phrase grammaticale est donc une différence de surface, la
suppression de l'élément verbal étant due à une transformation de
suppression: SN Spréd ⇒ SN Ø (cf. van Dijk, 1972, *230*). **La spécificité
formelle du titre est de type syntaxique** et non pas sémantique (cf.
von Wilpert, 1969, *203*). Nous supposons que des transformations
spécifiques permettent de passer des séquences complètes grammaticales à des séquences incomplètes semi-grammaticales: "new specific
transformations are applied to it (= a full discursive sentence in its
underlying structure), yielding the surface structure of the headline as
a final result" (Robberecht, 1975, *95*).

Il faut distinguer les transformations de suppression des transformations d'effacement (cf. Chomsky, 1971a, *176* note 1); les **transfor-**

mations d'effacement sont des transformations **récupérables**, c'est-à-dire des transformations qui permettent de reconstituer la catégorie syntaxique effacée; ce sont les seules transformations d'effacement admises par Chomsky dans la grammaire. La "récupérabilité" est une condition générale pour l'application d'une transformation d'effacement; elle stipule qu'après l'effacement il faut pouvoir constater quel est l'élément effacé et quel est l'endroit précis où l'effacement a eu lieu. Ces transformations d'effacement récupérables peuvent avoir lieu dans la dérivation de tout discours et ne sauraient être spécifiques d'un discours particulier. Chomsky (1971a, *197, 240, 247*) a imposé aux transformations d'effacement certaines conditions: "On sait que les suppressions recouvrables sont celles de syntagmes nominaux indéfinis *(on, quelqu'un, quelque chose)* ou des *pro-formes*, ou des éléments identiques à un autre élément de l'analyse propre" (Kristeva, 1974, *281*). Les **suppressions non récupérables** ne permettent pas la reconstitution des structures sous-jacentes, dont le résultat serait ambigu et imprécis, de sorte que le signifié de l'énoncé reste indécidable (cf. Kristeva, 1977, *160*). Aussi Kristeva (1974, *269*) distingue-t-elle dans le langage poétique de Mallarmé deux types de modifications: les suppressions récupérables (l'agent auprès d'un verbe au passif) et les suppressions non récupérables, caractérisant la spécificité du discours poétique. Dans l'optique de Chomsky, les transformations de suppression que nous postulons afin de rendre compte de la différence syntaxique entre les **titres spécifiques semi-grammaticales** et les phrases grammaticales seraient des **transformations non récupérables**, parce que le co(n)-texte seul permet de suppléer à leur manque structurel. S'il est normalement possible de reconstituer la structure sous-jacente des structures elliptiques qui sont le résultat de ces transformations de suppression, c'est grâce à la stéréotypie de la structure communicative des titres qui constitue leur contexte. La **non-récupérabilité** des transformations de suppression est donc **relative: il y a des transformations de suppression dont on peut reconstituer la structure sous-jacente grâce au contexte par exemple** — c'est le cas des titres —, **et il y a des transformations de suppression non récupérables caractérisant le discours poétique** de Mallarmé (cf. Kristeva, 1974, *269, 281*) ou celui de Emily Dickinson (cf. Levin 1971). La profondeur n'étant pas violée, les semi-phrases comme les titres restent parfaitement compréhensibles; on parlera seulement d'agrammaticalité lorsque les irrégularités se situent à un niveau très profond dans les structures sous-jacentes (cf. Abraham et Braunmüller, 1973, *123*).

Pour la dérivation du titre on distinguera deux types de règles: les règles constitutives de base (§ 2.3.2.1) et les règles de transformation (§ 2.3.2.2). Nous ne nous occuperons pas des règles morphophonologiques, qui ne sont guère spécifiques du titre.

2.3.2.1 *Les règles constitutives de base.* Les règles constitutives de base permettent la dérivation des titres. Tenant compte de ce que nous avons constaté jusqu'ici, nous proposons la **structure profonde** suivante:

(1) P_{titre} → PROP $\frown$ $SN_1 \frown SN_2 \frown SN_3$ ... (cf. § 2.3.2)

(2) SN → SN $\frown$ P

(3) P → SN $\frown$ Spréd

(cf. § 2.3.1.3)

Les structures qu'on peut dériver à partir de ces règles permettent de rendre compte de titres aussi divers que: *Les lauriers sont coupés* (Dujardin): les lauriers (on a coupé les lauriers); *Le rosier de Madame Husson* (Maupassant): le rosier (Madame Husson a un rosier); *Sous les tilleuls*: les tilleuls (on se trouve sous les tilleuls); *L'homme qui rit* (Hugo): l'homme (l'homme rit).

Les **structures de surface** sont très variées; le SN a la structure suivante (cf. Tuţescu, 1972, *41* qui propose une structure semblable, permettant de rendre compte de 47 types homogènes et de 81 types hétérogènes avec préposition):

(prédéterminant) $\frown$ nom $\frown$ (déterminant)

Le prédéterminant est structuré comme suit:

(préprédéterminant) $\frown$ prédéterminant $\frown$ (postdéterminant) (cf. § 2.3.1.1)

Vu le fait qu'il existe des titres commençant par une conjonction (*Ni ange, ni bête*, Maurois; *Ni Dieu, ni maître*, Guérin; *Ni Marx ni Jésus*, Revel; *Et on tuera tous les affreux*, Vian; *Mais le Saint troubla la fête*, Charteris) et que ces titres peuvent comporter plusieurs SN, reliés ou non par des conjonctions, il faut prévoir la possibilité de générer une structure où le SN puisse figurer coordonné à d'autres SN et, par conséquent, être précédé d'une conjonction (C):

$$C \frown SN_1 \frown C \frown SN_2 \frown C \frown ... \frown SN_n$$

A cette fin il faut ajouter dans la dérivation une règle

(4) $SN \rightarrow (C) \frown SN \frown ((C) SN)^n$ (cf. Brettschneider, 1971, *149*).

Le SN considéré comme l'archimodèle du titre (cf. Duchet, 1973b, *62*) peut indépendamment de la présence d'une conjonction figurer précédé d'une préposition (Sprép). Si la structure $C \frown$ Sprép est rare pour le syntagme initial (**Et pour toujours, *Car sans toi*, etc.), elle figure régulièrement dans le corps du titre (cf. § 2.3.2.2): *Les aventures de Polydre et d'Honorine, Scènes de France et d'Afrique.* Il faut tenir compte aussi des (pré-)déterminants qui peuvent accompagner le nom (N).

Supposons maintenant que la représentation du **titre qui est un SN** a la forme suivante au niveau de la structure de surface:

$$[_{SN} [_{Sprép} (prép) \frown (prédét)^n \frown N] [_{dét} ((dét C)^n dét]]$$

Les prédéterminants peuvent comporter des pré-prédéterminants et des postdéterminants:

$$(pré-prédét) \frown prédét \frown (postdét)$$

Le déterminant peut être constitué par
— un adjectif: *Histoires fausses et vraies*;
— un participe: *Les femmes vengées*;
— un complément adnominal: *La noce de Christine*;
— un nom: *Mon oncle Thomas*;
— un adverbe: **Une place debout, *Une minute de trop, *Lundi soir, Méchamment les oiseaux* (Prou);
— une proposition relative (Prel): *Celui qu'on aime*;
— une proposition conjonctive (Pconj): **Le doute s'il viendra, *L'espoir qu'il mourra.*
Dans quelques cas (adverbe, adjectif, nom propre, participe) ces déterminants peuvent être précédés d'un adverbe: **Un assassin très bien, *Une femme presque morte, *Un homme très Don Juan, *Une femme bien vengée.* Le **déterminant** a la structure de surface suivante:

$$\left[\left\{\begin{array}{l}(\text{adv})\left(\begin{array}{l}\text{adj}\\ \text{SN}\\ \text{adv}\\ \text{part}\end{array}\right)\\ \text{compl adnom}\\ \text{Prel}\\ \text{Pconj}\end{array}\right\}\right]$$
— dét

Le **nom** peut être réalisé comme suit:

$$\left[\left\{\begin{array}{l}\text{nom propre}\\ \text{nom commun}\\ \text{pronom}\\ \text{nom de nombre}\\ (\text{adv})\left(\begin{array}{l}\text{adj}\\ \text{part}\\ \text{adv}\end{array}\right)\\ V_{\text{infin}}\\ V_{\text{impér}}\\ P\\ \text{Sprép}\end{array}\right\}\right]$$
— N

	Claude Gueux
	Le sacristain
	Quoi?
	Quatre-vingt-treize (Hugo)
	Jeune et vieille
	Maritalement parlant
	Peut-être
	Aimer, pleurer, mourir
	Priez pour elle
	Un bienfait n'est jamais perdu
	Sous les tilleuls

2.3.2.2 *Les règles de transformation.* A côté de la transformation de suppression, que nous avons déjà discutée dans § 2.3.2, il existe des règles qui expliquent pourquoi deux titres qui ont la même structure de surface, doivent pourtant être dérivés à partir de structures sous-jacentes différentes. Ces transformations n'ont rien de particulier pour les titres et relèvent de la compétence linguistique régulière. C'est par exemple la **transformation de coordination**, qui mérite d'être traitée ici pour son importance dans les titres (cf. Dik 1968 pour la coordination). *Les aventures de Polydre et d'Honorine* et *Scènes de France et d'Afrique* ont tous les deux la structure suivante:

$$\text{SN}_1 \frown \text{de} \frown \text{SN}_2 \frown \text{et de} \frown \text{SN}_3$$

Or, le premier de ces deux titres au moins est ambigu: il peut être résumé soit par "les aventures vécues par Polydre et Honorine ensemble", soit par "les aventures de Polydre, qui ne sont pas les mêmes que les aventures d'Honorine". Seule la lecture du co-texte permet de décider du sens à attribuer à ce titre. Vu le contexte romanesque, on suppose pourtant que le premier résumé est le plus probable. Le sens du deuxième titre par contre ne peut être que "scènes qui se passent en France et d'autres scènes qui se passent en Afrique"; il est improbable qu'il s'agisse de scènes jouant à la fois en France et en Afrique. Le premier titre est dérivé à partir des règles établies dans le paragraphe précédent, "de Polydre et d'Honorine" constituant un ensemble qui détermine "Les aventures". Le deuxième titre par contre est le résultat d'une transformation de coordination appliquée à la structure sous-jacente "scènes de France et scènes d'Afrique":

$$T_1 : SN_1 - prép - SN_2 - C - SN_1 - prép - SN_3 \Rightarrow$$
"scènes de France et scènes d'Afrique" ⇒

$$SN_1 - prép - SN_2 - C - \emptyset - prép - SN_3$$
Scènes de France et d' Afrique

Autre exemple: "M. Popot sous l'Empire et M. Popot sous la Restauration" ⇒ *M. Popot sous l'Empire et la Restauration.* Donc: quand un titre se compose de deux syntagmes nominaux reliés, ayant chacun la structure SN ⌒ prép ⌒ SN, et que les premiers SN de ces deux syntagmes sont identiques, le premier élément SN du deuxième syntagme peut être supprimé.

DÉMONSTRATION: Cette problématique peut être illustrée par l'ambiguïté du titre *Les comédies de Racine et de Balzac*, où seule la connaissance qu'on porte sur les auteurs mentionnés permet la désambiguïsation et donc le choix pour telle ou telle structure sous-jacente:
   – les comédies écrites par Racine et celles écrites par Balzac
   – les comédies écrites par Racine et celle écrite par Balzac
   – la comédie écrite par Racine et celles écrites par Balzac
   – la comédie écrite par Racine et celle écrite par Balzac (?)
On optera pour la dernière solution quand on sait que tant Racine que Balzac ont écrit une seule comédie, respectivement *Les plaideurs* et *Mercadet*. L'interprétation d'un tel énoncé dépend donc de la connaissance du monde extérieur. Cela est également le cas dans les exemples suivants:
Les romans de Balzac et de Zola = "les romans de Balzac et ceux de Zola";
Les romans de Balzac et de Fromentin = "les romans de Balzac et celui de Fromentin";
Les romans de Jérôme et Jean Tharaud = "les romans de Jérôme et Jean Tharaud"

Une règle semblable à T_1 doit être établie pour rendre compte correctement d'un titre comme *Bannissement et retour de Charles VII*, qui est le résultat d'une transformation appliquée à "bannissement de Charles VII et retour de Charles VII":

$T_2 : SN_1 - \text{prép} - SN_2 - C - SN_3 - \text{prép} - SN_2 \Rightarrow$
"bannissement de   Ch. VII   et   retour   de Ch. VII"

$SN_1 - \emptyset - \emptyset - C - SN_3 - \text{prép} - SN_2$
Bannissement   et   retour   de Ch. VII

Donc: quand un titre se compose de deux syntagmes nominaux reliés, qui ont chacun la structure SN ⌢ prép ⌢ SN, et que les deuxièmes SN de ces deux syntagmes sont identiques, le complément adnominal du premier syntagme peut être supprimé. Les transformations T_1 et T_2 peuvent être combinées dans la règle suivante, où W, Y, Z et U sont des variables qui peuvent être nulles et où $\overline{X}$ est une variable remplaçant les catégories lexicales Nom, Verbe, Adjectif (cf. Chomsky, 1970, *210*):

$$W - \overline{X}_i - Y - \& - Z - \overline{X}_i - U \Rightarrow$$

1	2	3	4	5	6	7
0	scènes	de France et		0	scènes	d'Afrique

bannissement de Ch. VII   0   et   retour   de Charles VII   0

$$\left\{ \begin{array}{ccccccc} \emptyset & 2 & 3 & 4 & \emptyset & \emptyset & 7 \\ 1 & \emptyset & \emptyset & 4 & 5 & 6 & \emptyset \end{array} \right\}$$

          Scènes   de France et   d'Afrique
Bannissement   et   retour de Charles VII

Un problème analogue se pose pour les **adjectifs** qui accompagnent un SN: de façon analogue à la règle T_1, des titres comme *Histoires fausses et vraies* et *Aventures surprenantes et extraordinaires* doivent être ramenés à deux structures sous-jacentes différentes, quand on admet que les *Histoires* ne sont pas fausses et vraies à la fois; l'opposition entre les deux types est plus évidente encore dans **Contes anciens et modernes* vs **Tendre et violente Elisabeth*:

Histoires fausses et vraies ⇐ "histoires fausses et histoires vraies"
*Contes anciens et modernes ⇐ "contes anciens et contes modernes"

De telles transformations sont optionnelles parce qu'il existe des titres comme *Contes fantastiques et contes littéraires*. Dans le cas de titres où l'un des deux adjectifs accompagnant le substantif est préposé et où l'autre est postposé (*Nouveaux contes philosophiques, Nouvelles lettres persanes*), et également dans le cas de titres où les deux adjectifs accompagnant le SN sont postposés et juxtaposés (*Romans historiques bretons*) ou préposés et juxtaposés (*Le bon vieux temps*), ces transformations n'ont pas eu lieu, parce que dans les deux cas le SN est déterminé par les deux adjectifs à la fois. La structure sous-jacente d'un titre comme *Histoires fausses et vraies* est la suivante:

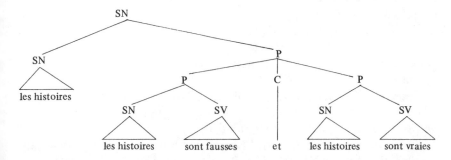

L'application de quelques transformations a pour résultat le titre cité (cf. McCawley, 1968, *143-146*). De façon analogue à la règle T_2 un titre comme *Servitude et grandeur militaires* est le résultat d'une transformation appliquée à "servitude militaire et grandeur militaire".

2.3.3 *Typologies syntaxiques du titre*

Les tentatives de typologisation du titre peuvent être distinguées d'après les critères de classification sémiotique retenus: typologie syntaxique, typologie sémantique, etc. Les propositions de description faites ici permettent l'établissement d'une typologie syntaxique, parce que la notion de **description syntaxique explicite** équivaut pour nous à celle de **typologie syntaxique**.

Plusieurs propositions ont été faites pour établir une typologie; elles nous paraissent insuffisantes, bien qu'à des degrés différents.

La tripartition proposée par Klenz (1923, *95-96*) entre "**Doppeltitel**" (*Minna von Barnhelm oder das Soldatenglück*), "**Kombinierte Titel**" (*Kabale une Liebe*) et "**kumulierte Titel**" (titres comptant plus de deux syntagmes) est basée sur des critères syntaxiques; les trois types sont respectivement:

- $SN_1 \frown vel \frown SN_2$
- $SN_1 \frown (C) \frown SN_2$
- $SN_1 \frown (C) \frown SN_2 \frown (C) \frown ...$

Une pareille typologie ne saurait rendre compte de l'extrême diversité des formes du titre.

Rath 1968 propose une typologie établie d'après les types de transformations nécessaires pour dériver telle séquence semi-grammaticale de sa correspondante grammaticale (*ibid.*, *14-17*); cela le conduit à distinguer deux types de séquences: celles qui sont le résultat d'un changement structural consistant dans un changement de type de constituant et dans un changement de cas ("Wortart- und Kasustransformation"):

Schwache Luftbewegung ⇐ "Die Luft bewegt sich schwach" (*ibid.*, *15*) et celles qui ont préservé leur structure après une transformation de suppression ("Prädikatsergänzung"):

Winde aus wechselnden Richtungen ⇐ "Winde kommen aus wechselnden Richtungen" (*ibid.*, *17*). Pour être juste dans la mesure où ces observations ne sont valables que pour un corpus délimité, le bulletin météorologique, une telle typologie n'en est pas moins incomplète, parce qu'elle se restreint, au fond, à distinguer les titres formés par nominalisation de ceux formés par suppression. En outre, on demande à une typologie non seulement de spécifier les critères qui ont présidé à la classification, mais aussi de distinguer entre des éléments dont on constate empiriquement qu'ils appartiennent à des classes différentes; en d'autres termes, une classification des titres d'après leur dérivation est incapable de rendre compte de la diversité des types rencontrés au niveau syntagmatique (cf. § 3.2.3.2).

Werner Bergengrün a essayé d'épuiser la richesse des formes du titre dans son "roman" *Titulus. Das ist: Miszellen, Kollektaneen und fragmentarische, mit gelegentlichen Irrtümern durchsetzte Gedanken zur Naturgeschichte des deutschen Buchtitels oder unbetitelter Lebensroman eines Bibliotheksbeamten* (1960). Il se sert non seulement de critères syntaxiques mais aussi de critères sémantiques et surtout rythmiques (*ibid.*, *13-14*). Si cette classification a le mérite de bien illustrer la grande variété de titres possibles, elle n'en est pas moins déroutante par le manque d'explicitation et la confusion qui se font sentir dans le choix des critères conduisant à un très grand nombre de types distingués, là où il y aurait des rapprochements à faire et des réductions structurales à apporter. Mais, sans doute, on ne demande pas à un romancier d'argumenter sa taxonomie; Bergengrün présente pêle-mêle les trouvailles d'un bibliothécaire fictif, qui s'est donné pour tâche d'écrire un livre sur tous les titres qu'il rencontre dans son travail quotidien.

DIGRESSION: Voici un aperçu des types de titres distingués par Bergengrün:
1. dérivations de noms propres (*15*): *Odyssée, Henriade*;
2. titres monosyllabiques (*19*): *Faust, Schnee*;
3. noms de famille (*20*): *Wallenstein, Struensee*;
4. prénoms masculins (*21*): *Hamlet, Othello*; prénoms féminins (*23*): *Medea, Athalie*;
5. prénom + nom de famille (*21, 24*): *Robinson Crusoe, Eugénie Grandet*;
6. appellation + nom de famille: féminin (*26*): *Madame Bovary, Fräulein Julie*;
7. nom masc. + nom fém. (*27*): *Romeo and Julia, Paul et Virginie*;
8. nom masc. + nom masc. (*28*): *Max und Moritz, David et Goliath*;
9. nom fém. + nom fém. (*29*): *Annette und Sylvia, Brigitte und Regine*;
10. article + nom de famille (*29-30*): *Die Piccolomini, Die Brüder Karamasow*;
11. nom propre + amplification progressive (*31*): *Emil und die Detektive*;
12. noms composés (*37*): *Südkurier, Islandfischer*;
13. nom pluriel (*38-39*): personnages ou noms abstraits: *Könige, Bemühungen*;
14. nom sing. polysyllabique (*37*): *Hunger, Musik*;
15. adj. + nom pluriel (*41-42*): *Junge Leiden, Schwüle Tagen*;
16. adj. + nom singulier (*42*): *Unruhige Nacht, Neue Erde*;
17. adj. géogr. + nom (*43*): *Irische Melodien, Irisches Tagebuch*;
18. art. + nom sing./plur. (*47*): *Der Vater, Die Pest, Die Räuber*;
19. art. + nom composé (*51*): *Der Hochwald, Die Kameliendame*;
20. art. + adj.plur. (*53-54*): *Les Diaboliques, Die Elenden*;
21. art. + adj.sing. (*56*): *Die Fremde, Der Geizige*;
22. art. + adj. + nom (*58-59*): *Die verlorene Illusionen*;
23. noms de nombre (*71-76*): *Quatre-vingt-treize, Die drei Musketiere*;
24. appellation + nom propre (*77-78*): *Vater Goriot, Meister Balzer*;
25. art. + appellation + nom propre (*78*): *Das Mädchen Juanita, Das Pferd Max*;
26. adj. poss. + appellation + nom propre (*81*): *Meine Tante Lucienne*;
27. nom + nom (*83*): *Paradies Amerika, Endstation Sehnsucht*;
28. titres d'apparentement (*84*): *Tochter der Ostsee, Die Kinder des Kapitän Grant*;
29. nom propre + art. + nom (*87*): *Nathan der Weise, Uli der Knecht*;
30. titres renfermant les mots *Jahr, Haus, Geheimnis, Riese, Flucht* (*89-102*);
31. titres prépositionnels (*109*): *Die Dame mit den Nelken, Lieder ohne Worte*;
32. nom + *und* + nom (*115*): *Kabale und Liebe, Der alte Mann und das Meer*;
33. "Nomigeni-Titel" (*125 sq.*): *Geist der Zeit, Ball der Diebe*;
34. "Geninomi-Titel" (*133*): *Figaro's Hochzeit, Danton's Tod*;
35. nom + nom + (*und*) + nom (*133*): *Kinder, Künstler, ·Wanderleute, Götter, Gräber und Gelehrte*;
36. (nom) + prop.rel. (*144, 155*): *Der Mann der zuviel wusste, Der nie verlor*;
37. propositions: communications (*163* sq.): *Ich komme in der Nacht*;
    affirmations: *Der Mensch ist gut*;
    impératifs: *Kiss me Kate*;
38. *und* + proposition (*167*): *Und ewig singen die Wälder*;
39. propositions interrogatives (*169*): *Kleiner Mann, was nun?, Wo warst du, Adam?* ;
40. propositions introduites par un adv.rel. (*170*): *Wo das Meer entspringt*;
41. citations (*170*): *Hunde, wollt ihr ewig leben?*
42. propositions introduites par pron.dét.rel., ou par pron. rel. sans antécédent (*172*): *Wer einmal aus dem Blechnapp frisst*;
43. adverbiale temporelle (*173*): *Wenn es aufklart*;
44. nom + *als* + nom (*175*): *Der Bürger als Edelman*;
45. nom + prép. + nom (*185*): *Bomben über Shanghai, Grüsse für Marie-Ange*;
46. anacoluthe (*190-191*);

47. rép. + art. + nom (*193*): *Unterm Birnbaum, Zwischen zwei Städten*;
48. (nom) + nom géogr. (*203*): *Kenilworth, Villa Schönow*;
49. participia (215): *Vom Teufel geritten, Untergetaucht*;
50. titres fragmentaires (*227*): *Dir zu Liebe, Nicht zu glauben*;
51. titres génériques (*229*): *Das Buch Ruth, Tagebuch*;
52. ouverture ou clôture de communication (*247*): *Hallo Welt, Bonjour, Tristesse*.

Les exemples sont tous de Bergengrün, qui ne s'est pas limité à ces deux ou trois exemples mais en cite souvent des dizaines. La systématisation de ses observations qui produit ici une bonne cinquantaine de types est nôtre. Vu le fait que ses observations sont non systématiques, elles ne présentent pas une taxonomie raisonnable et ne sauraient épuiser la diversité des possibilités structurales des titres; on ne saurait leur accorder qu'une valeur empirique.

2.4   LA SYNTAXE DU TITRE SECONDAIRE

Entre le **titre principal** et le **titre secondaire** il existe des rapports syntaxiques, sémantiques, sigmatiques et pragmatiques. Nous entamons ici l'analyse de leurs rapports syntaxiques. L'étude du titre secondaire a été systématiquement négligée, même chez des auteurs qui se sont occupés sérieusement de l'analyse du titre (cf. Grivel, 1973a, *168*). Le titre secondaire est un titre ajouté au titre principal et séparé de lui par un indice typographique (un blanc, un point, une virgule, la capitalisation, autre type de caractères, etc.) ou·par une conjonction ("ou", "qui est", "c'est", "autrement", etc.).

Duchet (1973b, *50* note 5) distingue entre deux formes constitutives du titre secondaire, le second titre et le sous-titre. Selon lui, le **second titre** est un titre secondaire introduit par un terme disjonctif "ou", qui souligne encore l'importance de la coordination pour les titres; le **sous-titre** est un titre secondaire introduit par un terme générique (*roman, aventures, chronique*, etc.). Les indications génériques figurent aussi sous des dénominations moins transparentes que *roman* ou *nouvelle*; parfois le type de sujet raconté y est indiqué et par là implicitement le genre:

vie de ...	est signe de	biographie
équipée	est signe de	roman d'aventures
moeurs	est signe de	roman de moeurs
chronique	est signe de	roman historique

Exemple: titre principal + titre secondaire =
   a.   titre principal + second titre: *Bonnard, ou le fils du sergent*
   b.   titre principal + sous-titre: *Tout ou rien. Roman nouveau*

Or, cette distinction entre second titre et sous-titre demande à être mieux établie, parce qu'un second titre et un titre principal peuvent, eux aussi, être introduits par un introducteur générique: *Evelina, ou les aventures d'une jeune Anglaise*, *Vie et aventures de Salavin* (Duhamel), *La vie imaginaire de l'éboueur Auguste Geai* (Gatti), *Histoire d'un conscrit de 1813* (Erckmann-Chatrian). En outre, il y a des titres secondaires qui ne sont ni des seconds titres, parce qu'ils ne sont pas introduits par la conjonction "ou", ni des sous-titres, parce qu'ils ne sont pas introduits par une terme générique: *Mademoiselle de Maupin. Double amour*; *Un mariage de cour. Crime et silence*; *Moeurs d'Alger. Juive et Mauresque*; *Le libelliste. 1651-1652*; *Longtemps après. 1812-1830*, etc.

Le statut présumé de **second titre**, accordé à tout titre introduit par "ou", rend indispensable l'analyse de ce terme disjonctif. En principe, la disjonction peut être inclusive (lat. *vel*) ou exclusive (lat. *aut*). A notre avis, elle ne saurait être ici qu'**inclusive**, l'auteur ne présentant pas un choix obligatoire entre deux syntagmes (cf. Furet, 1970, *101-102* et Rothe, 1969, *301*). Le choix entre les deux titres est impossible parce qu'ils ne se rapportent pas tous les deux au même objet: **le titre principal se rapporte au co-texte et le titre secondaire reprend le titre principal** et se trouve avec lui en relation logico-sémantique. La disjonction inclusive a ici le sens de "en d'autres termes", "c'est-à-dire", "qui est", etc. (cf. Raible, 1972, *210*). L'auteur offre donc deux titres à la fois, non pas par indécision mais parce les deux se complètent et offrent au lecteur deux entrées différentes dans le co-texte. Le terme disjonctif "ou" remplace plus ou moins un verbe métalinguistique comme "dénommer", "surnommer", "appeler", etc., qui indique que les deux termes (titres) rapprochés se trouvent à un seul et même niveau linguistique; le titre principal se trouve donc au même niveau d'énonciation que le second titre. C'est pour cela qu'on peut dire que le mot "ou" exprime une **équivalence** (cf. Duchet, 1973b, *56*; Furet, 1970, *101-102*; Rothe, 1969, *319*). Cela explique aussi que le titre principal et le titre secondaire sont **syntaxiquement interchangeables**: l'ordre syntaxique des deux titres peut être interverti, parce que, syntaxiquement, toute combinaison d'éléments susceptibles de fonctionner comme titre peut figurer comme titre secondaire (cf. Raible, 1972, *210*): nom commun (*Bonnard, ou le fils du sergent*), nom propre (*Inesilla. Madrid, Paris et Vienne en 1808*), adjectif substantivé (*La conspiration des Marmouzets, ou l'Egyptienne*), pronom (*Moeurs du Nord de la France. Ce que regrettent les femmes*;

Quoi...? Tout ce qu'il vous plaira), propositions (*Marie Launois, ou je ferai dire une messe, Un bienfait n'est jamais perdu, et Dieu ne laisse pas le crime impuni*). Comme le substantif du titre principal, celui du titre secondaire peut être accompagné d'adjectifs, précédé de prépositions (*Entre onze heures et minuit. Devant la cheminée*), introduit par des participes (*Soirées d'une grisette. En l'attendant*; *Histoire de M. Coco, contenant des documents précieux sur son origine et sa naissance, le récit de ses faits et gestes etc.*; *L'inceste, suivi de la belle Maure*; *Veillées vendéennes, dédiées à Henri de France*). Syntaxiquement parlant, le titre principal peut se trouver à la place du titre secondaire et inversement (cf. Duchet, 1973b, 57): *Chroniques du Café de Paris. Le jeune homme*; *Moeurs d'Alger. Juive et Mauresque*. Il paraît donc que **le second titre est caractérisé par le fait qu'il se trouve au même niveau linguistique que le titre principal**, plutôt que par l'introduction d'un terme disjonctif.

La deuxième catégorie de titres secondaires, celle des **sous-titres**, serait, selon Duchet, caractérisée par l'absence d'un terme conjonctif et par la présence d'un terme générique. Le sous-titre introduit par un terme générique est un énoncé qui est une affirmation sur le genre du titre principal et, par son biais, sur celui du co-texte. Il forme une phrase elliptique métalinguistique, ayant pour objet le discours d'une autre phrase elliptique, celle du titre principal. **Par rapport au titre principal, le sous-titre se trouve entièrement à un niveau métalinguistique.** Dans le cas des sous-titres, il n'y a donc pas d'équivalence entre le titre principal et le titre secondaire. Aussi le sous-titre n'est-il pas relié au titre principal par une conjonction disjonctive, mais en est-il séparé par un point ou ce qui tient lieu (un blanc, une majuscule). La structure profonde de la combinaison titre principal plus second titre n'est pas la même que celle de la combinaison titre principal plus sous-titre, parce que, dans le premier cas, il s'agit de deux séquences coordonnées qui se trouvent au même niveau linguistique, tandis que, dans le deuxième cas, nous avons affaire à deux séquences qui se trouvent à deux niveaux linguistiques différents.

Nous proposons donc d'introduire comme critère de distinction entre les deux types de titres secondaires le niveau linguistique auquel se situe le titre secondaire par rapport au titre principal. **Si le titre secondaire se trouve au même niveau linguistique que le titre principal, nous parlons de second titre; si le titre secondaire se trouve à un niveau linguistique différent, nous parlons de sous-titre.** Vu que le titre principal (TP) et le titre secondaire (TS) peuvent être introduits par un terme générique (gén) et que le titre secondaire peut être introduit par la conjonction "ou", nous supposons qu'il existe 8 types différents de titres secondaires, 4 types de seconds titres et 4 types de sous-titres:

$$\left.\begin{array}{l} 1.\ \text{TP} \quad + \quad\ \text{TS} \\ 2.\ \text{TP}^{g\acute{e}n} + \quad\ \text{TS}^{g\acute{e}n} \\ 3.\ \text{TP} \quad + \text{ou} + \text{TS} \\ 4.\ \text{TP}^{g\acute{e}n} + \text{ou} + \text{TS}^{g\acute{e}n} \end{array}\right\}\ \text{types de seconds titres}$$

$$\left.\begin{array}{l} 5.\ \text{TP}^{g\acute{e}n} + \quad\ \text{TS} \\ 6.\ \text{TP} \quad + \quad\ \text{TS}^{g\acute{e}n} \\ 7.\ \text{TP}^{g\acute{e}n} + \text{ou} + \text{TS} \\ 8.\ \text{TP} \quad + \text{ou} + \text{TS}^{g\acute{e}n} \end{array}\right\}\ \text{types de sous-titres}$$

EXEMPLES:
1. *La baronne et le prince. Catastrophe*; *Mademoiselle de Maupin. Double amour*; *Rosane, Désordre, crime et vertu*; *Un mariage de cour. Crime et silence*;
2. *Mémoires de mes créanciers. Moeurs parisiennes*; *Souvenirs de jeunesse, extraits des Mémoires de Maxime Odin*;
3. *Maison de cinq étages, ou le terme d'avril*; *Louisa, ou les douleurs d'une fille de joie*;
4. *Mémoires d'une célèbre courtisane des environs du Palais-Royal, ou vie et aventures de mademoiselle Pauline, surnommée veuve de la grande armée*; *Galanteries d'une demoiselle du monde, ou souvenirs de mademoiselle Duthé*;
5. *Chroniques franc-comtoises. La tour de Drameley*; *Scènes du grand monde. Une inclination. Un mariage. Un amour*;
6. *Clotilde. Esquisses de 1822*; *Le lit de camp. Scènes de la vie militaire*;
7. *Histoire de Jérôme, ou le malin dupe de ses malices*; *Mes souvenirs de bonheur, ou neuf mois en Italie*;
8. *Athénais, ou lettres de quelques personnes de ce siècle*; *Daniel le Lapidaire, ou les contes de l'atelier*; *L'âme d'un jeune homme, ou le roman du jour*; *La famille Morin, ou les contes de la grand'mère*; *Evelina, ou les aventures d'une jeune Anglaise*.

REMARQUES: 1. On constate que dans les types 4 et 8 ($\text{TP}^{(g\acute{e}n)} + \text{ou} + \text{TS}^{g\acute{e}n}$), $\text{TS}^{g\acute{e}n}$ ne figure pas à l'état pur mais est toujours accompagné d'un élément fictionnel, entraîné par la conjonction "ou", qui pose le titre secondaire en position d'équivalence avec le **titre principal, qui contient toujours un élément fictionnel.** L'élément générique ne figure donc pas normalement à l'état pur comme titre principal; ce qui explique que *Roman noir, ou voilà les morts à notre tour d'en sortir* (Thibaudeau) est compris par le lecteur comme anomalie par rapport à *Voilà les morts à notre tour d'en sortir. Roman noir* (titre de couverture du même livre). Ainsi on peut considérer comme agrammatical des titres comme ***Angélina, ou roman* par rapport à **Angélina ou roman d'une jeune italienne* et à *Angélina. Roman*, ou comme ***Lettres d'Isabelle, ou chroniques* par rapport à **Lettres d'Isabelle, ou chroniques d'une belle vierge* et à **Lettres d'Isabelle. Chroniques.* Le **titre secondaire peut toujours contenir un élément fictionnel; dans les cas 2, 4, 6 et 8 il contient aussi un élément générique, qui peut figurer isolément dans les seuls cas 2 et 6 et donc jamais après "ou".** Ce fait a été remarqué aussi par Raible (1972, *210-211*): "Nennt man nun die linke Hälfte 'Obertitel' und die rechte Hälfte 'Untertitel' (...) so muss man diesen 'Untertitel' gegen solche Titel abgrenzen, die als Untertitel ohne, nicht jedoch als Untertitel mit *oder* möglich sind. Es sind dies solche Untertitel, die nicht zur selben Ebene gehören, sondern z.B. zur Metatext-Ebene. Sie geben meist die (literarische) Gattung an, zu welcher der Text gehört. Camus' *La Chute* hat den Untertitel *récit*. *La Chute ou récit* wäre jedoch kein üblicher Doppeltitel, ebensowenig wie *Judith oder Trauerspiel in fünf Akten*".

2.   On constate qu'un **terme générique peut très bien introduire un second titre** à condition que le titre principal soit, lui aussi, introduit par un terme générique, de sorte que les deux moitiés du titre se trouvent au même niveau linguistique: *La vie de Marianne, ou les aventures de la comtesse de **** (Marivaux). La distinction apportée par Duchet 1973b entre second titre, introduit par "ou", et sous-titre, introduit par un terme générique, ne nous paraît pas tout à fait adéquate, parce que 1) elle ne tient pas compte des rapports linguistiques entre le titre principal et le titre secondaire; 2) elle ignore le fait que le titre principal peut, lui aussi, être introduit par un terme générique précédé de "ou"; 3) il existe des titres secondaires introduits par un terme générique et précédés de "ou".

3.   A côté des seconds titres et des sous-titres on trouve aussi des **formes mixtes**; le titre consiste parfois dans "un énoncé à triple détente" (Duchet, 1973b, *57*), comportant un titre principal, un second titre et un sous-titre. Dans ce cas, le titre secondaire introduit par "ou" passe devant le titre secondaire générique, parce que le titre secondaire qui contient une composante fictionnelle est une continuation directe du titre principal, qui contient toujours un élément fictionnel: *Les écorcheurs, ou l'usurpation et la peste. Fragments historiques. 1418; Le duc-roi, ou les insurgés brionnais. Histoire normande de 1124; M. Noël, ou les Cancans. Roman de moeurs.* On trouve aussi des titres à triple détente où l'ordre du titre principal et du titre secondaire est interverti: *Chroniques contemporaines. Seize ans et blonde, ou vingt-quatre heures de sentiment.*

4.   Rothe (1969, *315*) distingue entre deux types de titres secondaires: les **titres secondaires prépositionnels** (*Emile, ou de l'éducation*, Rousseau) et les **titres secondaires purs**. Le type prépositionnel, qui peut figurer tant dans le titre principal que dans le titre secondaire, introduit souvent des textes non fictionnels, surtout au XVIIIe siècle.

3

Sémantique du titre

Anthony Eastwood savait mieux que
personne ce qu'était un roman. A son
avis, toute oeuvre comporte deux données essentielles: un titre et une intrigue, le reste n'est que routine. Parfois, le
titre fournit l'intrigue et, dès lors, tout
est facile.

(Agatha   Christie,   *L'aventure*   *de*
Mr. Eastwood)

3.0 PRÉLIMINAIRES

Du point de vue sémiotique, les relations entre les signes de la pratique
signifiante et leurs représentations sémantiques sont à distinguer des
relations entre les signes d'une telle pratique et les objets auxquels ils
renvoient. Conséquemment, l'analyse des deux types de relations se
fait en deux temps. Nous commençons par définir le sens immanent de
l'énoncé, appelé l'**intension** (cf. Kristeva, 1977, *294-297*), en faisant
l'inventaire des sens possibles que peuvent revêtir les éléments lexicaux
du titre. Indépendamment du contexte situationnel où figure le titre
nous en établissons une interprétation sémantique. Le résultat d'une
telle analyse consiste dans une représentation sémantique (cf. Sampson 1973) et relève du domaine de la **sémantique** (cf. Bierwisch, 1970,
168). Ensuite, il s'agit de déterminer l'**extension** de l'énoncé, c'est-à-
dire la mise en relation de la représentation sémantique de l'énoncé
avec les choses dont il parle (cf. Petöfi, 1974, *9*). Cette démarche
relève du domaine de la sigmatique. Dans les deux chapitres suivants
nous poursuivons la réalisation de ce double but: **la détermination de
l'intension du titre se fait à l'aide d'une sémantique empirique et celle**

de l'extension à l'aide d'une sémantique "historiciste" (cf. Haroche e.a., 1971, *94, 98*).

Dans le présent chapitre nous présentons d'abord les conceptions sémantiques qui se trouvent à la base du travail analytique (§ 3.1); ensuite nous passons à l'analyse même des structures sémantiques du titre (§ 3.2); enfin nous analysons la sémantique du titre secondaire (§ 3.3).

3.1 CONCEPTIONS SÉMANTIQUES

La tâche principale d'une **sémantique empirique**, définie dans Seuren 1975, est d'expliquer comment il se fait que nous comprenons et apprenons les phrases de la langue. Ceci n'a guère été l'objet des recherches jusqu'à présent; généralement, on cherche à savoir ce que nous comprenons et comment il se fait que nous entendons telle phrase de telle façon; rarement on cherche à savoir quel est le processus par lequel le sens est formé. Seuren 1975 postule que le rapport entre les choses du monde et leurs représentations sémantiques passe par l'intermédiaire de **processus cognitifs**, qui traduisent les structures du monde en structures mentales et ensuite en représentations sémantiques, que Seuren (1975, *231*) s'imagine comme une sorte de représentations picturales, imaginées ou copiées d'après la réalité:

structures du monde 〜〜▶ structures mentales 〜〜▶ représentations
sémantiques

L'avantage qu'offre cette approche est que le problème de la référence est contourné; en effet, la relation entre le concept mental et l'objet désigné est médiatisée dans cette proposition par la capacité cognitive (cf. aussi Bierwisch, 1970, *181* et Hundsnurscher, 1971, *31*). Pour rendre compte du fait que nous sommes capables de comprendre certains énoncés, Seuren postule l'existence d'espaces sémantico-cognitifs en rapport direct avec les représentations sémantiques. Le principe cognitif se manifeste par la capacité de l'individu de connaître l'état de choses possibles et imaginables dans tel ou tel espace sémantico-cognitif (monde), conçu comme un domaine d'interprétation cognitif et pertinent pour un ensemble de processus mentaux. La capacité d'imaginer étant illimitée, c'est dans la **cognition** que réside la **générativité** linguistique, qui est une propriété des processus mentaux et non pas de la **grammaire**, qui, elle, est **transformationnelle** et non pas générative (cf. Seuren, 1975, *19, 232* sq). La sémantique empirique a pour tâche de présenter des représentations sémantiques universelles, d'exclure les ambiguïtés et d'établir des relations entre les structures sémantiques et les domaines d'interprétation cognitifs.

Conséquemment, il faut développer un système de description de ces énoncés, la **représentation sémantique**. Les représentations sémantiques, couvrant les structures mentales conceptuelles, sont les produits de processus cognitifs et représentent la structure logique d'un énoncé. Formellement, elles sont concevables comme des objets pourvus d'une structure syntaxique et donc comme des indicateurs syntagmatiques, c'est-à-dire des arbres avec des noeuds (cf. Lakoff, 1971b, *269* et Bierwisch, 1971, *433*). Toute représentation sémantique doit en principe contenir deux éléments: une **représentation du sens de l'énoncé** et une **définition des conditions psycho-sociales** qui doivent être remplies pour que l'emploi de l'énoncé soit réussi (cf. Ducrot, 1972, *17, 106*); ces conditions sont des conditions pragmatiques, dont dépend la valeur communicative de l'énoncé; elles sont connues comme les **présuppositions** de l'énoncé (cf. § 5.2). Abstraction faite des présuppositions, la représentation sémantique d'un énoncé contient, selon Bierwisch (1971, *432-433*): a) des variables représentant des classes d'objets auxquels peuvent référer les énoncés; b) des traits pertinents sémantiques: des traits prédicatifs, correspondant à des constantes prédicatives et représentant des propriétés attribuées aux variables, et des traits délimitatifs, correspondant à des quantificateurs auprès des variables; c) des règles de mise en relation des variables avec leurs traits pertinents sémantiques.

3.2 STRUCTURES SÉMANTIQUES DU TITRE

Pour établir les invariants sémantiques du titre nous relevons d'abord les éléments thématiques structuraux (§ 3.2.1) et ensuite les techniques et les procédés à l'aide desquels le sens du titre s'exprime, c'est-à-dire les structures stylistico-rhétoriques (§ 3.2.3): "Car chaque titre peut comporter plusieurs niveaux de langage, qu'il faut préalablement distinguer et classer; il y en a le plus souvent deux: l'un renvoie à la forme du contenu, l'autre conceptualise, symbolise ou simplement raconte la matière elle-même du livre" (Furet et Fontana, 1970, *98-99*).

3.2.1   *Structures thématiques du titre*

Par une analyse sémantique structurale d'un ensemble de titres de romans français (1830 jusqu'à 1835 inclus, cf. Hoek 1973) nous relevons les principales structures thématiques du titre (cf. § 1.1.1). L'importance de son contenu est accentuée par son endroit stratégique, le début du texte, d'où il anticipe sur le co-texte, en en présentant des éléments diégétiques. Ces éléments constituent une sorte de résumé (au moins partiel) (cf. § 4.2.2) du co-texte et renvoient à des éléments diégétiques du co-texte aussi divers que l'agent, le temps, le lieu, l'objet ou l'événement décrits dans le récit: "la situation narrative de base se comprend comme articulation (ou combinaison) des différents niveaux de récitation impliquant les unités textuelles examinées (le temps, le lieu, la personne) ainsi que les systèmes qui les organisent et règlent le perspectivisme du roman; elle se désigne comme telle (en tant que romanesque) dès sa première manifestation, à la première phrase imprimée, c'est-à-dire au titre" (Grivel, 1973a, *166*). Outre ces éléments diégétiques, nous rencontrons dans le titre des éléments métadiégétiques (ou métanarratifs, cf. Gülich, 1976, *234*) désignant le type de diégèse (*Nouvelle, Aventure, Conte, Journal*, etc.). Nous distinguons donc entre deux types d'éléments opérant dans les titres, les **opérateurs fictionnels** (§ 3.2.1.3), éléments diégétiques anticipant sur la situation narrative de base du co-texte, et les **opérateurs métafictionnels** (§ 3.2.1.2), éléments génériques désignant le type de co-texte. Les opérateurs fictionnels et métafictionnels sont reliés par des **formateurs** (§ 3.2.1.1).

NOTE: La distinction entre titres fictionnels et titres métafictionnels se retrouve dans Kayser (1967, *192*) et Moncelet (1972, *24*: titres éponymiques vs titres génériques). L'ensemble des opérateurs fictionnels et métafictionnels correspond à peu près à ce que Fontana (1970b, *137*) appelle des "désignateurs", des éléments qui "véhiculent un contenu représenté par un designatum ou un denotatum". Grivel (1973a, *176* et 1973b, *143-159*) parle non pas de "désignateurs" mais de "sèmes"; nous ne le suivons pas dans l'emploi peu orthodoxe de ce terme emprunté à Greimas 1966, où il désigne l'unité de sens minimale dont un énoncé se compose et qui ne se manifeste pas à la surface du texte. Grivel (1973a, *176* et 1973b, *159-166*) ne parle pas de "formateurs" mais d'"opérateurs", sans d'ailleurs préciser la nature de cette catégorie, qui renferme entre autres des "composants" aussi disparates que "le défini", "l'appartenance", "la métaphorisation" ou "l'allitération"; la plupart de ces phénomènes relèvent d'une part d'une rhétorique du titre et d'autre part de la syntaxe. Nous pouvons schématiser la terminologie employée par ces auteurs comme suit:

éléments véhiculant un contenu sémantique	*éléments logico-syntaxiques reliant les éléments sémantiques*
Fontana: désignateurs (1970b)	formateurs=introducteurs+quantificateurs+ opérateurs propositionnels+champs relationnels
Grivel : sèmes + (1973a, b)	opérateurs=formateurs/adjoncteurs
Hoek : opérateurs fictionnels opérateurs métafictionnels	formateurs $\left\{\begin{array}{l}\text{quantificateurs}\\\text{opérateurs propositionnels}\end{array}\right.$

On constate que Grivel (1973b, *181*) appelle "formateurs" l'ensemble de "sèmes" et d'"opérateurs". A côté des "formateurs" il distingue des "adjoncteurs", qui "figurent comme des éléments annexes, non essentiels, mais augmentatifs, surdéterminants"; par exemple l'adjonction de *"inconnus"* ou de *"de la comtesse"* au "formateur" *Les crimes*. Nous considérons de telles adjonctions de compléments comme un phénomène syntaxique; le type de ces adjonctions ne justifie pas un traitement sémantique à part. Fontana (1970b, *137*) appelle les opérateurs métafictionnels "introducteurs" et les range dans la catégorie des formateurs. Nous croyons pourtant que les opérateurs métafictionnels traitent du type de fiction et font appel à la fictionnalité et que, véhiculant un contenu sémantique, ils ne sont pas réductibles à une fonction logico-syntaxique, comme les formateurs.

Nous analysons le **sens lexical des titres**, indépendamment de leur co-texte: "Wörter im Buchtitel, die keine Situationsdeterminanten kennen und oft gar keinen oder nur einen spärlichen Kontext bei sich haben, halten sich demgegenüber am Bedeutungspol oder doch nahe bei ihm. (Erst die Lektüre des Buches gibt die fehlende Kontextdetermination hinzu und löst die Spannung des Titels)" (Weinrich, 1966, *31-32*). Ce que les énoncés affichent est analysé en fonction du **mode de lecture de l'époque**; lorsque nous prétendons que des titres secondaires comme *légendes, contes, nouvelles, récits, roman*, etc. connotent la fictionnalité, notre affirmation est basée sur la valeur sémantique historiquement déterminée du titre, donc celle que le titre a pour le lecteur de l'époque. Ajoutons encore que l'analyse thématique des titres prétend seulement recenser leurs virtualités sémantiques qui pourraient être confirmées par le dictionnaire (le Littré) et qui sont globalement valables pour les deux siècles derniers. En nous basant sur les habitudes de lecture de l'époque, nous constatons que certaines parties du sens dominent parmi ces virtualités. Tel titre précis comme *Le prévôt de Paris* peut être cité pour illustrer plusieurs axes sémantiques. La notion de "prévôt" s'inscrit potentiellement dans les axes sémantiques suivants:

a) juridiction, surveillance
    officier   vs magistrat
    magistrat seigneurial   vs magistrat royal
    magistrat civil   vs magistrat judiciaire;

    vs

b) chef de ...   { chefs de certains ordres religieux (le père prévôt)
                    vs chef de l'administration municipale de Paris
                    (prévôt des marchands)

Or, dans *Le prévôt de Paris* le prévôt est un officier royal, chef de la juridiction du Châtelet. La multiplicité des exemples donnés dans les paragraphes suivants sert à montrer la diversité de la manifestion dans les différents modèles sémantiques (axes sémantiques, carrés sémiotiques), qui décrivent seulement les virtualités.

3.2.1.1 *Les formateurs.* Les formateurs remplissent dans le titre deux fonctions logico-syntaxiques (cf. Fontana, 1970b, *137* sq): ils déterminent les autres éléments ou bien ils les relient. La détermination est assurée par les **quantificateurs** et la mise en relation est assurée par les **opérateurs propositionnels**.

Les **quantificateurs** sont d'abord des **noms de nombre**, surtout cardinaux mais aussi ordinaux. Ensuite, ce sont des **articles** marquant la définitivisation (le, la, les) ou l'indéfinitivisation (un, des), ainsi que la singularité (le, la; un, une) ou la pluralité (les, des). Puis, il y a encore des **adjectifs**, possessifs, démonstratifs, indéfinis, etc. (cf. § 2.3.1): *Athénais, ou lettres de quelques personnes de ce siècle, Cornélie de Valville, ou quelques scènes de la vie.*

PRÉCISION: Parmi les noms de nombre cardinaux "deux" est le plus fréquent: (Art) + deux + Nom: *Les deux cadavres, Les deux cartouches du XIXe siècle, Les deux lignes parallèles, Deux artistes*, etc. Les autres noms de nombre se présentent aussi régulièrement:
   Les trois amis, Trois nouvelles piémontaises
   Les quatre jours du pauvre homme (Simenon)
   Cinq nouvelles
   Six années de mariage
   Les sept péchés capitaux
   Les huit coups de l'horloge (Leblanc)
   Neuf jours d'hymen
   Dix petits nègres (Christie)
   Entre onze heures et minuit
   Mes douze premières années
   Les treize mystères (Simenon)
   etc.
Quelques exemples de noms de nombres ordinaux: *Nos premiers beaux jours, Une première communion, Un second mariage, Ethelgide, ou le cinquième siècle, La 32e demi-brigade*, etc.

Dans le rattachement des éléments (méta) fictionnels les **opérateurs propositionnels** remplissent une des fonctions principales suivantes, relevées pendant une analyse inductive de l'ensemble des titres romanesques romantiques entre 1830 et 1835 et complétées déductivement avec d'autres exemples:

— **disjonction exclusive**	ou (=aut)	: *Tout ou rien*;
— **disjonction inclusive**	ou (=vel)	: *Georges, ou un entre mille*;
— **négation**	non (pas)	: *Non pas la mort mais l'amour* (Slaughter);
	ne ... pas	: *Adolphe Selmour, ou cinq ans de la vie d'un homme qui n'est pas mort*;
	ne ... plus	: *Une heure de bonheur, ou conversation avec une belle femme que je ne reverrai plus*;
	ni	: *Ni jamais ni toujours*;
	pas	: *Pas d'orchidées pour Miss Blandish* (Chase);
— **conjonction cumulative**	et	: *Plik et Plok*;
	suivi de, avec	: *Mavrogénie, ou l'héroïne de la Grèce, nouvelle historique et contemporaine, suivi d'une lettre de l'héroïne aux dames françaises, avec des notes nécessitées par les circonstances, attendu l'organisation d'une grande partie de la Grèce*;
	précédé de	: *Le couvent de Sainte-Marie-aux-bois, épisode précédé d'une notice sur la guerre d'Espagne en 1823*;
	faisant suite à	: *Le monde nouveau, histoire faisant suite à la fin du monde*;
— **opposition, contraste**	mais	: *Mais le Saint troubla la fête* (Charteris);
	réfuté par	: *Le Barnave, réfuté par l'histoire*;
— **destination**	offert à	: *Florence, ou le modèle de la vraie piété, offert aux jeunes personnes*;

	dédié à	: *Veillées vendéennes, dédiées à Henri de France*;
	à	: *Contes d'une vieille fille à ses neveux*;
— origine,	de	: *Contes bizarres du chevalier Ah ... a*;
provenance	recueilli, publié	: *Clotilde. Esquisses de 1822, recueillies et publiées par le comte Gaspard de Pons*;
	tiré de	: *Un Russe, ou Eléonore, histoire tirée de la Révolution de 1789*;
	par	: *Caliban.Par deux ermites de Ménilmontant*;
	trouvé	: *Le roi de la révolution, histoire trouvée sur les bords du Gange*;
	sous la dictée de, écrit par	: *Crac! Pchcht!! Baounhd!!!, ou le manteau d'un sous-lieutenant. Réalités hyperdrolatiques et posthumes, écrites par Pongo, Sapajou et Houhou, sous la dictée d'Auguste Jeancourt*;
	traduit par	: *Nouvelles lettres persanes, traduites par un Turc de Smyrne et publiées par Thierry*;
	extrait de	: *Souvenir de jeunesse, extraits des Mémoires de Maxime Odin*;
	par l'auteur de	: *La confession. Par l'auteur de l'Ane mort et la femme quillotinée*;
— inclusion	contenant	: *Nouveaux contes de fées, contenant Brinborion, Peau d'âne, la Petite aux grelots*;
— exclusion	sans	: *Sans cela!, elle serait ma femme*;
— causalité	par	: *Par ma faute*;
— conséquence	car	: *Car ils seront consolés* (Anselet-Hustache);
— condition	si	: *Si le grain ne meurt* (Gide);
— finalité	pour	: *L'honnête homme. Episode sans date pour servir à l'histoire du coeur humain*;
— concession	malgré	: *Malgré lui*;
— comparaison	comme	: *Comme un mauvais ange* (Roy);

— **manière**	comment	: *Comment c'est* (Beckett);
— **proportion**	autant	: *Autant en emporte le vent* (Mitchell);
— **extrémité**	haut degré	: *La plus grande pente* (Arnaud);
	intensité	: *Comme on gâte sa vie, esquisses de mœurs*;
— **exception-nalité**	-ana, -ade	: *Scaligeriana, Perroniana, Franciade* (Ronsard), *Henriade* (Voltaire);
	dernier	: *Les derniers Bretons, Le dernier des Condé*;
	modèle	: *Albini, ou le modèle des écoliers. Histoire chrétienne*;
	roi	: *Le roi des ribauds*;
— **appartenance**	de	: *La famille d'un député*;
	à	: *L'homme au masque de fer*;
— **partitif**	de	: *Six années de mariage*;
— **quantification**	de	: *Maison de cinq étages, ou le terme d'avril*;
— **qualification**	de	: *Une vie de courtisane*;
— **identification**	de	: *Le château d'Oppenheim*;
— **localisation**	de	: *Le gamin de Paris. Histoire contemporaine*;
	à	: *Un drame au palais des Tuileries. 1800-1832*;
	sur	: *Sur l'oreiller*;
	en	: *Guy-Eder, ou la Ligue en Basse-Bretagne*;
	sous	: *Sous les tilleuls*;
	chez	: *Un bal chez Louis-Philippe*;
— **temporalisa-tion**	de	: *L'orpheline de quatre-vingt-treize*;
	en	: *L'élève du chanoine, ou les Strasbourgeois en 1392*;
	pendant	: *Le vieil Ecossais. Souvenirs de France, d'Ecosse, et d'Angleterre pendant les règnes de François Ier, Henri II, François II, Marie Stuart et Elisabeth*;
	sous	: *Un mariage sous l'Empire*;

— marque de l'objet	de	: *L'exposition de tableaux, ou le faussaire*;
— marque du sujet	de	: *La conspiration des Marmouzets, ou l'Egyptienne*;
— marque de l'agent	de	: *Lettres de Léonie.*

3.2.1.2 *Les opérateurs métafictionnels.* **Les opérateurs métafiction-nels précisent la forme ou le mode de production et/ou de réception du récit, en lui attribuant une qualification de type générique.** Les opérateurs métafictionnels qui se rapportent à la situation, la forme ou le mode de réception du récit sont plutôt rares: *Un spectacle dans un fauteuil* (Musset) désigne un drame destiné à la lecture plutôt qu'à la représentation; *Mobile* (Butor) indique la mobilité et la discontinuité du texte, c'est-à-dire son fonctionnement (cf. Spencer, 1976, *73*). Du point de vue sémiotique, nous distinguons quatre types de dénomi-nation générique du texte: pragmatique, syntaxique, sigmatique et sémantique.

PRÉCISION: Pour des raisons de vraisemblabilisation évidentes, les opérateurs métafiction-nels couvrent non seulement le champ purement argumentatif des titres de textes scientifiques mais aussi le champ romanesque des ouvrages de fiction. **Certaines dénominations sont plus fréquentes dans le domaine romanesque** (*roman, nouvelle, conte,* etc.), **d'autres sont plus fréquentes dans le domaine argumentatif.** Cette distinction est globale, parce que des em-prunts se laissent constater de part et d'autre: *Etudes philosophiques, Sardanapale. Essais rétrogrades, La ville du refuge. Rêve philanthropique, La nouvelle France. Fragment d'un roman politique inédit, L'hacendilla. Contes psychologiques, Contes philosophiques,* etc. sont des titres de récits et *Le rêve de d'Alembert* (Diderot) et *Le neveu de Rameau* (Diderot) sont des textes argumentatifs malgré leurs titres romanesques. Certaines dénominations ne sont caractéristiques ni de l'un ni de l'autre des deux domaines: *Lettres de mon moulin* (Daudet), *Lettres portugaises* (Guilleragues) et *Lettres persanes* (Montesquieu) s'opposent aux *Lettres philosophiques* (Voltaire) et à la *Lettre sur la règle des vingt-quatre heures* (Chapelain).

La dénomination métafictionnelle **pragmatique** précise la nature des rapports, parfois imaginaires, entre le texte en question et les locu-teurs: *oraison, sermon, épître, lettre, discours, journal,* etc. Par exem-ple: *Lettres de Léonie, Nouvelles lettres persanes, Journal d'Amélie, Oraisons funèbres* (Bossuet), *Discours en vers sur l'homme* (Voltaire), *Sermon sur l'éminente dignité des pauvres dans l'Eglise* (Bossuet), etc.

Dans la dénomination métafictionnelle **syntaxique** c'est la structure interne du co-texte qui est précisée: le caractère non unitaire des textes (*anthologie, fragments, recueil, mélanges*), l'arrangement péda-gogique (*introduction, manuel*), l'ordre alphabétique (*encyclopédie,* *dictionnaire*): *Encyclopédie, ou dictionnaire raisonné* (Diderot et d'Alembert), *Dictionnaire historique et critique* (Bayle), etc.

La dénomination métafictionnelle du rapport entre le texte auquel renvoie le titre et un autre texte, parfois imaginaire, est de type **sigmatique** et plus spécialement intertextuel. Dans ce cas, le texte en question est présenté comme *abrégé, résumé* ou *supplément* par rapport à un texte intégral, développé ou incomplet. Par exemple: *Supplément au voyage de Bougainville* (Diderot), *Abrégé de l'histoire de Port-Royal* (Racine), *Résumé de puériculture et de pédiatrie* (Tremblay), etc.

Pour la dénomination métafictionnelle **sémantique** le discours argumentatif se distingue du discours narratif. **La dénomination métafictionnelle sémantique des textes argumentatifs met en valeur l'attitude de l'auteur par rapport à la matière discutée**; dans la description de ce type de dénomination c'est le **mode d'argumentation** qui est examiné. Cette description se fait à l'aide du **carré sémiotique** (cf. Nef éd. 1976):

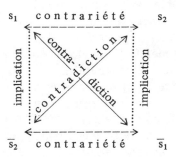

Les dénominations métafictionnelles sémantiques du discours argumentatif traduisent la **prise de position de l'auteur** pour ou contre la matière discutée: d'une part *plaidoyer, apologie, éloge, défense*, etc. et d'autre part *réfutation, critique, réquisitoire*, etc. Nous en inférons l'existence d'un premier axe sémantique, celui de l'**engagement**, où la partialité en faveur d'un point de vue est le contraire de la partialité contre un point de vue: /ADHÉSION/ vs /REJET/.

A partir du terme complexe, l'engagement, nous trouvons un terme neutre, le non-engagement, par la négation simultanée des deux contraires marqués. Nous obtenons par là un nouvel axe sémantique, celui du **non-engagement**, dont les termes sont à leur tour en relation de contrariété l'un avec l'autre; en outre, chacun de ces termes est en relation de contradiction avec l'un des termes du premier axe sémantique et en relation d'implication avec l'autre de ces termes. Le deuxième axe sémantiques, celui du non-engagement, comporte les termes /RECHERCHE/ vs /RÉSULTAT/.

La recherche est un non-rejet, impliqué par l'adhésion; elle désigne la recherche en cours. Cette notion est présente dans des termes comme *réflexion, observation, examen, considération, étude, recherches, essais, notes, notices, remarques, méditations, vues, pensées*, etc. Le résultat est contradictoire avec l'adhésion dans la mesure où le résultat ne signifie pas nécessairement une prise de position, caractéristique de l'axe de l'engagement. La recherche est contradictoire avec le rejet pour la même raison. L'adhésion et le rejet présupposent respectivement la recherche et le résultat: la recherche et le résultat sont des conditions préalables à l'engagement. Le résultat objectif est exprimée par des termes connotant la connaissance scientifique: *précis, analyse, méthode, traité, tableau, système, théorie, description, cours, explication, compte rendu*, etc. Le monde de la dénomination métafictionnelle des textes argumentatifs est un **monde épistémique**, basé sur les modalités de connaissance (résultat), ignorance (recherche), croyance (adhésion) et incroyance (rejet) (cf. Doležel, 1976, *144*).

La dénomination métafictionnelle sémantique des textes narratifs met en valeur la nature du texte intitulé et notamment sa relation à la réalité. Le premier axe du carré sémiotique qui décrit les divers termes génériques désignant le texte narratif, celui de la **réalité**, est formé par l'opposition entre le vrai et le faux: /HISTORICITÉ/ vs /FICTIONNALITÉ/. Le vrai est connoté par des dénominations comme *chroniques, traditions, annales, histoire vraie, roman historique, nouvelle historique*, etc. Le faux se retrouve dans des dénominations comme *légende, conte, nouvelle, récit, roman*, etc. Le deuxième axe, celui de l'**originalité**, est formé par les termes opposés /AUTHENTICITÉ/ (le non-faux) vs /IMITATION/ (le non-vrai). Dans la catégorie de l'authenticité il faut ranger les dénominations qui marquent l'immédiateté de la représentation: *confession, confidences, souvenirs, mémoires, conseils, révélations, manuscrits trouvés*, etc. Dans la catégorie de l'imitation on trouve des termes comme *tableaux, moeurs, scènes, esquisses, vie, histoire, causeries, épisodes, aventures*. Le monde de la dénomination métafictionnelle des textes narratifs est un **monde aléthique**, basé sur les modalités de possibilité (historicité), impossibilité (fictionnalité), nécessité (originalité) (cf. Doležel, 1976, *144*).

En résumé les dénominations métafictionnelles sémantiques du discours argumentatif et du discours narratif peuvent être schématisées dans les deux carrés sémiotiques suivants:

ADHÉSION   (engagement)   REJET   HISTORICITÉ   (réalité)   FICTIONNALITÉ

RECHERCHE (non-engagement) RÉSULTAT   AUTHENTICITÉ   (originalité)   IMITATION

NOTE: En vertu de ses **connotations** tel opérateur métafictionnel peut relever encore d'un autre type de dénomination que celui que lui attribue son sens: les connotations de la dénomination métafictionnelle syntaxique *mélanges* attribuent à ce terme une valeur pragmatique: "hommage à un professeur par ses collègues et ses disciples".

On constate dans les exemples donnés que les traits sémantiques de la dénomination métafictionnelle se présentent le plus souvent sous forme de substantifs et parfois sous forme d'adjectifs (*révélations historiques, roman historique, histoires fausses et vraies, chroniques et traditions surnaturelles, contes fantastiques et contes bizarres, contes vrais*). Les dénominations métafictionnelles sont dans ce cas parfois transposées dans la partie fictionnelle du titre et caractérisent des opérateurs fictionnels de toutes sortes pour souligner la vraisemblance, l'historicité du texte (*Florence, ou le modèle de la vraie piété, René, ou la véritable source du bonheur*), ou pour marquer la fictionnalité à travers l'extraordinaire, l'énigmatique, le curieux de l'événement (*Une fête sanglante, La chemise sanglante, La danse macabre*).

3.2.1.3 *Les opérateurs fictionnels.* Nous présentons ici un inventaire des éléments significatifs potentiels utilisés dans le titre romanesque, indépendamment de la forme syntaxique (substantif, adjectif, verbe, etc.) de leur actualisation et indépendamment de leur actualisation concrète dans une combinaison sémique propre à telle ou telle époque.

RENVOI: Pour l'analyse des combinaisons spécifiques d'une époque cf. Grivel 1973b (*143-185*: titres de romans français 1870-1880), Elema 1972 (titres de romans allemands traduits en néerlandais entre 1900 et 1960), Hoek 1972 (titres de Nouveaux Romans), Hoek 1973 (titres de récits romantiques 1830-1835). C'est à ces études que nous empruntons nos exemples dans ce paragraphe.

Les opérateurs fictionnels dans le titre sont de deux types possibles: arguments (cf. § 3.2.1.3.1) et prédicats (cf. § 3.2.1.3.2).

3.2.1.3.1 *Les arguments.* Parmi les **arguments** comptent ces opérateurs fictionnels qui constituent des unités de sens empruntées à la diégèse du co-texte et qui reflètent certaines données importantes de sa structure profonde (cf. Schoolmeesters, 1977, 9):

1) les éléments constitutifs du monde narratif: a) agents, b) temporalisation, c) localisation, d) objets, e) événements (cf. § 3.2.1.3.1.1);

2) les thèmes et les commentaires renvoyant à la diégèse du co-texte (cf. § 3.2.1.3.1.2).

RENVOI: La plupart des **typologies sémantiques du titre romanesque** prennent en considéra-tion de telles distinctions: Kayser (1967, *192-193*): thèmes, localisation et temporalisation (ainsi que les apostrophes); Lämmert (1967, *143-145*): "Personennam", "Schauplatz", "Er-eignis", "Gegenstand", "Verlauf"; Mühlenweg 1960: "Hauptfigur", "Schauplatz", "Daten", "Thema", "Gegenstand", "Ereignis". En général, ces auteurs distinguent les dénominations empruntées à des éléments diégétiques des dénominations qui se rapportent au co-texte en entier: "umschreibende Titel" (Mühlenweg 1960), métaphores, allusions, titres symboliques ou allégoriques, sentences, citations. Dans les typologies de ces auteurs, nous constatons souvent la présence de catégories qui ne cadrent pas avec le type de critère sémantique retenu. Ainsi Mühlenweg (1960, *4*) consacre tout un chapitre au "Variationstitel", un titre qui par sa forme ou par son contenu jouit d'un certain crédit auprès des lecteurs et qui, pour cette raison, est répété et varié à l'infini. Nagel (1905, *18*) distingue à côté des catégories citées les types de titres suivants: les titres qui se rapportent à d'autres domaines qu'à la littérature, par exemple à la religion: *Das tägliche Brot, Das ewige Licht*, les titres en langue étrangère et les titres accompagnés de titres secondaires. Michaël (1949, *8*) base ses catégories de titres de presse sur les critères implicitement rhétoriques: "die sachliche Überschrift" (le degré zéro du titre), "die feuilletonistische Überschrift" (fictionnalisation des nouvelles du jour), "die sensa-tionelle Überschrift" (appel au lecteur), "die Zitatüberschrift" (vedettisation d'un syntagme du titre) et "die Sinnüberschrift" (résumé, conclusion donc thématisation). Angenot (1970, *244-246*) procède à une classification des titres basée sur une théorie du roman, celle de Lukács: les titres renvoient au héros (titres "état-civil"), à sa distance par rapport à la société dégradée (*L'étranger* de Camus), à sa classe sociale (*Les misérables* de Hugo), au médiateur dans le sens de René Girard (*Nadja* de Breton), aux valeurs authentiques (*L'éducation senti-mentale* de Flaubert); en outre, Angenot ajoute des distinctions de type rhétorique (titres sous forme d'allusions, de métaphores, de symboles, etc. et titres polysémiques) et de type sigma-tique (titres à image discordantielle: *L'automne à Pékin* de Vian). Il faut constater que les critères retenus sont peu explicites et ne suffisent pas à épuiser la variété des titres possibles.

3.2.1.3.1.1   *Les éléments constitutifs du monde narratif*

REMARQUES: 1.   Les différents traits sémantiques constitutifs du monde narratif sont classés par axes sémantiques. Les axes sémantiques établis se situent à l'intérieur d'un champ sémantique très large; le terme négatif de cet axe (/non noble/, /non marié/, etc.) se démarque du terme positif (/noble/, /marié/, etc.) par la négation (implicite ou explicite) de celui-ci: *Le prêtre* et *L'enfant de choeur* s'inscrivent tous les deux dans le champ sémantique de la cléricalité; ces deux titres se distinguent respectivement par l'appartenance et par la non-appartenance au clergé.
    2.   Les titres cités sont souvent **métaphoriques** (*L'agneau* de Mauriac ou *La sirène de la Vendée*) et ne désignent pas nécessairement un animal qui figure concrètement dans le co-texte: *La salamandre* est le nom d'un bateau dans le roman d'Eugène Sue. La classification se justifie par le fait que l'analyse est, à ce niveau, restreinte au seul titre et ignore le co-texte.
    3.   Répétons encore une fois que plusieurs types de dénomination peuvent se présenter à la fois dans un seul titre et qu'un seul syntagme d'un titre peut illustrer plusieurs types de dénomination.

(a)   **les opérateurs actantiels**
Le personnage cité dans le titre est généralement le héros du texte

et parfois la victime: *Don Carlos* de Saint-Réal, *La princesse de Clèves* de Mme de La Fayette, *Rodogune* de Corneille (cf. Kibédi Varga, 1970, *169* note 10); héros ou victime, le personnage du titre est un personnage central, qui forme un lien entre les autres personnages (*Le père Goriot* de Balzac).

L'opération de personnalisation se fait potentiellement par les types de dénomination suivants:

(1) la **condition sociale**: la place de l'agent dans la hiérarchie sociale est souvent indiquée par la mention de son titre, de son rang, de sa profession, de son métier, de sa condition de vie, etc. Les dénominations de la condition sociale peuvent être classées par axes sémantiques.

— /noble/ vs /non noble/: *La baronne et le prince, Le baron de l'Empire, Le duc-roi, Le pair de France*, etc. vs *Le parvenu, Le perruquier du grand-duc, Le barbier de Louis XI, Le bourreau du roi*, etc.;

— /haute bourgeoisie/ vs /petite bourgeoisie/: *Le prévôt de Paris, Le procureur impérial, Le conseiller d'état, Le médecin de campagne, L'industriel*, etc. vs *La camériste, Le commissionnaire, La lingère, Le portier, Le secretaire intime*, etc.

— /militaire/ vs /non militaire/: *L'aide-de-camp, Le colonel, Le maréchal d'Empire, La patrouille grise*, etc. vs *La cantinière*, etc.

— /clérical/ vs /non clérical/: *L'abbé Guiraud, Le capucin, Le curé de village, Le prêtre, La grande prieure de Malte* vs *L'enfant de chœur, Le sacristain, Le séminariste*;

— /activité professionnelle (petite)bourgeoise/ vs /activité particulière non professionnelle, hors du commun/: on peut citer les ouvriers, les paysans, les chasseurs, les pêcheurs, etc., dont l'occupation s'oppose à celle des individus "réfractaires", "originaux", "solitaires", en marge de la société et réputés dangereux, nuisibles ou inutiles: vagabonds, artistes, aventuriers, bohémiens, rebelles, criminels, prisonniers, etc.: *Les ouvriers, Le mousse, La fleuriste, Le pompier, L'épicier, L'ouvreuse de loges*, etc. vs *Le forçat, Le détenu, L'esclave russe, Le vagabond, Les rebelles sous Charles V, Les mauvais garçons, Deux originaux, L'escamoteur, Les brigands du vieux château, L'exilé de Holy-Rood, Les truands et Enguerrand de Marigny, L'aventurier, Les chevaliers d'industrie, Les étudiants, Les mauvaises têtes, Le solitaire de Colonna, La figurante, Le peintre, Le feuilletoniste*, etc.

(2) la **condition familiale**: l'agent peut être désigné par ses relations familiales et par son état civil:

(a) **relations familiales**: /**apparenté**/ vs /non apparenté/: *Le fils na-*

turel, La famille Morin, La famille d'un député, La famille du voleur, Le neveu du chanoine, La soeur de lait du vicaire, Le petit neveu du compère Mathieu, Un fils de l'Empereur, Le fils du Rajah, Le fils du régicide, La fille du curé, La fille du croisé, La fille d'un porteur d'eau, L'orpheline d'Argos, Le bâtard d'une haute et puissante dame, etc.

(b) **état civil**: /marié/ vs /non marié/: *Le prêtre marié, Le mari de la reine, Le mari mécontent de sa femme, La femme et la maîtresse* vs *La fiancée royale, La pucelle de Belleville, La vierge d'Israël, Une maîtresse de Louis XIII, La veuve de la Grande Armée, La belle veuve*, etc.

(3) **l'appartenance géographique**: *Le vieil Ecossais, Les Polonais fugitifs, Un Russe, La Béarnaise, La Napolitaine, Les Créoles*, etc.

(4) **la condition surnaturelle**: l'agent est désigné par son appartenance à un monde (surnaturel) qui se distingue de celui de la réalité: /réalité/ vs /irréalité/: *La fée des Cévennes, La sirène de la Vendée, Le nain Clicthique, Le revenant de la Guadeloupe*, etc.

(5) **la détermination événementielle**: l'agent est indiqué par l'événement, l'action ou la situation dans laquelle il est impliqué; un seul aspect de sa personne est présenté au public; l'axe sémantique est basé sur une propriété: /obtenir/ vs /perdre/: *L'héritier, Le receleur, Le bigame* vs *L'émigré, Le pénitent, Le prévenu, Le mutilé*, etc.

(6) ˙ **la condition onomastique**: le nom par lequel l'agent est désigné renseigne le lecteur sur le personnage (cf. § 4.5.2);

(7) **une qualification**: la qualification n'est pas un argument à proprement parler mais compte plutôt parmi les prédicats; en principe il détermine plus ou moins un argument (par exemple un agent), mais parfois il se substitue à lui, de sorte que la qualification joue à elle seule le rôle d'argument malgré son origine prédicative: *La léthargique, Boiteuse et bossue, Une méchante femme, L'honnête homme, Pauvre fille, Les blancs et les bleus, Une blonde, Un homme sans coeur, L'obligeant*, etc.

(a') ˙ **les agents animaux**

Non seulement dans les fables mais aussi dans les contes et les nouvelles il se présente des animaux parlants ou personnalisés. Deux catégories se laissent isoler au niveau du titre: les animaux exotiques, curieux, peu communs, qui connotent la "méchanceté", et les animaux domestiques, herbivores, grégaires, qui connotent la "gentillesse": *Le crapaud, La salamandre, La grenouille verte, Serpentin vert, La coucaratcha* vs *L'oiseau blanc, Le perroquet de Walter Scott, La biche au bois, Le beau mouton, L'agneau* (Mauriac), etc.

(a″) les agents végétaux

Plantes, fleurs, arbres, etc. figurent dans le titre tantôt comme agents (*Une fleur à vendre*) tantôt comme indication de localisation (*Sous les tilleuls*) et souvent la distinction n'est pas claire avant la lecture du co-texte (*L'orme aux loups*, *Le népenthès*, *Branches de bruyère*, etc.). Ces cas sont rares et, ici encore, ce type de dénomination se présente surtout dans les contes et nouvelles. Cf. pourtant *Le roman de la rose* (G. de Lorris et J. de Meung), *L'orme du mail* (France).

(b) **les opérateurs temporels**

Le titre fictionnel contient parfois des informations concernant le temps, l'époque, l'heure, etc. où joue l'action ou bien des informations concernant la durée de l'action. Ces opérateurs peuvent figurer "purs" mais ils peuvent aussi déterminer un opérateur actantiel (*Les rebelles sous Charles V*), un opérateur spatial (*L'Hôtel de Cluny au Moyen Age*), un opérateur événémentiel (*La révolte de Lyon en 1834*), un opérateur objectal (*Les deux cartouches du XIXe siècle*), un opérateur métafictionnel (*Chroniques bretonnes des XIIIe et XVe siècles*). Les déterminations temporelles suivantes se laissent distinguer:

(1) /**durée**/ vs /moment/: la durée est indiquée par un génitif partitif désignant la nature du laps de temps indiqué: *Six mois de séjour*, *Six années de mariage*, *Deux mois de sacerdoce*, *Neuf jours d'hymen*, *Quarante ans d'absence*, *Une heure de bonheur*, etc.

(2) le **déplacement dans le temps** signifie une double temporalisation, désignant un écart temporel entre deux moments dont l'un reste implicite: *Vingt ans après* (Dumas père), *Longtemps après*, *Une heure trop tard*, etc.

(3) la **détermination non historique**: /passé/ vs /présent/: *Les jours heureux*, *Nos premiers beaux jours*, *Le bon vieux temps*; /**jeunesse** / vs /vieillesse/: *Quand on a vingt ans*, *Quand j'étais jeune*, etc. La détermination non historique peut indiquer des siècles, des années, des mois, des semaines, des jours, des heures, etc.: *Au mois de mai*, *La semaine de Pâques*, *Vendredi soir*, *Soirées d'Abbotsford*, *Les soirées de la jeune Lodoiska*, *Veillées vendéennes*, *Heures du soir*, *Entre onze heures et minuit*, *Minuit et midi*, etc.

(4) la **détermination historique**: *Le 19 octobre 1977* (Noël), *Quatre-vingt-treize* (Hugo), *Les amours d'un poète aux 18e et 19e siècles*, *M. Popot sous l'Empire et la Restauration*, *Une nuit de 1793*, etc. Les indications temporelles se trouvent le plus souvent dans les titres secondaires. Les époques, les saisons, et les moments les plus fré-

quemment mentionnés dans les titres romantiques sont respectivement la contemporanéité, le printemps, la jeunesse, et le soir, donc les moments qui paraissent au lecteur les plus prometteurs. Entre 1830 et 1836, plus de la moitié des titres secondaires à opérateur temporel historique renvoie à un passé récent: ce passé a formé la base de la société bourgeoise lors des révolutions de 1789 et 1830. D'autres époques favorisées dans les titres sont le Moyen Age et le XVIe siècle, et, un peu moins, les XVIIe et XVe siècles. Même au niveau des titres, on constate facilement que les romans fonctionnent comme une moyen d'escapisme; en outre, le regret du temps passé implique une contestation des normes et valeurs du présent historique immédiat. Le contexte historique contribue aussi, bien sûr, à l'authentification du roman.

(c) **les opérateurs spatiaux**

La dénomination fictionnelle peut désigner le lieu où joue l'action, ainsi que la distance qui sépare deux lieux. L'opérateur spatial peut figurer "pur" ou bien déterminer un opérateur actantiel (agent + de + toponyme: *L'orpheline d'Argos, Le vieux solitaire des Pyrénées, La courtisane de Paris*, etc.), un opérateur temporel (*Soirées d'Abbotsford, Les veillées de Sainte-Pélagie*), un opérateur événementiel (*La révolte de Lyon en 1834, Le siège d'Anvers*), un opérateur objectal (*Ludovica, ou le testament de Waterloo*), un opérateur métafictionnel (*Chroniques du café de Paris*). Les déterminations spatiales suivantes se laissent distinguer:

(1) /**distance**/ vs /endroit/: *A cent lieues de Paris*;

(2) le **déplacement dans l'espace**: /près/ vs /loin/: *Départ, voyage et retour, Voyage de Victor Ogier en Orient, Autour du monde*;

(3) la **détermination non topologique** peut être plus ou moins large, de la chambre au monde entier: *Maison de cinq étages, L'atelier d'un peintre, Sous le porche de l'abbaye, Le collège, La caserne, Le monde comme il est, Le monde nouveau, Le village sous les sables, La ville du refuge, Outre-mer, La mer et les marins*, etc.

(4) la **détermination topologique**: /France/ vs /étranger/; on trouve des localisations de toutes sortes: parties du monde (*Scènes de France et d'Afrique*), pays (*Gaule et France*), régions (*Le puritain de Seine-et-Marne, Deux nouvelles du Berry, Un seigneur du Beaujolais*), fleuves, rivières (*Le roi de la révolution, histoire trouvée sur les bords du Gange*), montagnes (*La montagne de Saint Lie, Le vieux solitaire des Pyrénées, Les buttes de Baville*), vallées (*Le val Duonegro*), cimetières (*Le cimetière d'Ivry*), villes (*Paris et Saint-Cloud, L'invisible au milieu*

de Paris, Venezia la bella, La folle d'Orléans), rues (*Quand on a vingt ans. Histoire de la rue Saint-Jacques*), toutes sortes de bâtiments: châteaux (*Le château d'Oppenheim, Le château d'Alvarino, Le château de Saint-Ange*), maisons (*Le manoir de Beaugency, L'hotêl de Cluny au Moyen Age, La chaumière d'Oullins*), tours (*La tour de Londres, La tour de Monthléry, Le clocher de Saint-Jacques-la-Boucherie*), églises, couvents (*Notre-Dame de Paris, Le couvent de Sainte-Marie-aux-Bois, Le cloître de St. Méry*), cours (*La cour des miracles*), cafés (*Le café Procope*), bois, forêts (*Les bosquet de Romainville*).

Opérateurs temporels et opérateurs spatiaux montrent une organisation sémique analogue:

	opérateurs temporels	*opérateurs spatiaux*
	durée	distance
	déplacement temporel	déplacement spatial
détermination historique/topologique:	temporalisation: /présent/ vs /passé/	localisation: /France/ vs /étranger/
détermination non historique/non topologique:	/secondes/ vs /siècles/	/exiguïté/ vs /immensité/

(d) les opérateurs objectaux

Les opérateurs objectaux dans les titres désignent des objets: objets d'usage, meubles, habits, moyens de transport, documents, etc.: *Le manteau vert, La lampe de St. Michel, Le comptoir, la plume et l'épée, Le manuscrit vert*, etc. Les divers objets peuvent être mis en rapport avec la classe sociale où ils sont en usage (cf. les opérateurs actantiels):
— révolutionnaires, aventuriers, brigands, etc.: *La chemise sanglante, L'habit d'Arlequin, Les dés sanglants, L'écu de cinq francs*;
— force armée: *Les deux cartouches, Le lit de camp, Le drapeau tricolore*;
— petite bourgeoisie et classes populaires: *Le bonnet vert*;
— noblesse: *La veste de satin, Le lorgnon, Miroir des salons*;
— grande bourgeoisie: *La table de nuit, La plaque de la cheminée, La diligence, Un divan, La veilleuse*;
— le clergé: *La sainte baume, L'orgue*.

Il y a aussi des titres objectaux métafictionnels désignant des recueils avec des termes connotant plus ou moins l'éparpillement, l'émiettement la pluralité: *Le prisme, Une mosaïque, Le salmigondis,* etc.

Les oppositions qui se présentent souvent dans une partie seulement du titre, entre divers objets comparables propres à diverses classes permettent de les grouper en paires (le terme de comparaison, donc la partie du sens qui joue dans l'opposition, se trouve entre parenthèses):

Le lit de camp (armée)	vs	*Un divan* (aisance: grande bourgeoisie)
La chemise sanglante (crime: peuple)	vs	*La veste de satin* (richesse: noblesse)
Le bonnet vert (petite bourgeoisie)	vs	*Le manteau vert* (grande bourgeoisie)

Souvent le titre à lui seul ne permet pas l'attribution à telle ou telle classe: *La borne* peut indiquer ce qui sert à séparer deux champs et connoter la campagne (popularité) ou bien désigner les bouteroues placées près des maisons et connoter la localité (bourgeoiseté).

(e) **les opérateurs événementiels**

Les opérateurs événementiels dans les titres indiquent les événements: les événements dynamiques, qui traduisent un changement dans la situation, c'est-à-dire une action, se distinguent des événements statiques, qui traduisent une situation, un état. L'événement dynamique est le passage d'un événement statique à un autre, le changement dans une situation (cf. § 5.1).

(1) les **événements statiques** (situations) expriment des états d'âme, des sentiments, des qualités et aussi des notions abstraites ("servitude", "jeunesse", "volupté"). Les contenus sémiques se rangent dans un carré sémiotique comportant quatre termes: un terme positif, un terme négatif, un terme neutre et un terme complexe, respectivement /bonheur/, /malheur/, /incertitude/ et /dualité/. Ces qualités se manifestent dans trois domaines différents: la **vie conjugale**, la **vie sociale**, la **vie religieuse**, informant le lecteur sur les relations de l'homme avec respectivement son partenaire, son prochain et Dieu. Le **terme positif** indique de bonnes qualités, de bons sentiments, etc., bref la **vertu** qui est valorisée comme un **bonheur**:

— vie conjugale: *Le mariage et l'amour*;
— vie sociale: *Un bienfait n'est jamais perdu, Destinée sociale*;
— vie religieuse: *Le prêche et la messe, Patience de Griselidis, Sagesse.*

Le **terme négatif** désigne de mauvaises qualités, le **vice** valorisé comme un **malheur**:

— vie conjugale: *La misère dans le mariage*;
— vie sociale: *Les passions dans le monde, Une passion secrète, Passion et fanatisme*;
— vie religieuse: *Corps sans âme.*

Le terme **neutre** par rapport au bonheur et au malheur, exprimé dans les titres événementiels est l'**incertitude**, traduit souvent par l'énigmaticité, l'obscurité. Le terme neutre ne se prononce pas sur la positivité ou la négativité; ni le bonheur ni le malheur ne sont actualisés, mais l'une ou l'autre se glisseront dans le titre au cours de la lecture du co-texte:

— vie conjugale: *Maritalement parlant, Un droit de mari*;
— vie sociale: *Le secret de famille, Un secret, Idée fixe, Tout ou rien, Peut-être, Quoi?, Sans cela!, Ni jamais ni toujours, Un clair de lune*;
— vie religieuse: *Ainsi soit-il.*

Le terme **complexe** exprimant à la fois le bonheur et le malheur est la **dualité**; cette combinaison suggère souvent la présence de problèmes psychiques, physiques, moraux, sociaux, etc.:

— vie conjugale: *Vertu et tempérament, Deux coeurs de femme, Une grossesse*;
— vie sociale: *La pudeur et l'Opéra, Le coeur et le monde, La tête et le coeur, Deux réputations, Deux lignes parallèles*;
— vie religieuse: *Amour et foi, Un remords, Une âme en peine.*

(2) les **événements dynamiques** expriment toujours une action. Le **terme positif** du carré sémiotique qui permet de schématiser les contenus sémiques des événements dynamiques dans les titres exprime une contraction, un rapprochement, une réconciliation, bref une **alliance**:

— vie conjugale: *La noce de Christine, Un mariage sous l'Empire*;
— vie sociale: *Les amours d'un poète aux 18e et 19e siècles*;
— vie religieuse: *Résurrection, Une première communion.*

Le terme **négatif** exprime un **conflit**, connoté par l'éloignement, la violence, l'antipathie, la malveillance, la séduction, l'ambition:

— vie conjugale: *Infortunes conjugales, Le divorce*;
— vie sociale: *L'attaque du pont, La conspiration de Cellamare, La révolte de Lyon en 1834, Un suicide* (actes physiques) et *Une séduction, Calomnie, Les roueries de Trialph, Parvenir!* (actes moraux);
— vie religieuse: actions (péchés) qui opposent l'homme à Dieu, ou qui sont la suite d'une telle opposition: *Les sept péchés capitaux, Inceste, Apostasie.* Le terme **neutre** n'indiquant ni l'alliance ni le conflit exprime un **incident**, qui peut être actualisé dans le co-texte soit

comme l'une soit comme l'autre: *Un événement de la vie, Une réaction, Le caprice, Une fantaisie de Louis XIV*. Le terme **complexe** est marqué par une double présence, exprimant le positif et le négatif, et par là toujours une **modification**:
— vie conjugale: *Aimer, pleurer, mourir*;
— vie sociale: *Bannissement et retour de Charles VII, Victoires, conquêtes et revers, Double règne*;
— vie religieuse: *L'absolution.*
L'analyse sémique des titres événementiels statiques et dynamiques permet la construction des deux carrés sémiotiques respectifs:

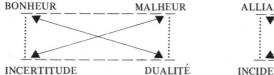

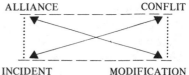

3.2.1.3.1.2 *Les thèmes et commentaires.* A côté des opérateurs actantiels, temporels, etc. qui anticipent sur une partie de la diégèse élaborée dans le co-texte, il y a des **opérateurs thématiques** ou **commentatifs**; ceux-ci désignent un commentaire, souvent phrastique et emprunté au co-texte, ou un thème du co-texte, parfois sous une forme proverbiale interprétant l'action du co-texte, comme le ferait un critique littéraire qui en dégage les thèmes principaux et suggère par là un **type de lecture**: "tout titre inclut une *recette de consommation*; on songera à des opérations sacrilèges: comment lirait-on *la Condition Humaine* avec pour guide un tout autre titre: *Emeute à Shanghaï*, par exemple!" (Angenot, 1970, *243*). Exemples: *Il faut qu'une porte soit ouverte ou fermée, On ne badine pas avec l'amour* et *Il ne faut jurer de rien* de Musset ou *La porte étroite, Si le grain ne meurt* et *Et nunc manet in te* de Gide.

3.2.1.3.2 *Les prédicats.* Nou considérons comme **prédicats** les **qualifications**, souvent implicites, des arguments (opérateurs actantiels etc.). Ces qualifications opèrent une **valorisation** de la combinaison sémique constituée par l'ensemble des arguments. Cette valorisation se rapporte à quatre domaines: le **social**, l'**économique**, le **physique** et le **moral**. A l'époque (1830-1836), la valorisation est de type manichéiste et opère une caractérisation positive ou négative de la combinaison sémique. Dans le domaine social l'opérateur actantiel (par exemple) subit ou exerce une puissance sociale; dans le domaine économique, il bénéficie d'une puissance économique ou il la subit; dans le domaine physique l'agent est caractérisé comme beau ou laid et dans le domaine moral comme bon ou méchant. Il existe un cinquième domaine, sujet à la valorisation; c'est le domaine logique (VRAI vs FAUX); généralement cette valorisation est inscrite dans les opérateurs métafictionnels du titre (cf. § 3.2.1.2) (cf. Hoek 1980b).

Domaine		*Positivité*		*Négativité*
social	:	SUPÉRIORITÉ	vs	INFÉRIORITÉ
économique	:	RICHESSE	vs	PAUVRETÉ
physique	:	BEAUTÉ	vs	LAIDEUR
moral	:	BONTÉ	vs	MÉCHANCETÉ

Hiérarchie sociale:	*Le duc et le page, La baronne et le bandit*		
	La femme du banquier	vs	*Une femme du peuple*
	Le colonel	vs	*Les aspirants de la marine*
	L'industriel	vs	*Le secrétaire intime*
	La femme à la mode	vs	*Une fille du peuple*
Hiérarchie économique:	*Le commis et la grande dame, L'orphelin et et l'usurpateur*		
	La fiancée royale	vs	*La fiancée de l'exilé*
	Le négrier	vs	*Le chiffonnier*
	L'hôtel de Cluny au Moyen Age	vs	*La chaumière d'Oullins*
	L'amirante de Castille	vs	*Pauvre fille*
	L'industriel	vs	*Le vagabond*
	Histoire du roi de Bohême et de ses sept châteaux	vs	*Histoire d'un prolétaire au XIXe siècle*
Hiérarchie physique:	*Jeune et vieille, Vieux mari et jeune femme*		
	La jolie fille de Paris	vs	*La laide*
	Les jolies filles	vs	*Boiteuse et bossue*
Hiérarchie morale:	*Le prêtre et la danseuse, L'archevêque et la protestante*		

L'honnête homme	vs	*Une méchante femme*
Augustine, ou avantages d'une édu- cation chrétienne et dangers des mauvaises sociétés. Histoire ra- contée par une pieuse mère de famille à ses enfants	vs	*Le colonel, ou le père criminel*

Cette valorisation positive ou négative d'après le code moral de l'époque est effectuée par des traits qualificatifs présents dans les opérateurs. Tous les opérateurs se prêtent dans leur forme actualisée à cette valorisation et peuvent donc être divisés en deux classes opposées:

	POSITIF		NÉGATIF
— agents:	*Les deux anges*	vs	*Les mauvaises têtes*
	Un bon enfant	vs	*Les mauvais garçons*
	La soeur de charité	vs	*Le bourreau du roi*
— temporalisation:	*Les jours heureux*	vs	*La nuit de sang*
	Une heure de bonheur	vs	*Entre onze heures et minuit*
— localisation:	*Le château Saint-Ange*	vs	*Le château noir*
	La montagne de Saint-Lie	vs	*Le val Duonegro*
	Le couvent de Sainte-Marie-aux-Bois	vs	*Le salon, le boudoir, le théâtre et l'hospice*
— objets:	*Le bonnet vert*	vs	*La chemise sanglante*
	La sainte baume	vs	*Les dés sanglants*
— événements:	*Le mariage et l'amour*	vs	*La misère dans l'amour*
	Un bienfait n'est jamais perdu	vs	*Les ombrages*

La noce de Christine	vs	*Une raillerie de l'amour*
Convalescence du vieux conteur	vs	*Un accès de fièvre*

AVERTISSEMENT: Il n'est pas toujours conseillé de croire le titre sur parole, surtout lorsqu'il indique l'individu par l'espèce et traduit sans ambages sa positivité ou sa négativité. Dans un tel cas on peut parfois s'attendre à un **démenti du titre par le co-texte**: "les rapports et les situations affirmés au titre comme conformes, positifs, équilibrés sont supposés, du seul fait de leur inscription à ce lieu du texte, déboucher sur un démenti, receler la contradiction. Réciproquement, ceux-là qui affichent la négativité sont supposés ouvrir à la positivité. Il s'agit là d'une *feinte* (affirmer A pour faire entendre (ou attendre) son inverse B) dont le lecteur est complice. Son plaisir provient *de la relative incertitude* où l'installe l'affirmation apparemment franche du titre" (Grivel, 1973b, *166*). A travers la négativité, la positivité **apparaît** dans *Le bourreau*, *Le forçat*, *Une actrice*, *Une femme du peuple*, *Le cocu*, *Le détenu*, *Les mauvais garçons*, *Une femme de théâtre*. A travers la positivité la négativité s'écoute dans *Le pair de France*, *Le puritain de Seine-et-Marne*, *Le procureur impérial*, *Les jolies filles*. Ce changement de rôles opéré par la lecture du co-texte peut se produire aussi dans les titres qui opposent deux opérateurs actantiels: *Le prêtre et la danseuse*, *La baronne et le bandit*, *Le duc et le page*. Une telle inversion des valeurs marquées dans les opérateurs se produit non seulement pour la positivité et la négativité mais aussi pour d'autres marques; à travers la banalité et la familiarité s'écoutent le fantastique et le merveilleux: *L'épicier. Histoire fantastique*, *Mon oncle Thomas*.

La disposition particulière des traits valorisants, connotant la positivité ou la négativité, produit un effet textuel et un effet idéologique.

NOTE 1: Dans un sens, l'analyse qui suit relève déjà de la **pragmatique du titre**. Nous répétons encore une fois que la distinction entre les composantes sémiotiques est opératoire, la pragmatique incluant la sémantique et la syntaxe, la sémantique incluant la syntaxe. Nous préférons tirer les conclusions de l'analyse sémantique ici même plutôt que de les renvoyer dans la partie pragmatique de cette monographie, où elles se trouveraient détachées de l'analyse dont elles résultent.

L'effet textuel: l'ensemble des traits positifs actualisés dans les différents opérateurs du titre romanesque connote le **bonheur**; l'ensemble des traits négatifs actualisés dans les différents opérateurs connote le **malheur**. Le titre de récit présente donc globalement une situation de bonheur ou de malheur, fonctionnant comme anticipation sur le co-texte. Situation classique, le bonheur est menacé, il ne peut pas durer, il risque de s'effondrer (cf. Kibédi Varga, 1970, *166*); le bonheur contient en soi le germe du malheur qui le menace; le malheur vient perturber l'ordre naturel paradisiaque qui constitue le fond de référence du roman (cf. Grivel 1973a). Tant par la représentation du malheur que par celle du bonheur (instable, il est vrai) le titre de récit présente l'extraordinaire et produit ainsi l'**étonnement textuel** (cf. Grivel, 1973b, *143*). Finalement, le titre annonce donc moins l'agent, le lieu, le temps, etc. de l'action que le **drame supposé par la représentation extraordinaire** de l'agent, du temps, du lieu, etc. (cf. Grivel, 1973a, *73* et *id*., 1973b, *67*). Le titre nous informe sur le co-texte, mais en même temps il cache encore son jeu: il signale un événement à venir en retenant une partie de l'information. L'événement extraordinaire est suggéré plutôt que représenté. **L'extraordinaire du titre de récit est dramatisé par l'incomplétude de l'information fournie** (cf. Grivel, 1973a, *172-173* et *id.*, 1973b, *66*). Dans la mesure où tout titre présente la dramatisation de l'extraordinaire, il est toujours événementiel: "a work of literature must present an event (...) In most of the cases, the titles clearly reveal this" (Gray, 1975, *90*). **Mais il ne suffit pas que le titre présente la dramatisation de l'extraordinaire, il faut encore que cet extraordinaire soit crédible.** Or, la véridicité du titre est atteinte par son "historicité", exprimée souvent dans la partie générique du titre, déterminant les opérateurs fictionnels et produisant ainsi la vraisemblabilisation du drame suggéré au niveau du titre principal. **Sémantiquement parlant, le titre produit un double effet: la dramatisation et en même temps la vraisemblabilisation, qui l'équilibre et corrige.** La dramatisation est produite par l'écart de la norme narrative, c'est-à-dire par l'introduction de combinaisons sémiques incongrues, inattendues (cf. Grivel, 1973a, *104* sq.).

NOTE 2:   La dramatisation et la vraisemblabilisation produites par le titre montrent la continuité des conceptions poétiques, dans la mesure où ces deux termes rappellent "le merveilleux" et "la vraisemblance" qu'on retrouve dans les écrits de Rapin et de l'abbé Dubos par exemple.

L'effet idéologique: on constate que les concepts analysés forment deux carrés sémiotiques reliés:

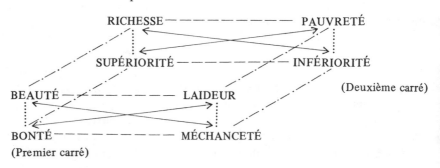

(Premier carré)

(Deuxième carré)

Le **premier carré** rend les propriétés individuelles des opérateurs actantiels, en affirmant que **la beauté, qui implique la bonté, s'oppose à la laideur, qui implique la méchanceté**; le **deuxième carré** rend les propriétés sociales et économiques des opérateurs actantiels, en affirmant que **la richesse, qui implique la supériorité, s'oppose à la pauvreté, qui implique l'infériorité.**

A propos du système que forment les titres nous pouvons tirer les conclusions suivantes, en laissant momentanément hors de considération leur rapport au co-texte:

(1) les romans français (1830-1835) formulent dès leur titre les lois d'un monde narratif, déterminé axiologiquement: **Bonté, Beauté, Supériorité et Richesse sont valorisées positivement, tandis que Méchanceté, Laideur, Infériorité et Pauvreté sont valorisées négativement.**

(2) le système que forment les titres analysés contribue à **faire passer la beauté pour bonté, la richesse pour supériorité, la laideur pour méchanceté et la pauvreté pour infériorité.**

(3) le travail fait par le titre du roman consiste à **accoler à un premier schéma reposant sur des connotations psycho-sociales et identifiant des qualités physiques à des qualités morales, un deuxième schéma reposant sur des connotations psycho-sociales et identifiant une position économique à une hiérarchie sociale.** Ce dispositif est, bien sûr, éminemment idéologique: il justifie les structures mêmes d'une société déterminée (la société française bourgeoise après son avènement en 1830) et fait passer pour naturelle la richesse des supérieurs, leur prétendue bonté innée, affichée par leur beauté et la pauvreté des inférieurs, leur prétendue méchanceté innée, affichée par leur laideur. **Dès le titre de récit on peut lire les catégories sémantiques fondamentales du roman: le titre s'avère être un résumé idéologique du roman.**

3.2.2 *Fonctionnement sémantique de quelques titres*

Afin d'illustrer le fonctionnement sémantique du titre de récit, nous cherchons à savoir ce qu'il fait, comment il le fait et pourquoi. Grâce à quelques exemples nous relevons ses fonctions sémantiques, en illustrant ainsi les rapports entre le dire et le faire d'un titre concret, donc entre ses **thèmes sémantiques** et ses **fonctions textuelles.** Nous admettons que le ressort du titre se cache dans le texte et non pas ailleurs.

Nous analysons six types de titres correspondant à six types d'information possibles sur la diégèse et sur le type du co-texte: des titres à opérateur actantiel, à opérateur spatial, à opérateur temporel, à opérateur événementiel, à opérateur objectal et à opérateur métafictionnel. Dans cette analyse sémique nous relevons les virtualités sémiques des titres concrets pour rendre perceptible la force du modèle présenté dans les paragraphes précédents.

3.2.2.1   *Titres à opérateur actantiel*. Le titre opère d'avance la vraisemblabilisation du récit qu'il annonce: la prétendue vérité du titre sert à rendre le co-texte crédible. La fonction du titre est non seulement de référer au co-texte mais aussi de l'annoncer avec un certain effet en en privilégiant un élément diégétique (protagoniste, temps, lieu, etc.) pour le rendre plus crédible: **l'anticipation est vraisemblabilisante.**

Analysons le titre *Le père Goriot* (Balzac).
— condition sociale: homme d'un rang inférieur et d'un certain âge: donc état petit bourgeois;
— condition familiale: père de famille, investi, traditionnellement, d'autorité;
— condition géographique: Goriot est un nom bien français;
— condition onomastique: Goriot est un nom petit bourgeois; la bourgeoiseté du nom exclut le sens suivant du mot père: membre des ordres et congrégations religieuses;
— condition événementielle: axe sémantique: /avoir/ vs /perdre/; par l'indication du mot "père" le titre connote les sens suivants: avoir une famille, être chef de famille, être investi d'autorité; la lecture du co-texte permet de comprendre l'ironisation de ces connotations, parce que le père Goriot perd sa famille, ses enfants et est réduit à une existence misérable et impuissante. Dans la hiérarchie sociale le titre connote l'infériorité, dans la hiérarchie économique la pauvreté et dans la hiérarchie morale la bonté.

Notre titre renvoie à trois référés différents: le roman de Balzac ("Avez-vous lu *Le père Goriot*?"), le protagoniste de ce roman ("Le père Goriot est délaissé par ses deux filles"), le titre du roman ("*Le père Goriot* est un titre curieux qui n'indique pas le personnage central de ce roman"). Quand le titre désigne le protagoniste, il donne deux informations: la familiarité et la bourgeoiseté connotées par la dénomination. Dans le premier chapitre nous lisons la description de la Maison Vauquer et nous apprenons le sujet du roman: l'histoire "des secrètes infortunes du père Goriot". Dans la description de la pension et de ses hôtes, nous retrouvons le père Goriot du titre au troisième étage, le plus pauvre, et il est sommairement décrit comme "un ancien fabricant de vermicelles, de pâtes d'Italie et d'amidon, qui se laissait nommer le père Goriot". Et Balzac n'a pas besoin d'insister sur la description de son héros: l'emploi du nom dans le titre a averti le lecteur et dispense Balzac de procéder ici à une ample description.

L'auteur peut profiter de la crédulité du lecteur et présenter un titre apparemment dénué de relation signifiante avec le co-texte.

A part une référence sommaire à la fin de la scène 10, il n'est pas question de cantatrice chauve dans la pièce homonyme d'Ionesco. Cette "anti-pièce" demande un "anti-titre": la rupture du code de dénomination correspond à la rupture du code dramatique et confirme la convention littéraire qui veut que le titre soit bien assorti au texte qu'il désigne. Le titre *La cantatrice chauve* annonce le théâtre absurde par son anomalie sémantique:
— "chauve" est une qualification qui a trait surtout aux hommes;
— l'action de chanter est privée de rapports logiques avec la propriété physique d'être chauve.

Deux cas sont donc à distinguer, celui où le titre est confirmé et celui où il est infirmé par la lecture du co-texte.

Dans *Le négrier* d'Edouard Corbière, nous avons affaire à un titre ambigu: le négrier peut désigner le marchand d'esclaves ou bien le navire qui sert à la traite des noirs. Dans l'introduction du roman, l'auteur nous apprend que le roman consiste dans le journal de mer d'un jeune capitaine négrier qui est le narrateur. Le premier chapitre retrace la vie du négrier: "les circonstances de ma naissance semblèrent tracer ma vocation; le narrateur y met en place tout un réseau d'anticipations qui vraisemblabilisent sa vocation extraordinaire: "j'ai reçu le jour en pleine mer", "ma mère était une jolie créole", "ce fut dans la violence d'une bourrasque ... que ma mère accoucha"; sur les fonts baptismaux, enveloppé du pavillon de poupe, "je passai ma petite tête dans un trou de boulet", etc. Le lecteur ne s'étonne guère de voir notre héros refusé au concours des aspirants à la marine et de le voir s'embarquer sur un corsaire où il a vite fait de trouver sa place. Le titre vraisemblabilise le texte: l'enfance d'un capitaine négrier ne peut pas ne pas être extraordinaire.
Analyse sémique du *négrier*:
— condition sociale: le héros a une profession particulière, non bourgeoise;
— hiérarchie sociale: la profession de négrier est peu en vue dans les classes bourgeoises, donc: l'infériorité de la profession provoque la négativisation de l'agent;
— hiérarchie économique: la richesse d'un négrier le classe comme positif;
— hiérarchie morale: la réputation de la profession est négative. A travers la négativité très visible pour nous de cette profession, paraît la positivité: le héros ("je"), à qui le lecteur s'identifie facilement, est moins antipathique que sa réputation ne le laisse supposer. L'intérêt du récit est formé par l'extraordinaire de la situation du récit, où nous voyons un héros sympathique dans une situation professionnelle antipathique.

Dans *Mademoiselle de Maupin*, Gautier raconte l'histoire d'un jeune cavalier, Théodore de Sérannes, accompagné d'"un amour de petit page". Quand ce jeune page s'avère être une jeune fille et que, vers la moitié du livre, le lecteur commence à s'inquiéter sur le sort de l'héroïne promise dès le titre, il soupçonne Théodore de Sérannes d'être mademoiselle de Maupin en personne. Juste à ce moment le récit est coupé et une nouvelle histoire commence, celle de mademoiselle de Maupin déguisée en homme; vers la fin du livre seulement les soupçons du lecteur sont confirmés. Le titre a ici pour fonction d'avertir le lecteur que l'histoire est piégée: le lecteur se rend compte du fait qu'il doit, à son insu, avoir déjà rencontré mademoiselle de Maupin. Le titre peut être analysé comme suit:

— condition sociale: "de Maupin" est un nom noble français;
— condition civile: "mademoiselle" désigne une jeune personne non mariée;
— hiérarchie sociale: la noblesse est signe de supériorité;
— hiérarchie économique: la noblesse du nom connote la richesse de son porteur;
— hiérarchie physique: la jeune personne noble connote la beauté.

L'extraordinaire réside dans le déguisement de la jeune femme qui se fait passer pour homme. Dans le roman mademoiselle de Maupin est difficilement reconnaissable, elle est mal peinte et c'est le titre qui supplée à ce manque d'information.

3.2.2.2   *Titres à opérateur spatial*

Les titres à opérateur spatial indiquent le lieu de l'action. Dans un roman comme *La tour de Monthléry* par J.-P.G. Viennet nous apprenons comment Hugues de Cressy, usurpateur de la baronnie de Monthléry, conspire contre le Roi de France. Après son mariage avec celle qu'il croit être Luciane de Montfort mais qui se trouve être seulement sa servante, il l'emmène, prisonnière, et l'enferme dans la tour de Monthléry pour aller retrouver Luciane. A la fin de l'histoire, nous voyons Cressy assiégé dans son château par les troupes royales. Il se réfugie dans la tour, où il préfère mourir plutôt que de se rendre. Le méchant Cressy meurt à l'endroit même où il avait enfermé sa prisonnière. Le criminel est puni là où il avait péché. Cette "coïncidence" arrangée par l'auteur n'est pas un hasard pour le lecteur, qui y voit la preuve de la justesse de la punition. Ce hasard qui n'en est pas un vise à démontrer la justesse de la punition du méchant et sert à justifier la moralité du récit. Le titre est analysé comme suit: la tour de Monthléry marque un endroit historique précis, la tour de Monthléry (Essonne) qui date du XIIIe-XIVe siècle; peu importe que l'histoire joue au XIIe siècle sous le règne de Louis le Gros. La tour, la partie la plus élevée du château et le nom aristocratique "de Monthléry" connotent la noblesse et la supériorité sociale, économique et physique. A travers cette accumulation de positivité apparaît la négativité: la tour forme (avec les cachots) la partie la plus mystérieuse d'un château, réduit secret où ont lieu les actes qui ne supportent pas le jour. Dans le roman noir aussi, la tour de préférence médiévale est signe de sorcellerie, de superstitions et d'horreurs. L'extraordinaire, présent dès le titre, est formé par le mélange de positivité (nom noble) et de négativité (réduit mystérieux).

Sous les tilleuls d'Alphonse Karr est également un roman dont le titre contient un opérateur spatial. Stephen, jeune pensionnaire dans la maison de M. Müller, tombe amoureux de Magdeleine, fille de M. Müller, qui se voit obligé de défendre sa porte à son pensionnaire, quand les amants se sont juré un amour éternel dans une allée de tilleuls, symbole de leur amour. Après son départ Stephen ne réussit pas à trouver une place et écrit une lettre à son amante pour lui rendre ses serments. Après avoir reçu l'héritage de son oncle richissime, Stephen revient auprès de Magdeleine, qu'il trouve sous les tilleuls en compagnie de son meilleur ami Edward, à qui M. Müller a promis la main de Magdeleine. Désappointé, Stephen va mener une vie de débauches mais ne réussit pas à oublier Magdeleine. Il fait semblant de se réconcilier avec le jeune couple, et, à un moment propice, il tue Edward en route et va retrouver Magdeleine dans l'allée de tilleuls: "Et Stephen la prit dans ses bras, et sous ces mêmes tilleuls où autrefois elle avait promis d'être à lui, elle tint sa promesse".

Dans ce roman, il y a quatre chapitres qui s'intitulent *Sous les tilleuls* et qui désignent quatre épisodes cruciaux dans cette histoire. Par ce procédé le lecteur est chaque fois averti que l'histoire va prendre un tournant décisif et que les deux protagonistes vont se séparer ou bien se retrouver. Le titre connote l'amour, le tilleul étant le symbole de l'amour, et désigne le lieu du drame; ici encore le lecteur a de la peine à croire à une simple coïncidence, qui voudrait que les tournants dramatiques du récit aient tous lieu dans cette allée de tilleuls. Si ce n'est donc pas le hasard qui joue ici, il faudra croire à une force supérieure, un pouvoir surnaturel (Dieu, la Justice suprême, le Destin, etc.), qui a pour fonction de justifier le récit, de constituer la preuve de sa vérité.

"Sous les tilleuls" est une détermination non topologique connotant le lieu où les amoureux s'avouent leur amour. Le titre signifie donc quelque chose comme "sous l'égide de l'amour" et suggère une providence qui règle les relations senti-mentales entre les hommes. Par sa connotation de l'amour idyllique le titre *Sous les tilleuls* a une connotation de positivité trop visible pour que la négativité n'apparaisse pas en même temps: le tilleul est le symbole de l'amour conjugal. Or, l'amour conjugal n'est représenté dans le roman de l'époque que par ses côtés négatifs; ici c'est le meurtre d'Edward qui déblaie le chemin menant à l'amour vrai.

Constatons que l'indication spatiale dans le titre sert parfois moins à désigner un endroit privilégié du récit qu'à tirer un bénéfice de cette indication: la mention de l'endroit vise à prouver la vérité, l'extraordi-naire et la moralité du récit. Mieux que l'auteur, l'intervention d'une force supérieure vraisemblabilise le récit et convainc le lecteur de la justesse d'une moralité qui est celle de l'auteur sans en avoir l'air.

3.2.2.3 *Titre à opérateur temporel*

Vingt ans après de Dumas père est un titre dont l'opérateur temporel marque un déplacement dans le temps: vingt ans, c'est le temps d'une génération. Le procédé de production d'intérêt est comparable à celui qui est pratiqué dans les titres du modèle *Le fils de* ..., qui profitent aussi de la connaissance présupposée qu'ont les lecteurs d'une diégèse précédente: les événements qui ont eu lieu il y a vingt ans, les aventures du père etc. Le renvoi explicite à des aventures précédentes constitue une promesse de nouvelles aventures.

3.2.2.4   *Titres à opérateur événementiel*

Dans le premier chapitre des *Consultations du Docteur Noir* de Vigny, Stello nous est présenté comme un homme relativement heureux qui souffre parfois d'un chagrin indéterminé. Cette souffrance est anticipée dans le titre, où il est question de la consultation d'un docteur, le docteur Noir, médecin des âmes mélancoliques (= noires). Son diagnostic: "Vous avez les diables bleus". Trois anecdotes constituent le remède contre ce mal. Le fait que le titre a rempli sa fonction en moins de dix pages nous fait comprendre que l'intérêt réel de ces anecdotes réside surtout dans les rapports qu'elles établissent avec le cas de Stello; les récits sont d'ailleurs à tout moment interrompus à cet effet. A la fin, le Docteur Noir formule dans ses ordonnances des remèdes contre le mal dont souffrent Gilbert, Chatterton, Chénier et Stello. Ici le titre met en relief le cadre des récits et impose ainsi une lecture cohérente de ces trois anecdotes par rapport aux souffrances de Stello.

"Les consultations" forme un opérateur événementiel dynamique et constitue un terme positif qui exprime le rapprochement, l'alliance entre le docteur et le malade; ce terme positif a trait à la vie sociale. Le Docteur Noir emprunte sa condition sociale à la (haute) bourgeoisie, mais son nom, Noir, est signe de sa condition surnaturelle. Il s'établit un axe sémantique représentant la hiérarchie sociale /malade/ vs /médecin/; cet axe se retrouve dans la condition onomastique des protagonistes: Noir, donc/obscurité/ vs Stello, c'est-à-dire étoile, donc /luminosité/.

Dans cet autre roman de Vigny *Servitude et grandeur militaires*, étroitement lié aux *Consultations*, il s'agit non pas de trois poètes mais de trois soldats. De même que le poète, le soldat vit comme ilote, pauvre et glorieux, victime et vainqueur; le titre place la servitude et la grandeur l'une à côté de l'autre, tandis que le co-texte nous fait comprendre que la grandeur réside dans la servitude: "Il faut gémir de cette Servitude, mais il est juste d'admirer ces esclaves"; "La Grandeur guerrière, ou la beauté de la vie des armes, me semble être de deux sortes: il y a celle du commandement et celle de l'obéissance". Le titre nous fait croire à une juxtaposition des deux termes; le co-texte prouve que l'un est subordonné à l'autre. Le titre innocente le projet textuel qui consiste à couvrir la servitude humaine d'une prétendue grandeur.

"Servitude" et "grandeur" sont des opérateurs événementiels statiques, qui se rapportent à la vie sociale: /société civile/ vs /société militaire/. Un terme négatif (servitude égale malheur) et un terme positif (grandeur égale bonheur) sont réunis dans ce titre, qui exprime ainsi un terme complexe (bonheur et malheur à la fois), donc une dualité dans la hiérarchie sociale: supériorité et infériorité à la fois.

Le titre *Volupté* de Sainte-Beuve contient un opérateur événementiel statique et propose un certain nombre de sens plus ou moins définis; le sens définitif n'est pourtant rélévé que dans le rapport dialectique du titre avec son co-texte. Le titre se présente à lui seul comme ambiguïté. Sainte-Beuve s'est expliqué sur son titre: "Sénèque nous le dit: A la porte des Jardins d'Epicure on lisait cette inscription engageante: "Passant, tu feras bien de rester ici; ici l'on met le souverain bonheur dans la Volupté". Et l'on entrait, on était reçu par le maître du lieu avec hospitalité, et il vous servait un mets de farine frugal, il vous versait de l'eau claire en abondance et il vous disait: "N'êtes-vous pas content?". De même j'ai fait dans ce roman de Volupté. Ceux qui y venaient dans une mauvaise espérance et comptaient y trouver la nourriture de leur vices, n'y ont trouvé qu'une leçon. Et pourtant, le livre bien considéré ne ment pas à son titre" (...) "Le véritable objet de ce livre est l'analyse d'un penchant, d'une passion, d'un vice même, et de tout le côté de l'âme que ce vice domine, et auquel il donne le ton, du côté languissant, oisif, attachant, secret et privé, mystérieux, et furtif, rêveur jusqu'à la subtilité, tendre jusqu'à la mollesse, voluptueux enfin. De là ce titre de *Volupté*, qui a l'inconvénient toutefois de ne pas s'offrir de lui-même dans le juste sens, et de faire naître à l'idée quelque chose de plus attrayant qu'il ne convient".

L'analyse du mot "volupté" permet la distinction de deux termes /plaisir corporel/ vs /plaisir moral/— dont le premier est connoté négativement et le deuxième positivement. Comme les deux termes se trouvent impliqués dans le titre, et que seule la lecture du co-texte permet l'élimination du premier terme, en invitant le lecteur à opter en faveur de la deuxième possibilité — plaisir moral — le titre *Volupté* est un opérateur événementiel statique contenant un terme neutre qui exprime l'incertitude du lecteur quant au sens définitif du titre.

3.2.2.5 *Titre à opérateur objectal*

La table de nuit de Paul de Musset est un texte qui porte un titre objectal. Quel peut bien être l'intérêt d'une table de nuit? Le titre secondaire *Equipées parisiennes* est dans un désaccord presque total avec le titre principal. Ce titre appartient à un recueil de huit contes. En tant que titre commun à ces huit contes, la table de nuit ne saurait être que l'endroit où il faut mettre le livre, supposition confirmée dans la préface: "O Lecteur, je t'offre un livre à mettre sur ta table de nuit". Il s'agit donc d'un livre innocent, rassurant le lecteur et le préparant au sommeil, un livre parfaitement conforme aux traditions de l'époque. Aussi l'auteur recommande-t-il son livre comme un remède contre "les tristes pensées. Vous n'y trouverez pas l'inévitable politique dont le théâtre, les romans et les marionnettes mêmes sont remplis". Le dernier alinéa de la préface est une défense de ce titre bourgeois et prend ses distances par rapport aux titres à la mode comme *Bug-Jargal* de Hugo ou *Atar-Gull* de Sue: "Daignez, Madame, ne pas vous fâcher si je n'ai pas choisi pour titre "Bluck-Trogne" malgré les conseils de mes amis, la mode et votre goût bien prononcé pour les productions originales. Du reste, je vous dirai, pour ma justification, que les trois quarts des nouveautés bizarres ne sont que des vieilleries oubliées dont on a secoué la poussière; que les points d'exclamation d'un frontispice ne sont pas une garantie contre les bâillements, et qu'il serait aussi téméraire de vouloir reconnaître le contenu d'un livre par le titre, que de juger du caractère d'un homme à la coupe de son habit". Pourtant l'habit faisant partie d'un système de signes (cf. Barthes 1967b) comme le titre, il faut croire que le titre permet de présager le co-texte.

"La table de nuit" est un "petit meuble placé au chevet du lit où l'on range les objets nécessaires pour la nuit" (Robert, 1970, *1738*). Ce meuble est utilisé dans les classes aisées de la société et connote donc la supériorité et la richesse. Par ce titre l'auteur désigne à la fois le public bourgeois visé et le fonctionnement des textes qu'il annonce.

3.2.2.6   *Titre à opérateur métafictionnel*

Nous prenons un dernier exemple chez Charles Nodier, qui explique dans une dédicace pourquoi il a baptisé un de ses livres *Souvenirs de jeunesse*: "En intitulant ce volume: Souvenirs de jeunesse, j'ai voulu exprimer le sentiment général qui domine dans sa composition, ce besoin commun à tous les hommes qui atteignent un âge difficile et sévère de retourner quelquefois par la pensée aux charmantes illusions d'un âge d'expansion et d'espérance". Ces souvenirs portent le titre secondaire *Extraits des mémoires de Maxime Odin*, et précisent le sens général du titre: ces souvenirs ne sont pas autobiographiques; nous sommes en pleine fiction, celle-ci à peine masquée par l'opérateur métafictionnel *Extraits*, parfaitement trompeur ici, parce que ce terme fait présupposer l'existence réelle des *Mémoires* et contribue à la vraisemblabilisation des *Souvenirs*. Ces souvenirs s'expriment en cinq histoires portant toutes des noms de jeunes filles comme titres. Ces histoires sont reliées entre elles par le moyen du protagoniste Maxime Odin, qui a vécu une suite impressionnante d'aventures amoureuses. Les titres principal et secondaire se portent garants de la vérité des histoires présentées comme des souvenirs et des mémoires. Le titre *Souvenirs de jeunesse* comporte une partie générique et une partie fictionnelle. "Souvenirs" est une dénomination métafictionnelle pragmatique, en ce que le récit des événements vécus par le héros constitue une garantie de vérité de la parole de l'auteur; c'est une dénomination syntaxique, parce que le titre principal et le titre secondaire soulignent le caractère fragmentaire de la diégèse; c'est une dénomination sigmatique, parce que le titre secondaire renvoie à des mémoires complets. Le titre est aussi dénomination sémantique d'un discours narratif; le terme "souvenirs" implique l'authenticité du récit qui va suivre. La partie fictionnelle du titre comprend un opérateur temporel exprimant une détermination générale: la jeunesse, connotant une promesse de bonheur et d'aventures.

Nous constatons que le titre fictionnel ou métafictionnel travaille à la **vraisemblabilisation du co-texte**: il fait semblant de garantir la vraisemblance du récit et de persuader le lecteur de la vérité du texte. **Le sens proposé par le titre est amendé par le co-texte**, parfois ouvertement, parfois imperceptiblement. **Le titre dirige la lecture du co-texte, le co-texte détermine le sens du titre**; les rapports entre titre et co-texte sont donc dialectiques (cf. § 4.2). L'isolement de certains éléments privilégiés du récit fait que **le lecteur est fixé sur la fictionnalité du texte.** Le titre insiste sur la diégèse en en proposant le protagoniste, les événements, le temps, etc. et dissimule par là les effets textuels, la finalité du texte (cf. § 5.3).

3.2.3 *Structures rhétoriques du titre*

Dans les paragraphes précédents, nous avons analysé les contenus exprimés dans les opérateurs des titres par des combinaisons sémiques spécifiques. Ces combinaisons sémiques produisent certains effets textuels et idéologiques à l'aide de toutes sortes de procédés techniques, les figures de style, qui provoquent une ambiguïté sémantique du titre.

REMARQUE: L'analyse des structures rhétoriques du titre, qui part des observations syntaxiques et sémantiques, trouve sa place ici, dans la partie sémantique, parce que l'analyse sémantique présuppose l'analyse syntaxique.

3.2.3.1 *L'ambiguïté sémantique du titre.* L'effet produit par le titre repose, au moins en partie, sur un manque patent de clarté et de précision; nombreux sont les bibliographes et les auteurs de poétiques traditionnelles qui ont considéré cette ambiguïté comme un défaut du titre (cf. pour des exemples chap. 1 et Grivel, 1973a, *172* note 128); rares sont ceux qui ont constaté que l'univocité tant désirée est en fait peu souhaitable pour le titre; plus rares encore sont ceux qui ont vu que l'obscurité volontaire du titre est fonctionnelle et non pas ornementale: la curiosité du lecteur éveillée par le titre demande l'acquisition d'un savoir et impose la lecture du co-texte

RENVOIS: Cf. Seuren, 1969, *19* note 1: "The language of headlines and telegrams is, in some sense, parasitic upon the normal language, and can be derived from it by means of transformations involving deletion and reordering of elements. *These transformations will necessarily lead to highly ambiguous strings in the derived language*" (nous soulignons L.H.H.); Kandler, 1950, *72*: "Gerade die Undeutlichkeit, der unverstandene Rest hat die grösste Anziehungskraft, worauf die Wirkung vieler Titel moderner Romane, zumal der Kriminalromane beruht"; Grivel, 1973a, *172*: "l'obscurité du titre, son illisibilité relative est à considérer *comme l'intention positive même* de ce texte en miniature: *le défaut d'information qu'il comporte présage de la clarté d'ensemble du livre à lire*"; Adorno, 1965, *8-9*: "Die Aufgabe eines jeden Titels ist Paradox; sie entzieht sich ebenso der rationalen Allgemeinheit wie der in sich verschlossenen Besonderung. (...) Der gesuchte Titel aber will immer das Verborgene hervorzerren. Das verweigert das Werk zu seinem Schutz. Die guten Titel sind so nahe an der Sache, dass sie deren Verborgenheit achten; daran freveln die intentionierten".

La production d'ambiguïté s'explique par le fait que le texte peut, à son début, donner plus d'information qu'à sa fin: le degré d'information étant inversement proportionnel à sa probabilité, le texte devient plus redondant à mesure qu'il avance; les contraintes narratives sont plus lourdes à la fin qu'au début du texte (cf. van Dijk, 1972, *328*). **En tant qu'amorce textuelle tout titre est par définition ambigu.** On peut représenter l'ambiguïté du titre par une structure de surface qui correspond à deux ou plusieurs structures profondes logico-sémantiques distinctes (cf. Weinreich, 1966, *399*).

PRÉCISION: En sémantique linguistique, on s'intéresse surtout à la désambiguïsation (cf. Katz et Fodor 1964); ainsi Kooij 1971 s'occupe de la description de l'ambiguïté phrastique èt notamment de la désambiguïsation par suite de phénomènes comme l'intonation. La tâche de la sémantique consiste à définir les structures sémantiques non ambiguës dans la profondeur et ensuite seulement à rendre compte des différentes possibilités d'interprétation d'un énoncé complexe. La question de savoir pourquoi tel énoncé est intentionnellement ambigu, pourquoi le locuteur le produit et dans quelles circonstances et pourquoi il fait éventuellement un choix entre plusieurs interprétations possibles, est moins un problème sémantique qu'un problème pragmatique. Dans ce paragraphe nous nous intéressons surtout à la description des modalités de l'ambiguïté intentionnelle du titre, qu'on trouve également dans les allusions, la parodie, l'ironie, le discours comique, etc. (cf. Hausmann 1974, Kandler 1950). Le New Criticism anglosaxon (Empson) et le structuralisme français considèrent l'ambiguïté comme un procédé littéraire indispensable: "la langue symbolique à laquelle appartiennent les oeuvres littéraires est *par structure* une langue plurielle, dont le code est fait de telle sorte que toute parole (toute oeuvre), par lui engendrée, a des sens multiples" (Barthes, 1966a, *53*).

On distingue entre deux types d'ambiguïté (cf. Kooij, 1971, *161*):
— l'**ambiguïté inhérente**, qui se présente dans une phrase à laquelle la description linguistique attribue plus d'un seul sens; elle peut être syntaxique ("la critique de Chomsky est inacceptable") ou lexicale ("voulez-vous louer cette chambre") (cf. Zwanenburg 1975);
— l'**ambiguïté non inhérente**, qui ne donne lieu à plus d'une interprétation que dans une situation déterminée: "Kennedy a été assassiné", mais de quel Kennedy s'agit-il, John ou Robert?

En général, les énoncés vagues et indéterminés comme les titres, qui demandent un contexte spécifié pour pouvoir être interprétés, relèvent de l'ambiguïté non inhérente. Cela n'empêche pas qu'on rencontre dans les titres, comme ailleurs, des cas d'ambiguïté inhérente, de type lexical (*Les blancs et les bleus*) ou de type syntaxique (*Les amours d'un poète aux XVIIIe et XIXe siècles*); dans ces cas, leur ambiguïté ne diffère pas de celle qui existe hors des titres. **Tout titre relève de l'ambiguïté non inhérente parce qu'il constitue un énoncé incomplet.** Cette ambiguïté non inhérente du titre est la conséquence directe du fait que le titre est une ellipse contextuelle (cf. § 2.2.1.1). **Ellipse** et **ambiguïté** sont des phénomènes parallèles; l'une opère au niveau syntaxique et l'autre au niveau sémantique; le phénomène correspondant au niveau pragmatique est l'**intérêt** éveillé auprès du lecteur. Ces phénomènes se manifestent respectivement par la **défectuosité** du texte, par son **obscurité** et par la **curiosité** du lecteur. La lecture est un procédé par lequel le lecteur tente de remédier à ces inconvénients; de ce procédé il résulte au niveau syntaxique une **complétude**, au niveau sémantique la **clarté** et au niveau pragmatique la **connaissance**:

domaine	*phénomène*	*manifestation*	*résultat de la lecture*
syntaxe	ellipse	défectuosité	complétude: complémentarisation à base de la structure du contexte
sémantique	ambiguïté	obscurité	clarté: désambiguïsation à base du co-texte
pragmatique	intérêt	curiosité	connaissance: satisfaction cognitive par l'interprétation

DÉVELOPPEMENT. Lorsque deux ou plusieurs textes portent le même titre, on pourrait parler d'**ambiguïté non inhérente homonymique**; il s'agit d'une nuance ajoutée par rapport à l'ambiguïté non inhérente régulière: *Une actrice*, 1833 par E.L. Guérin et *Une actrice*, 1834 par Adrien H.*** sont deux titres homonymes.

3.2.3.2 *Les figures rhétoriques.* Nous présentons ici un aperçu des figures rhétoriques qu'on peut rencontrer dans le titre. L'ambivalence qui résulte du fait qu'une partie de l'information y est retenue est renforcée par l'application de procédés et techniques rhétoriques qui servent à rehausser l'obscurité et l'extraordinaire du titre. Le lecteur peut retrouver son chemin dans cette obscurité en profitant de ses habitudes de lecture; l'infirmation ou la confirmation de l'interprétation choisie est fournie par la lecture du co-texte.

Le complément rhétorique de la formalisation syntactico-sémantique permet de découvrir dans l'arrangement des signifiés et des signifiants du titre "la face signifiante de l'idéologie" (Barthes, 1964, *49*). De plus, il paraît utile d'ajouter un complément rhétorique pour éviter la "dévitalisation" du schéma (Duchet, 1973b, *62*), la description formelle et la production d'un archi-modèle du titre universel risquant de réduire ou même d'effacer les différences individuelles entre des titres qui ont des structures homologues.

EXEMPLIFICATION: Duchet (1973b, *63*) compare *La nuit de sang* (1830) à *Chronique du règne de Charles IX* (1829), titres qui renvoient tous les deux à la Saint-Barthélémy en 1572. Dans le premier on constate la présence de sèmes d'ordre pathétique, culturel, romanesque, politico-historique actualisés dans des oppositions sémantiques /noir/ vs /rouge/, /animé vs / inanimé/, /vie/ vs /mort/, /paix/ vs /guerre/, etc.; le deuxième titre refuse l'émotionnel et le pathétique et désigne le même sujet par métonymie et non plus par des métaphores.

Pour décrire les différents types de figures de style nous adoptons pour des raisons de commodité la schématisation proposée par le Groupe Mu (Dubois e.a., 1970a et 1970b), qui distingue quatre types d'opérations: **suppression, adjonction, substitution** et **permutation.** Les figures de style (métaboles) qui sont le résultat d'opérations sur l'expression s'appellent **métaplasmes** quand elles opèrent sur la morphologie et **métataxes** quand elles opèrent sur la syntaxe; les figures de style qui sont le résultat d'opérations sur le contenu s'appellent **métasémèmes** quand elles opèrent à un niveau sémantique et **métalogismes** quand elles opèrent à un niveau logique.

A. *Les métaplasmes*

A 1.   La **suppression** se manifeste lorsqu'une partie d'un mot est supprimée dans le titre: *La p... respectueuse* (Sartre) (**apocope**), *M'sieur Gugusse* (cité par Grivel, 1973b, *163*) (**syncope**), *Si Camille me voyait ...* (Dubillard) (**déléation**).

A 2.   L'**adjonction** se présente dans les métaboles suivants:

— le **mot-valise**: une variation sur une formule courante: *L'annonce faite au marri* (Joste) renvoie à "l'annonce faite à Marie", *Un chevalier de sacristie* à "un chevalier d'industrie" et *Une dette de sang* à "une dette d'honneur" (cités dans Grivel, 1973b, *164*) (cf. Finkielkraut 1979).

— **paronomase**: *Leone Leoni, Vanina Vanini* (Stendhal), *Veni, vivi, vixi* (Hugo, *Contemplations* IV 13), *Nomen, numen, lumen* (*ibid.* VI 25), *Lex, rex, fex* (*id., L'homme qui rit*), *Espèces d'espaces* (Perec);

— **rimes, assonances, allittérations**: *Le régent de rhétorique, Un mauvais ménage, Veillées vendéennes, Lettres de Léonie, Une heure de bonheur, Tartarin de Tarascon* (Daudet), *Trois à Trois* (Du Bois);

— **redoublement**: *Nana* (Zola), *Zoé Chien-Chien* (cité par Grivel, 1973b, *163*).

A 3.   La **substitution** se trouve dans les métaboles suivants:

— **jeux de mots**: *Tais-toi tu m'exciques* (Rod), *Allais ... grement* (Allais);

— **archaïsmes**: *Les contes drolatiques colligez ez abbayes de Tourayne et mis en lumière par le Sieur de Balzac pour l'esbattement des pantagruelistes et non aultres* (Balzac);

— **néologismes**: *Le mécrit* (Denis Roche), *Les ziaux* (Queneau) et en général les titres comportant des noms exotiques, excentriques, parodiques par rapport à l'usage de l'époque: *Bourloudoudour*;

— **emprunts** à d'autres langues, à des argots, à des dialectes, à d'autres registres de la parole; ces emprunts visent la mise en vedette du terme emprunté pour l'opposer au français standard national. Cette mise en vedette signifie aussi positivisation ou négativisation (cf. Grivel, 1973b, *163*): *De profundis, Mater dolorosa, Il vivere, Il pulcinella*, etc. sont des titres plus ou moins positivisés, tandis que *Medianoches, Les communeros, Les gitanos* et *La strega* sont des titres négativisés. Le latin exprime la solennité, la gravité, le grandiose, empruntés au prestige du latin d'église ou du latin des poètes de l'antiquité classique; il s'agit souvent de citations; les emprunts aux autres langues sont souvent des créations propres, où l'étrangeté est un moyen pour exprimer l'extraordinaire qui se cache dans "l'italianité", "la germanicité", "l'espagnolisme", etc. Aux titres latins de Hugo on peut comparer les titres anglais de Verlaine: *Christus nos liberavit* (*Les misérables* 1, V, XI), *Quot libras in duce* (*ibid.* 2, I, XVI), *Post corda lapides* (*ibid.* 2, VI, VIII) et *Green, Spleen, Streets, Child wife, A poor young shepherd, Beams* (*Romances sans paroles*). Lorsque l'auteur n'appelle pas les choses par leur nom français, il en résulte une distanciation valorisée positivement ou négativement et suggérant soit le dépaysement, soit le sérieux et le grave (cf. Moncelet, 1972, *96-99*).

A 4. La **permutation**: *M. de Blazac* (**métathèse**) (cité par Grivel, 1973b, *164*). L'**anagramme** doit être rangée aussi dans cette catégorie: *La bataille de Pharsale* (Simon) correspond à "la bataille de la phrase" (cf. Ricardou, 1971, *118-158*) et *Délie* (Scève) correspond à "l'idée".

B. *Les métataxes*

B 1. La **suppression** se lit dans l'**ellipse** et donc dans la grande majorité des titres, même dans certains titres à composante verbale: *Quand on a vingt ans, Quand j'étais jeune*. La suppression se rencontre beaucoup dans les titres de presse (cf. Dubois e.a., 1970a, *86-90*); parmi les titres romanesques on trouve des exemples comme *Opération Atlantide* (Vernes), *Opération "Coque de Noix"* (Philipps), *Opération Wolf* (Vernes), cas de **crase**.

B 2. L'**adjonction** se trouve dans la **parenthèse**: *Le Vendéen. Episode (1793)*, dans l'**énumération**: *Le salon, le boudoir, le théâtre et l'hospice*, dans la **répétition**: *Eden, Eden, Eden* (Guyotat), *Pomme, pomme, pomme* (Audiberti), *Monsieur monsieur* (Tardieu) et dans la **parallélie**: *Rose et Blanche, ou la comédienne et la religieuse*.

B 3. La **substitution** se présente dans les titres lorsqu'un adjectif est remplacé par une proposition subordonnée: *L'homme qui rit* (Hugo), *Une blonde. Histoire romanesque précédée d'une notice nécrologique* *sur un homme qui n'est pas mort*; le **chiasme**, rare dans les titres, se trouve dans *Histoire extraordinaire et remarquable (...) dans laquelle on trouvera les événements les plus remarquables de sa vie (...) et la fin déplorable de cet homme extraordinaire.* Le syntagme nominal est devenu la forme habituelle du titre, à tel point que la phrase grammaticale est devenue une déviation de la règle. En France, la phrase complète est devenue plus fréquente depuis le XIXe siècle; on notera l'influence des titres mussettiens et hugoliens, ainsi que celle des titres du théâtre de la fin du siècle (vaudeville) et ceux de la presse (américaine) (cf. Dubois e.a., 1970b, *100*). La phrase grammaticale a souvent la forme d'un proverbe, d'un dicton, de locutions consacrées ou tout simplement répétées dans le texte, de citations etc. De tels énoncés accompagnent le texte en en proposant une interprétation et imposent à l'oeuvre des vérités extérieures, comme les paraboles (cf. Greimas, 1970, *309-314*; Meschonnic 1976).

B 4.   La **permutation** désigne au niveau syntaxique un changement de place des éléments; c'est le cas dans les métaboles suivants: **hyperbate** (vedettisation), où le nom de l'agent est préposé et repris ensuite sous forme nominale ou pronominale: *Paul Guy, l'ouvrier, Struensee, ou la reine et le favori, Cagliostro, ou l'intrigant et le cardinal*; l'**inversion** aussi est basée sur la permutation: *Quand pleure la petite fille* (Peyrac).

C. *Les métasémèmes*

C 1.   La **suppression** de sèmes peut avoir pour effet d'accroître l'extension d'un terme; cela se présente dans la **synecdoque généralisante** (le général pour le particulier, le tout pour la partie, le plus pour le moins, le genre pour l'espèce, etc.): *Les passions dans le monde, Le coeur et le monde* ("le monde" pour "le beau monde"); l'**antonomase généralisante**: *Le prêteur sur gages, La fleuriste, Le forçat, La lingère* (l'individu désigné par une dénomination générale, celle de sa profession par exemple); et la **comparaison**: *Comme un poisson dans l'eau* (Chandler).

C 2.   L'**adjonction** de sèmes signifie par contre une précision augmentée du signifié et donc une particularisation du référé: la **synecdoque particularisante**: *Le coeur et le monde, Un homme sans coeur, Un coeur de jeune fille, Un coeur simple* (Flaubert) ("un coeur" pour "une personne"), *Les mauvaises têtes*; l'**antonomase particularisante**: *La nouvelle Atala, Le nouveau Candide, Le Gil Blas du théâtre*, ainsi que certains titres de revues au XIXe siècle: *Le Gil Blas, Le Voltaire*;

l'**archilexie**: un mot pris dans deux sens différents à la fois, assumés pleinement: *Le voyeur* (Robbe-Grillet), *La jalousie* (Robbe-Grillet). Dans la mesure où tout titre est une partie isolée d'un tout, le texte, il est toujours synecdoque.

C 3. La **substitution** de sèmes donne lieu à la formation de **métaphores** (co-possession de sèmes par comparé et comparant): *Mater Dolorosa*, *Le lys dans la vallée* (Balzac), *Le ventre de Paris* (Zola), *La bête humaine* (Zola), *L'agneau* (Mauriac). Lorsque les termes qui désignent une couleur n'ont pas leur sens littéral, ils entraînent souvent dans le titre une "qualification oblique" (cf. Grivel, 1973b, *162-163*): le rouge, le noir, le vert etc. connotent la négativité; le blanc, le rose, le bleu, etc. la positivité. Cette qualification se fait par des métaphores et par métonymie: *Le château noir*, *Le chasseur noir*, *Les consultations du docteur Noir*, *Les sept contes noirs*, *Contes bruns*. Par suite d'une métaphorisation le titre peut même perdre sa valeur propre de temporalisation ou de localisation pour prendre une valeur moralisatrice: *Le lendemain du péché*, *La route fatale*, *Dans l'ombre* (cités par Grivel, 1973b, *67*). L'autre catégorie des figures de substitution est celle des **métonymies** (comparant et comparé sont dans un rapport existentiel, exprimé par la coïnclusion de sèmes): *Le rouge et le noir*, *Inesilla. Madrid, Paris et Vienne en 1808*, *Le prêche et la messe*, *Notre-Dame de Paris*, *Rome, Naples et Florence* (Stendhal). La distinction que nous avons apportée entre les titres qui renvoient à un élément du monde narratif et les titres commentatifs coïncide avec celle entre les titres métonymiques et les titres métaphoriques; ceux-ci donnent lieu à une lecture du texte et en constituent un équivalent symbolique; ceux-là anticipent sur un élément diégétique (cf. Duchet, 1973b, *52*). L'**oxymore** finalement est une "contradictio oppositorum", contradiction pleinement assumée et très souvent connotative (cf. Martin, 1979, *105*): *La bête humaine* (Zola), *Immortelle maladie* (Péret), *Les brigands demoiselles*, *Une fête sanglante*, *Le mort vivant*, *Un prêtre marié*, *Louisa, ou les douleur d'une fille de joie*. L'oxymore n'est pas toujours aussi prononcé; Grivel (1973a, *179*), qui constate l'importance de l'oxymore: "Le titre réalise l'oxymore", fait aussi remarquer que dans un titre comme *Mon oncle Thomas* l'oxymore est réalisé par la contradiction interne entre l'intitulation triviale, banale, familière et l'élévation du personnage au niveau de héros romanesque par suite de sa position dans le titre. L'oxymore ne doit pas être confondu avec l'antithèse (métalogisme), où la contradiction est proclamée mais non pas assumée.

D. Les métalogismes

D 1.   La **suppression** au niveau du métalogisme, c'est-à-dire au niveau où la relation au co-texte et au référé doit être prise en considération, indique une diminution du nombre de sèmes que contient une expression, qui n'en garde pas moins sa signification pleine; cela arrive dans la **litote diminuante**, dont la forme la plus éloquente consisterait dans un silence ou une suspension: *Quoi ...?*; dans d'autres cas il s'agit de suggérer beaucoup en disant le moins possible: *Moeurs du Nord de la France. Ce que regrettent les femmes, Un événement de la vie.*

D 2.   L'**adjonction** de sèmes produit l'**hyperbole** ou le silence hyperbolique: *Histoire de Valentin et Orson, très-hardis, très-nobles et très-vaillants chevaliers, fils de l'empereur de Grèce et neveux du très-vaillant et très-chrétien Pépin, roi de France.* Parmi les figures d'adjonction on compte aussi l'**antithèse**: *La baronne et le bandit, Le prêtre et la danseuse, L'archevêque et la protestante, Rose et Blanche, ou la comédienne et la religieuse, Vertu et tempérament, La prima donna et la garçon boucher, La princesse et le sous-officier.*

D 3.   La **substitution** de sèmes se trouve dans la **litote amplifiante**, souvent sous forme de négation: *Pas d'orchidées pour Miss Blandish* (Chase), *Pas de pitié pour l'infidèle* (Noël), *Pas de cheval pour Hamida* (Estivals). Dans ce type de titres ("pas de x pour y") on a substitué à la forme prédicative ("y ne pas avoir x") une forme apodictique qui convient aux besoins du titre. Un exemple d'**euphémisme** serait *Le dormeur du val* (Rimbaud). Parmi les substitutions il faut ranger aussi l'**ironie**, la **parabole**, le **paradoxe**, la **parodie**, l'**allégorie** (cf. § 4.3.5): *Ma brillante carrière* (Franklin) (cf. *Poétique* 36, 1978 et *Linguistique et Sémiologie* 2, 1976).

D 4.   La **permutation** métalogique est une figure propre à tout titre dans la mesure où il rélève déjà avant le début du co-texte certains éléments de la diégèse ou bien suggère déjà une lecture possible.

Ce relevé des métaboles dans le titre montre qu'il n'y en a pas qui sont exclus ou obligatoires; on peut constater tout au plus que certaines figures paraissent plus adéquates aux titres spécifiques, plus aptes à cet endroit stratégique particulier qu'est le titre: **ce sont surtout l'adjonction** (mots-valise, paronomase, allitérations) **au niveau métaplasmique et la suppression** (ellipse) **au niveau métataxique qui jouent un rôle important dans l'intitulation.** Cela se comprend facilement: l'intitulation est toujours une mise en relation du titre avec le co-texte et celle-ci se fait difficilement aux niveaux métaplasmique et métataxique. Aussi les métaboles figurant dans les titres à ces deux niveaux sont-ils moins compliqués: l'**adjonction métaplasmique** et la **suppression métataxique**. Le **niveau métasémique**, par contre, se prête bien à la mise en relation du titre avec son co-texte par son caractère logico-sémantique qui comporte l'abstraction nécessitée à cet effet: c'est que l'intitulation consiste à isoler un contenu abstrait, thématisant ou résumant le co-texte, auquel est appliquée une transformation de **suppression**, d'**adjonction** ou de **substitution**, dont résultent l'**oxymore**, la **métonymie** et la **métaphore**. Au niveau **métalogique**, seule la **permutation** joue un rôle fondamental dans l'intitulation.

Plusieurs types de métaboles peuvent se manifester à la fois dans un seul titre, quoique les surcharges rhétoriques soient rares. En général, **les métaboles du titre reposent sur une dualité**: l'intitulé est reflété dans l'intitulant où il prend la forme de la dualité, structure minimale de la signification (cf. Greimas, 1966, *24*); cela explique par exemple la fréquence des titres du modèle "les deux...". **Au niveau du titre la production de signification se double de la production d'intérêt: la signification qui naît de la rencontre de deux sèmes opposés a pour corollaire au niveau narratif la dramatisation, le contraste entre ces sèmes suggérant dans l'esprit du lecteur le conflit.** Par là on s'explique aussi pourquoi les oxymores et les autres métaboles de la contradiction interne comme l'antithèse et le paradoxe se prêtent volontiers à l'intitulation (cf. Grivel, 1973a, *179-181*; *id.*, 1973b, *165-166*; Haas, 1958, *219*; Mouillaud, 1973, *157*: "La contradiction, symbolisée par le contraste, ne serait-elle pas un message essentiel du titre?"). D'un point de vue rhétorique on pourrait conséquemment considérer le titre comme l'actualisation de la formule suivante: s.$\bar{s}$ (s et non s sont à la fois le cas); l'oxymore pourrait être représenté comme s + $\bar{s}$ et le paradoxe comme s $\equiv \bar{s}$ (cf. Plett, 1975, *255* et Dubois e.a., 1970a, *131*).

3.3 LA SÉMANTIQUE DU TITRE SECONDAIRE

La sémantique du titre secondaire est comparable à celle du titre principal. Dans le titre secondaire nous pouvons souvent distinguer deux éléments: un **élément fictionnel** et un **élément métafictionnel**, qui précède généralement et désigne le genre ou le type de texte (cf. Mühlenweg, 1960, *163*). L'élément fictionnel du titre secondaire représente traditionnellement un événement ou une situation dramatique, anticipant sur les aventures du héros (cf. Meisner, 1904, *41*; Moncelet, 1972, *79*; Mühlenweg, 1960, *163*). Sémantiquement, le titre secondaire cite

a. un **élément actantiel**, désigné par son **nom propre** (*Galanteries d'une demoiselle du monde, ou souvenirs de mademoiselle Duthé*), sa **condition sociale**, ses **qualités professionnelles** (*Virginie, ou la jeune congréganiste, Thomas Morus, lord chancelier du royaume d'Angleterre au XVIe siècle*), ses **qualifications** (*Mathilde, ou l'orpheline de la Suisse, La soeur de charité, ou la fille unique*), etc.;

b. un **élément temporel et/ou spatial**: *Le mont de piété, ou l'hiver de 1830, Nelzir et Marie, ou le château d'Olité, L'Eccellenza, ou les soirs au Lido*;

c. un **élément objectal**: *Contes de Daniel le Lapidaire. La lampe de fer*;

d. un **élément événementiel**: *Jenoseph, ou vertu, jeunesse et adversité, Ida, ou le retour du pèlerin*.

4

Sigmatique du titre

A quel propos, en voustre advis, tend ce prelude et coup d'essay? Par autant que vous, mes bons disciples, et quelques aultres folz de sejour, lisans le joyeulx tiltres d'aulcuns livres de nostre invention comme *Gargantua, Pantagruel, Fessepinte, la Dignité des Braguettes, des Poys au lard cum commento*, etc., jugez trop facilement ne estre au dedans traicté que mocqueries, folateries, et menteries joyeuses, veu que l'enseigne exterieure (c'est le tiltre), sans plus avant enquerir, est communement receue à dérision et gaudisserie. Mais par telle legiereté ne convient estimer les oeuvres des humains, car vous mesmes dictes que l'habit ne fait poinct le moyne; et tel est vestu d'habit monachal qui au dedans n'est rien que moyne; et tel est vestu de cappe Hespagnole qui, en son couraige, nullement affiert à Hespagne. C'est pourquoy fault ouvrir le livre, et soigneusement peser ce qui y est deduict. Lors cognoistrez que la drogue dedans contenue est bien d'aultre valuer que ne promettoit la boite, c'est à dire que les matieres icy traictées ne sont tant folastres comme le tiltre au dessus pretendoit.

Et, posé le cas qu'au sens literal vous trouvez matieres assez joyeuses et bien correspondantes au nom, toutesfois pas demourer là ne fault, comme au chant des Sirenes, ains à plus hault sens interpreter ce que par adventure cuidiez dict en gayeté de cueur.

(Rabelais, *Prologue de l'auteur à Gargantua*)

4.0 LES RELATIONS SIGMATIQUES

Les **relation sigmatiques** sont des relations qui èxistent entre les signes du titre et les objets auxquels ils renvoient. Après avoir décrit la relation entre le texte, y compris le titre, et la réalité (le monde possible) à laquelle il renvoie (§ 4.1), nous passons en revue les référés du titre: le co-texte (§ 4.2), d'autres titres et textes (§ 4.3); ensuite, nous analysons les rapports sigmatiques entre le titre principal et le titre secondaire (§ 4.4). Un problème particulier est formé par la présence fréquente de noms propres dans le titre (§ 4.5).

Nous croyons qu'une théorie sémiotique doit comprendre une **composante sigmatique**, parce que le renvoi langagier à un **objet** réel n'est identique ni à l'**idée** qu'on se forme de cet objet ni aux **termes** dont on se sert pour y renvoyer (cf. § 1.2.2). Ces termes et cette idée font partie du signe, tout comme le **référent**, qui est une entité abstraite, conventionnelle, culturelle (c'est-à-dire les éléments du contenu sont élaborés par une culture donnée), correspondant à des entités concrètes, appelées **référés**, propres à un monde possible (cf. Eco, 1976, *61, 66* et § 1.2.1). Le signe peut fonctionner indépendamment de son référé mais non pas indépendamment de son référent. La plupart des mots signifient et réfèrent à la fois, quoique ces deux actions ne se couvrent pas: "Stendhal" et "Beyle" ont le même référé mais un sens différent; Beyle n'est pas synonyme de Stendhal; Beyle n'est peut-être qu'un personnage de Stendhal (cf. Rey-Debove, 1974, *108* et *id.*, 1978, *272*).

L'élaboration d'une théorie de la référence est considérée parfois comme une tentative pour bannir la sémantique; une bonne théorie de la référence rendrait superflue une théorie de la signification. Seuren (1975, *162*) affirme par contre qu'une théorie de la référence n'explique pas encore que nous interprétons les énoncés d'une certaine façon (cf. § 3.1).

Lorsqu'on admet que la théorie de la référence fait partie de la sémiotique, il n'est pas évident qu'elle relève de la sigmatique. Autrefois, on rangeait la théorie de la référence dans le cadre d'une sémantique; actuellement, on réclame parfois pour elle une place dans le cadre d'une pragmatique (cf. Kummer, 1971, *178*), parce qu'elle peut être comparée à la théorie des actes de communication très généraux (cf. van Dijk, 1976c, *70*). **Pour ne pas réduire la théorie de la référence à la sémantique ni à la pragmatique, nous préférons lui réserver une place à part entière, la composante sigmatique.** Nous considérons la référence comme l'action de renvoyer par un terme langagier (le signe) à un référé, objet "externe, antérieur, indépendent et naturel" (Grivel, 1974, *130*), qui fait partie d'un monde et d'une situation de communication qui doivent être définis pragmatiquement.

PRÉCISION: Au fond, ce n'est pas tel énoncé qui renvoie à un référé dans une situation déterminée mais son locuteur (cf. Maas et Wunderlich, 1972, *93*); ce fait justifie l'insertion de la théorie de la référence dans le cadre d'une pragmatique. Dans notre conception aussi la pragmatique présuppose la sigmatique, qui n'en forme qu'un sous-ensemble.

Sur la référence en tant que problème philosophico-pragmatique on consultera Ducrot 1972, Linsky 1974, Searle 1972a et Strawson 1977; pour les aspects plus purement linguistiques cf. Fauconnier 1974, Fillmore 1972a, Karttunen 1972.

4.1 AUTONOMIE ET HÉTÉRONOMIE

Traditionnellement on oppose le **discours référentiel**, dont les termes renvoient à des référés extra-textuels, au **discours fictionnel**, dont les termes renvoient à un monde clos, autonome. Cette opposition se retrouve dans une autre: la conception du texte comme un **reflet du monde** s'oppose à celle qui voit dans le texte un **monde autonome** (cf. Tertulian 1976, Vogelaar 1970, Zima 1978). A première vue le point de vue autonomiste et le point de vue hétéronomiste ont tous les deux leurs attraits: d'une part, le monde romanesque ne paraît guère entamé par le fait que les personnages qui y figurent ont existé oui ou non: "Ainsi dans ces deux phrases /*Napoléon est mort à Sainte-Hélène le 5 mai 1821*/ et /*Ulysse a reconquis son royaume après avoir tué les prétendants*/ il est sémiotiquement insignifiant de savoir que *historiquement* l'une est 'Vraie' et l'autre 'Fausse' " (Eco, 1972, *62*). De plus, la question reste de savoir si le texte a respecté ou voulu respecter les données historiques. D'autre part, tout texte entretient des rapports avec la réalité où il circule; parmi ces rapports il faut compter non seulement la production, la distribution et la réception du texte — personne n'en doute —, mais aussi les rapports structuraux entre le monde présenté dans le texte et le monde où il fonctionne ou a fonctionné. De nos jours, la **conception autonomiste** du texte se retrouve surtout dans les travaux **structuralistes**, où la description formelle des structures textuelles tient lieu d'analyse.

PRÉCISION ET RENVOI: Les "autonomistes" défendent le point de vue selon lequel les signes linguistiques dont se compose le texte littéraire sont entièrement ou en tout cas principalement non référentiels (cf. Maatje, 1970, *12*, *17*). Cette idée est clairement exprimée par Roland Barthes (1966b, *26-27*): "Ainsi, dans tout récit, l'imitation reste contingente; la fonction du récit n'est pas de 'représenter', elle est de constituer un spectacle qui nous reste encore très énigmatique, mais qui ne saurait être d'ordre mimétique; la 'réalité' d'une séquence n'est pas dans la suite 'naturelle' des actions qui la composent, mais dans la logique qui s'y expose, s'y risque et s'y satisfait. (...) Le récit ne fait pas voir, il n'imite pas (...); 'ce qui se passe' dans le récit n'est, du point de vue référentiel (réel), à la lettre: *rien*; 'ce qui arrive', c'est le langage

6 La marque du titre

tout seul, l'aventure du langage (...)". Ce passage est à juste titre critiqué par van Rossum-Guyon (1970, *33-34*): "reconnaître que le romancier 'ne dispose que de mots' (Simon) ne doit pas conduire le critique à méconnaître la fonction dénotative du langage romanesque et à nier toute fonction mimétique à la fiction narrative". Cf. aussi Dubois (e.a., 1970a, *19*): "En tant que poétique, le langage poétique est non référentiel, il n'est référentiel que dans la mesure où il n'est pas poétique".

La **conception hétéronomiste** du texte se retrouve dans les théories littéraires qui considèrent le texte comme un reflet mécaniste direct du monde; l'évaluation du texte y est basée sur des considérations **utilitaires** ou pragmatiques; l'analyse y revient en somme à une sorte de **sociologie des contenus.**

Les deux conceptions ont soulevé de vives critiques: les autonomistes reprochent aux hétéronomistes de négliger la valeur spécifique de la forme littéraire; les hétéronomistes reprochent aux autonomistes de ne pas pouvoir expliquer les rapports d'un texte littéraire avec son contexte historique. Avec bien d'autres (Adorno 1974; Grivel, 1973a, *224-235*; Macherey 1970, Tertulian 1976, Zima 1978) nous croyons qu'il est indispensable de postuler **entre la conception hétéronomiste et la conception autonomiste du texte une relation dialectique, non antinomique.** S'il est vrai que le texte seul ne réussit pas à changer le cours de l'histoire, il n'en est pas moins un élément actif dans ce changement. On sait aussi que les évolutions des formes artistiques sont le résultat de transformations caractéristiques dans l'idéologie. Les éléments idéologiques de la superstructure exercent une rétroaction régularisante sur la base économique: "the economic situation is the basis but the various elements of the superstructure (...) also exercise their influence upon the course of the historical struggles and in many cases preponderate in determining their *form*" (Engels, *lettre à Joseph Bloch,* 1890). A l'instar de Tynianov et Jakobson (1965, *140*), nous croyons qu'il est méthodologiquement inacceptable de corréler deux systèmes différents (système littéraire et système contextuel) sans tenir compte des lois immanentes de chacun de ces systèmes. On peut affirmer que **le texte littéraire n'est pas immédiatement référentiel mais entretient pourtant des relations avec le monde extérieur**: "Le postulat de l'absence du référent n'implique nullement que le texte littéraire soit totalement dépourvu de relations avec la réalité extérieure" (Arrivé, 1979, 7); "Il est faux de déclarer que le roman reflète ou réfracte les rapports conflictuels présents dans la société (...) Il est faux de déclarer que le roman n'entretient aucun rapport *nécessaire* avec la situation conflictuelle réelle" (Grivel, 1973a, *226*).

DÉVELOPPEMENT: La "lecture fonctionnelle" discutée dans Mitterand 1973 est parfaitement compatible avec la "lecture socio-critique" préconisée par Duchet 1973a. Mitterand
(1973, *477*) élabore "la lecture fonctionnelle, qui s'efforcerait de situer les personnages dans
le système du texte, et non pas par référence à la réalité extra-textuelle"; Duchet (1973a, *450*)
précise que "les 'réalités' que décrit le roman, qu'elles soient paroles, gestes, objets, lieux,
événements, personnages, sont des réalités crédibles, en ce sens qu'elles ont un *analogon* dans
la réalité extra-linguistique, et la matière textuelle n'est pas un pur être de fiction". Il ne s'agit
pourtant pas de dire simplement que le texte fictionnel est un mélange de réalités empruntés
au monde extra-textuel et de réalités imaginaires; le monde présenté dans le texte est bel et
bien un monde homogène et non pas le produit d'un mélange d'éléments de provenances
diverses: "On dira que le langage tel que l'oeuvre le parle ne peut être confronté à rien d'autre,
à rien d'extérieur: sens ou réalité; on verra pourtant par la suite qu'il n'est pas absolument
premier, ou innocent: il n'est pas un langage indépendant" (Macherey, 1970, *57*); Pelc (1971,
138) est d'un avis contraire: "Literary fiction is not pure imagination: it combines that which
subsists in fantasy only with what exists objectively" (cf. Woods et Pavel éds. 1979).

Défendre l'autonomie d'une oeuvre d'art sans nier le rôle réel qu'elle
joue dans la société implique que l'on accepte de chercher **la valeur
réelle et historique du texte au niveau de la cohérence des structures
logico-sémantiques immanentes au texte** et non pas dans les affirmations spécieuses de l'auteur concernant ses convictions poétiques ou
politiques. **La spécificité d'un texte de fiction ne saurait être définie
que par son effet social**, c'est-à-dire en termes de la relation texte/
contexte (cf. Macherey 1970). **L'efficacité sociale du texte** joue au
niveau de la **structuration des formes signifiantes** et non pas comme
reflet immédiat de processus sociaux (cf. Tertulian, 1976, *124*).

PRÉCISION: La notion de "reflet" n'est pas en soi contradictoire avec celle d'autonomie,
comme l'a montré Lojkine (1970, 9): "Nous voudrions montrer au contraire que le concept
de reflet peut parfaitement s'allier à celui d'une certaine 'autonomie' – posée mais jamais
déterminée à notre connaissance –, à condition de développer la notion de reflet depuis sa
forme simple de rapport spéculaire et contingent jusqu'à la forme achevée d'équivalent
universel".

C'est de cette façon que le texte de fiction est porteur d'une vision et
d'une visée sociales et historiques. Il s'agit de découvrir dans le **mode
de présentation** (et non pas de représentation) **idéologique d'une situation historique la signification sociale des formes et structures textuelles**: "l'objectivité de la littérature, son rapport à la réalité objective,
qui la détermine historiquement, n'est pas un rapport à un 'objet'
qu'elle représente, ce n'est *pas un rapport de représentation*. Ce n'est
pas non plus purement et simplement un rapport instrumental, d'utilisation et de transformation de son matériau immédiat: les pratiques
linguistiques scolairement déterminées" (Balibar et Macherey, 1974,
35).

Le titre, qui ouvre le texte et qui en circonscrit les limites structurales, fonctionne à la fois comme ouverture et comme clôture du texte; en même temps "fini" syntaxiquement et "sans fond" sémantiquement, le titre demande une approche autonomiste et hétéronomiste simultanée (cf. Grivel, 1978, *28-29*). En généralisant Zima (1978, *219-265*), nous proposons deux hypothèses sur la production du titre et deux autres sur sa réception; leur élaboration permet d'arriver à une **sociologie du titre** qui tient compte tant de la forme spécifique du titre que de l'implication de son effet social.

(1)   Sociologiquement le titre ne peut être défini que par sa relation aux **évolutions littéraires historiques**, que l'analyste doit décrire à l'intérieur du **système intra-textuel et inter-textuel**, en tenant compte des **évolutions historiques de la langue nationale** (cf. Balibar et Laporte 1974, appliqué dans Balibar 1974); le contexte social est immanent à cette évolution littéraire (cf. Adorno 1974). Si le titre peut être compris à la suite d'une procédure immanente, son explication ne saurait pourtant se faire qu'à partir des structures littéraires et sociales dans lesquelles il est inséré (cf. Goldmann 1964).

(2)   Dans le titre une **médiatisation** a lieu par laquelle la société insère des données sociologiques qui ne sont pas que des techniques: par exemple, les conditions et évolutions sociales et économiques qui déterminent la production et la réception des titres, les évolutions esthétiques et sociales, les registres linguistiques. Le titre entretient un rapport non immédiat avec la réalité qu'il désigne et dont il fait partie avec son co-texte (cf. Grivel, 1973a, *225*; van Rossum-Guyon, 1970, *25*).

(3)   La conception du **titre** comme "**signe autonome**" et "**fait social**" (cf. Adorno, 1974, *298*) oblige à retracer la **relation dialectique entre production et réception**, une transformation des normes sociales comportant une transformation des normes esthétiques et inversement. La réception du titre doit être expliquée à partir de sa polysémie; la production du titre doit être expliquée à partir des systèmes de valeurs collectives, qui vivent dans la conscience collective et qui représentent les intérêts de certains groupes sociaux (cf. Goldmann 1964). Ces groupes entrent en conflit et "l'antagonisme réel des classes" est réduit à "l'antagonisme fictif des personnes" (Grivel, 1973a, *229*), présenté déjà dans le titre; le titre perd son caractère autonome, se fait marchandise pure (cf. Adorno 1974) et fonctionne comme partie de l'appareil idéologique d'état (cf. Althusser 1970).

(4)   Discours sur le texte, autant que discours sur le monde (cf.

Mitterand, 1979, *89*), le titre remplit un **rôle socio-critique** qui est d'apporter au lecteur une **nouvelle vision du monde narratif et référentiel**, sans confirmer des présuppositions: il s'agit de faire connaître et non pas de faire reconnaître.

Le titre de fiction est autonome mais non pas indépendant: il est autonome par la spécificité de son objet, la production d'effets de réalité et de fiction; il est dépendant par sa fonction, la reproduction de systèmes de valeurs idéologiques (cf. Balibar, 1974, *236*; Macherey, 1970, *57*).

4.2 LE TITRE ET LE CO-TEXTE

Une des tâches d'une sémiotique du titre est de "suivre le travail du titre dans le texte et (d') esquisser une typologie des titres selon leurs rapports avec l'énoncé romanesque" (Duchet, 1973b, *52*). Le problème de la relation entre le titre et le co-texte est double. D'abord, on se demande s'il existe une relation de dépendance entre les deux; nous supposons que **le titre est autonome sans être indépendant du co-texte.**

OBJECTION: D'abord un exemple: l'indépendance relative du titre par rapport au co-texte se lit dans *Les animaux malades de la peste* (La Fontaine), où l'auteur recule systématiquement la prononciation du mot maléfique, quoique le titre l'ait dit déjà, sans que cela nuise au co-texte ou que le titre en devienne inadéquat. On pourrait objecter que dans certains textes qui proposent au lecteur une énigme les titres placés en tête du texte éclaircissent le mystère et que l'auteur a donc placé ces titres à la fin du texte pour les en empêcher, comme le prouve ce texte de l'abbé Cotin (cité dans Moncelet, 1972, *117-118*):

> Je suis une nymphe invisible,
> Qui fais de l'air mon élément,
> Et qui ne serais plus sensible
> Si je n'avais point eu d'amant;
> Encor ce bel objet me touche,
> J'en parle et je n'ai point de bouche;
> Cent fois je meurs et revis en un jour,
> Et ceux qui comme moi sont martyrs de l'Amour,
> Me viennent consulter au fort de leur martyre.
> Mais je leur donne un conseil décevant,
> Autant en emporte le vent,
> Et je ne leur dis rien que ce qu'ils me font dire.

> *L'écho*

Dans de tels cas il s'agit de textes basés sur des jeux littéraires de société (devinettes, charades), où c'est la situation de communication (le jeu) et non pas le co-texte en soi qui demande que la clef de l'énigme soit donnée seulement à la fin. Finalement on pourrait encore mettre en doute l'autonomie du titre en citant en exemples certains livres publiés chez l'éditeur Morel: la couverture de ces livres reproduit la première page du co-texte et est suivie, comme d'habitude, de la page de titre, suivie à son tour de la deuxième page du co-texte. Ici la page de titre est insérée dans le co-texte. Ce procédé imite celui du générique de certains films, placé après les premières séquences. Dans les deux cas il s'agit d'une technique conative, publicitaire, accidentelle, pragmatique, qui ne porte pas atteinte à l'autonomie relative du titre.

Cf. la "creative method" de Ponge, dont les textes portent pourtant un titre préposé: "Et voilà une autre façon de tenter la chose; la considérer comme non nommée, non nommable, et la décrire *ex nihilo* si bien qu'on la reconnaisse. Mais qu'on la reconnaisse seulement à la fin; que son nom soit un peu comme le dernier mot du texte et n'apparaisse qu'alors. Ou n'apparaisse que dans le titre (donné après coup)" (*Méthodes*, Gallimard, 1961, *36*).

Un deuxième problème est le caractère instable de la relation entre le titre et le co-texte: **il n'y a pas qu'un seul type de relation logico-sémantique entre eux** (cf. Dressler, 1972, *18*). Nous partons de l'hypothèse que **le titre dépend du co-texte pour sa structure thématique et qu'il est autonome dans l'actualisation syntaxique de cette structure thématique**. Il est en effet possible de discuter certains aspects syntaxiques du titre sans prendre en considération le co-texte. On comprend maintenant pourquoi les auteurs qui se sont prononcés sur ce problème affirment tantôt qu'il s'agit de deux textes indépendants et tantôt que les deux textes sont compris l'un dans l'autre (cf. Scherner, 1976, *300*).

RENVOIS: **Autonomie du titre:** "Mit der Unterüberschrift zusammen hat die Überschrift in vielen Fällen so sehr informativen Charakter angenommen, dass sie als selbständige Nachricht dasteht" (Michael, 1949, *7*); "Diese Möglichkeit gelten zu lassen würde bedeuten, dass man die Überschrift, wenn auch nicht gerade als einen Teil des jeweiligen Textes, über dem sie steht, so aber doch als eine Art von Vorspanntextäquivalent dieses Textes oder genauer vielleicht: als die bei schriftlichen Texten übliche *Reduktionsform* eines solchen (...) *Vorspanntextes* zu interpretieren hätte" (Harweg, 1971a, *151*). **Interdépendance du titre et du co-texte:** "Il me semblerait faux méthodologiquement de traiter simplement le titre comme un phénomène sociologique externe, indépendamment de son rapport structural au texte" (Angenot, 1970, *236*); "On peut considérer le titre comme un *pré-texte*, un appel au texte: indication approximative, sens subodoré" (*ibid.*, *243*); "Man kann über einen Buchtitel nicht ernsthaft sprechen ohne mit dem Inhalt des Werkes in den Grundzügen vertraut zu sein. Je mehr man über den Buchinhalt und über die Person des Schriftstellers weiss, um so gründlicher kann man die Titelsprache auf ihre Beziehung zu Werk und Leserschaft analysieren" (Volkmann, 1967, *1152*); "Entgegen der Meinung Harweg's stehen Überschriften nicht ausserhalb des Textes, wie auch Betonung und Artikelselektion zeigen" (Dressler, 1972, *18*); "Bref, titre et roman sont en rapport de complémentarité et proclament leur interdépendance" (Duchet, 1973b, *51*). Duchet (*ibid.*) ne manque pas de signaler l'aspect autonome du titre qu'il caractérise comme un "microtexte autosuffisant, générateur de son propre code et relevant beaucoup plus de l'intertexte des titres et de la commande sociale que du récit qu'il intitule".

Pour être tout à fait juste **il ne faut ni méconnaître l'autonomie syntaxique du titre ni sous-estimer sa dépendance sémantique du co-texte.** Il paraît exclu de considérer le titre simplement comme la première phrase du texte; on dira tout au plus que **le titre est la première séquence du texte et en constitue la marque inaugurale.**

RENVOIS: Cf. Dubois e.a., 1972, *4*: "Il nous paraît légitime, en tout cas, d'examiner ce titre-ci comme la première séquence du message"; Grivel, 1973a, *166*: "L'autorité du texte se lit et se subit dès sa marque inaugurale. Le conditionnement du lecteur a lieu à partir du moment où le déchiffrement s'amorce, c'est-à-dire immédiatement"; Harweg, 1968a, *156*: "Überschriften, selbst in Satzform, sind für uns weder je erste Sätze etischer Texte noch auch je Teile solcher Sätze"; Derrida, 1972, *50*: "La mise en scène d'un titre, d'un incipit, d'un exergue, d'un prétexte, d'une 'préface', d'un seul germe, ne fera jamais un début. Elle *était* indéfiniment dispersée".

Les règles de cohérence logico-sémantiques qui existent entre le titre et son co-texte, ne sont pas identiques à celles qui permettent à deux phrases quel conques de se suivre. Le titre forme à lui seul une articulation du discours qui entretient des rapports avec le corps entier du co-texte. **Les rapports d'un titre à son co-texte se situent donc tant dans l'axe de la syntagmaticité que dans l'axe de la paradigmaticité:** "dans l'axe syntagmatique, comme apposition synonymique au texte qui le suit (d'où redondance); dans l'axe paradigmatique, comme synonyme substituable au texte" (Rey-Debove, 1979, *discussion*). La relation entre le titre et le co-texte est caractérisée par une dépendance relative qui peut être syntaxique (§ 4.2.1), sémantique (§ 4.2.2) ou pragmatique (§ 4.2.3).

DIGRESSION: L'indépendance relative du titre se montre aussi par le fait que certains auteurs choisissent les titres de leurs oeuvres après avoir terminé le co-texte, tandis que d'autres commencent par inventer un titre et s'en inspirent pour écrire le co-texte. Ainsi Jean Giono choisit ses titres avant d'écrire son livre (cf. Moncelet, 1972, *212*): "Si j'écris l'histoire, disait Giono, avant d'avoir trouvé le titre, elle avorte généralement. Il faut un titre, parce que le titre est cette sorte de drapeau vers lequel on se dirige; le but qu'il faut atteindre, c'est expliquer le titre" (Giono cité dans Duchet, 1973b, *53*). Jouhandeau distingue deux cas: celui des récits où "le titre doit être suggéré par le texte en cours de route ou après coup, sans hâte, avec discernement et une extrême exigence" et celui des textes où "il s'agit d'un problème à résoudre"; dans ce cas-là "il est normal que dans l'esprit de l'auteur le titre précède le livre" (Marcel Jouhandeau, *La mort d'Elise*, Gallimard, 1978, *105*). Certains auteurs choisissent d'abord un titre (Giono, Jouve, Robbe-Grillet souvent, Roussin, quitte à le changer après); des auteurs comme Conchon, Ponge, Sabatier, Salacrou et Simon choisissent leurs titres le plus souvent après avoir terminé l'oeuvre. Eluard de son côté affirme: "Le poète est dirigé. Il ne fait pas ce qu'il veut, mais ce qu'il peut. Les circonstances s'imposent à lui d'une manière imprévisible. Il veut parler de la femme qu'il aime, il parle des oiseaux; il veut parler de la guerre, il parle de l'amour. Ainsi le poète ne connaît le titre de son poème qu'après l'avoir écrit" (cité dans Adam, 1976, *49*). La plupart des auteurs choisissent leurs titres à n'importe quel moment, tantôt avant tantôt après la composition de l'oeuvre (Achard, Anglade, Bazin, Cayrol, Jouhandeau, Marceau, Rousselot) (cf. Moncelet, 1972, *212-215*). Les titres de presse sont généralement composés après l'article: "Es gibt verschiedene Wege, um an die Überschrift heranzukommen. Der gangbarste ist, zunächst den Artikel abzufassen und dann eine Überschrift zu suchen, denn meist enthält der Text sie in nuce" (Michael, 1949, *7*); "le destinateur compose le titre de son article postérieurement au texte qu'il écrit" (Moirand, 1975, *69*). D'ailleurs, tant dans les quotidiens que dans la presse périodique, les titres des articles importants sont fabriqués par des spécialistes et non pas par les auteurs des articles correspondants. Cette situation est habituelle aux U.S.A., où il existe des maisons spécialisées dans la fabrication de titres et où des maisons d'édition exploitent des "nègres" pour écrire des romans sur tel ou tel titre préfabriqué (cf. § 5.2.5.2 EXEMPLES 2).

4.2.1   *Les relations sémantico-syntaxiques entre le titre et le co-texte*

Généralement, le **titre** se présente par rapport au **co-texte** comme une **partie courte** face à une **partie longue**, entre lesquelles il existe des relations syntaxiques par le simple fait qu'elles se suivent immédiatement.

RENVOI: "Toute oeuvre littéraire peut être considérée comme formée de deux textes associés: le corps (essai, roman, drame, sonnet) et son titre, pôles entre lesquels circule une électricité de sens, l'un bref, l'autre long (il peut arriver que des poètes s'amusent à renverser dans une page la proportion, mais elle sera toujours récupérée pour le volume)" (Butor, 1969, *17*); "Un livre, pourrait-on dire, est toujours formé de deux parties: une partie courte et une partie longue. La partie courte, c'est le titre. La partie longue, c'est le texte. Et ce qui est essentiel c'est le rapport entre les deux, c'est l'équilibre qui se réalise entre cette partie courte et cette partie longue" (*id.*, cité dans Grivel, 1973a, *180*).

Comme il s'agit de deux textes autonomes mais non pas indépendants, on peut admettre l'hypothèse que **le titre et le co-texte entretiennent une relation de dépendance contextuelle et d'indépendance textuelle** (cf. Dressler, 19,72, *11*). La dépendance contextuelle se manifeste par le fait que le titre établit une relation syntaxique avec le début du co-texte (enchaînement anaphorique ou cataphorique) ou avec une partie du reste du co-texte (référence anaphorique ou cataphorique).

Il est question d'**enchaînement**, lorsque le titre établit une relation explicite avec la première phrase du co-texte. **La continuation syntaxique immédiate n'existe presque pas comme type d'enchaînement**; même dans les textes de poésie moderne on ne trouve guère de titres qui forment syntaxiquement une seule phrase avec le début du co-texte, sans qu'ils entretiennent la même relation avec d'autres parties du co-texte.

EXEMPLE: H. Kars a attiré notre attention sur un poème de Benjamin Péret, intitulé *Qu'importe* (*Le grand jeu*); ce poème est un bon exemple de continuation syntaxique immédiate:

> QU'IMPORTE
> Que l'eau s'écoule comme un lampion
> et je la rattraperai une nuit devant la mairie
> à l'instant où une étoile filante
> la seule de cette nuit-là
> m'apprendra qu'une catastrophe a eu lieu au kilomètre 1000
> Dans le train il y aura un sauvage
> ...

Il n'est pas question d'enchaînement immédiat dans le cas où le titre entretient la même relation avec les autres phrases du co-texte qu'avec la phrase initiale, comme c'est le cas dans *A bâbord* de Blaise Cendrars ou dans *L'amour* de René Char (cité dans Delas et Filliolet, 1973, *82*):

> L'AMOUR
> Etre
> Le premier venu

Nous hésiterions à parler ici d'un "lien organique" (*ibid.*) entre le titre et le co-texte, parce que ce lien syntaxique n'est pas explicite mais résulte de l'interprétation choisie:

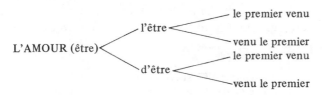

La quasi-absence de cas d'enchaînement par continuation syntaxique immédiate s'explique par deux de nos hypothèses précédentes: d'abord, une telle relation constituerait une infraction à la règle de la paradigmaticité du rapport entre le titre et le co-texte; la phrase initiale monopoliserait cette relation aux dépens du reste du co-texte; ensuite, la continuation immédiate dans un sens strict serait incompatible avec l'hypothèse de l'indépendance textuelle. Sur les problèmes de la connexion phrastique, conçue dans son rapport au topique du texte cf. van Dijk (1977b, *43-129*).

L'enchaînement peut être anaphorique ou cataphorique. Lorsque le co-texte renvoie au titre qui précède en le reprenant par un procédé syntaxique ou même sémantique, nous parlons d'une relation anaphorique; lorsque le titre renvoie au co-texte, nous parlons d'une relation cataphorique:

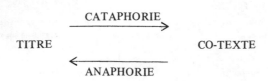

AVERTISSEMENT: La distinction entre procédés syntaxiques et procédés sémantiques n'est pas très précise quand il s'agit du problème de l'enchaînement. L'anaphorie se fait tantôt par pronominalisation ou adjectivisation (des procédés syntaxiques) tantôt par généralisation ou particularisation (des procédés sémantiques). Aussi préférons-nous parler dans ce paragraphe des **relations sémantico-syntaxiques** entre le titre et un endroit particulier du co-texte; dans le paragraphe suivant, nous discuterons les **relations logico-sémantiques** entre le titre et le co-texte entier.

L'**enchaînement anaphorique** se produit lorsque la première phrase ou le premier vers reprend le titre sous forme d'un **pronom**, d'un **adjectif** ou d'un **particule déictique**. Les règles concernant la relation entre le titre et son co-texte sont généralement indépendantes du genre ou du type de co-texte (cf. Harweg, 1973, *72*); nous présenterons quelques exemples pris dans des textes poétiques, la citation d'exemples poétiques étant plus pratique que celle d'exemples en prose (cf. § 1.1.1 d.):

Orion (Cendrars, *Feuilles de route*); "C'est mon étoile";
Le vampire (Baudelaire, *Les fleurs du mal*): "Toi qui, comme un coup de couteau";
Les aveugles (*ibid.*): "Contemple-les, mon âme; ils sont vraiment affreux!";
La beauté (*ibid.*): "Je suis belle, ô mortels! comme un rêve de pierre".

Parfois, l'enchaînement se fait par **reprise directe**, littérale d'un ou plusieurs syntagmes du titre; dans ce cas le titre constitue une **synecdoque** par rapport au co-texte (cf. Ricardou, 1978, *150*):

La muse malade (Baudelaire, *Les fleurs du mal*): "Ma pauvre Muse, hélas! qu'as-tu donc ce matin?";
L'homme et la mer (*ibid.*): "Homme libre, toujours tu chériras la mer!";
Le chat (*ibid.*): "Viens, mon beau chat, sur mon coeur amoureux";
L'horloge (*ibid.*): "Horloge! dieu sinistre, effrayant, impassible".

Parfois encore l'enchaînement se fait par **reprise indirecte** après une transformation logico-sémantique (cf. Backus 1965):

Le vin de l'assassin (Baudelaire, *Les fleurs du mal*): "Ma femme est morte, je suis libre!";

Bohémiens en voyage (*ibid.*): "La tribu prophétique aux prunelles ardentes";
La chevelure (*ibid.*): "O toison, moutonnant jusque sur l'encolure!";
A une mendiante rousse (*ibid.*): "Blanche fille aux cheveux roux".

L'**enchaînement cataphorique** se présente lorsque le titre renvoie au premier vers d'un poème ou à la phrase initiale d'un texte en prose par **pronominalisation**, par **citation**, etc. Dans un certain sens tout titre instaure une relation cataphorique: "... la forme cataphorique impliquée par le titre: ce qui suit va réaliser ce qui est annoncé, la résolution de l'énigme est déjà annoncée" (Barthes, 1973a, *34*). Il ne faut pas confondre le poème dont le titre est emprunté au premier vers avec le **poème sans titre** qu'on désigne par son **incipit**, qui est un **pseudo-titre** désignant un texte non intitulé. Il arrive donc que certains poèmes d'un recueil ont pour titre leur premier vers, tandis que d'autres poèmes, non intitulés, sont indiqués dans la table des matières par leur incipit reproduit en caractères italiques. Ainsi, le premier et le deuxième poème de la deuxième partie de *Paysages en deux* (Pleynet) n'ont pas reçu de titre; la table des matières cite en italiques leurs incipit: *De la terre* et *Voici un corps humain*. Le quatrième poème, par contre, a reçu un titre, *Jamais là*, emprunté au premier vers de ce poème "Jamais là"; ce titre-là est reproduit dans la table des matières en caractères romains. La prose aussi connaît l'enchaînement cataphorique comme relation entre le titre et le co-texte: *La guerre de Troie n'aura pas lieu* (Giraudoux) commence par la réplique: "La guerre de Troie n'aura pas lieu".

Le deuxième type de relation entre le titre et le co-texte est la **référence**. Nous parlons de **référence anaphorique**, lorsque le co-texte renvoie syntaxiquement au titre, qui est emprunté à telle phrase non initiale du co-texte, comme dans *Le coup de dés* (Mallarmé). L'**explicitation** de la relation entre le titre et le co-texte est dans le cas de la référence anaphorique souvent **différée** plus ou moins longtemps pour des raisons psycho-sociales (curiosité du public, production d'intérêt). A la structure simple du *Petit Chaperon Rouge*, dont le titre est repris dans le premier alinéa (cf. Hoek 1978b) s'opposent des exemples comme *Tartuffe* (Molière), dont le héros n'entre en scène que dans le troisième acte de la pièce, et comme *La Chartreuse de Parme* (Stendhal) ou *"disent les imbéciles"* (Sarraute), dont les titres ne sont justifiés qu'à la fin du roman. Remarquons qu'il faut se garder de confondre le moment (l'endroit dans le texte) où la relation entre le titre et le co-texte s'instaure de façon explicite — ce qui n'est pas toujours le cas

— avec le moment où l'interrogation par le titre est comblée, ce qui n'est le cas qu'à la fin du co-texte. Le renvoi peut se faire par **pronominalisation, adjectivisation, reprise directe** ou **indirecte**:

Les colchiques (Apollinaire, *Alcools*): "Violâtres comme leur cerne" (vers 6);
Le flacon (Baudelaire, *Les fleurs du mal*): "Parfois on trouve un vieux flacon" (vers 7);
A une passante (*ibid.*): "Une femme passa, d'une main fastueuse" (vers 3);
Le cygne (*ibid.*): "Un cygne qui s'était évadé de sa cage" (vers 17);
La cloche fêlée (*ibid.*): "Au bruit des carillons qui changent dans la brume" (vers 4);
Le serpent qui danse (*ibid.*): "On dirait un serpent qui danse" (vers 19).

La **référence cataphorique** se produit lorsque le titre renvoie syntaxiquement au co-texte: *Ceci n'est pas un conte* (Diderot), *Elle disait* (Géraldy, *Toi et moi*) et les titres, surtout romantiques, de la forme "Ce que + dire, entendre, etc. + sujet, objet, complément": *Ce que disent les hirondelles* (Gautier, *Emaux et camées*), *Ce que le poète se disait en 1848* (Hugo, *Les châtiments*), *Ce qu'on entend sur la montagne* (Hugo, *Feuilles d'automne*), *Ce qu'on dit au poète à propos de fleurs* (Rimbaud, *Poésies*). Le procédé de la référence cataphorique entre deux phrases est normalement impossible: Raible (1972, *159*) a montré que la pronominalisation transphrastique est toujours anaphorique. Plutôt que d'infirmer ses affirmations, nos exemples, où l'on constate **la présence de renvois cataphoriques par pronominalisation transphrastique**, prouvent **l'indépendance textuelle du titre par rapport au co-texte**.

Le procédé syntaxique qui est constitutif de l'enchaînement est la **substitution syntagmatique**. La substitution syntagmatique n'est rien d'autre qu'une opération qui consiste dans la reprise d'unités langagières (syntagmes) de différents niveaux hiérarchiques par certains autres syntagmes, en général coréférentiels (cf. Harweg, 1971b, *323*). La substitution syntagmatique effectuée par la concaténation pronominale constitue, d'après les travaux de Harweg (1968a, 1968b, 1969, 1971a, 1971b, 1973), la base de la cohérence textuelle (*id.*, 1968b, *349*). Cette conception a été sérieusement contestée par de nombreux savants, critiquant pour la plupart les conceptions étroitement structuralistes de Harweg (1968a, *148* par exemple), selon lesquelles un texte ne serait autre chose qu'une succession d'éléments linguistiques constituée par la concaténation pronominale. Les recherches menées depuis ont suffisamment montré que **la coréférence de constituants de sur-**

face ne saurait rendre compte de la cohérence textuelle (cf. Isenberg 1970; Brinker 1971; Dressler, 1970b, *193-195*; van Dijk, 1972, *30* et chap. 2; Gülich et Raible, 1977, *115-127*). Tout au plus — et c'est pourquoi nous parlons quand même de la substitution syntagmatique ici — elle fournit des matériaux pour **l'analyse des conditions restrictives sur les phrases initiales** d'un texte et, sans doute, **sur les possibilités de concaténation entre titre et co-texte**: "die Koreferenz von Oberflächenkonstituenten wird am häufigsten behandelt. Sie reflektiert zweifellos relevante Eigenschaften der Textstruktur und kann auch (...) zur Spezifizierung von Bedingungen für mögliche Anfangssätze eines Texts herangezogen werden" (Isenberg, 1970, *2*).

Un syntagme qui est repris par un autre s'appelle **substituendum** (sm); celui qui le reprend est le **substituens** (ss). Les substituenda sont des expressions indéterminées ("quelqu'un", "quelque chose", "une fois", etc.) et des syntagmes introduits par des articles indéfinis ou des noms de nombre. Les adjectifs, conjonctions, pronoms et adverbes anaphoriques, ainsi que les expressions introduites par un article défini et les noms propres "inconnus" (introduits pour la première fois dans le texte) fonctionnent comme des substituentia (cf. Harweg, 1971a, *125*):

"La plus heureuse de ces âmes désolées était madame Vauquer (*sm*) (...). Pour elle (*ss*) seule ..." (Balzac, *Le père Goriot*).

Cet exemple montre la substitution d'une expression anaphorique coréférentielle (*ss*) à un syntagme nominal (*sm*). Harweg distingue deux types de substitution: la substitution de substituentia à substituenda est appelée **substitution bidimensionnelle** (Harweg, 1968b, *349*); lorsqu'un syntagme est repris littéralement, il parle de **substitution unidimensionnelle**; dans ce dernier cas, il se présente des **substituenda-substituentia** (sm-ss); ce sont les noms propres "connus" (déjà mentionnés), les appellatifs ("l'homme", "chaque enfant", "aucune femme", etc.) et les expressions déictiques ("ici", "aujourd'hui", "moi", "là", etc.) (cf. Harweg, 1971a, *125-126*):

"Madame Vauquer (...) tient à Paris une pension bourgeoise (sm-ss) (...). Cette pension (sm-ss) ..." (Balzac, *Le père Goriot*);

"Poiret (sm-ss) était un aigle, un gentleman auprès de Goriot. Poiret (sm-ss) parlait, raisonnait" (*ibid.*).

La tâche de prendre soin de la **constitution du texte par continuation** incombe à une phrase contenant un **substituens sans substituendum coréférentiel dans cette même phrase** (exemple 1) ou bien un **substituendum et un substituens non coréférentiel dans cette même phrase** (exemple 2), simple variante du premier cas (cf. Harweg, 1971b, *324*; id., 1968b, *350-351*)

exemple 1: "En ce moment, l'une de ces deux chambres appartenait à un jeune homme (*sm*) venu des environs d'Angoulême à Paris (...). Eugène de Rastignac (*ss*), ainsi se nommait-il, était un de ces jeunes gens façonnés au travail par le malheur (...)" (Balzac, *Le père Goriot*);

exemple 2: "Cette maison (*ss non coréférentiel avec un sm dans cette phrase*), louée d'abord, fut plus tard achetée par un (*sm*) nommé Sauviat (*ss coréférentiel avec ce dernier sm*) ..." (Balzac, *Le curé de village*).

La construction a donc le modèle suivant:

$$sm_p \quad // \quad ss_p (+ sm_q \ ...(+ ss_q))$$
(phrase précédente)   (phrase continuative)

Les phrases qui contiennent un **substituendum et non pas des substituentia non coréférentiels avec ce substituendum** sont chargées de la **constitution du texte par délimitation**:

"En 1829, par une jolie matinée de printemps, un homme âgé d'environ cinquante ans (*sm*) suivait à cheval un chemin montagneux (*sm*) qui mène à un gros bourg (*sm*) situé près de la Grande Chartreuse" (Balzac, *Le médecin de campagne*, phrase initiale).

La construction de la phrase initiale a donc le modèle suivant:

$$sm_r (+ ss_r)$$

Le début du texte seul est marqué par des traits de délimitation; la fin en est marquée par le début d'un nouveau texte (cf. Harweg, 1968b, *350*; *id.*, 1968a, *151-152, 170* sq); la plupart des travaux sur la segmentation du texte ont repris cette suggestion (cf. Gülich et Raible, 1974, *105-106*; Hoek, 1975, *182*).

Harweg distingue entre deux types de définition du texte: la définition **émique** du texte considère le texte par rapport au système dont il relève et cette définition est donc **immanente**; la définition **étique** du texte considère le texte comme actualisation du système et cette définition est donc **transcendante** (cf. Harweg, 1968b, *345*; *id*, 1968a, *152*). Les textes émiques sont constitués par substitution syntagmatique et se laissent délimiter de façon immanente à l'aide du critère de la présence d'un substituendum non accompagné d'un substituens non coréférentiel dans la phrase initiale; **la phrase initiale d'un texte émique comprend donc un substituendum (et/ou un substituendum-substituens), accompagné éventuellement d'un substituens coréférentiel** (cf. Harweg, 1968b, *352*):

"Il se trouve dans certaines villes de province (*sm*) des maisons (*sm*) dont la vue inspire une mélancolie (*sm*) égale à celle (*ss coréférentiel*) que provoquent les cloîtres les plus sombres, les landes les plus ternes ou les ruines les plus tristes (*sm-ss*)" (Balzac, *Eugénie Grandet*, phrase initiale).

Le **début d'un texte étique** est souvent marqué par la présence d'un **titre** (cf. Harweg, 1968b, *345*); ce titre n'appartient pas au texte étique (*id.*, 1968a, *156*), mais doit être considéré comme l'équivalent d'une sorte de **texte avant-coureur** ("Vorspanntext"), qui résume le texte suivant (*id.*, 1969, *315*; *id.*, 1968b, *362* sq; *id.*, 1971a, *151*). Dans les premiers écrits de Harweg seule la définition étique du texte pouvait rendre compte d'un phénomène comme l'intitulation; une définition émique poserait des problèmes, parce qu'il n'existe souvent pas de rapport syntagmatique entre le titre et le co-texte; le titre compte donc parmi les facteurs externes. Dans Harweg (1973, *71* sq) le titre compte pourtant comme facteur émique (cf. Gülich et Raible, 1977, *117*, *225*). La présence d'un titre comme texte avant-coureur explique que **le début d'un texte étique est souvent caractérisé par un substituens sans substituendum coréférentiel** (cf. Harweg, 1968b, *383*):

"Monsieur de Manerville le père (*ss_a*) était un bon gentilhomme normand (*sm_a*) bien connu du maréchal de Richelieu (*ss_b*) ..." (Balzac, *Le contrat de mariage*, phrase initiale);

"La rue du Tourniquet-Saint-Jean (*ss_a*), naguère une des rues les plus tortueuses et les plus obscures du vieux quartier (*sm_a*) qui entoure l'Hôtel de Ville (*ss_b*)" (Balzac, *Une double famille*, phrase initiale);

"Cette fête (*ss*) avait paru des plus belles à tous les invités" (Balzac, *La comédie du diable*, phrase initiale).

Ces débuts de roman sont irréguliers, parce qu'il y figure des noms propres non introduits par des substituenda (le maréchal de Richelieu, l'Hôtel de Ville) et un particule déictique (cette) sans substituendum coréférentiel. **Les débuts de récit syntaxiquement réguliers sont plus rares;** on les trouve surtout dans les genres plus simples (contes de fées, littérature pour enfants):

"Il était une fois un bûcheron et une bûcheronne qui avaient sept enfants, tous garçons; l'aîné n'avait que dix ans, et le plus jeune n'en avait que sept" (Perrault, *Le petit poucet*, phrase initiale);

"Un meunier ne laissa pour tous biens, à trois enfants qu'il avait, que son moulin, son âne et son chat" (*id., Le maître chat*, phrase initiale).

Ces débuts sont réguliers, parce qu'ils ne comprennent que des substituenda avec leurs substituentia coréférentiels. **Les débuts irréguliers doivent être considérés comme des techniques constitutives de "fictionnalité",** qui, d'ailleurs, ne sont mises à profit que dans un stade relativement tardif de l'évolution des genres concernés (roman, nouvelle, conte, etc.) (cf. Kanyó, 1975, *118*). De tels signes d'irrégularité syntaxique sont appelés des "nonsequential sequence-signals" dans Backus (1965, *67* sq); ils introduisent un passage narratif dominé par un "Reflektorfigur" (un personnage qui pense, sent et perçoit sans s'adresser au lecteur), dont la présence est caractéristique d'une "personale Erzählsituation" (cf. Stanzel, 1979, *16, 210*). Aux yeux de Harweg ces débuts demandent une correction qui transforme le début de texte étique en début de texte émique; cette correction consiste dans une **catalyse**: l'interpolation d'une proposition émique pour régulariser la proposition étique estimée irrégulière, en pourvoyant le substituens irrégulier d'un substituendum coréférentiel (cf. Harweg, 1968b, *383-384*; *id.*, 1968a, *156*; *id.*, 1971a, *149*). La phrase initiale citée de *La comédie du diable* peut être corrigée par l'interpolation de la proposition émique suivante:

"Il y a avait eu une fête. Cette fête ..."

Le prédicat de cette proposition émique fonctionne comme un verbe évocateur d'un monde possible ("world creating verb"), qui constitue un domaine d'interprétation régularisant la phrase initiale (cf. Seuren, 1972, *357*); cette proposition interpolée a le statut d'une **présupposition** par rapport à la proposition initiale irrégulière: l'introduction d'un substituens sans substituendum coréférentiel présuppose l'existence de celui-ci (cf. Kanyó, 1975, *109-110*).

Le **nom propre inconnu fonctionne comme un substituens**, c'est-à-dire qu'il ne peut figurer dans un texte émique sans que son référé ne soit indiqué. Cette substitution d'un nom propre à un nom commun se fait toujours à l'intérieur d'une seule phrase et généralement à l'aide d'un verbe métalinguistique comme "nommer" ou "s'appeler" (cf. Raible, 1972, *162*):

"Les deux appartements du second étage étaient occupés, l'un par un vieillard nommé Poiret; l'autre par un homme âgé d'environ quarante ans, qui (...) s'appelait Vautrin" (Balzac, *Le père Goriot*)

Le nom propre est toujours anaphorique dans un texte émique: il doit être introduit par un nom commun avant de pouvoir être employé (cf. Raible, 1972, *176*); ensuite, le nom propre peut, à son tour, être remplacé par un nom commun (cf. exemple 1, *supra*). **L'introduction sans avis préalable d'un nom propre inconnu dans une phrase initiale constitue donc une infraction aux règles de la constitution du texte,** qui se présente surtout dans certains textes fictionnels réputés littéraires. Le nom propre inconnu dans le titre ne saurait constituer normalement un substituendum pour un nom propre ou un nom commun dans la phrase initiale, parce que, en tant que substituens, le nom propre inconnu nécessite lui-même une introduction par un substituendum avant de pouvoir servir de substituendum:

"*Claude Gueux.* Il y a sept ou huit ans, un homme nommé Claude Gueux, pauvre ouvrier, vivait à Paris. Il avait avec lui une fille ..." (Hugo)

Pourtant il arrive exceptionnellement que le nom propre dans le titre figure comme substituendum pour un nom commun ou un nom propre dans le co-texte:

"*Monsieur du Miroir.* Than the gentleman above named, there is nobody, in the whole circle of my acquaintance, whom I have more attentively studied ..." (Hawthorne, phrase initiale, citée dans Backus, 1965, *78*)

"*Aventures prodigieuses de Tartarin de Tarascon.* Ma première visite à Tartarin de Tarascon est restée dans ma vie comme une date inoubliable" (Daudet, phrase initiale)

Ce renvoi au titre est irrégulier parce que ce procédé ignore l'indépendance textuelle du titre par rapport au co-texte: **la présence d'un titre ne saurait expliquer un début irrégulier**; le titre ne peut être considéré comme l'élément auquel renvoie le début d'un texte, d'abord parce que **ce titre est un élément indépendant** et ensuite parce qu'**il contient rarement un substituendum** qui puisse être repris dans la phrase initiale.

Quand le titre porte un **nom commun**, celui-ci ne devrait en principe pas non plus pouvoir figurer comme substituendum pour un nom commun, un nom propre ou un autre type de syntagme coréférentiel dans la phrase initiale du co-texte à cause de l'indépendance du titre. Cela n'empêche pourtant pas les auteurs d'user de ce procédé; il faut y voir de nouveau une **technique productrice de fictionnalité**:

"Le gueux. Il avait connu des jours meilleurs, malgré sa misère et son infirmité" (Maupassant, phrase initiale)

La plupart des titres sont introduits par des articles définis ou bien comportent des noms propres et constituent donc des substituentia: **la relation entre le titre et son co-texte est celle qui existe entre un substituens et un substituendum coréférentiels.** Le substituendum du titre est formé par le co-texte, y compris les parties rattachées comme la morale formulée explicitement à la fin du texte, la conclusion, l'épilogue, etc., qui, à leur tour, se substituent au texte dans le sens étroit du terme. Comme le titre remplace un substituendum plus grand que ne le fait la morale, qui remplace le texte au sens étroit, il y a différents degrés de substitution à distinguer (cf. Hoek, 1975, *193*):

$$\left\{ \begin{array}{l} \text{TITRE}(= \text{substituens du co-texte}) \\ \\ \text{CO-TEXTE}(= \text{substituendum du titre}) \end{array} \right. \left\{ \begin{array}{l} \text{TEXTE}(= \text{substituendum de la morale}) \\ \\ \text{MORALE}(= \text{substituens du texte}) \end{array} \right.$$

Le rapport entre le titre et son co-texte est tout d'abord un rapport entre deux textes: "Le titre est un texte à propos d'un texte" (Grivel, 1973a, *173*). Par rapport au co-texte qui se situe à un niveau linguistique, **le titre se trouve à un niveau métalinguistique**; lorsque le co-texte se trouve à un niveau métalinguistique, le titre se situe à un niveau métamétalinguistique: "Rien n'interdit en principe qu'un métalangage devienne à son tour le langage-objet d'un nouveau méta-langage" (Barthes, 1968, *167*). **Le titre est un métatexte par rapport au co-texte**, parce qu'il constitue un langage qui parle d'un autre langage: le titre résume, paraphrase le co-texte, y renvoie et lui est substitué. Lorsque le co-texte auquel renvoie le titre est un récit, on peut caractériser ce titre comme un énoncé "métanarratif" (cf. Gülich, 1976, *234* sq). Un tel rapport métatextuel se présente surtout aux lieux stratégiques du texte qui constituent ses frontières et notamment dans le titre, parce qu'on y trouve des unités qui suscitent une opération métalinguistique (noms propres, citations, anaphores) (cf. Hamon, 1977b, *266-267*).

NOTE: Pour parler du statut particulier du titre par rapport au co-texte, Ricardou (1978, *144*) préfère au terme de métatexte celui d' "épitexte": les **"fins synthétiques"** du titre (résumer, définir) le distinguent des **"fins analytiques"** du métatexte habituel (analyser, expliquer, développer). Sur le problème du métalangage vu dans ses rapports avec l'analyse du texte, cf. Barthes 1968, Hamon 1977b, Rey-Debove, 1978 et *Littérature* 27 1977; pour le métalangage comme langage descriptif situé à l'intérieur de la langue naturelle (Harris) et comme langage de formalisation extérieur à la langue naturelle (Šaumjan), cf. Desclès et Guentcheva Desclès 1977.
   Le statut métalinguistique du titre a été illustré plaisamment et minutieusement par Lewis Carrol dans *Alice à travers le miroir* (*Through the Looking-Glass and What Alice Found There*) (cf. Hollander, 1975, *215-217*):

   "The name of the song is called '*Haddocks'Eyes*'."
   "Oh, that's the name of the song, is it?" Alice said, trying to feel interested.
   "No, you don't understand", the Knight said, looking a little vexed. "That's what the name is *called*. The name really *is* '*The Aged, Aged Man*'."
   "Then I ought to have said 'That's what the *song* is called?' "Alice corrected herself.
   "No, you oughtn't: that's quite another thing! The *song* is called '*Ways and Means*': but that's only what it's *called*, you know!"
   "Well, what *is* the song then?" said Alice, who was by this time completely bewildered.
   "I was coming to that," the Knight said. "The song really *is* 'A-Sitting on a Gate': and the tune's my own invention".

En principe, il n'est jamais question d'**isotopie sémiotique** entre titre et co-texte dans le sens où Josette Rey-Debove (1978, *273-274* et *id.*, 1979, *699*) se sert de cette notion. Selon elle, il y aurait isotopie entre titre et co-texte dans *Le ventre de Paris* (Zola) et dans *Grammaire générale et raisonnée* (Port-Royal), parce que titre et co-texte renverraient au "monde" dans le premier exemple et à la langue dans le deuxième exemple. Cette isotopie serait rompue dans un titre comme *Les lettres persanes* (Montesquieu) qui renverrait à la langue, tandis que le co-texte renverrait au "monde"; un titre comme *Pierre à Londres* (livre d'apprentissage d'anglais) renverrait au "monde", tandis que son co-texte renverrait à la langue. A notre avis, **il n'existe pas d'isoto-pie sémiotique entre titre et texte, parce que leur statut linguistique est par nature différent**; le titre *Le ventre de Paris* ne renvoie pas au "monde" mais au co-texte qui lui, à son tour, renvoie à un "monde". Rares sont les titres qui ne présentent pas une isotopie sémantique par rapport à leur co-texte, lorsqu'on prend cette notion dans son sens habituel: présence de catégories sémantiques identiques dans le titre et dans le co-texte (cf. *Linguistique et sémiologie* 1, 1976).

Lorsqu'il se présente dans le titre un **article indéfini**, celui-ci **a la valeur d'un article défini** (cf. Harweg, 1968a, *297* sq; *id.*, 1969, *315* sq): *Un mariage sous l'Empire* et *Un drame au Palais des Tuileries* traitent en fait d'un mariage et d'un drame fort déterminés par le co-texte et non pas du mariage ou drame en général. **La présence d'un article et son absence ont pour effet de donner au titre une fonction généralisante ou bien particularisante.** Constatons que la présence et l'absence de l'article assignent aux **titres de textes fictionnels** une fonction particularisante, indépendamment du type d'article, de sorte qu' "il est difficile dès lors de distinguer nettement les deux sens *générique* et *singulier*" (Geerts, 1967b, *101*).

TITRES FICTIONNELS

	fonction particularisante
art. déf. sing.	*La femme de trente ans* (Balzac)
art. déf. plur.	*Les paysans* (Balzac)
art. part. sing.	*Du vent dans les branches des Sassafras* (Obaldia)
art. part. plur.	*Des yeux pour pleurer* (Dard)
absence d'art.	*Servitude et grandeur militaires* (Vigny) *Volupté* (Sainte-Beuve) *Illusions perdues* (Balzac)
art. indéf.	*Une fille d'Eve* (Balzac)

Aux **titres de textes non fictionnels** la présence et l'absence de l'article assignent tantôt une fonction **généralisante** (*Le capital*, Marx; *Les figures du discours*, Fontanier; *Des loisirs: pour quoi faire?*, Fourastié; *Figures*, Genette; *Un socialisme du possible*, Mitterrand), tantôt une **fonction particularisante**. *Du nouveau dans l'économie hongroise*, Bognar; *Bâtons, chiffres, lettres*, Queneau; *Pour une sociologie du roman*, Goldmann).

REMARQUE: Souvent l'article indéfini est supprimé dans les titres; **l'absence d'article** qui en résulte acquiert la même valeur que l'article défini (cf. *supra*). Il y a une exception: dans les **titres de presse** l'opposition entre l'article défini et l'article indéfini (ou l'absence d'article) est conservée; l'article défini et l'article indéfini s'opposent comme le connu à l'inconnu: *Le terroriste arrêté* vs *Terroriste arrêté à Orly*; le premier titre renvoie à des articles de presse des jours précédents, par exemple *Terroriste évadé* (cf. Harweg, 1968a, *299-300*).
　　L'absence d'article attribue au titre d'un texte non fictionnel et non déterminé une fonction généralisante quand ce titre a la forme suivante: SN + conjonction copulative + SN; exemples: *Linguistique et poétique* (Delas et Filliolet 1973), *Critique et vérité* (Barthes, 1966a).

Pour terminer ce paragraphe, nous discutons la question de savoir si le rapport entre titre et co-texte peut être comparé à celui qui existe entre topique et commentaire. Sans discuter en détail la problématique complexe de cette distinction (cf. Dahl 1969, Dahl éd. 1974, Raible 1971, Sgall e.a. 1973 et Gülich et Raible 1977, *61* sq) nous rappelons qu'une phrase comporte deux parties: **topique et commentaire**. Le **topique** peut globalement être défini comme "ce dont on dit quelque chose", tandis que le **commentaire** est plutôt "ce qu'on dit à propos du topique" (cf. Dahl, 1969, *5*; Kiefer, 1972a, *xvi*). La question se pose de savoir **comment définir et retrouver dans une phrase le topique**. Dans une perspective fonctionnaliste, Daneš (1970, *73* et 1978, *188*) propose de retrouver le topique par une **interrogation complétive**. Cette solution paraît peu satisfaisante car la question complétive ne peut être formulée qu'après la désignation du topique (ou du commentaire) dans une situation de communication déterminée. Le problème est déplacé et consiste maintenant à bien définir la question complétive; il ne saurait être question de définir comme telle le questionnement de la première partie d'une phrase, parce que cela voudrait dire qu'on identifie la première partie de la phrase au topique, qui ne se situe pas nécessairement au début de la phrase. Dans la grammaire transformationnelle, on rapproche le topique de la notion de **présupposition**: le topique d'un énoncé est sa partie supposée connue du lecteur: "Our hypothesis will then be that the topic of a sentence will be identical with 'the left-hand side' of an implication" (Dahl, 1969, *19*); exemple: "les lions rugissent" ⟶ "si x est un lion, alors x rugit". **Le topique peut être identifié à la partie présupposée et le commentaire à la partie focalisée d'une phrase.** La partie présupposée est cernée par une **épreuve de négation**: cette partie de la phrase négative qui reste intacte par rapport à la phrase affirmative peut être assimilée à la partie présupposée et donc au topique; *t* est un présupposé de l'énoncé *s* si *t* est vrai dans le cas où *s* est vrai et dans le cas où non *s* est vrai. Chomsky lui-même ne s'est pas toujours exprimé très clairement à ce sujet: Chomsky (1971a, *163* note 32) affirme que "John" est le topique dans "It was John who I saw", et Chomsky (1971b, *199*) dit que "John" est la partie focalisée et donc le commentaire dans "is it John who writes poetry". **Dans l'optique de la grammaire transformationnelle, on analyse la phrase à elle seule en topique et commentaire, donc en présuppositions entraînées et informations focalisées exprimées; dans l'optique du fonctionnalisme, l'analyse en thème et rhème (commentaire) regarde la relation d'une phrase à son contexte.**

Nous nous posons maintenant **la question de savoir si le titre doit être assimilé au topique ou au commentaire** de l'énoncé macrostructural que forme le texte (pour une description du topique comme macrostructure textuelle dont les éléments sont fournis par les phrases successives cohérentes, cf. van Dijk, 1977b, *114-142*). Dans la perspective transformationnaliste, cette question présuppose l'existence d'une seule phrase comprenant le titre et son co-texte. Or, une telle phrase se laisse difficilement construire: sa construction implique déjà que telle partie est topique et telle autre commentaire; en outre, une telle phrase risque presque toujours de confondre les niveaux linguistique et métalinguistique. Malgré la difficulté qu'on éprouve à construire une telle phrase, **il existe des arguments pour assimiler le titre tant au topique qu'au commentaire.**

Le titre peut être assimilé au topique pour les raisons suivantes. D'abord, le titre contient le sujet, le **thème du texte**; il est ce dont le co-texte parle. Si l'on met en doute la validité du titre, et qu'on prétende que le co-texte ment à propos du titre ou que le titre ne répond pas au co-texte (épreuves de négation), le titre lui-même n'en reste pas moins intact et se qualifie par là comme topique du texte. Ensuite, le topique est généralement, comme le titre, un **nom** et le commentaire un syntagme verbal: la relation topique/commentaire rappelle celle entre sujet et prédicat (cf. Lyons, 1970, *256-257* citant notamment Hockett et Sapir; Chomsky, 1971a, *163* note 32). Enfin, le topique, comme le titre, est le plus souvent précédé de l'article défini, les deux étant des **éléments déterminés** supposés connus du locuteur ou du lecteur (cf. Daneš, 1970, *73*). Le topique et le commentaire se présentent généralement dans le même ordre que le titre et le co-texte: en français c'est en général le topique qui se présente le premier (cf. Raible, 1971, *221*); et cela vaut aussi pour le titre, quoiqu'il ne s'agisse pas d'une règle absolue ni pour le titre (cf. § 4.2 OBJECTION), ni pour le topique (cf. Lyons, 1970, *257*). Somme toute, voilà suffisamment d'arguments pour faire croire que le titre est comparable au topique et forme une sorte de topique textuel.

Toutefois, il existe aussi des **arguments pour rapprocher le titre du commentaire**. L'argument décisif réside, sans doute, dans la relation logique entre le titre et le co-texte. Le co-texte est une condition du titre et le titre est donc une conséquence du co-texte; en d'autres termes, **il existe entre le titre et son co-texte une relation d'implication**: si x est un titre, alors x a un co-texte; sans co-texte il ne peut guère être question de titre.

OBJECTION: Une exception apparente est constituée par les titres de textes qui n'ont jamais été écrits mais qui étaient annoncés par l'auteur, comme c'est le cas de nombreux romans de Balzac, qui devraient être intégrés dans *La comédie humaine* et dont nous ne connaissons que les titres (cf. Longaud, 1969, *24-25*). Cette exception est seulement apparente, parce que dans l'esprit de l'auteur il s'agissait bel et bien de titres auprès de romans projetés mais non encore écrits; ces titres couvraient pour lui des co-textes qu'il se représentait plus ou moins bien d'après le cas. On dira qu'il s'agit dans ce cas de **titres auprès de co-textes potentiels**.

On constate ainsi que **le titre présuppose le co-texte**; le co-texte est une présupposition du titre, ce qui rapproche le co-texte de la notion de topique et le titre de la notion de commentaire. Aussi conçoit-on parfois le titre comme une affirmation à propos du co-texte (par exemple son résumé), comme un commentaire sur le co-texte (titres commentatifs), "a commentary on the theme of the work" (Gray, 1975, *179* à propos du titre *La chute* de Camus) et même comme une dérivation du co-texte (cf. Kellman, 1975, *160*: "The title derives from the work, points to the work, and verily *is* the work"). Cette conception est confirmée par le fait que **le titre** (par exemple: *Charles d'Albret*) **constitue le nom propre du texte**. Une phrase comme "mon professeur se prénomme Charles" doit être rapprochée de "le texte s'appelle *Charles d'Albret*": le nom propre (Charles) et le titre (*Charles* *d'Albret*) font partie des commentaires des deux phrases. Soulignons finalement que le lecteur qui se voit confronté à un texte dont le titre ne couvre pas parfaitement le co-texte, accuse l'auteur de ne pas avoir bien choisi son titre et l'idée ne lui vient pas de demander à l'auteur d'adapter le co-texte (cf. Harweg, 1973, *80*). **Le lecteur considère naturellement le co-texte comme la partie présupposée et le titre comme un commentaire qui peut être plus ou moins adéquat.**

Une conclusion s'impose: **le titre se présente comme topique lorsqu'on le considère comme un sujet qui est à élaborer dans un développement** (le co-texte) et il faut parler d'une **relation d'expansion cataphorique** entre titre et co-texte: "Le titre est une courte séquence (...), que l'on peut considérer comme une apposition au texte qui la développerait. Le texte serait une expansion du titre" (Rey-Debove, 1978, *273*; cf. *id*, 1979, *699*); **le titre se présente comme commentaire, lorsqu'on le considère comme un résumé d'une matière affirmée** (le co-texte) et il faut parler d'une **relation de contraction anaphorique**: "Dans cette interprétation, le titre signifierait non pas le texte, mais la même chose que le texte, de façon abrégée et focalisée" (Rey-Debove, 1978, *273*); pour le titre en tant que résumé ou paraphrase d'un texte, et en général pour les problèmes de la réduction textuelle, cf. Raible (1972, *204-211*), Kintsch et van Dijk 1975, van Dijk (1977b, *130-163*), Agricola 1978. L'hypothèse de la conception du titre comme contraction du texte est généralement adoptée en grammaire du discours où l'on considère le titre comme une représentation concrète, portée à la surface, d'un certain nombre de structures profondes, très abstraites, qui constituent ensemble la structure profonde du texte (cf. van Dijk, 1971, *20* et Dressler, 1972, *18* cités dans RENVOIS 1 du § 4.2.2). Ces deux conceptions se représentent ainsi:

titre = sujet (= topique)	résumé (= commentaire) ↑
e x p a n s i o n	c o n t r a c t i o n
c a t a p h o r i q u e ↓	a n a p h o r i q u e
co-texte = développement (= commentaire)	matière (= topique)

La relation titre/co-texte est **une relation bilatérale**: "Si le titre tend à unifier le texte, le texte doit tendre à diversifier le titre" (Ricardou, 1978, *146*). La double relation que peut entretenir un mot avec un texte est analysée par Jean Ricardou (*apud*: Vidal, 1976, *321-322*). Il caractérise la relation qui va du mot au texte comme une relation "unifiante": "C'est en somme la fonction du titre". Et il ajoute: "Cela conduit à une lecture idéaliste en ce que la diversité complexe du texte se trouve effacée par une procédure d'identification". La seconde relation, celle qui va du texte au mot, est caractérisée comme "action d'un texte, pris comme diversité sur un mot (...) Cela forme une lecture matérialiste en ce que l'identité d'un mot se trouve scindée par une procédure de diversification".

La relation entre le titre et le co-texte n'est pas une relation synonymique: si le titre renvoie au co-texte, le texte, pour se résumer dans le titre, n'y renvoie pourtant pas; Josette Rey-Debove (1979, *discussion*) caractérise une telle relation comme "une relation synonymique pour ainsi dire asymétrique (...) qui ne devient symétrique que par une hypothèse de travail fondée sur la contiguïté contextuelle du titre et du texte, et selon laquelle le signifié du texte se retrouve dans le titre (dénotés implicites) quelles que soient les apparences linguistiques".

DÉVELOPPEMENT: La différence entre la relation de contraction et la relation d'expansion se laisse bien percevoir dans la différence de structure et de fonctionnement qui existe entre les **titres de presse** et les titres de fiction. Dans *Assassin arrêté* (titre de presse) le titre consiste dans un **topique** (le fait de l'arrestation), l'article de presse correspondant en est l'expansion. Parmi les titres dans son journal le lecteur choisit ceux qui l'intéressent suffisamment pour qu'il lise les articles correspondants et il laisse tomber d'autres articles dont le titre ne réussit par à l'intéresser (cf. Bernard, 1977, *384*). Le **titre de roman**, par contre, (**L'assassin insaisissable*) représente plutôt un résumé (partiel) qui ne saurait se substituer à la lecture du co-texte et forme donc un **commentaire**. Nous soulignons qu'il s'agit d'une différence graduelle, qui dépend plutôt du type de lecture adopté que d'une propriété fondamentale de l'énoncé; tant dans le titre de presse que dans le titre de fiction, les deux types de lecture sont opérants à la fois. Mais **dans les titres de presse c'est l'expansion et dans les titres de fiction c'est la contraction qui prévaut**. Cela porte à croire que le topique et le commentaire ont des fonctions différentes: **le topique est surtout important pour la constitution du texte**, tandis que **l'importance du commentaire réside surtout dans sa valeur d'information** (cf. Daneš, 1970, *74*).

Le rapport structural entre titre-topique et co-texte-commentaire est celui d'une progression avec des topiques dérivés (cf. Daneš, 1970, *76-77*):

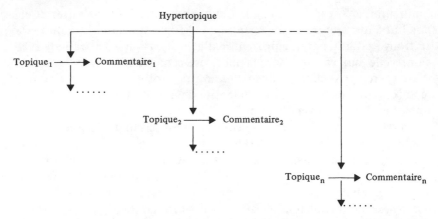

A partir d'un hypertopique, proposé par le titre, on peut dériver plusieurs topiques partiels avec des commentaires partiels, qui constituent autant d'affirmations reliées d'une façon ou d'une autre à l'hypertopique; les topiques et les commentaires peuvent à leur tour donner lieu à des développements consistant dans de nouveaux topiques et commentaires, qui peuvent être enchaînés de plusieurs façons.

D'un point de vue sémantico-syntaxique on peut donc distinguer dans un texte deux types d'énoncés: les **énoncés contractés** et les **énoncés expansés**. Comme l'énoncé contracté ne consiste pas nécessairement dans un seul titre, il faudra prévoir la possibilité d'en décrire toute une série. Ce sera le cas pour le roman qui comporte des titres de parties, des titres de chapitre, pour les recueils de poésies qui comportant différents titres de poèmes et pour les articles de presse qui comportent des titres d'alinéas. Proposons donc le dispositif suivant (cf. Rieser 1971):

$$\text{texte (T)} \longrightarrow T_{\text{contracté}} + T_{\text{expansé}} \qquad (1)$$
$$T_{\text{contracté}} \longrightarrow T^1_{\text{contracté}} \cdots T^n_{\text{contracté}} \qquad (2)$$
$$T^1_{\text{contracté}} \longrightarrow T^{1.1}_{\text{contracté}} \cdots T^{1.m}_{\text{contracté}} \qquad (3)$$
$$T_{\text{expansé}} \longrightarrow T^1_{\text{expansé}} \cdots T^p_{\text{expansé}} \qquad (4)$$
$$T^1_{\text{expansé}} \longrightarrow T^{1.1}_{\text{expansé}} \cdots T^{1.q}_{\text{expansé}} \qquad (5)$$
etc.

4.2.2   *Les relations logico-sémantiques entre le titre et le co-texte*

Dans ce paragraphe, nous traitons les relations qui existent entre le titre et le co-texte en entier. En principe, on peut distinguer au niveau logico-sémantique deux types de relations: le titre correspond bien ou mal au co-texte: "En simplifiant à l'extrême, ou le roman traduit son titre, le sature, le décode et l'efface, ou il le réinscrit dans la pluralité d'un texte et brouille le code publicitaire en accentuant la fonction poétique latente du titre, transformant l'information et le signe en valeur, l'énoncé dénotatif en foyer connotatif" (Duchet, 1973b, *52-53*). Dans le premier cas, on peut parler d'un **titre dénotatif: le titre harmonise avec le co-texte**; entre eux, il est question d'isotopie sémantique (équivalence sémique); le titre annonce correctement ce qui se passe dans le co-texte; le lecteur n'a pas besoin d' "interpréter" un titre pour en trouver le rapport avec le co-texte; bref, pour le lecteur le titre ne subit pas de changements notables par suite de la lecture du co-texte; le titre n'est pas sujet à des transformations profondes; aussi recommande-t-on traditionnellement que le titre redouble le co-texte (cf. Ricardou, 1978, *143*). Dans l'autre cas, on peut parler d'un **titre connotatif: le titre est en discordance avec le co-texte**, parce qu'il existe entre les deux soit une relation non isotope, soit une relation d'isotopie sémique non-équivalente: le titre paraît ne pas annoncer correctement ce qui se trouve représenté dans le co-texte; le titre nécessite un travail d' "interprétation" de la part du lecteur pour pouvoir être compris; bref, pour le lecteur le titre subit des changements notables dans le cours de la lecture du co-texte; le titre est sujet à des transformations profondes. Les deux cas sont potentiels car tel titre concret ne peut pas toujours être rangé dans l'une ou l'autre des deux catégories; **le plus souvent un titre contient aussi bien des éléments dénotatifs que des éléments connotatifs** (cf. Geerts 1976a).

Un **titre dénotatif** peut renvoyer à (un élément de) la structure profonde textuelle, par exemple à un **élément fictionnel** du co-texte mais aussi au **genre** du co-texte: "Jeder einmal gesetzte Anfang legt im modernen Roman zumindest die Richtung und die Ebene eines Buches fest, wie auch schon im traditionellen Anfang, der sich auf Überlieferte Eingangsformeln beruft, das Genre im voraus fixiert ist" (Miller, 1965a, *9*): "Der Titel ist eben das erste denkbare Gattungsmerkmal eines Texts" (Rothe, 1969, *315*).

AVERTISSEMENT: Il ne faut pas confondre les **structures syntaxiques et sémantiques** du titre, qui peuvent fonctionner comme des indices génériques, avec les **règles concernant la relation sémantico-syntaxique** entre le titre et le co-texte (cf. § 4.2.1), qui sont indépendantes du genre (cf. Harweg, 1973, *72*).
RENVOIS 1: van Dijk, 1971, *20*: "We adopt the hypothesis that the title above an article in the paper can be considered as a very rough (often partial) lexicalization of the semantic

deep-structure of the article"; Dressler, 1972, *18*: "Eine adäquate Überschrift ist semantisch gesehen eine reduzierte Paraphrase des folgenden Textes, und zwar in der syntaktischen Form von Sätzen oder aus Sätzen transformierten Nominalphrasen oder elliptischen Schlagworten oder aus Sätzen extrahierten Eigennamen"; Adorno, 1965, *8*: "Der Titel ist der Mikrokosmos des Werkes".

Nous précisons que le titre ne peut pas être considéré comme un simple résumé du co-texte: normalement, le résumé d'un récit constitue à son tour un récit mais le titre d'un roman ne forme pas à lui seul un roman! Le titre d'un poème, par contre, peut constituer une poésie: "J'entrevis que le titre d'un poème pouvait à lui seul être un autre poème, une sorte de ciel dont la coloration descendait sur le texte entier, – chose fréquente chez René Char" (Mounin, 1969, *70*). Par exemple: *"Le voyage de l'énergie de l'univers*: le titre d'un livre qui se suffirait, un titre qui serait un livre" *(ibid., 84)*. Plutôt qu'un résumé le titre constitue un extrait du co-texte: "De telles expressions ne sont cependant que des extraits, et non des résumés ou des exposés de ces textes, dans la mesure où elles se bornent à mettre en relief, sous une forme concentrée, les traits sémantiques et la structure de l'élément essentiel du contenu communicatif de ces textes, la structure globale du texte n'apparaît pas" (Agricola, 1978, *207*).

Certains types de titres correspondent à certains types de co-textes; l'indice générique qui établit cette correspondance, se trouve dans le titre secondaire (*légende, conte de fées, nouvelles*), dans la phrase initiale ("Il était une fois ..."), dans la phrase finale ("l'amour de ces deux époux durerait encore, tant ils s'aimaient, s'ils n'étaient pas morts cent ans après"), ou dans des renvois pragmatiques à la situation de communication (rideaux de théâtre, couverture du texte, typographie, envoi, apostrophe etc.) (cf. Weinrich, 1971b, *9*). Ces indices génériques forment des indices de changement de code; ces indices attirent l'attention du public sur le fait qu'un nouveau code entre en vigueur dès ce moment-là. L'indice de fictionnalité par exemple indique que la mention de la ville de Milan dans un texte fictionnel ne renvoie pas à la ville réelle existante mais plutôt à la ville de Milan dans un monde possible, connotée par son "italianité": pour Stendhal c'est le bonheur, l'énergie, la "virtù", la "furia", l'art, le "romanticismo", etc.

L'indice générique peut se trouver à différents niveaux dans le titre. Il peut se trouver à un **niveau lexical**; dans ce cas, certains mots constituent par leur fréquence dans certains titres un indice générique: "les mots-clés, mots passe-partout, ne dénotent pas seulement un contenu mais sont l'indice d'un genre et d'une rhétorique en vogue auxquels l'auteur a décidé de se plier" (Angenot, 1970, *240*). Dans le roman romantique on trouve souvent des mots comme "château", "bourreau", "mystère", etc. qui signalent le roman noir, emprunté au "gothic novel" anglais: *Castle of Otranto* d'Horace Walpole (1765) et *The mysteries of Udolpho* d'Ann Radcliffe (1794). Les noms de lieux et ceux de personnages historiques caractérisent les titres du roman historique. C'est à un **niveau syntaxique** que se situe la distinction entre le **titre de presse** et le **titre de fiction**: *princesse mariée* présente par sa construction syntaxique un indice générique du titre de presse, tandis que *Le mariage de la princesse* est un titre de roman par son caractère nominal.

RENVOI: Cf. Harweg, 1968a, *297-298*: "Der Schlagzeilen-Typus, für den die Überschrift *Polizist erschossen* als Beispiel stehe, weist fast durchgehend die Form eines *verkürzten* Satzes auf, der Buchtitel-Typus hingegen hat 'phrase'-Form und lautet z.b. *Der erschossene Polizist*, oder er hat, wie z.b. der Titel *Wer die Nachtigall stört*, die Form eines Nebensatzes, eine Erscheinung, die bei der offenbaren Verwandtschaft von Nebensätzen mit 'phrases' nicht sehr zu verwundern braucht. Hin und wieder zeigt er auch die Form nicht verkürzter Sätze wie z.b. *Ein Mann macht Karriere.*

Die beiden Typen teilen das Feld literarischer, ja publikatorischer Textformen (Genres) allgemein, nach Massgabe ihrer jeweiligen Zugeordnetheit zu den einzelnen Formen, so auf, dass Überschriften des Schlagzeilen-Typus über reinen Tatsachenberichten stehen, wie sie sich im Tatsachen berichtenden Teil der Tageszeitungen finden, der Buchtitel-Typus hingegen über etischen Texten, die entweder keine faktischen Tatsachen oder aber nicht nur faktische Tatsachen berichten, zu finden ist. Diese Verteilung der beiden Typen ist weitgehend mutuell exklusiv".

L'indice générique peut se situer aussi à un **niveau morphologique**; les titres des textes, souvent des épopées, racontant la vie, les exploits d'un héros, sont parfois composés du nom du héros suivi du suffixe -(i)ade: *La Henriade* (Voltaire), *La Franciade* (Ronsard, Viennet), *La Philippiade* (Viennet), *La Troade* (Garnier); les titres qui se terminent par le suffixe -ana désignent des textes qui sont construits autour d'un personnage dont l'auteur raconte des historiettes, des anecdotes, etc.: *Perroniana, Scaligeriana* (cf. Meisner, 1904, *41*). D'autres suffixes présentant des indices génériques sont -ette, -esque, -age, -erie, -(o)manie (cf. Nies, 1974, *280* note 59). Au **niveau des syntagmes** l'indice générique peut être formé par une combinaison fixe de mots: "*illustre* + nom de personne" (*Les illustres françoises* de Challe, *L'illustre Gaudissart* de Balzac), "*petit* + nom de personne" suggérant ou signalant la littérature pour la jeunesse (*Le petit Chaperon Rouge*, *Le petit Poucet*, *Le petit Chose* de Daudet, *La petite Fadette* de Sand) (cf. *ibid.* note 60). Au **niveau phrastique** l'indice générique se présente dans deux exemples signalés par Nies (*ibid.* note 61): deux catégories de chansons du XVIIe siècle français s'appellent des *Qu'en dira-t-on* et des *L'eusses-tu cru.*

On a vu qu'à côté des titres dénotatifs, il existe des **titres connotatifs**, qui sont d'une manière ou d'une autre infirmés par leur co-texte.

Le cas le plus évident se présente lorsqu'il s'agit de co-textes qui, par boutade, démentent ouvertement leurs titres.

EXEMPLES: Le petit recueil de poésie de Mathieu Bénézet intitulé *L'histoire de la peinture en trois volumes* consiste dans un seul volume; et ensuite il publie *Biographies, roman*. Moncelet (1972, *113*) cite d'après *Domicile conjugal* de François Truffaut le dialogue suivant: "– Dans votre roman, il y a des tambours? – Non! – Et des trompettes? – Non plus! – Eh! bien! appelez-le, *Sans tambours ni trompettes*". L'auteur de cette boutade est Oskar Blumenthal: "Oskar Blumenthal sprach das einmal einem Romanautor gegenüber aus, der für sein neues Werk keinen anderen Titel wusste als den der Heldin – sie hiess noch dazu unglücklicherweise Anna. 'Ich kann sie ja auch Klara taufen, Herr Doktor, oder Mathilde, Hildegard, – aber was ist damit gewonnen?' Blumenthal zuckte die Achsel. 'Nichts. Aber es wird mir schon ein Ausweg einfallen'. 'Sie wollen den Roman lesen, Herr Doktor?' 'Ums Himmels willen, nein!' 'Wie können sie dann einen packenden Titel finden?' Pause. Dann Blumenthal: 'Kommen in Ihrem Roman Pauken vor?' Der Dichter: 'Pauken? Nein. Warum sollten Pauken darin vorkommen?' Blumenthal: 'Also keine Pauken. Gut. – Aber kommen vielleicht Trompeten darin vor?' Der Dichter: 'Bewahre.' Blumenthal: 'Gut. Also nennen Sie Ihr Werk ganz einfach: 'Ohne Pauken und Trompeten' ". (Grevenstett, 1909, *222*). De tels exemples relèvent bien sûr de l'anecdotique, mais rien n'est plus réel que le texte de Jeroen Brouwers *Zonder Trommels en trompetten* (Amsterdam, 1973). Un dernier exemple est encore cité par Moncelet (1972, *124*): "Alphonse Allais écrivit en 1893 en tête d'un recueil de ses oeuvres *Anthumes*:
'J'ai intitulé ce livre *Le Parapluie de l'Escouade* pour deux raisons que je demande au lecteur la permission d'égrener devant lui:
1° il n'est sujet dans ce volume de parapluie d'aucune espèce.
2° la question si importante de l'escouade, considérée comme unité de combat n'y est même pas effleurée.
Dans ces conditions-là, toute hésitation eût constitué un acte de folie furieuse; aussi ne balançai-je pas une seconde' ".

Dans ces cas, il n'est pas vraiment question de "contradiction" (Grivel *apud*: Rey-Debove, 1979, *discussion*); il s'agit plutôt de figures de style comme l'**ironie** (*Ma brillante carrière* de Franklin, qui raconte les efforts échoués d'une jeune fille pour se frayer un chemin dans la vie), l'**hyperbole** (*L'histoire de la peinture en trois volumes* de Bénézet) ou la **litote** (*Sans tambours ni trompettes*) (cf. Ricardou, 1978, *147-148*). Parfois aussi le **ton** du titre ne s'accorde pas avec celui du co-texte: titre joyeux, plaisant et co-texte sérieux, comme dans *Gargantua* (cf. épigraphe de ce chapitre et Charles, 1977, *38* sq).

De "grands auteurs" comme Montaigne, Rabelais, Balzac et Goncourt ont reconnu l'imposture du titre. En général il y a d'un côté des **auteurs** pour qui le rapport entre le titre et le co-texte doit être très étroit (Giono, Jouve, Rousselot) et de l'autre côté des auteurs qui demandent que le titre ne s'adapte pas trop au co-texte pour éviter qu'il trahisse prématurément le contenu du co-texte (Schiller, Mallarmé, Vian, Ponge, Le Clézio). De façon analogue, maints **critiques** affirment que le titre s'adapte bien au co-texte et que la discordance fait exception; d'autres, par contre, ne se font pas d'illusions à ce sujet (Courbet, Lawson, Ricardou, Grivel, Zumthor, Escarpit, Adorno).

RENVOIS 2: **Montaigne**: "Les noms de mes chapitres n'en embrassent pas toujours la matière: souvent ils la denotent seulement par quelque marque" (*Essais*, III, 9); **Rabelais**: voir épigraphe de ce chapitre; **Balzac**: "Les titres des livres sont souvent d'effrontés imposteurs. Qui n'a eu à maudire leurs mensongères annonces et cet art de bâteleur qui promet pour ainsi dire, sur l'enseigne d'un ouvrage ce qu'on ne trouvera pas dedans" (cité dans Moncelet, 1972, *122-123*); E. **de Goncourt**: "le titre nous avertit que nous allons lire un mensonge" (*La fille Elisa*, cité par Grivel, 1973a, *174*). L'enquête de Moncelet (1972, *207-211*) cite des exemples d'auteurs qui prônent l'unité du titre et du co-texte et qui disent que le titre doit "refléter *tout* ou une *partie* du contenu" (**Anglade**), "résumer l'ouvrage" (**Bazin**), "donne(r) le ton de l'oeuvre" (**Simon**), "la (= l'oeuvre) recouvrir" (**Renard**, *ibid. 205*), "suggére(r) dans une certaine mesure le contenu de l'oeuvre" (**Romains**), "résumer le vrai sujet de l'oeuvre" (**Roussin**), "cerner le sens d'une oeuvre" (**Salacrou**); "Le titre doit sortir de l'ouvrage logiquement ou magiquement comme son fumet, comme une odeur ou un parfum. Il en annonce non seulement le sujet, mais la teneur, le charme, le rythme" (**Jouhandeau**, *La mort d'Elise*, Gallimard, 1978, *105*). Le titre ne doit pas coller trop au co-texte pour **Schiller**: "*Nanine?* fragten sogenannte Kunstrichter, als dieses Lustspiel im Jahre 1747 zuerst erschien. Was ist das für ein Titel? Was denkt man dabei? – Nicht mehr und nicht weniger, als man bei einem Titel denken soll. Ein Titel muss kein Küchenzettel sein. Je weniger er von dem Inhalt verrät, desto besser ist er. Dichter und Zuschauer finden ihre Rechnung dabei, und die Alten haben ihren Komödien selten andere als nichtsbedeutende Titel gegeben" (*21. Stück* de la *Hamburger Dramaturgie*); **Mallarmé** (1956, *387*): "Appuyer, selon la page, au blanc, qui l'inaugure son ingénuité, à soi, oublieuse même du titre qui parlerait trop haut"; pour **Vian**, cf. Moncelet (1972, *124-125*): "Dans le programme du théâtre qui montait l'adaptation scénique de *J'irai cracher sur vos tombes*, l'auteur précisait le 5 avril 1948: 'Il est aisé de se rendre compte que le titre n'a aucun rapport avec la pièce que vous allez voir, pas plus qu'il n'en avait avec le livre. Il est d'ailleurs temps de rappeler ici qu'il serait absolument inutile qu'un titre se rapportât à l'oeuvre qu'il désigne. Le titre est essentiel en soi et se suffit à lui-même. Celui-là ayant paru frapper les clients, il était raisonnable (commercialement parlant) d'étendre son utilisation au théâtre'. Fidèle à lui-même, Vian devait plus tard préciser au verso de la couverture de l'*Automne à Pékin*: 'Cet ouvrage ne traite naturellement pas de l'automne, ni de la Chine. Tout rapprochement avec des coordonnées spatiales et temporelles ne pourrait être que le fait de coïncidences involontaires' ". **Ponge**: "Il faut que le nom ne soit pas utile. Remplacer le nom" (*My creative method* in: *Méthodes*, Gallimard, 1961, *36*); **Le Clézio** (cité par Moncelet, 1972, *204-205*): "Les titres sont ce que j'aime le moins dans la littérature (et aussi ce qui me fascine le plus). Ce que je n'aime pas avec eux, c'est qu'ils sont séducteurs, ils cherchent à vous attirer vers le livre et c'est naturel puisqu'en général ils sont les premiers mots d'un livre qui s'offrent aux yeux. Mais ils veulent aussi tromper quelquefois. Est-ce que la pensée est obligée de passer par ces signes de fascination pour se mettre en marche? C'est ça que je ne sais pas et qui me fait souffrir dans les TITRES. Pourquoi faut-il que certains mots commandent à d'autres? Voilà pourquoi je n'aime pas les titres, et pourquoi j'ai tellement de peine et de honte à en trouver. Tous les livres devraient s'appeler 'livre' ".

En lisant les résultats de la petite enquête organisée par Moncelet, on constate qu'il n'y a qu'un seul auteur qui dit: "Il m'arrive d'orienter mon titre vers quelque chose de plus aimable et de plus souriant que le sujet" (**Achard**); il y a deux ou trois auteurs qui avouent ne pas toujours viser un rapport étroit et qui s'en tiennent à des observations vagues; ainsi **Ponge** se prononce pour "Un rapport soit d'adéquation, soit de complémentarité"; **Robbe-Grillet** affirme que "le titre est un point de vue sur l'oeuvre" et **Sabatier** dit: "J'aime bien que le titre fasse corps avec l'oeuvre mais à condition qu'il ne soit pas trop didactique ou explicatif".

On s'étonne de voir déclarer **Moncelet** (qui, lui-même, signale beaucoup d'exemples de titres imposteurs): "Dans la majorité des cas, il est purement énonciatif, sans mystère et sans tromperie" (1972, *25*). Dans la tradition bibliologique, les critiques se sont depuis toujours plaints des titres imposteurs (cf. Klenz 1923; Bauer, 1905, *6*; Meisner, 1904), l'esthétique classique ayant toujours demandé que le titre s'adapte bien au co-texte; cf. Schottenloher, 1939, *176*: "Erstens, das Buch muss ein einheitliches Ganzes darstellen, und auch das Titelblatt hat sich dieser Einheitlichkeit unterzuordnen. (...) Das zweite Gesetz gilt dem Titelblatt allein: es trete dem Auge in Schrift und Satz klar und geordnet entgegen!(...) Schon die textliche Fassung des Titels sei so einfach und klar als möglich" (cf. § 0.3.2). Et de nos jours encore **Levin** (1977, *xxiv*): "titles are normally expected to reveal, not to conceal". D'autres sont plus sceptiques: "Les titres, en aucun temps, n'ont donné une idée juste des choses: s'il en était autrement, les oeuvres seraient superflues" (**Courbet** cité par Champfleury, *Sur M. Courbet, lettre à Madame Sand*, in: *Le réalisme*, Lévy, Paris, 1857, *272*, lettre de septembre 1855); **Lawson**, 1934, *30*: "Oft ist aber ein solcher Titel nur Blendwerk und deutet auf keine Entsprechung im Werk" (...) "Weiter wird gezeigt, wie Spannung durch den Titel und die Vorbereitung erweckt, durch den irreführenden Handlungsverlauf jedoch getäuscht wird" (*67*); **Ricardou**, 1971, *227-228*: "Supposer faux le titre d'un roman, c'est admettre que tel autre puisse être vrai. Cette candeur curieuse doit être analysée. Un titre, sans doute, c'est ce que, paradoxalement, le texte offre de plus opposé à lui-même. Tout ce qui tisse sa complexité, les mille liens, le jeu des contradictions, une mobilité incessante, est simplifié, subsumé, figé en les quelques mots d'une courte formule substitutive. Titrer, c'est trahir: par dissimulation et simulation. Plus le titre est lu comme l'analogue du contenu d'un roman et plus l'occultation des complexités textuelles risque d'être parfaitement réussie. Le rapport du titre à la fiction est un conflit, non un accord. En un sens, le texte romanesque produit l'impitoyable critique du titre qui le couronne"; **Grivel**, 1973a, *174*: le titre "s'accomplit comme imposture: l'enseigne est un faux grâce auquel le livre s'affirme comme savoir (alors qu'il n'est que fiction constituée comme tel)"; **Zumthor** (1976, *317*) considère le titre comme un "paravent", c'est-à-dire ce qui protège et cache le co-texte; **Escarpit**, 1976, *157-158*: "Le titre 'naturel' donné par l'auteur ne constitue un moyen adéquat ni de repérage, ni de description (sauf, bien entendu, s'il s'agit d'un texte spécifiquement documentaire), car il n'est qu'un élément du texte dont les fonctions sont multiples: fonction iconique (notamment dans le cas des titres de journaux), fonction discursive tendant soit à mettre en vedette tel ou tel aspect du document (...), soit à provoquer une association connotative (ce qui est souvent le rôle de ce cas particulier du titre qu'est la *légende* d'une illustration), et enfin, bien entendu, fonction documentaire, ce qui permet de l'utiliser comme noyau du titre documentaire"; **Adorno**, 1965, *8*: "Titel müssen wie Namen es treffen, nicht es sagen".

Les avis sont donc bien partagés et cela s'explique: **le titre se trouve dans une situation paradoxale: il doit informer et en même temps se garder de donner trop d'information; il doit montrer et cacher à la fois.** Le co-texte ne se montre pas à nu; pour rester intéressant il doit porter un titre, "une sorte de slip, de cache sexe, de dignité" (Queneau cité par Moncelet, 1972, *123*). Le titre fait concevoir au lecteur des espérances qui sont aussitôt trompées; tout titre s'accorde avec son co-texte et s'y oppose en même temps (cf. Angenot, 1970, *243*). Le titre devient dans cette situation paradoxale vraiment innommable.

PARALLÈLE: Le personnage du roman *L'innommable* (Beckett) est innommable dans les deux sens du mot: vil, bas, ignoble et privé de nom. Il est caractérisé par la réduction de l'activité humaine au seul acte de pensée et de langage. Il prête au titre moins sa propriété de ne pas pouvoir être nommé que son incapacité de nommer, de fixer, de déterminer les choses de la vie; par là, le titre en question désigne donc en même temps l'action du texte qui consiste seulement dans l'acte de langage, c'est-à-dire le texte entier. Le titre *L'innommable* renvoie finalement autant au co-texte qu'à soi-même, dans la mesure où il annule le renvoi au co-texte innommable et ne renvoie qu'à soi-même, à l'innommable.

Le titre romanesque installe le lecteur dans l'ambiguïté et l'incertitude: il laisse prévoir certains drames sans les dire, il laisse deviner l'extraordinaire sans le trahir et après la lecture du co-texte le lecteur s'aperçoit que le titre n'est souvent qu'un leurre, séduisant mais infidèle et trompeur. Cette position ambiguë s'explique matériellement par **la présence non simultanée de deux textes, indépendants textuellement et dépendants contextuellement: le titre et le co-texte.** Si le titre était une anticipation parfaite, il rendrait superflu le co-texte; si le titre n'avait aucun rapport avec le co-texte, il serait lui-même superflu. Le rapport entre titre et co-texte est un rapport de "complémentarité" (Duchet, 1973b, *51*), un rapport "dialectique" (Angenot, 1970, *236* et Grivel, 1973a, *179*). Les deux mouvements qui caractérisent la relation sémantico-syntaxique entre le titre et le co-texte, la contraction anaphorique et l'expansion cataphorique, se présentent sous une autre forme dans cette relation logico-sémantique entre les deux: **le titre formule une question, crée une attente et le co-texte fournit une réponse et comble l'attente:** "Le titre ouvre une question (...) A cette question il ne sera répondu que beaucoup plus tard" (Barthes, 1970b, *24*). Dans un titre on peut lire deux types d'affirmations réunis: des affirmations positives qui désignent la part d'informativité du titre et des affirmations négatives qui en désignent la retenue d'information; dans le premier cas le co-texte est caractérisé comme ce qui confirme cette information donnée, dans le deuxième cas comme ce qui va pourvoir à ce manque d'information. **L'intérêt du titre romanesque est causé par la suspension du co-texte** (cf. Weinrich, 1966, *31-32*). **L'ambiguïté paradoxale du titre (fournir et retenir de l'information partielle) est homologue au rapport dialectique de question à réponse (indépendance textuelle et dépendance contextuelle) entre le titre et le co-texte.** Le schéma suivant fait le relevé des termes employés par divers critiques pour indiquer les deux types d'affirmations réunis dans le titre; la plupart proviennent de Grivel 1973; dans les autres cas la source est marquée.

CO-TEXTE CONFIRMATIF	TITRE POSITIF	TITRE NÉGATIF	CO-TEXTE SUPPLÉANT
	information *(178)*	défaut d'information *(178)* provocation d'un manque à savoir *(174)*	
	affirmation *(178)*	retenue d'information *(174)*	
	vrai *(178)*	ignoré *(178)*	
vérité *(178)*	vérité *(178)*		
donne sens	vérité (Pleynet,	vide *(102)*	remplissage *(102)*
(Pleynet, *ibid.*)	1968, *96*)		
	évident *(178)*	extraordinaire *(178)*	levée du paradoxe *(178)*
	événementiel *(177)*	exorbitance *(177)*	
		impossibilité logique *(179)*	réduction, résorption de cette impossibilité *(179)*
	annonce (Duchet, 1973b, *51*)	mystère *(179)*	levée de mystère *(179)*
		obscurité *(179)*	élucidation *(178)*
		ténèbres *(180)*	clarté *(180)*
		secret *(178)*	révélation *(179)*
		énigme *(180)*	dévoilement *(178)*
		question (Barthes, 1970b, *24*)	réponse (Barthes, *ibid.*)
		interrogation *(166)*	réplique *(166)*
		imposture *(174)*	vérité *(178)*
désambiguïsation *(ibid.)*	a m b i g u ï t é (Grivel, *apud*: Rey-Debove, 1979, *discussion*)		désambiguïsation *(ibid.)*
		faux *(174)*	
		incomplet (Loffler, 1972, *89*)	savoir *(174)* supplément d'information *(ibid.)*
		Unvollständigkeit (Dressler, 1970a, *70*)	

L'ambiguïté intentionnelle du titre est en soi paradoxale, d'abord parce qu'après avoir présenté au lecteur un leurre qui n'est qu'une apparence de vérité, le titre trahit cette feinte dans le co-texte, et ensuite parce que l'intérêt est provoqué par une forme stéréotypée. Ce paradoxe caractérise toute écriture romanesque: "Elle (= l'écriture romanesque) a pour charge de placer le masque et en même temps de le désigner" (Barthes, 1968, *33*). Le co-texte élimine en principe l'ambiguïté du titre romanesque et le confirme ainsi, de sorte que **le titre**

d'un texte traditionnel subsume son co-texte. En ce qui concerne le roman d'avant-garde, au contraire, on pourrait risquer l'hypothèse que celui-ci évite d'effacer son titre mais le transforme en générateur de texte; **le titre du roman d'avant-garde produit du sens dans le co-texte, il s'y inscrit et lui est subordonné.** On peut supposer que le texte est d'autant plus "révolutionnaire", "avant-gardiste", "nouveau" etc. que son titre se subordonne plus au co-texte; le titre peut même être supplanté par son co-texte: "L'intérêt en l'occurrence, c'est que le titre n'arrive pas à subsumer le texte sous l'unité rassurante qu'il propose" (Ricardou à propos de *Projet pour une révolution à New York, apud*: Spencer, 1976, *105*; cf. aussi Ricardou, 1971, *227-228* cité *supra* RENVOIS 2 et *id.*, 1978, *143-150*).

Les **relations logico-sémantiques entre un titre et son co-texte sont** très diverses; pourtant il paraît possible de distinguer quelques types. En général, il y a deux possibilités: **le titre constitue une affirmation générale que le co-texte restreint ou bien le titre constitue une affirmation particulière à laquelle le co-texte donne un sens symbolique plus général:** *Illusions perdues* est un titre général que le co-texte remplit de sens particuliers (les désillusions de Lucien de Rubempré), *La porte étroite* est un titre particulier auquel Gide donne un sens symbolique ("La route que vous nous enseignez, Seigneur, est une route étroite à n'y pouvoir marcher deux de front"): "Tandis que souvent chez les écrivains le titre est plus ou moins un symbole, une image qu'il faut prendre dans un sens plus général, plus poétique que la lecture du livre qui donnera, avec Balzac c'est plutôt le contraire" (Proust, 1973, *243*). Ces relations générales peuvent être spécifiées; à cette fin nous analysons les procédés qu'utilisent les **titres du Nouveau Roman (NR)** (cf. Hoek 1972) pour établir une relation avec leur co-texte. Au cours de la lecture du co-texte le(s) sens du titre subi(ssen)t des changements dans l'esprit du lecteur; nous distinguons cinq types de transformation: **transformation de co-textualisation, transformation de conjonction, transformation d'addition, transformation de substitution, transformation de disjonction.**

DÉMONSTRATION: La relation logico-sémantique entre le titre et le co-texte du NR paraît un peu différente de celle qu'on trouve dans les romans traditionnels, où le titre s'affiche comme un résumé du co-texte qu'il subsume. Aussi la relation entre le titre et son co-texte était-elle souvent très directe. La première phrase était une suite logique du titre, qui indiquait le plus souvent le héros du roman ou l'action principale. Dans le NR cette relation est beaucoup plus problématique. Les titres du NR semblent se nier en tant que titres, parce que le mouvement dialectique entre titre et co-texte est devenu apparemment impossible: **le titre** du NR semble refuser toute responsabilité vis-à-vis de son co-texte. On ne distingue plus quelle est la fonction exacte du titre par rapport au co-texte. Pourquoi *Les gommes* (Robbe-Grillet), pourquoi *Gulliver* (Simon), pourquoi *Les petits chevaux de Tarquinia* (Duras), pourquoi *Passacaille* (Pinget)? Certes, ces mots figurent dans le roman, mais le lecteur s'attend. à un rapport déterminé: le nom du héros romanesque, celui de l'événement principal, un commentaire de l'auteur sous forme d'une métaphore transparente ou d'une citation appropriée. En d'autres termes, le titre du NR semble perdre sa fonction référentielle; on ne voit plus comment il peut prédire le co-texte, quel est l'anticipé de cet anticipant que forme le titre. Le titre du NR semble coller difficilement à son co-texte, le mouvement entre titre et co-texte étant perturbé. Il s'ensuit logiquement que le lecteur ne perçoit plus comment le titre du NR représente la diégèse de tel co-texte, comment ce titre représente la structure profonde textuelle.

TITRE

anticipation   structure profonde textuelle

CO-TEXTE

Le double mouvement entre le titre et le co-texte détermine entièrement les sens que peut prendre le titre par suite de la lecture. Souvent le titre sort enrichi de la confrontation avec le texte. En tant qu'**anticipation**, donc en tant qu'élément qui articule une attente (question et réponse à la fois) le titre se trouve régi par un **code herméneutique** (Barthes, 1970b, *24*), qui ne peut être déchiffré qu'au moment où le titre a percé le corps entier du co-texte, donc à sa fin. Le **co-texte fonctionne comme une composante transformationnelle** qui change le sens fourni par l'input, le titre. A la fin du processus transformationnel que constitue la lecture du co-texte, elle produit l'output, le titre représentant la structure profonde du co-texte. Le titre est donc sujet à une modification provenant de la confrontation avec le co-texte qui transforme non seulement le titre mais aussi le co-texte: tel titre qui parodie, imite ou désigne un autre texte change par cela même son propre co-texte. Le *Portrait de l'artiste en jeune singe* (Butor) ne peut être lu sans que la référence soit faite à *A portrait of the artist as a young man* (Joyce). Le **double mouvement produit un double effet: transformation du titre et transformation du co-texte.** Ici nous nous limitons à cerner les transformations sémiques que peut subir le titre par sa confrontation avec le co-texte.

Nous distinguons plusieurs types de transformations. La transformation n'est jamais nulle car il y a toujours co-textualisation des sèmes que contient le titre, cadrant les sens qu'il peut prendre; c'est le degré zéro de la transformation. Dans les titres du NR cette quasi-absence de transformation sémique est rare. Ce type de changement de sens est difficilement repérable: il est difficile de voir comment le co-texte élargit, tronque ou remplace les sèmes du titre, en privilégiant certains sèmes par connotation. Toute relecture d'un texte peut produire une nouvelle signification du titre et parfois une nouvelle relation entre le titre et le co-texte. Nous représentons la combinatoire spécifique des sèmes d'un titre par s; une fois transformée par le co-texte, cette combinatoire se trouve placée dans son co-texte narratif et est, par là, changée en S. La transformation zéro qui se réduit à la co-textualisation des sèmes du titre (p) est représentée comme suit

(1) transformation de co-textualisation: $s_p \longrightarrow S_p$

Le titre qui n'est modifié que par la co-textualisation se restreint à remplir sa fonction d'anticipation. Dans ce cas-là, le co-texte a entièrement répondu à l'attente produite par le titre; en fin de compte, ce titre redouble le co-texte avec pour seul résultat de s'en trouver confirmé. Un titre qui est confirmé ainsi dans le roman n'épuise pas ses possibilités et reste en dessous de sa fonctionnalité optimale dans le récit. Lorsque le titre reprend littéralement une séquence du co-texte, il fonctionne comme **synecdoque** (cf. Ricardou, 1978, *150*). Le titre présente au lecteur une certaine combinatoire spécifique de sèmes constituant ensemble, par exemple, le sens du mot "fiston" (/enfant/ + /masculin/ + /relation père-fils/ + ...). Or, dans le roman *Le fiston* (Pinget) le sens du titre ne se trouve guère changé après la lecture du co-texte: il a été effectivement question d'un père et d'un fils. La fonction de ce titre est de nous imposer à travers la désignation du fiston le point de vue de ce père ivrogne, qui considère son fils toujours comme son "fiston".

(2) transformation de conjonction: s_1 v s_2 v ... $\longrightarrow S_1$ & S_2 & ...

La disjonction (v) des sèmes s_1 et s_2 est changée en une conjonction (&). Les différents sens possibles du titre se trouvent être présents en même temps à la suite de cette transformation. Il y a donc élimination d'une disjonction et introduction d'une conjonction. Le sens du mot "jalousie" est /envie/ ou /persienne, store/. Le texte du roman *La jalousie* (Robbe-Grillet) n'exclut ni l'un ni l'autre de ces deux sens; au contraire, le co-texte nous invite à accepter les deux sens à la fois. Le kaléidoscope des visions d'un mari, d'une femme et de son amant à travers les lames d'un store est la description de l'objet et du sentiment.

(3) transformation d'addition: $s_1 \longrightarrow S_1$ & S_2

Le sens du titre reste intact, mais il se trouve qu'un sens est ajouté; cette adjonction peut être causée par le fait qu'un substantif dans le titre va désigner plusieurs référés en même temps. *Le marin de Gibraltar* (Duras) raconte la quête d'un marin pendant un voyage sur mer par une riche femme et son protégé. Le marin de Gibraltar pourrait désigner tant le personnage recherché que le protégé. *Les gommes* est un titre plus complexe; les objets désignés par le titre figurent effectivement dans le co-texte; c'est la gomme "d'une certaine marque" que cherche Wallas, chargé de l'enquête d'un meurtre. On sait que la marque de cette gomme ne saurait être qu'OEdipe. Etant donné que toute l'intrigue n'est qu'une géniale parodie du mythe d'OEdipe, il faut conclure que le titre indique non seulement l'objet cherché dans le livre, mais encore ce mythe, cette intrigue même, et cela d'une façon d'autant plus heureuse que ce qui sert à gommer, à effacer va justement constituer le récit; cette constitution du texte par la gomme désigne en même temps le procédé d'écriture. Le roman se présente en effet comme une série d'actions dont la cohérence a été gommée, occultée par l'écriture. Un bon exemple d'une transformation d'addition est le titre du poème *Le dormeur du val* (Rimbaud), qui peut se lire comme /dort/ + /meurt/ (cf. Hamon, 1975, *512*). Dans un tel cas, Ricardou (1978, *147-148*) parle de titre en litote, parce que ce titre promet moins qu'il ne tient.

(4) transformation de substitution: $s_p \longrightarrow S_q$

Le sens originel d'un titre s'y trouve démenti, nié et aboli par le co-texte; à ce sens un autre est substitué. Ces titres sont souvent employés métaphoriquement. On se demandera alors dans quelle mesure le sens originel a été conservé, ce qui semble toujours être plus ou moins le cas. La différence principale avec la transformation d'addition réside dans le fait que le second sens tend ici à rendre superflu le premier, parce que le second sens assume en même temps les fonctions (les sens) du premier. *Dans le labyrinthe* (Robbe-Grillet) nous suggère qu'il est question d'un labyrinthe; la lecture dément ce titre et nous présente une ville au lieu d'un labyrinthe; mais cette ville a toutes les propriétés d'un labyrinthe et assume donc métaphoriquement les sens de ce mot. *Les petits chevaux de Tarquinia* (Duras) promet l'histoire de Tarquinia (nom de jeune fille) et de ses chevaux. Le co-texte substitue à ce sens celui de /tombeau étrusque/. *La sacre du printemps* (Simon) ne parle ni d'un sacre ni d'un printemps mais de la première expérience de la vie réelle par les deux protagonistes. Le lien est purement métaphorique:
printemps $\Rightarrow$ jeunesse $\Rightarrow$ nouveauté $\Rightarrow$ début et
sacre $\Rightarrow$ consécration $\Rightarrow$ accès (à la vie)
Un cas particulier est formé par le titre en hyperbole (Ricardou, 1978, *147*), qui promet

davantage qu'il ne tient: *Le père Goriot* promet un personnage principal Goriot mais en fait c'est Rastignac qui joue ce rôle; Ricardou (*ibid.*) propose un raisonnement analogue pour *Salammbô* et pour *Madame Bovary*, dont l'histoire est enchâssée dans celle de Charles Bovary.

(5) transformation de disjonction: s_1 & $s_2 \longrightarrow S_1$ ∨ S_2

L'ensemble des sens suggérés par le titre se trouve être incompatible avec le co-texte, mais pris individuellement les sèmes produisent un sens. Des sens conjoints doivent se dissoudre, pour que, disjoints, ils puissent s'intégrer au co-texte. *L'amante anglaise* (Duras) s'avère être la transcription de "la menthe anglaise", plante qui revient à plusieurs reprises dans le récit, comme étant la plante préférée de celle qui a tué l'amante; et on peut prendre en considération bien d'autres connotations encore, par exemple "la mante". *L'amante anglaise* dément son titre: il n'est point question d'une telle amante.

Parfois aussi on trouve des **transformations mixtes**, par exemple:

$$s_1 \text{ ∨ } s_2 \longrightarrow S_1 \text{ \& } S_2 \text{ \& } S_3$$

Dans ce cas précis, il s'agit d'une combinaison des transformations de conjonction et d'addition. *Le voyeur* (Robbe-Grillet) a deux sens: un spectateur, un témoin, mais aussi celui qui sans être vu assiste à une scène érotique. Or, dans le récit le voyeur paraît être un voyageur témoin d'une telle scène.

On constate qu'il faut se méfier des titres, quoiqu'ils ne soient jamais si faux que le texte le prétend parfois. Là où la tradition (l'idéologie) recommande aux textes la **diversification** (authenticité, sincérité, originalité, etc.), il est curieux de constater avec Ricardou (1978, *143*) que **le titre fait exception** à cette prescription. Le co-texte reprend le titre qui semble l'annoncer pour le subvertir par les procédés discutés. Seulement, **le co-texte ne réussit que rarement cette subversion du titre, par exemple dans les textes les plus avant-gardistes. En fait, le co-texte ne fait toujours qu'oblitérer son titre. Le conflit entre le titre et son co-texte se termine généralement par la domination du titre sur son co-texte. Il paraît quasi impossible de rompre le rapport spéculaire entre le titre et son co-texte.** (cf. Ricardou dans la discussion qui suit Hoek, 1972, *307-308*; Ricardou, 1971, *227-228*, *id.*, 1978, *143-150*). Même dans le cas où l'on abolit le titre ou lui substitue un *Sans titre*, il revient au pas de course sous forme d'un incipit: "évider le lieu du titre, c'est donc l'offrir à l'immédiat retour d'un titre plein" (Ricardou, 1978, *150*) (cf. § 5.3).

4.2.3 *Les relations pragmatiques entre le titre et le co-texte*

Des relations pragmatiques peuvent s'établir entre le titre et le co-texte, lorsque le titre renvoie à un élément constitutif de la situation de communication. Le titre désigne par exemple l'**instance narrative**:

Contes d'une vieille fille à ses neveux, *Contes de Daniel le Lapidaire*, *Le conteur noir*. Par sa position spéciale ("grand-mère", "juge", "commissaire de police", "cambrioleur", etc.) le narrateur peut se porter garant de l'intérêt du récit pour le public visé. Parfois aussi l'instance narrative est mentionnée dans les titres de chapitre, lorsque ceux-ci portent les noms des personnages déterminant la perspective narrative; dans *De Metsiers* (Claus) chaque chapitre est écrit à la première personne du singulier; l'identité de ces "je" différents est révélée par le nom mentionné dans le titre du chapitre en question. Un autre exemple se trouve dans *Jocelyn* de Lamartine, où quelques fragments de la quatrième époque portent les inscriptions *Moi* ou *Laurence*; nous nous trouvons ici à mi-chemin entre le titre de poésie et la mention du nom de l'acteur au début des répliques dans les pièces de théâtre. Le titre peut désigner ensuite des opérateurs marquant des **circonstances particulières** extérieures: la **provenance** du texte (*Le manuscrit trouvé à Saragosse* de Potocki; *27, rue Jacob* (bulletin mensuel d'information des éditions du Seuil), le **destinateur** du texte (*Lettres de Léonie*), le **destinataire** du texte (*Contes à mon petit-fils*, *A mes odes* et *A mon père* de Hugo dans *Odes II 1* et *4*), le mode de réception (*Un spectacle dans un fauteuil* de Musset, cf. § 3.2.1.2), la prise de **position de l'auteur** vis-à-vis de la matière discutée (*Contre Sainte-Beuve* de Proust, *Pour une théorie du nouveau roman* de Ricardou). Finalement, le titre peut encore être emprunté simplement à l'**incipit** du texte; rare pour les textes en prose, ce type de dénomination est fréquent pour les textes poétiques (cf. § 4.2): *La guerre de Troie n'aura pas lieu* (Giraudoux), *Jamais là* (Pleynet, *Paysages en deux*).

Un phénomène comparable peut être constaté dans le cas des **titres de nouvelles** (cf. Gutmann 1970 et Rohner, 1973, *29-32* et *131-138*); leur sens doit être plus précis, plus significatif et plus pertinent encore que celui des titres de romans, dit-on généralement. Les recueils de nouvelles empruntent leur titre généralement à la nouvelle la plus réussie du point de vue littéraire et publicitaire; d'ordinaire, c'est la première nouvelle du recueil; dans de rares cas le recueil reçoit un titre à lui.

4.3 L'INTERTITULARITÉ

Le titre peut renvoyer non seulement à son co-texte mais aussi à d'autres titres et d'autres co-textes; dans ce cas, le titre remplit donc une double fonction, en renvoyant à son propre co-texte et à un autre texte (cf. Riffaterre, 1978, *99-105*). Ainsi il arrive que certains textes (surtout publicitaires) renvoient à des titres connus. Et nous voilà confronté avec l'intertextualité kristévienne, "cette inter-action textuelle qui se produit à l'intérieur d'un seul texte. Pour le sujet connaissant, l'intertextualité est une notion qui sera l'indice de la façon dont un texte lit l'histoire et s'insère en elle. Le mode concret de réalisation de l'intertextualité dans un texte précis donnera la caractéristique majeure ('sociale', 'esthétique') d'une structure textuelle" (Kristeva, 1969a, *443*; cf. aussi *id.*, 1969c, *378* et 1970, *139-176*). Nous nous intéressons ici au **rapport dialogique d'un titre avec d'autres titres et avec d'autres textes.** Lorsqu'un tel rapport se présente nous parlerons d'**intertitularité.** Le renvoi d'un titre à d'autres titres ou textes peut être plus ou moins explicite et il faut analyser les divers types de rapports qui peuvent se présenter. Par la transposition dans le titre d'énoncés antérieurs ou synchroniques le titre se présente comme un croisement de paroles provenant de sources diverses: "Tout titre se comprend par rapport à l'univers, fini, historique, des titres *actuellement mémorisés* ('vivants') — compte-tenu des séries existantes" (Grivel, 1973b, *182*). **Le titre est un espace où se croisent plusieurs types d'énoncés; il constitue une voix polyphonique, déterminée non seulement par la relation destinateur/destinataire, mais aussi par la contextualisation verbale, par la Bibliothèque générale d'une époque, par le discours social de cette époque. Tout titre doit répondre aux exigences de la série dans laquelle il est intégré** et, de façon plus générale, à celles du genre auquel il appartient. Ces exigences sont déterminées par les conventions de réception d'une époque. Toute intitulation est donc sujette à des contraintes: "Titrer n'est pas un acte libre" (Grivel, *ibid.*). L'intertitularité repose en fait sur deux exigences apparemment contradictoires: le titre doit se conformer au modèle général et en même temps il doit individualiser le co-texte et le distinguer des autres exemplaires de la série: **l'intitulation se fait grâce à une différence dans l'imitation** (cf. Grivel, *ibid.*). On retrouve un **paradoxe du titre: il réalise la clôture du texte** et en même temps **il ouvre le texte à d'autres discours** par l'intertitularité: "C'est que les marges ne sont jamais nettes ni rigoureusement tranchées: par-delà le titre, les premières lignes et le point final, par-delà sa configuration interne et la forme qui l'autonomise, il est pris dans un système de renvois à d'autres livres, d'autres textes, d'autres phrases: noeud dans un réseau" (Foucault, 1969, *34*). En analysant le titre comme un espace qui n'est pas exclusivement textuel mais qui dépasse ce cadre pour déboucher sur un espace social, nous constatons que **l'intertitularité permet de relier le modèle du titre à son environnement historique, social et culturel; cet espace social constitue une base pour rendre compte de l'évolution historique des titres**; l'histoire intertextuelle des titres consiste dans l'analyse de la façon dont le discours social dénomme une production textuelle. L'analyse de l'intertitularité permet de voir **comment la société parle dans l'énoncé intitulant et comment celui-ci est intégré dans la société**: elle révèle la façon dont les variantes d'un discours social linguistique déterminé sont à lire dans le titre et elle permet d'analyser la façon dont le titre se transforme en histoire sociale. Dans la littérature, le discours intertextuel constitue la représentation d'une relation dialogique entre différents types de textes et des variantes de la "parole sociale" (Kristeva), du "discours social" (Duchet, Jacques Dubois). Kristeva (1969c, et 1970) a démontré comment l'emploi des citations dans *Le petit Jehan de Saintre* (La Sale) renvoie à une parole sociale, extra-romanesque, propre à la fin du Moyen Age, période de démocratisation du livre.

Comme elle décrit la relation intertextuelle entre un titre et un autre titre ou texte, **l'intertitularité doit être considérée comme une instance particulière de la citation**, comportant un **texte citant** (texte ou titre) et un **texte cité** (titre ou texte). **La citation est un renvoi isolé, marqué ou rentré, se manifestant dans un texte écrit, fait à un autre texte écrit ou verbal**: "La citation est un élément *surchargé*, indiqué pour être différencié du bloc textuel qui l'enchâsse; c'est un élément additionnel, un ajout dégagé de la ligne de fond de l'énonciation" (Grivel, 1975, *172*). Formellement, il est question d'intertitularité chaque fois qu'il y a identité ou ressemblance entre l'énoncé intitulant (EI_p) d'un texte p (T_p) et une (série d') affirmation(s) dans un texte T_q, soit un fragment, dont EI_q, soit le texte entier (cf. Verdaasdonk, 1973, *353*).

La relation intertitulaire est déterminée par quatre paramètres: le domaine de la citation (§ 4.3.1), la nature de la citation (§ 4.3.2), la technique de la citation (§ 4.3.3) et le fonctionnement de la citation (§ 4.3.4); finalement nous discutons encore la citabilité (§ 4.3.5).

RENVOIS: Un des textes les plus importants consacrés à la citation est Compagnon 1979; celui-ci discute l'acte de citation (sa phénoménologie), sa pratique institutionnelle (sa généalogie), ses excentricités (sa tératologie) et, surtout, il présente une analyse sémiotique (peircienne) des manières dont la citation produit du sens. Outre les textes mentionnés de Kristeva, nous citons Gelas 1978, qui présente des éléments pour une étude sémiotique de la citation (marques, visées, texte citationnel); Grivel 1975 présente la citation comme un cas particulier de l'intertextualité en général; Verdaasdonk 1973 distingue entre deux types d'intertextualité (cf. *infra*); Verdaasdonk 1974 traite entre autres de la citabilité; Kern 1975 envisage la citation comme acte de parole. Pour l'emploi des citations dans un texte littéraire cf. Meyer 1967, qui accentue la fonction d'intégration des citations, opérée par la création de parallèles et de contrastes dans un tel type de texte; pour les avatars d'une citation de Rabelais dans un texte de Butor cf. van Rossum-Guyon 1974. Beugnot 1976 constitue un utile état présent; *Poétique* 27 (1976) mérite d'être consulté pour un état présent des problèmes que pose l'intertextualité.

4.3.1   Le domaine de la citation

Le **domaine de l'intertextualité** est formé par l'espace textuel impliqué par le texte citant et le texte cité: la citation peut s'effectuer à l'intérieur d'un seul texte; dans ce cas-là on parle d'autotextualité (cf. Dällenbach, 1976, *282-283*), d'intratextualité ou d'**intertextualité interne** (cf. Ricardou, 1971, *162*cq); la citation peut aussi s'effectuer entre plusieurs textes; dans ce cas-là on parle d'**intertextualité externe** (Ricardou, *ibid.*). L'intertextualité interne est toujours fragmentaire: un fragment d'un texte, par exemple son titre, renvoie à un autre fragment du texte, qui n'est jamais plus grand que le co-texte. Comme tout titre renvoie à son co-texte, **il est dans tout texte intitulé question d'intertitularité interne cataphorique**: le titre fait fonction de texte citant et le co-texte de texte cité. Dans la plupart des cas, le co-texte (texte citant) renvoie aussi anaphoriquement au titre (texte cité) (cf. § 4.2). L'intertitularité est interne dans le sens strict du mot lorsque le titre principal et le titre secondaire renvoient l'un à l'autre: *Rose et Blanche, ou la comédienne et la religieuse*. **L'intertextualité externe peut être générale ou restreinte**; le renvoi intertextuel étant souvent basé sur une certaine homologie entre les codes du texte citant et les codes du texte cité, le type de code qui permet le renvoi, restreint en même temps le domaine citationnel impliqué; les limites du champ citationnel peuvent être formées par celles de la production d'un seul auteur, d'un seul courant littéraire ou d'un seul genre littéraire. Lorsque le champ citationnel n'est pas restreint, on parle d'**intertextualité générale** (Ricardou). Le domaine de la citation est déterminé par l'ensemble des textes qui sont en relation citationnelle: *La condition humaine* (Malraux) est un exemple d'intertitularité générale par rapport à "l'humaine condition" (Montaigne), et un exemple d'intertitularité restreinte par rapport à *Les conquérants* ou *La voie royale* (Malraux); les *Antimémoires* (Malraux) l'*Anti-Romantique* (Saint-Chamans), l'*Antimachiavel* (Frédéric II de Prusse, retravaillé par Voltaire), l'*Anti-manuel de français* (Duneton et Pagliano) sont des exemples d'intertitularité restreinte dans la mesure où il renvoient à des genres (mémoires, livres d'école), un courant littéraire (romantisme) et un auteur (Machiavel) mais aussi dans la mesure où ils s'inscrivent tous en faux contre les types de textes cités. *Mann über Bord* (cité par Harweg, 1968a, *298*) et *Une femme à la mer* (cité par Grivel, 1973b, *164*) sont deux titres empruntés au langage journalistique ou au langage des marins et présentent un cas d'intertextualité générale; des titres de textes qui sont empruntés à des arts non verbaux relèvent aussi de ce type d'intertextualité: le titre *Degrés* (Butor) rappelle des titres d'oeuvres musicales (cf. Bosseur, 1971, *67*).

NOTE: Dans la mesure où les frontières de concepts tels que "courant" ou "genre" sont fluctuantes, la distinction entre intertitularité générale et intertitularité restreinte n'est pas ferme.

4.3.2   *La nature de la citation*

La nature d'une citation est déterminée par trois facteurs: l'**orientation** de la citation, la **qualité** de la citation et la **quantité** de la citation.

Lorsque, pour le récepteur, le texte citant renvoie explicitement à un texte cité, Verdaasdonk 1973 parle d'**intertextualité indexicale**; dans ce cas l'identité du destinateur et du destinataire est connue; texte citant et texte cité ont des places distinctes; on pourrait parler également de **citation maîtrisée** (cf. Gelas, 1978, *187*). Lorsqu'il s'avère impossible d'assigner à l'un des deux textes impliqués dans la citation le rôle de texte citant ou texte cité, il est question d'**intertextualité typologique**; les deux textes se citent mutuellement et de façon implicite: "ce que la citation non maîtrisée nous indique (...) c'est au contraire le brouillage de ces deux postes actantiels en une seule instance: celle de la parole (ou de l'énonciation) dans la relation symbolique du Sujet au langage, et non plus dans celle d'un Destinateur à un Destinataire" (Gelas, *ibid.*); Riffaterre (1978, *105-109*) parle dans ce cas de "dual title referring to a code". A l'instar de Verdaasdonk (1973, *349* cq), nous distinguons entre intertitularité indexicale et intertitularité typologique; dans le premier cas, la citation est **orientée**, dans le deuxième cas elle est **non orientée**. L'intertitularité indexicale est concevable comme une relation entre les propriétés formelles, notamment d'ordre logico-sémantique mais aussi d'ordre phonétique ou graphématique, d'un EI_p et d'une (série d') affirmation(s) provenant de T_q, y compris EI_q (cf. § 4.3). L'intertitularité typologique est concevable comme une relation d'identité typologique entre EI_p et T_q; cela signifie que EI_p et T_q doivent pouvoir être générés par un seul type de "grammaire" ou par deux "grammaires" apparentées.

Verdaasdonk (1973, *356-357*) cite plusieurs indices possibles d'intertextualité typologique. Nous les appliquons à l'**intertitularité typologique**: celle-ci existe entre un titre et un texte

1°   qui renvoient tous les deux à des **mondes** plus ou moins identiques; par exemple le monde des contes de fées (*Le petit Poucet, Le petit Chaperon rouge*, etc.), un monde historique déterminé comme celui où la prise de Constantinople a lieu (*La prise de Constantinople* de Ricardou, *La prise de Constantinople* et *Les Turcs à Constantinople* par Hector Hachipty (cité par Guénot, 1977, *421*) et *La conquête de Constantinople* par Villehardouin);

2°   dont le titre a à peu près la même **longueur** que le premier titre; les titres de nouvelles par exemple ont traditionnellement une longueur inférieure à ceux des romans à une époque déterminée (pour les années 1830-1835 cf. Hoek, 1973, *45*);

3°   qui relèvent du même **type de discours** (narration, argumentation, description, commentaire): *Portrait d'un inconnu* (Sarraute) et *Portrait de l'artiste en jeune singe* (Butor);

4°   qui ont des **fonctions** identiques (apologétique, polémique): *Pour un nouveau roman* (Robbe-Grillet) et *Pour une théorie du nouveau roman* (Ricardou) sont des titres qui se soutiennent et s'opposent à la fois: les deux titres constituent un plaidoyer pour le nouveau roman et ils s'opposent par leur méthode préconisée: l'approche pré-théorique de Robbe-Grillet et la théorie scientifique de Ricardou;

5°   dont le titre a la même **valeur séquentielle** que le premier titre; par exemple les titres de chapitre: *Ce qu'il croyait, Ce qu'il pensait, Ce qu'il fait, Comment Jean peut devenir Champ, Où on lira deux vers qui sont peut-être du diable*, etc. (Hugo, *Les misérables*);

6°   qui ont le même **contexte situationnel**: poésies ouvrières, drames allemands, romans hugoliens, etc.

7°   qui font preuve tous les deux d'une certaine **incohérence, anomalie** ou **discontinuité du discours**: les titres de textes d'avant-garde: *Louve basse* (Denis Roche), *Voilà les morts à notre tour d'en sortir* (Thibaudeau), *Raideur digeste* (Lacroix), etc.

8°   dont le titre a des **structures syntaxiques et/ou sémantiques** comparables à celles du premier titre: "X et Y", "Les deux ...", "Le château de ...";

9° dont le titre a des **structures pragmatiques** identiques à celles du premier titre: *A une rose* (T. Corbière, *Les amours jaunes*) et *A Rosita* (Hugo, *Les chansons des rues et des bois*).

En parlant des titres dénotatifs (cf. § 4.2.2), nous avons constaté que le titre peut dénoter le genre de son co-texte à différents niveaux; cela implique que tout titre renvoie implicitement à un type de texte, indépendamment de son co-texte (cf. AVERTISSEMENT); il y a un rapport à établir entre **le mode d'intitulation et le genre** auquel le titre renvoie: les titres de tragédies individualisent souvent (*Athalie, Andromaque, Britannicus* de Racine) les titres de comédies généralisent souvent (*L'avare, Le misanthrope, Le malade imaginaire* de Molière) (cf. Levin, 1977, *xxvi-xxvii*); pour le titre connotant la poésie lyrique anglaise cf. Hollander 1975. La convention d'intitulation générique est plus ou moins fixée pour une époque déterminée.

EXEMPLES 1: Le titre de la **nouvelle allemande** contemporaine comporte moins souvent que le roman ou la nouvelle du XIXe siècle un titre à opérateur actantiel (cf. Rohner, 1973, *30, 134*). Le titre de la nouvelle allemande du XIXe siècle comporte souvent un symbole, dont la raison d'être n'est pas révélée mais suggérée; syntaxiquement, il se compose de trois éléments: un nom (composé) au singulier, un attribut, un article défini: "in solchen Titeln verrät sich das Selbstvertrauen einer Epoche, der die Dinge wie selbstverständlich bestimmbar und eindeutig benennbar erscheinen" (*ibid., 133*): *Der schwarze See, Das fremde Land, Die nackte Wahrheit*. Le titre de la nouvelle allemande du XXe siècle est influencé surtout par Poe, Maupassant, Tchékov, la nouvelle américaine et Borchert; ces titres font confiance à la phrase initiale pour captiver le lecteur; ils mentionnent plus souvent des choses que des personnes et préfèrent l'anonymité des héros à leur vraisemblance historique; ils sont apparemment anodins et ne s'avèrent significatifs et pertinents qu'à la fin de la nouvelle; ils sont souvent moins narratifs ou épiques que thématiques ou lyriques (cf. *ibid., 134-135* et § 4.2.3).
Dans une communication méditée ("L'alléchement du lecteur: technique du titre dans la littérature italienne au XVIIe siècle", communication personnelle, 1978), Guido Arbizzoni distingue les titres qui désignent un genre particulier des titres qui sont imposteurs à cet égard. L'indication du genre est capitale pour la réception du texte; grâce au titre le lecteur sait souvent dès le début du texte distinguer son genre. Se basant sur la **littérature italienne** du **XVIIe siècle**, Arbizzoni présente la typologie suivante:

A. titres d'épopées:
1. nom propre (de préférence toponymique) + adjectif/participe: *Gerusalemme liberata, Il conquisto di Granata* (type dérivé);
2. nom propre (éponymique ou anthroponymique) avec suffixe dérivatif: *Malteide, Scipiade*;
3. nom propre sans suffixe, connotant le genre héroïque: *Tancredi*;
4. type 3 + titre secondaire: *Enrico overo Francia conquista*.
B. titres de roman:
1. nom propre (de préférence éponyme) + adjectif/participe: *L'amante maltrattato, L'ambizione calpestata* (type dérivé de **L'ambizioso calpestato*);

190 La marque du titre

2. nom propre connotant le genre romanesque et parfois historique: *Adelaide*;
3. titres doubles (type B2 + B1): *Evario overo la virtù coronata*, et titres amplifiés par un substantif générique antéposé: *Istoria del cavalier perduto.*

AVERTISSEMENT: La relation intertitulaire entre un titre citant et un texte cité différent du co-texte, ne permet pas de juger en même temps de la relation intratextuelle entre ce même titre et son co-texte: *La bataille de Pharsale* (Simon) se trouve en relation intertitulaire avec des titres du type **La bataille de Waterloo, *La bataille d'Angleterre* etc. (roman historique ou roman de guerre); pourtant cette relation ne se présente pas entre le titre de Simon et son co-texte, qui n'est pas un roman d'aventures de guerre; la relation intertitulaire s'établit donc entre ce titre et un type de textes mais non pas entre ce titre et son co-texte (cf. § 5.2.3).

En principe, **tout titre relève d'une intertitularité typologique** par ses relations avec les autres exemplaires de la même série ou du même genre (cf. les longues séries de titres homologues dans Bergengrün 1960 et § 2.3.3). Il s'ensuit que la lecture d'un texte ne se fait jamais à partir de zéro, rien que par la référence du titre à des modèles précédents. Tout titre connote un type d'écriture, une histoire de la littérature dans laquelle il s'insère, un genre auquel il appartient, un médium par lequel il s'exprime (journal, bande dessinée, poésie visuelle), une période historique où il est produit et reçu, et une idéologie dans laquelle il s'inscrit (cf. Schoolmeesters, 1977, *13-15*).

L'intertitularité typologique est un phénomène moins spécifique du titre que l'**intertitularité indexicale**. Deux cas sont à distinguer: le titre peut fonctionner comme texte citant et renvoyer à un (fragment de) texte, y compris le titre; le titre peut aussi fonctionner comme texte cité par un (fragment de) texte citant, y compris le titre:

	texte citant		*texte cité*	
(1)	titre	⟶	texte, titre	(cf. EXEMPLES 2: 1a et 1b, 2a et 2b)
(2)	texte, titre	⟶	titre	(cf. EXEMPLE 2: 2a et 2b, 3a et 3b)

La **qualité de la citation** permet de distinguer deux types d'intertitularité indexicale: la citation peut être **littérale** ou **référentielle** (cf. Dällenbach, 1976, *283*). La citation référentielle peut se faire par une référence qui renvoie sans citer ou par un résumé, souvent partiel ou déformé, de la diégèse: allusion, parodie, etc. (cf. § 4.3.5). Le titre citant reprend plus souvent un titre réputé qu'un autre fragment de texte souvent moins connu que le titre. Quelquefois le fragment se prête pourtant bien à la citation dans un titre citant: le fragment qui fait partie du discours social (sentences, proverbes, expressions fixes, etc.) ou qui comporte un nom propre d'un personnage connu du grand public peut être reconnu une fois cité dans le titre. Il est question de citation littérale quand le texte citant reprend littéralement le texte cité.

La **quantité de la citation** est le troisième aspect déterminant la nature de la citation. Le texte cité peut être un titre (parfois emprunté à d'autres arts ou média) ou bien un fragment de texte; quand la citation reprend seulement un ou plusieurs syntagmes du texte cité, elle est dite **partielle**: parfois, elle est empruntée à des opérateurs actantiels (noms), spatiaux ou temporels. La citation est dite **intégrale** quand le texte citant reprend au moins une phrase complète, comme dans un exergue; une telle décision étant arbitraire, nous préférons distinguer entre la **dimension du texte cité** et la **dimension du texte citant**. Dans la cas de l'intertitularité, la dimension du titre peut varier d'une seule lettre à quelques phrases. La dimension du texte est encore plus variable: graphème, mot, syntagme, proposition, alinéa, chapitre, texte, groupe de textes.

EXEMPLES 2:

1a. Exemples de citation littérale de fragments de texte dans les titres:

fragment de texte cité	←l−i−t−t−é−r−a−l−e− titre citant
"Rome n'est plus dans Rome" (Corneille, *Sertorius*)	*Rome n'est plus dans Rome* (Marcel)
"A souffert sous Ponce Pilate" (confession de foi)	*A souffert sous Ponce Pilate* (Raynal)
"Lorsque l'enfant paraît" (Hugo, *Les feuilles d'automne*)	*Lorsque l'enfant paraît* (Roussin, F. Dolto)
"Et nunc manet in te" (Bible)	*Et nunc manet in te* (Gide)
"Si le grain ne meurt" (Bible)	*Si le grain ne meurt* (Gide)
"la porte étroite" (Bible)	*La porte étroite* (Gide)
"Personne ne fait l'histoire, on ne la voit pas, pas plus qu'on ne voit l'herbe pousser" (Pasternak)	*L'herbe* (Simon)
"Ellénore" (Constant)	*Ellénore* (Sophie Gay)
"le soleil se lève aussi" (Ecclésiaste)	*Le soleil se lève aussi* (Hemingway)
"Bottom" (Shakespeare, *Songe d'une nuit d'été*)	*Bottom* (Rimbaud, *Illuminations*)
"Desdichado" (Scott, *Ivanhoé*)	*El Desdichado* (Nerval, *Les chimères*)
"vox clamantis in deserto" (St. Matthieu 3:3)	*In deserto* (Gautier, *España*)
"mais vous, qui dites-vous que je suis?" (Bible)	*Qui dites-vous que je suis?* (Garaudy)

1b.   Exemples de citation référentielle de fragments de texte dans les titres:

fragment de texte cité $\leftarrow$ r – é – f – é – r – e – n – t – i – e – l – l – e –	**titre citant**
"la raison du plus fort" (La Fontaine,	*La raison du plus fou* (film de R. Devos
Fables)	et F. Reichenbach)
"voir Naples et mourir" (proverbe)	*Voir Venise et crever* (Chase)
"la bande dessinée" (discours social)	*La bande décimée* (Sala)
"sans fleurs ni couronnes" (discours social)	*Avec fleurs et couronnes* (Braun)

2a.   Exemples de citation de titres dans les titres:

titre cité $\leftarrow$ l – i – t – t – é – r – a – l – e –	**titre citant**
L'école des femmes (Molière)	*L'école des femmes* (Gide)
Le sacre du printemps (Stravinski)	*Le sacre du printemps* (Simon)
Symphonie pastorale (Beethoven)	*La symphonie pastorale* (Gide)
Les temps modernes (Chaplin)	*Les temps modernes* (revue)
Antigone (Sophocle)	*Antigone* (Garnier, Anouilh)

2b.   Exemples de citation référentielle de titres dans les titres; on peut distinguer trois types différents: citation parodique, citation conventionnelle et citation déictique.

titre cité $\leftarrow$ r – é – f – é – r – e – n – t – i – e – l –   l – e – **titre citant**

A.   la **citation parodique** est faite dans une optique critique vis-à-vis du modèle (cf. Bakhtine, 1970, *225*; Todorov, 1968b, *112*):

La dame aux camélias (Dumas fils)	*Marguérite ou la dame aux pissenlits*
	(cf. Clark, 1972, *16* note 1)
Also sprach Zarathustra (Nietzsche)	*Na also, sprach Zarathustra*
Der Ring der Nibelungen (Wagner)	*Der Ring der nie gelungen* (cf. Schulze,
	1952, *253*)

B.   la **citation conventionnelle** est une imitation d'un modèle conventionnalisé, implicite et évident, d'où la nuance critique est absente. L'imitation peut s'effectuer de plusieurs façons:

1.   imitation de **nom propres** connus, auxquels on ajoute parfois des termes comme "nouveau", "dernier", etc.

Candide (Voltaire)	*Le nouveau Candide*
Atala (Chateaubriand)	*La nouvelle Atala*
Julie, ou la nouvelle Héloïse (Rousseau)	*La dernière Héloïse* (cf. Grivel, 1973b, *164*)
Les exploits de Rocambole (Ponson du	*Les nouveaux exploits de Rocambole* (cf.
du Terrail)	*ibid.*)

Souvent les personnages sont déplacés dans un autre contexte situationnel:

Histoire de Gil Blas de Santil-	*Le Gil Blas du théâtre*
lane (Lesage)	
Robinson Crusoé (Defoe)	*Le Robinson chinois*
Roméo et Juliette (Shakespeare)	*Romeo und Julia auf dem Dorfe* (Keller)

Souvent on présente le fils, le père, la femme etc. du héros:

Atar-Gull (Sue)	*Madame Atar-Gull* (cf. Grivel, 1973b, *164*)
Les amours du chevalier de Faublas	*Le fils du chevalier de Faublas* (cf. *ibid.*)
(Louvet de Couvray)	
Histoire du chevalier Des Grieux et de	*Madame Desgrieux* (cf. *ibid.*)
Manon Lescaut (Prévost)	

Parfois, on ajoute ou retranche des syntagmes:

René (Chateaubriand)	*René ou la véritable source du bonheur*
Voyages de Gulliver (Swift)	*Gulliver* (Simon)

2. imitation de **thèmes** connus par déplacement dans un autre contexte

The mysteries of Udolpho (Radcliffe)   *Les mystères de Paris* (Sue)
The castle of Otranto (Walpole)   *Le château Saint-Ange*
Le dernier des Mohicans (Cooper)   *Le dernier des Gibelins*
Hamburger Dramaturgie (Lessing)   *Berliner Dramaturgie, Nürnberger Dramaturgie* (cf. Schulze, 1952, *253*)

Souvent on change le personnel impliqué dans l'action:

L'école des femmes (Molière)   *L'école des mères* (Marivaux)
Les caprices de Marianne (Musset)   *Les caprices de Laure* (cf. Grivel, 1973b, *164*)

Souvent on ajoute un terme comme "nouveau";

Nourritures terrestres (Gide)   *Nouvelles nourritures terrestres* (Gide)
Die Leiden des jungen Werthers (Goethe)   *Die neuen Leiden des jungen Werthers* (Plenzdorf)

3. imitation **phonémique/graphématique**

Rinaldo Rinaldi (Vulpius) (cf. Sperone Speroni, humaniste italien)   *Leone Leoni* (Sand), *Vanina Vanini* (Stendhal)
L'annonce faite à Marie (Claudel)   *L'annonce faite au marri* (Joste)
Crime et châtiment (Dostoïevski)   *Crimée châtiment* (Blanche)
Sense and sensibility (Austen)   *Sense and sensibilia* (Austin)

C. la **citation déictique**: lorsque la conventionnalisation est absente, un rapport implicite et compréhensible peut s'établir avec un texte précédent:

Discours sur la méthode (Descartes)   *Dix-cours sur la méthode* (Ponge)
La physique (Aristote)   *La métaphysique* (Aristote)
A toi (Hugo, *Odes et ballades*)   *Encore à toi* (Hugo, ibid.)
Caeruleum mare (Hugo, *Les rayons et les ombres*)   *Floridum mare* (Heredia, *Les trophées*)
Philosophie de la misère (Proudhon)   *Das Elend der Philosophie* (Marx)
Comment j'ai écrit certains de mes livres (Roussel)   *Comment se sont écrits certains de mes livres* (Butor, in: Ricardou et van Rossum-Guyon dir. t. 2, 1972)
D'un château l'autre (Céline)   *D'une identité l'autre* (Kristeva, in: *id.* 1977)
Pour un nouveau roman (Robbe-Grillet)   *Pour une théorie du nouveau roman* (Ricardou)
A portrait of the artist as a young man (Joyce)   *Portrait de l'artiste en jeune singe* (Butor)
Les hommes préfèrent les blondes (Loos)   *Mais ils épousent les brunes* (Loos)

3a. Exemple de citation littérale de titres dans les textes: tous les textes littéraires ou scientifiques dont le texte ou la bibliographie renvoient à des titres: Bergengrün 1960 et notre monographie présente.

     titre cité   ← l – i – t – t – é – r – a – l – e –   texte citant

3b. Exemples de citation référentielle de titres dans les textes (surtout publicitaires); ce sont des cas d'allusion (cf. Kerbrat-Orecchioni, 1977a, *126-127*, à qui nous empruntons les exemples suivants):

     titre cité   ← r – é – f – é – r – e – n – t – i – e – l – l – e   texte citant

Tendre est la nuit (Scott Fitzgerald)   "Tendre est la nuit à bord du France"
Bonjour Tristesse (Sagan)   "Bonjour souplesse" (marque de bas)
Les hommes préfèrent les blondes (Loos)   "Les hommes préfèrent les Braun"

L'homme tranquille (Ford)	"L'homme tranquille de B.E.A. vous attend à Orly"
L'invitation à la valse (Weber)	"Invitation à la Daf"
Rhapsody in blue (Gershwin)	"Rhapsodie en blouses"

4.3.3   *La technique de la citation*

Le renvoi intertextuel, interne ou externe, général ou restreint, indexical ou typologique, littéral ou référentiel, peut ne pas être accompagné d'une mention de la provenance de la citation; dans ce cas la **citation** est **anonyme** (cf. Kristeva, 1969c, *332* qui parle dans ce cas de "prélèvements"). Lorsque la source de la citation est avouée la **citation** est dite **signée**. La citation anonyme est une technique habituelle dans les textes de l'avant-garde littéraire: dans ses *Poésies* Lautréamont cite Pascal (cf. Vincent, 1974, *181-182*; Kristeva, 1969c, *194-195*); la citation signée est habituelle dans les écrits scientifiques. **Dans les titres la citation est toujours anonyme;** cela s'explique par le fait que le titre a pour fonction d'individualiser et de caractériser son co-texte et ne supporte guère l'aveu de l'emprunt; parfois aussi le titre citant emprunte son discours à des titres ou des textes connus, ce qui rend la citation signée superflue. Cet enchaînement sur le mode du connu provoque la production de **familles de titres**: tel modèle est répété à l'infini, par exemple les pseudo Robinsonades (cf. Keiter et Kellen, 1912, *443* et Mühlenweg 1960), les titres poétiques (*Nuit, Promenade, Retour, Jeunesse*) etc.

La citation, signée ou anonyme, est généralement **marquée** par rapport à son contexte par des marques citatives; la citation est dite **rentrée** (Grivel, 1975, *172*) quand elle n'est pas accompagnée de marques citatives. Il ne s'agit pourtant pas d'une citation vraiment secrète, c'est-à-dire qui ne supporte pas la reconnaissance, comme c'est le cas pour le plagiat ou le vol. Notamment en poésie la citation au niveau du titre ne s'affiche pas comme telle; les textes y portent très souvent des titres très proches ou même identiques (*Feuilles mortes* de Banville et de Prévert), sans qu'il soit question de plagiat. Quant à la technique citative quatre types se distinguent:
— citation signée et marquée: *"Sur Catherine de Médicis" d'Honoré de Balzac. Essai d'étude critique* (N. Cazauran);
— citation signée et rentrée: * *Deux ou trois choses que je sais d'un film de Jean-Luc Godard*;
— citation anonyme et marquée: *"disent les imbéciles"* (Sarraute);

— citation anonyme et rentrée: cas le plus fréquent pour les titres citants (cf. EXEMPLES supra).

Les **marques** de la citation sont des **signifiants scripturaires** qui isolent la citation par différenciation visuelle; ces marques, qui peuvent se présenter en combinaison, sont surtout les suivantes: différences dans le type, le format ou la couleur des caractères typographiques, différences de mise en page (différence de marge, différence de blanc interlinéaire), différences de ponctuation (soulignements, guillemets, parenthèses, deux-points) (cf. Gelas, 1978, *166*).

4.3.4 *Le fonctionnement de la citation*

La citation signée est un phénomène relativement récent; avec le développement de l'imprimerie le phénomène de la citation anonyme et même rentrée se généralise; la citation signée et marquée ne s'impose vraiment qu'au XIXe siècle lors de l'avènement de la bourgeoisie, soucieuse d'attribuer les citations à l'individu cité propriétaire, et imprégnée d'une nouvelle conception de la scientificité; l'attribution de la citation cautionne l'originalité, la sincérité et l'authenticité de ce qui est avancé; comme les titres, les titres de chapitre, les intertitres, etc., **la marque de la citation contribue à la structuration et à la hiérarchisation de la page imprimée** (cf. Gelas, 1978, *167* note 3).

La citation remplit une fonction paradoxale: ce paradoxe repose sur le procédure double de la citation, qui constitue une charnière entre le texte citant et le texte cité. Instituant une relation quasi paraphrastique entre le texte citant et le texte cité, **la citation est à la fois redondante et informative**; redondante parce que la citation tient le même discours dans le texte citant que le texte cité, en soutenant un argument avec une autorité empruntée; informative parce que la citation cède la voix à une autre instance de la parole. Ces deux tâches sont assignées respectivement au **signifié** et au **signifiant** de la citation: le signifié de la citation rapproche le texte cité du texte citant, le signifiant de la citation différencie le texte cité du texte citant (cf. Gelas, 1978, *176* et Grivel, 1975, *172-173*).

La démarche persuasive inhérente à la **citation scientifique** comporte deux stades: **homogénéisation** du texte citant et du texte cité et **autorisation** du texte citant par le texte cité. L'homogénéisation opérée par le discours référentiel produit un effet de réel et fait vrai: l'autorisation entraîne l'adhésion (cf. Gelas, 1978, *171-175*). La citation d'une autorité sert en principe à prouver la justesse de l'argumentation du texte citant et à soutenir sa cohérence. La citation se charge donc soit de soutenir l'opinion avancée dans le texte citant soit d'exemplifier une affirmation incriminée qu'on trouve dans le texte cité; dans les deux cas la citation vise à prouver le bien fondé et l'argumentation du texte citant; la contiguïté du texte citant et du texte cité valorise métonymiquement le texte citant: "Elle (la citation) signifie l'emprunt et connote l'autorité de l'emprunté pour l'emprunteur (avec valorisation automatique)" (Grivel, 1975, *173*). La force argumentative de la citation est considérable mais en fait elle repose simplement sur un **raisonnement analogique**. Le texte citant peut déformer facilement le sens du texte cité; arrachée à son contexte immédiat, "la citation est un miroir déformant et voulu pour être tel; elle entraîne son contexte mais s'assujettit à ce qui l'énonce une nouvelle fois, avec aliénation" (Grivel, 1975, *173*); la citation suivante est un exemple d'un tel emploi déformant de la citation: "En somme, je n'ai jamais l'impression de dire des choses extraordinaires, sauf par emphase" (Grivel, 1978, *32*). La citation qui vise à entraîner la conviction du lecteur est en fait une **extrapolation** (cf. Klaus, 1972a, *144*).

Contrairement à la citation scientifique la **citation dans les textes de fiction traditionnels** est caractérisée moins par la redondance que par la **surcharge**. Le modèle original est imité et à cette **imitation** le discours citant ajoute l'**outrance**, le texte citant étant en état de compétition avec le texte cité; cette outrance se manifeste dans le renouvellement, l'augmentation et l'exceptionnalisation du texte citant (cf. Grivel, 1973b, *182-183*). Un titre citant (dans un sens très large) constitue "une restitution approximative outrée de l'original" (Grivel, 1975, *174*); l'imitation signifie **conventionnalisation** et production d'un modèle; le modèle est constitué en série et la série en genre; le résultat auquel aboutit l'exploitation du modèle est sa dépréciation rapide; l'imitation et la banalisation du modèle provoquent son usure et sa destruction: "le prélèvement réveille et détruit les structures discursives extérieures au texte" (Kristeva, 1969c, *378*; cf. aussi Grivel, 1973b, *184* et *id.*, 1975, *163-166*). Dans les textes d'avant-garde la citation ne fonctionne plus comme **autorisation de la parole** citante (cf. la fonction de l'exergue et de l'épigraphe) mais comme **autorisation à la parole** (cf. la fonction de l'invocation de la Muse dans la poésie traditionnelle); Gelas (1978, *185*) parle dans ce cas de "citation-appel, dont le rôle ne serait plus paraphrastique, mais inaugural";

la citation-appel signifie désappropriation et production de nouveaux sens (cf. la technique du montage).

RÉSUMÉ: Le schéma suivant résume les distinctions apportées entre les différents types de citations:

DOMAINE DE LA CITATION	intertextualité interne	vs	intertextualité externe
	intertextualité restreinte	vs	intertextualité générale
NATURE DE LA CITATION			
– orientation	intertextualité indexicale (cité ←— citant)	vs	intertextualité typologique (cité ⇄ citant)
– qualité	citation littérale	vs	citation référentielle
– quantité	dimension du cité (partiel ... intégral)	vs	dimension de la citation (partiel ... intégral)
TECHNIQUE DE LA CITATION	citation signée	vs	citation anonyme
	citation marquée	vs	citation rentrée
FONCTIONS DE LA CITATION	information	vs	redondance
	autorisation du discours citant (texte scientifique) conventionnalisation du discours cité (texte fictionnel)	vs	autorisation à la parole (texte d'avant-garde)

4.3.5 *La citabilité*

Un problème spécifique que pose l'intertextualité est celui de la compatibilité (Grivel, 1975, *173, 177*) ou de la **citabilité** (Verdaasdonk, 1974, *179*) des textes: on peut se demander dans quelles conditions la citation est possible. Il paraît probable que **c'est le type de texte qui décide de la compatibilité avec d'autres types de textes.**

Dans un **texte argumentatif** (scientifique, critique, commentatif, etc.) deux types de citation (généralement signée et marquée) sont possibles:

– 1° la **citation productive**, qui sert **d'illustration** dans le discours citant et prouve ainsi sa validité; tout type de texte est citable: Barthes peut citer Balzac, tel texte publicitaire ou tel journal de mode.

– 2° la **citation évaluative**: la citation peut être **positivisante** ou **négativisante**, visant respectivement à prouver la justesse et la validité du discours cité (*Apologie de Socrate* par Platon) ou la nullité et l'imposture du discours cité (*Contre Sainte-Beuve* par Proust).

Dans un **texte de fiction** tous les types de citation (généralement anonyme et rentrée) sont possibles, à condition que ces citations soient remaniées par leur contexte; dans un texte de fiction elles sont **productives**, lorsqu'elles y opèrent une refonte du texte cité avec le texte citant et y constituent un discours nouveau dans le rejet du discours cité (cf. montages, collages, textes d'avant-garde). Lorsque le texte de fiction ne procède pas à un tel travail de refonte du sens, la citation dans un tel type de texte est **évaluative**: le texte citant peut constituer une **positivisation** du texte cité (*Les nouveaux exploits de Rocambole*, Ponson du Terrail): le texte citant sert à démontrer la validité du texte cité (*Huis clos* démontrant les idées existentialistes déposées par Sartre dans ses oeuvres philosophiques). Le texte citant peut constituer aussi une **négativisation**, notamment dans le cas de la **parodie**, qui comporte toujours deux stades: la restitution et la dévalorisation du discours cité (cf. Grivel, 1975, *174-176*). Kristeva (1969c, *256-257*) montre que cette négation peut être totale (inversion du sens et rejet du discours cité), symétrique (conservation du sens logico-sémantique mais rejet des connotations idéologiques du discours cité et production d'une nouvelle signification) ou partielle (absorption et destruction, affirmation et négation du discours cité) (*Candide* de Voltaire parodiant les idées philosophiques de Leibniz).

Ces observations invitent à distinguer **deux fonctions de la citation: la production et l'évaluation (dé-)valorisante**. Dans le cas de la production le discours cité ne constitue pas en soi une fin mais il sert le discours citant: le discours citant fictionnel désarticule et subsume le texte cité pour le dépasser et le remanier; de cette refonte qui est une élaboration positive renaît un nouveau discours; le discours citant argumentatif reprend le discours cité pour illustrer une argumentation. Dans le cas de l'évaluation le discours citant vise à interpréter, à analyser, à juger le discours cité.

RENVOI: Cette distinction peut être rapprochée de celle de Grivel (1975, *172-173*): "double office de la citation: 1) elle constitue une forme de réalisation du texte qui l'avance; elle reprend une formulation antérieure, mais au nom de la congruence actuelle entre texte cité et texte citant (nous l'appellerons *insert citationnel*): sa compatibilité est forte. (...) 2) la citation est un *vouloir-dire* sur le texte d'origine aussi bien que sur celui qui l'emprunte; citation-renvoi, mais aussi citation-rejet, citation-projet".

ÉSUMÉ ET EXEMPLES des foncions de citation:

	phénomène	texte citant	texte cité	phénomène	texte citant	texte cité
	textes citants fictionnels			**textes citants argumentatifs**		
production	allusion, réminiscence	"pélican" de Lautréamont (*Chants de Maldoror*) Un beau ténébreux (Gracq; cf. Amossy, 1980, *21*)	"pélican" de Musset (*Nuit de mai*) *Amadis de Gaule* et Nerval	illustration, démonstration, analyse	*Système de la Mode* (Barthes)	journaux de mode
	montage, collage, anagramme, paragramme, reprise	Anouilh, *La répétition* *Poésies* de Lautréamont	Marivaux, *La double inconstance* Pascal, La Rochefoucauld			
évaluation — positivisation	plagiat	*L'opéra de quat' sous* (Brecht)	Rimbaud (fragment)	apologie, éloge	*Apologie de Raimond Sebond* (Montaigne)	*Théologie naturelle* (Sebond)
	pastiche	*Ut eructent quirites* (Reboux et Muller) *Contes drolatiques* (Balzac) *Pastiches et Mélanges* (Proust)	Baudelaire Rabelais Balzac, Flaubert, etc.			
	conventionnalisation	le cycle des "Maigret" (Simenon)	*Pietr le Letton* (Simenon),			
	illustration	*Huis clos* (Sartre)	*L'être et le néant* (Sartre)			
	imitation	Pléiade	les Antiques			
évaluation — négativisation	parodie	*Un peu de naturalisme pour changer* (Allais) *Le Parnassiculet contemporain* (1867)	Zola *Le Parnasse contemporain* (1866)	polémique, condamnation	*Contre Sainte-Beuve* (Proust)	*Causeries du lundi* (Sainte-Beuve)
	satire	*Candide* (Voltaire)	*Essais de Théodicée sur la bonté de Dieu* (Leibniz)			

4.4.   LA SIGMATIQUE DU TITRE SECONDAIRE

Le titre principal et le titre secondaire renvoient tous les deux au même objet, le co-texte; le titre principal y renvoie directement, le titre secondaire le fait par le biais du titre principal. Le titre principal se substitue au co-texte, le titre secondaire au titre principal (cf. Ricardou, 1978, *56*). Entre les deux types de titres il existe donc une relation sigmatique: **le titre secondaire renvoie d'abord au titre principal et indirectement au co-texte.**

S'il est vrai que le titre secondaire introduit par le mot "ou" se situe en position d'équivalence par rapport au titre principal, il n'en est pas moins vrai que l'un vient toujours après l'autre. Comme cette relation, qui est donc d'abord celle d'une succession linéaire, n'est pas contingente, elle fonctionne comme signe et connote un rapport logico-sémantique. **Le titre secondaire signifie par rapport au titre principal une adjonction de sens**; le sens ajouté n'est pas que "le prolongement ou l'explicitation du titre proprement dit" (Grivel, 1973a, *168*). Le titre secondaire se présente souvent comme **complément, explication** ou **précision** par rapport au titre principal (cf. Rothe, 1969, *319*). Parfois aussi le titre principal et le titre secondaire paraissent n'avoir aucun rapport logique. Ricardou (1978, *148*) affirme que le titre secondaire insiste sur un aspect du texte que le titre principal a éludé; ce qui explique que celui-ci est souvent contradictoire à celui-là. Aussi constate-t-on parfois entre eux une **incongruence fondamentale**, qui a souvent la forme d'une **anomalie sémantique**, par exemple l'**oxymore**. Le terme "ou" instaure explicitement une relation d'équivalence là où elle manque apparemment, et rend signifiant ce rapport d'incongruence apparente (cf. Rothe, 1969, *301*). Par son caractère elliptique le titre invite à lire le rapport entre le titre principal et le titre secondaire comme une anomalie sémantique: *L'attaque du pont, ou la fille retrouvée, Le héros de la mort, ou les amants persécutés, L'orgue, ou les deux orphelins, La Napolitaine, ou la couronne de la Vierge*, etc.

PRÉCISION 1: Il nous paraît douteux que cette anomalie sémantique produise toujours un effet comique, comme Rothe (1969, *321*) semble le croire: "Da aber eine gewisse Inkongruenz den Doppeltitel überhaupt erst zu dem macht, was er ist, scheint es so, als sei der Doppeltitel von Vornherein auf Komik hin angelegt". Rothe illustre son hypothèse par l'analyse d'un titre d'Anouilh, *Ornifle, ou le courant d'air*: "Hier wird im Untertitel keine bestimmte Vermutung abgewiesen, einfach deshalb, weil der Obertitel zu keinerlei Vermutungen Anlass gibt. Was hier widerlegt wird, ist vielmehr die aller allgemeinste Erwartung des Lesers, die nämlich, dass der Untertitel, wenn er schon hinzugefügt ist, auch etwas zur Erhellung des Übertitels beitragen müsse. (...) Die Komik beruht hier also nicht in erster Linie auf der witzigen Formulierung einer einzelnen Titelhälfte, sondern auf dem Zusammenspiel, genauer gesagt: auf der Inkongruenz der beiden Titelhälften" (*ibid.*). La conclusion peut paraître juste, mais Rothe n'a pourtant pas signalé l'origine du comique dans ce titre, parce qu'il affirme que le titre principal ne laisse rien deviner. Or, le comique se cache précisément dans le nom d'Ornifle, qui connote "l'aspiration forte par le nez" (cf. renifler) transformée en "courant d'air" dans le titre secondaire. Le rapprochement entre les deux termes provoque l'effet comique.

Cette incongruence entre le titre principal et le titre secondaire n'empêche pas que le rapport logique entre eux peut être précisé. Ce rapport logico-sémantique est un rapport de particularisation, de généralisation ou d'identification. Quand le titre secondaire reprend le thème du titre principal pour l'expliquer en en précisant le sujet, en en spécifiant le sens, en en circonscrivant les limites ou en en détachant un ou plusieurs éléments, il est question de **particularisation**. Quand le titre secondaire reprend le sujet du titre principal pour l'élargir, pour en indiquer le type ou le genre ou pour le mettre dans un cadre général, il est question de **généralisation**. Il est question d'**identification**, lorsque le titre principal est reformulé dans le titre secondaire de façon ni à ajouter ni à retrancher des sèmes par rapport au titre principal. De ces trois types de rapports possibles relèvent des fonctions aussi variées que la temporalisation, la spatialisation, la narrativisation ainsi que des rapports sémantico-logiques (cause et effet, moyen et fin, etc.). Vu que le titre secondaire vise, en principe, à fournir un supplément de signification par rapport au titre principal, on comprend que les titres secondaires particularisants et généralisants sont beaucoup plus fréquents que les titres secondaires identifiants.

EXEMPLES: Dans *Florence, ou le modèle de la vraie piété, offert aux jeunes personnes* et dans *Le cimetière d'Ivry, ou le cadavre* le titre secondaire est une **particularisation** du titre principal: le titre principal *Florence* renferme des sèmes très généraux: /femme/, /français/, /prénom/, /fleurs/, etc.; or, le titre secondaire fournit une précision par rapport à cette généralité: /exemplarité/, /vertu/, /jeune fille/, etc. Dans le deuxième exemple le titre secondaire constitue une synecdoque particularisante par rapport au titre principal.
Dans *La folle d'Orléans. Histoire du temps de Louis XIV* et dans *Corisande Mauléon, ou le Béarn au quinzième siècle* le titre secondaire est une **généralisation** du titre principal: une personne dont l'état d'esprit, la situation sociale et le lieu d'origine (dans le premier exemple) ou le nom avec toutes ses connotations (dans le deuxième exemple) sont précisés, est placée dans un contexte historique plus large.
Dans *Wolfthurm, ou la tour du loup* et dans *Hippélikiologie, ou connaissance de l'âge du cheval* le titre secondaire est une **identification** du titre principal: le nom propre ou savant du titre principal est expliqué dans le titre secondaire, sans que des sèmes soient ajoutés ou retranchés.

Le rapport hyponymique entre un titre principal et un titre secondaire peut être spécifié. Le passage d'un terme généralisant à un terme particularisant (particularisation) ou vice versa (généralisation) peut se faire de deux manières. La décomposition sémantique d'un terme géneral "animal" peut se faire de manière **distributive** (conjonction "et") en des termes comme "tête", "queue", "pattes", etc., qui ne désignent pas eux-mêmes des animaux; les sèmes du terme général sont distribués inégalement dans les termes décomposés, qui se rapportent au terme général comme des parties au tout. La décomposition peut se faire aussi de manière **attributive** (conjonction "ou") en des termes comme "lion", "zèbre", "chat", "ours", etc., qui désignent des animaux; la relation entre le terme général et les termes décomposés est ici celle d'espèce à genre; chacun de ces termes décomposés peut se substituer au terme général et les différents termes décomposés s'excluent mutuellement; les sèmes du terme général se retrouvent dans chaque terme décomposé (cf. Dubois e.a., 1970a, *100*). La généralisation, c'est-à-dire dans notre cas le passage d'un titre principal relativement particularisant par rapport au titre secondaire à un titre secondaire relativement généralisant par rapport au titre principal, et la particularisation, c'est-à-dire dans notre cas le passage d'un titre principal relativement généralisant par rapport au titre secondaire à un titre secondaire relativement particularisant par rapport au titre principal, peuvent être distributive ou attributive, de sorte qu'on peut distinguer quatre types de relations entre le titre principal et le titre secondaire: la **généralisation distributive** (le titre principal se rapporte au titre secondaire comme une ou plusieurs parties au tout), la **particularisation distributive** (le titre principal se rapporte au titre secondaire comme le tout à une ou plusieurs de ses parties), la **généralisation attributive** (le titre principal se rapporte au titre secondaire comme un terme particulier substitué à un terme général), la **particularisation attributive** (le titre principal se rapporte au titre secondaire comme le terme général auquel se substitue un terme particulier).

	décomposition distributive		décomposition attributive	
	titre principal particularisant	titre secondaire généralisant	titre principal particularisant	titre secondaire généralisant
G É N É R A L I S A T I O N	*L'élève du chanoine* ou	*les Strasbour- geois en 1392*	*Six mois de séjour* ou *au château des Ro- chers de Madame de Sévigné*	*souffrance et repos*
	L'élève de l'Ecole polytechnique ou	*la Révolution de 1830*		
	Le Czarewitz Con- stantin et Jeanette Grudzinska ou	*les Jacobins polonais*	*Le banian* *Le pasteur Oberlin*	*Roman maritime* *Nouvelle alsa- cienne*
	Blanche de Saint- Simon ou	*France et Bourgogne*	*L'invisible au milieu de Paris*	*Esquisses de moeurs*
	Les deux pères de famille ou	*le précepte et l'exemple*	*Caroline* ou *Henry Farel*	*le confesseur Roman alsacien*
	L'Eccellenza ou	*les soirs au Lido*	*La Salamandre*	*Roman maritime*
	Départ, voyage et retour	*Nouvelle indienne*		

	décomposition distributive		décomposition attributive	
	titre principal généralisant	titre secondaire particularisant	titre principal généralisant	titre secondaire particularisant
P A R T I C U L A R I S A T I O N	*La diligence* ou	*le coupé, l'inté- rieur, la rotonde et la banquette*	*Louisa* ou *Mathilde* ou	*les douleurs d'une fille de joie* *l'orpheline de la Suisse*
	Chroniques de France	*Isabel de Bavière*		
	Moeurs du Nord de la France	*Ce que regrettent les femmes*	*Le compère ou madré*	*l'homme parvenu malgré tout le monde*
	L'échelle des femmes	*La femme du peu- ple, la grisette, la bourgeoise, la gran- de dame*	*Un parvenu* ou	*le fils d'un mar- chand de peaux de lapins*
	Moeurs d'Alger *Emile* ou	*Juive et Mauresque* *folie, crime et mal- heur de l'incrédule*	*Histoire* ou *de Charles Renaud*	*le conscrit de 1812*
			Marie ou	*l'initiation*

PRÉCISION 2:   On peut rencontrer fréquemment des **types mixtes**:
Journal d'Amélie, ou dix-huit mois de la vie d'une jeune fille. Scènes de famille; *Timon-Al- ceste, ou le misanthrope moderne. Roman philosophique*; *L'homme au masque de fer, ou les illustres jumeaux, Histoire véritable*. Dans ces exemples il figure un titre principal généralisant dans les deux premiers exemples et un titre principal particularisant dans le dernier exemple; le titre secondaire des deux premiers exemples opère une particularisation; celui du dernier

exemple indique la classe et forme une généralisation. La deuxième partie générique du titre secondaire signifie une généralisation suivante, les titres secondaires métafictionnels étant toujours généralisants.

La présence d'un **nom propre** dans le titre principal donne lieu à la généralisation, lorsque le titre secondaire place le personnage dans un contexte plus large; le nom propre est particularisé, lorsque la condition du personnage est spécifiée dans le titre secondaire.

Les relations entre le titre principal et le titre secondaire des **textes non fictionnels** permettent des distinctions analogues:

— *Exercices pratiques de lecture, d'écriture, d'ortographe usuelle, de calcul mental et de calcul écrit, servant d'introduction à la grammaire et à l'arithmétique*: généralisation distributive;

— *La liberté individuelle, ou plaidoyer et réplique*: généralisation attributive

— *De la réforme des prisons, ou de la théorie de l'emprisonnement, de ses principes, de ses moyens et de ses conditions pratiques*: particularisation distributive;

— *Manuel des dames, ou l'art de la toilette*: particularisation attributive.

DIGRESSION: Souvent, la critique se borne à énumérer pêle-mêle quelques **types de titres secondaires**. Bücher (1912, *25-29*) distingue quatre types de titres secondaires: les titres secondaires explicatifs, les titres secondaires désignant une "catégorie méthodique" et s'appliquant surtout à des textes non fictionnels, les titres secondaires comprenant une longue circonlocution et les titres secondaires spécifiant le titre principal. Rothe (1969, *319*) signale trois rapports possibles: le titre secondaire peut compléter, expliquer ou préciser le titre principal. Duchet (1973b, *56*) distingue également trois rapports possibles: le titre secondaire peut refléter, expliquer ou décrypter le titre principal. Tous ces types de rapports se recouvrent en partie et sont réductibles a trois types fondamentaux: généralisation, particularisation et identification: "Le titre est le *nom*. Un double titre et un sous-titre explicatif (histoire des titres) sont une définition et une classification du nom" (Novalis, cité par Derrida, 1972, *59*). Les titres secondaires qui désignent la "catégorie méthodique" (Bücher) opèrent une généralisation du titre principal, en situant le thème du titre principal dans une catégorie plus large; les titres secondaires qui "reflètent" (Duchet) le titre principal constituent une identification; les autres types de titres secondaires mentionnés particularisent; c'est la relation la plus fréquente pour les titres de textes fictionnels. Des termes comme explication, circonlocution, spécification, décryptage, précision et complément sont tous basés sur l'idée que le titre principal n'est pas suffisamment clair et demande un complément de sens. Cela est également le cas quand le titre principal formule explicitement une question à laquelle le titre secondaire donne une réponse: *Quoi...? Tout ce qu'il vous plaira.*

Le titre secondaire est une marque générique (cf. §§ 4.2.2 et 4.3.2); on reconnaît traditionnellement le titre secondaire comme un signe de classification et de typologisation: "Le sous-titre remplit sa fonction d'usage, qui est de classer dans un sous-genre, donc d'éclairer et de compléter le titre proprement dit, d'ajouter au noyau fictionnel ramassé dans le syntagme du titre la suggestion d'un contenu, l'orientation d'une lecture et d'un parcours" (Duchet, 1976, *143-144*). Cela vaut non seulement pour le genre romanesque mais également pour les autres genres; il y a un rapport à établir entre le genre et le mode d'intitulation par le titre secondaire. Dans la tragédie le titre secondaire mentionne un événement, une situation, une propriété etc.

(*Cinna, ou la clémence d'Auguste*, Corneille); dans la comédie il désigne un type de personnage (*George Dandin, ou le mari confondu*, Molière); dans l'épopée le titre secondaire nomme souvent un groupe social (*Clovis, ou la France chrétienne*, Desmarets de Saint-Sorlin) (cf. Rothe, 1969, *315* qui cite ces exemples).

Les titres secondaires généralisants et particularisants désignent tous les deux le texte en tant que genre, du moins dans la majorité des cas (cf. Moncelet, 1972, *80*). Non seulement le type de relation entre le titre principal et le titre secondaire mais aussi la **structure même du titre secondaire forme une indication générique.** Angenot (1970, *241*) fait remarquer que le titre à double détente semble être en France entre 1800 et 1830 un indice générique du "roman noir" et il conclut "admettons que, quel que soit le rôle structural du titre à double détente, la répétition systématique de ce type correspond à la volonté des auteurs de se situer de prime face dans un genre bien défini".

Cette tendance du titre secondaire à la classification et à l'étiquetage génériques contribue à rassurer le lecteur en confirmant son choix délibéré de tel genre, à rendre crédible le co-texte et à affirmer la **véridicité du genre.** Parfois aussi le titre secondaire marque la **négation** de ce qui est affirmé dans le titre principal et dans le co-texte, par exemple la négation du romanesque.

EXEMPLE: Des textes de Mme de La Fayette comme *La comtesse de Tende* qui porte le titre secondaire *nouvelle historique* et *La princesse de Clèves* qui est désigné comme *nouvelle* ou *histoire*, ne s'intitulent pas "roman". L'opposition entre "roman" et "nouvelle" ou "histoire" est signalée par Du Plaisir (1683) et par Segrais dès 1656: le roman présente les choses "comme notre imagination se les figure", tandis que "la nouvelle doit un peu davantage tenir de l'histoire" (cf. Delhez-Sarlet 1968). Deloffre (1967, *43*) fait remarquer que le mot "roman" disparaît des pages de titre au cours du XVIIIe siècle, laissant le champ à des termes comme *histoire, mémoires, aventures*, etc. Cf. Miller, 1865b, *68* note 44: "Das ganze 18. Jahrhundert liebte es, Romane als Nicht-Romane im Titel zu benennen, ihnen Untertitel wie 'Weniger als ein Roman', 'Mehr Geschichte als Roman' usw. zu geben". Ce phénomène de méfiance vis-à-vis du roman se retrouve dans maints titres de chapitre et aussi dans le co-texte (cf. les travaux de Coulet, Deloffre, Godenne, Rousset, ainsi que Kibédi Varga, 1970, *168* note 1).

Paradoxalement, la **négativisation** du titre principal opère, aussi bien que la **confirmation** du titre principal, une **crédibilité** certaine de ce qui est affirmé dans le co-texte. Si le lecteur, qui lit un tel titre secondaire négativisant, se laisse persuader, la vraisemblance du co-texte, dont le titre secondaire affirme qu'il ne relève pas du romanesque, en sera rehaussée; si le lecteur ne se laisse pas induire en erreur par un titre secondaire négativisant, son effet est le même que celui du titre secondaire qui confirme le caractère romanesque du co-texte.

4.5 ONOMASTIQUE ET INTITULATION

Dans la grande majorité des titres il figure au moins un **nom propre** (NP); le NP est le syntagme nominal par excellence. Cette fréquence justifie une analyse de cet élément **caractéristique de la plupart des titres**. Il y a un deuxième argument pour décrire le NP; on admet communément que **le titre d'un texte fonctionne comme un NP**, indépendamment de la présence d'un NP dans le titre. Dans un premier temps nous précisons les aspects linguistiques du NP (§ 4.5.1) et ensuite nous analysons ses aspects poétiques (§ 4.5.2).

RENVOI: "Le titre ... C'est un nom, le nom propre du livre" (Compagnon, 1979, *251*); "Ces titres sont des noms propres métalinguistiques" (Rey-Debove, 1978, *46*); "Le titre est le *nom*" (Novalis, cité par Derrida, 1972, *59*); "Ni autre texte, ni même texte, le titre est un *onomatexte*: il forme le *nom* du texte" (Ricardou, 1978, *143*); "*Titles of books and periodicals*. Regardless of their form, that is, regardless of whether they are singular nouns, phrases, or sentences, they are to be considered proper names, because they are used as such, and not as abbreviations or summings-up of the contents of a given book or paper" (Pelc, 1971, *87*); "Works of art customarily have titles as a special kind of name: books (*War and Peace*)" (Algeo, 1973, *80, 59*); "Buchtitel, die ja schliesslich auch als Namen anzusehen sind" (Fleischer, 1964, *372*); cf. aussi Berger, 1966, *67* et *id.*, 1976, *377, 383* et Shwayder, 1972, *90*.

4.5.1 *Onomastique linguistique*

Après avoir précisé le statut linguistique du NP (§ 4.5.1.1), nous analysons la syntaxe du NP (§ 4.5.1.2), la sémantique du NP (§ 4.5.1.3) et la sigmatique du NP (§ 4.5.1.4).

4.5.1.1 *Le statut linguistique du nom propre: code, référence, métalangage.* Pour bien voir le fonctionnement du NP et donc du titre, nous allons comparer le statut du NP à celui du **nom commun** (NC). Lorsque le locuteur se sert d'un NC, nous supposons qu'il y a un seul code à l'oeuvre dans ce NC. Le **code** peut être défini comme **la mise en relation arbitraire d'un signifiant et d'un signifié** (cf. Saussure, 1971, *100*sq): "A code is a system of signification, insofar as it couples present entities with absent units" (Eco, 1976, *8*). La suite de sons [pã sj ʒ] peut signifier "établissement où l'on est nourri et parfois logé". Ce signifié existe indépendamment de son actualisation dans une situation de communication et il consiste dans ce que toutes les pensions ont en commun, leur "pensionnalité". Dans l'énonciation concrète **le locuteur désigne par le biais du signifié un référent, actualisé par un référé dans une situation de communication définie**; ce signifié désigne par exemple la pension de madame Vauquer, présentée dans *Le père Goriot* de Balzac. Nous appelons le code de la langue qui permet le déchiffrement d'un tel énoncé le **code linguistique**; il permet au lecteur d'appliquer le signe à un référé dont les propriétés correspondent à celles comprises dans le signifié; **la signifiance prime la référence**: pour pouvoir relier le signifiant et le référent il faut connaître le signifié:

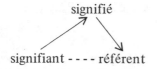

(schéma de production de sens dans le cas du NC)

RENVOI 1: Traditionnellement on conçoit **le signe comme une unité tripartite**: Frege a apporté une distinction entre "Zeichen", "Sinn" et "Bedeutung" (1892); Peirce distingue "ground", "interpretant" et "object" (1931-1935); Ogden et Richards distinguent entre "symbol", "reference" et "referent" (1923); Mukařovský: "Toute oeuvre d'art est un signe *autonome* composé de: 1° 'l'oeuvre matérielle' qui a la valeur d'un symbole sensible; 2° de 'l'objet esthétique' qui est enraciné dans la conscience collective et occupe l'endroit du 'sens'; 3° du rapport avec un objet dénoté qui n'est pas une existence particulière définissable – dans la mesure où il s'agit d'un signe autonome – mais le contexte global de tous les phénomènes sociaux (science, philosphie, religion, politique, économie) d'un milieu particulier" (cité dans Zima, 1978, *252*).

Lorsque le locuteur se sert d'un **nom propre**, ce NP ne peut être appliqué à son référé que lorsqu'une relation a été établie directement entre le signifiant et le référent au moyen d'une **convention individuelle**; le NP n'a guère de sens définitif indépendamment de la situation de communication où il pourrait étre employé; le sens d'un NP est déterminé à partir du référent; **la référence prime la signifiance**: "Les noms propres ont un contenu dénotatif qui relève de la connaissance du monde et non pas de la compétence langagière" (Rey-Debove, 1978, *271*). La relation entre le signifiant et le référent du NP est arbitraire (cf. Algeo, 1973, *55*); pour pouvoir employer un NP dans une situation de communication déterminée, il faut connaître au moins une seule possibilité de référence pour le NP en question; chaque NP pouvant désigner plusieurs personnes différentes, on suppose qu'il connaît un grand nombre **d'homonymes**: "l'univers des noms propres est un univers linguistiquement assez pauvre où les cas d'homonymie abondent" (Eco, 1972, *89*; cf. aussi *id.*, 1976, *87*, ainsi que Coseriu, 1967, *268* et Droste, 1975, *11*). La convention individuelle restreint la **productivité du NP**: le NP dont la convention individuelle est connue ne peut pas être appliqué à un autre référé analogue (ressemblant), et ne permet pas de reconnaître les cas d'homonymie qu'il présente (cf. Jakobson, 1963, *177* sq); le NC, au contraire, une fois appris, peut être utilisé de nouveau dans une autre situation de communication.

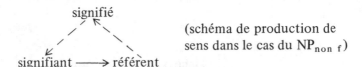

(schéma de production de sens dans le cas du $NP_{non\ f}$)

EXEMPLE 1:   *Claude Gueux* (1834) est à juste titre considéré comme prélude aux *Misérables* et au *Dernier jour d'un condamné à mort*, leurs thèmes étant identiques; leurs titres ne sauraient pourtant être confondus; la convention individuelle relie tel titre à tel roman; le titre n'a pas de synonymes. D'une part le titre d'un roman ne peut pas être appliqué par le lecteur à un autre roman, malgré leur ressemblance; d'autre part la lecture d'un texte intitulé * *Nuit* ou * *Promenade* ne permet pas de reconnaître d'autres textes homonymes.

RENVOI 2:   L'idée d'une **convention individuelle** qui définit la référence du NP se retrouve chez les auteurs suivants: Jakobson, 1963, *177*: "la signification générale d'un nom propre ne peut se définir en dehors d'un renvoi au code"; Trost, 1958, *867-868*: "Ein Eigenname bezeichnet auf Grund einer individuellen Zeichenkonvention. Nicht auf Grund einer allgemeinen Bedeutung. Viele Eigennamen haben zwar eine sprachliche Bedeutung, aber sie ist hier funktionslos"; Buyssens, 1967, *116*: "Le lien qui unit le nom propre à l'individu qu'il désigne est une convention propre à l'individu"; Buyssens, 1970, *23*: "The extension of a proper name to an additional individual is determined by a convention peculiar to that individual, but in accordance with the meaning if there is one"; Sciarone, 1967, *81*: "Proper names denote with the help of an *ad hoc* convention" et *ibid.*, *82*: "the meaning of a proper name is based on an *ad hoc* convention"; Strawson, 1977, *34*: "son usage est gouverné par des règles *ad hoc* pour chaque ensemble particulier d'applications du mot à une personne donnée"; Wimmer, 1973, *90*: "Das Merkmal der EN-Bedeutung, das aus dem EN-Gebrauch im Namengebungsakt abzuleiten ist, kann mit 'Kode-Bezogenheit' gekennzeichnet werden".

PRÉCISION: Si le NP n'a pas de sens productif, cela ne l'empêche pas de **classer** le référé et/ou le locuteur; **cette signifiance dépend pourtant de la référence**: "dans son emploi il (= NP) montre et fait plus que montrer, il identifie et fait plus qu'identifier, toujours au-delà du pur indicatif et de la simple identification: quelle que soit sa position (dans le texte ou non), le nom propre *classe*" (Grivel, 1973a, *133*). L'anthropologue n'a pas manqué de constater que le NP comporte toujours de la signification dans la mesure où il révèle une classification: "le problème des rapports entre noms propres et noms communs n'est pas celui du rapport entre nomination et signification. On signifie toujours, que ce soit l'autre ou soi-même" (Lévi-Strauss, 1962, *242*). Lorsqu'on donne un nom ou lorsqu'on en reçoit un, on se classe ou l'on est classé: "On ne nomme donc jamais: on classe l'autre, si le nom qu'on lui donne est fonction des caractères qu'il a, ou on se classe soi-même si, se croyant dispensé de suivre une règle, on nomme l'autre 'librement': c'est-à-dire en fonction des caractères qu'on a. Et, le plus souvent, on fait les deux choses à la fois" (*ibid.*, *240*); "Dire qu'un mot est perçu comme nom propre, c'est dire qu'il se situe à un niveau au-delà duquel aucune classification n'est requise, non pas absolument, mais au sein d'un système culturel déterminé. Le nom propre demeure toujours du côté de la classification. Dans chaque système, par conséquent, les noms propres représentent des *quanta de signification*, au-dessous desquels on ne fait plus rien que montrer" (*ibid.*, *285*). Cette idée est reprise par Derrida (1967, *163-164*): "Le nom propre au sens courant, au sens de la conscience, n'est (...) que désignation d'appartenance et classification linguistico-sociale. La levée de l'interdit, le grand jeu de la dénonciation et la grande exhibition du 'propre' (...) consistent non pas à révéler des noms propres, mais à déchirer le voile cachant une classification et une appartenance, l'inscription dans un système de différences linguistico-sociales"; "On voit que le nom, singulièrement le nom dit propre, est toujours pris dans une chaîne ou un système de différences. Il ne devient appellation que dans la mesure où il peut s'inscrire dans une figuration" (*ibid.*, *136*) (cf. § 4.5.2.3).

Pour pouvoir employer un NP, le locuteur doit faire appel à deux codes différents: un **code d'embrayage** et un **code référentiel**: le premier permet de **signaler au locuteur la présence d'un NP**, indiquée par des signes diacritiques (capitalisation), par des propriétés syntaxiques (absence de l'article), etc., et il lui apprend que ce NP n'a de sens précis qu'à la suite de sa référence (cf. Hoek, 1971b, *117*); le code d'embrayage assure le passage au code suivant. Le deuxième code, **le code référentiel, relie le signifiant immédiatement au référent**. Le NP est un signe "à la seconde puissance" (Bréal, 1904, *183*).

Notre hypothèse est maintenant qu'il existe **deux types de NP** qui se distinguent par le mode de référence à la situation de communication où ils sont employés. Lorsque la référence est faite à un monde réel, le statut du NP est tel que nous l'avons analysé; lorsque la référence se fait à un monde fictionnel, à un monde possible mais non existant, il faut considérer comme fictionnels non seulement les personnages et leurs actions mais aussi leurs noms, même empruntés au monde réel. Ce monde fictionnel est construit à une certaine fin; tout dans ce monde doit concourir à produire cette fin; tout doit y signifier, y compris les NP. Dans un monde où tout est signifiant, on ne saurait guère admettre des trous noirs dans la construction signifiante (cf. Rey-Debove, 1974, *108*). Nous supposons que le **NP fictionnel** (NP_f) est porteur d'un sens, qui s'instaure de la façon suivante: le NP_f récupère une valeur sémantique, originale, indépendante, tout en gardant son pouvoir référentiel; **le sens du NP_f provient d'abord du référent et ensuite du signifiant; le sens du $NP_{non\ f}$ provient du référent seulement.**

PRÉCISIONS: 1. Pour les implications ontologiques de l'introduction d'un monde fictionnel cf. Devine 1974 et Woods et Pavel éds. 1979; pour celle de NP$_f$ en particulier cf. Martin et
Scotch 1974, qui proposent de traiter les NP$_f$ comme des concepts dépourvus de dénotation
(cf. "unicorne"), et Carney, 1977, qui s'y oppose en se basant sur Kripke 1972. Pour justifier
cette introduction, nous utilisons un concept de Grice 1979: **implication contextuelle**, qui
signifie que le contexte apprend que tel NP$_f$ appartient à tel monde possible, qui, parfois,
existe dans notre monde.
    2. Le point de vue de Josette Rey-Debove sur la signifiance du NP$_f$ est plus radical que le
nôtre: elle estime que la signifiance du NP$_f$ ne saurait venir que du signifiant, tandis que nous
croyons que la signifiance du NP$_f$ présuppose sa référence: "cette signifiance ne peut venir
que de l'expression qui, elle, est toujours présente, et relève forcément de l'univers des signes à
un titre quelconque" (Rey-Debove, 1979, *700*).

**Le lecteur déchiffre le nom du personnage par rétroaction en fonction
du référent et non pas par référence prospective**, même si le NP est
parfaitement transparent, car **cette transparence est toujours dou-
teuse**: Héloïse Brisetout (*Le cousin Pons*, Balzac) est danseuse, le
brave bourgeois dans *Les deux amis* (Maupassant) s'appelle Sauvage, le
chien-loup dans *L'homme qui rit* (Hugo) est appelé Homo par son
maître, qui s'appelle Ursus (cf. Hamon, 1977a, *149*). **Le NP$_f$ est ainsi
une forme surdéterminée, intermédiaire entre le NC et le NP$_{non\ f}$** (cf.
§ 4.5.2.3 DÉMONSTRATION).

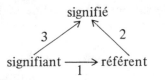

(schéma de production de
sens dans le cas du NP$_f$)

    Les codes qui jouent dans la situation de communication où le NP$_f$
est employé sont les suivants: tout d'abord, le **code d'embrayage** signale la présence d'un NP$_f$ qui emprunte son sens en partie à la convention individuelle précisant le référent et qui s'avère aussi porteur de
sens emprunté au signifiant. Le code d'embrayage met en marche le
code référentiel qui, comme c'est le cas du NP$_{non\ f}$, désigne le référé.
Le **code linguistique**, finalement, permet de repérer dans le NP$_f$ des
éléments significatifs et de le déchiffrer ainsi.
    **Le NC, le NP$_f$ et le NP$_{non\ f}$ sont donc tous les trois porteurs de
sens, mais ces sens sont produits de trois façons différentes.** Le sens du
NC et celui du NP$_f$ (en partie) sont déterminables à partir du signifiant; le sens du NP$_{non\ f}$ et celui du NP$_f$ (en partie) sont déterminables à partir du référent. Pour la production de sens le NP$_{non\ f}$, le
NP$_f$ et le NC usent de systèmes analogues, dont le fonctionnement est
pourtant différent pour ces trois catégories (cf. Grivel, 1973 a, *134*).

DIGRESSION: Le procédé de production de signifiance qui se présente dans le NP_f figure exceptionnellement aussi dans le **langage non fictionnel**: lorsque le locuteur désigne une personne non pas par son nom officiel mais par un nom inventé, soit pour plaire, soit pour plaisanter, soit pour vexer ("princesse sourire", "mademoiselle paresseuse", "monsieur vaurien") le langage non fictionnel emprunte au langage fictionnel un procédé caractéristique du roman populaire par exemple (cf. les romans policiers de l'auteur néerlandais Havank). Dans d'autres cas, le langage non fictionnel se sert de NP_f et non f comme NC; ces NP ont par hypostase acquis un sens stable et fixe, grâce à leur référence originale; le rhétoricien parle dans ce cas d'"antonomase particularisante": "un Rembrandt", "un César", etc. Le phénomène inverse se présente lorsqu'un NC est employé comme NP (antonomase généralisante): "le Galiléen", "le petit caporal" (cf. § 4.5.1.4).

Regardons maintenant de plus près le **statut du titre**, qui est aussi un NP. Deux situations de communication se laissent distinguer: a. celle où le titre se trouve au début du texte et introduit le co-texte (le **titre-amorce**) et b. celle où le locuteur se sert du titre pour citer un texte ou son **titre** (c. le **titre-citation**) (cf. Rey-Debove, 1979, *698* et *id.* 1978, *273-277*).

EXEMPLE 2: (a)   LE PÈRE GORIOT
                 Madame Vauquer, née de Conflans, est une vieille femme qui ...;
         (b)   "C'est moins de trois mois après la naissance de cet enfant que Balzac se met au travail sur *Le Père Goriot*" (P. Citron, préface au *Père Goriot*, Garnier-Flammarion, 1966, *14*);
         (c)   "Le titre, d'emblée, est ce qu'il restera: *Le Père Goriot*" (*ibid.*, *12*).
De plus, l'énoncé "le père Goriot" peut renvoyer directement au monde fictionnel où figure le personnage Goriot:
         (d)   "Le père Goriot, vieillard de soixante-neuf ans environ, s'était retiré chez madame Vauquer, en 1813, après avoir quitté les affaires" (éd. citée, *38*).

Voyons ce qui se passe pour un **titre-amorce** comme *Le père Goriot*. Ce titre qui se trouve au début d'un texte renvoie au co-texte et non pas à un personnage dont le co-texte va parler, comme l'affirme Rey-Debove, 1978, *273*. Nous voilà confronté avec un type particulier de référence: un signe linguistique qui renvoie à un objet linguistique est un signe métalinguistique. Le premier code que nous rencontrons dans le fonctionnement d'un titre-amorce est donc un **code métalinguistique**, qui identifie comme titre l'énoncé renvoyant à un co-texte: "Si l'on parle de ce que l'on va dire, si l'on dédouble le langage en deux couches dont la première coiffe en quelque sorte la seconde, on ne fait pas autre chose que de recourir à un méta-langage. Il y a donc ici présence du code métalinguistique" (Barthes, 1973a, *34*). Le **code d'embrayage** signale ensuite la présence d'un NP_f dans l'énoncé intitulant; ce code permet aussi de distinguer entre le titre-amorce et l'occurrence d'un élément fictionnel (opérateur actantiel) dans le co-texte; pour distinguer entre *Le père Goriot* et "Jean-Joachim Goriot" le code d'embrayage relie un signifiant spécifique (place au début du texte, capitalisation) à un signifié spécifique (intitulation). **Le code référentiel** permet ensuite de relier le signifiant à un référent: tel élément fictionnel représenté dans le co-texte. **Le code linguistique** (du français) attache à ce référent (le nom "Goriot") un signifié (/nom de famille/, /petit-bourgeois/) et au signifiant [p ϵ : R] les sens de /paternité/ et de /familiarité/. **Le procédé de signifiance est le même pour le NP et pour le NC qui se situent au niveau du titre.** Un titre comme *Le bonnet rouge* renvoie au co-texte (code métalinguistique), il est identifié comme NP du texte en question (code d'embrayage), il renvoie à un référent, un bonnet rouge (code référentiel) et il reçoit un sens /couleur rouge/, /coiffure sans bord/ (code linguistique). Pourtant, **quand le titre porte un nom qui n'a pas de rapports logico-sémantiques avec le contenu du co-texte** (*Automne à Pékin* de Vian) **ou un nom purement générique** (*Journal* de Gide) **le code référentiel n'entre pas en fonction**; si le titre comporte en même temps aussi une partie fictionnelle (*Journal d'un curé de campagne* de Bernanos), ou si le titre générique mentionne un roman, journal, poème, etc. dont il est question dans le co-texte (*Le roman de la momie* de Gautier), le code référentiel fonctionne normalement.

A côté du titre amorce, il existe donc le **titre-citation**; dans ce cas nous avons affaire un emploi métalinguistique d'un titre qui, lui, est déjà métalinguistique par définition; il convient donc de parler ici d'un **code métamétalinguistique** (cf. Barthes, 1968, *167*).

PARALLÈLE: Un tel emploi du code métamétalinguistique se rapproche beaucoup de l'emploi autonymique du titre. On parle en général d'autonymie quand un signe renvoie à lui-même (cf. Rey-Debove, 1974, *109* et Dubois e.a., 1973, *59*, ainsi que Rey-Debove 1969, 1974, 1978 et 1979). Dans un énoncé comme "*Le père Goriot* compte douze lettres", il est question d'autonymie, mais non pas dans "*Le père Goriot* compte 256 pages dans l'édition Garnier-Flammarion", où "*Le père Goriot*" renvoie au roman en question et non pas au titre. Le titre n'a donc pas nécessairement un statut autonymique; il peut très bien renvoyer à autre chose qu'à lui-même. Nous ne pouvons donc être d'accord qu'avec la première phrase de cette affirmation de Duchet (1973b, *52*): "le titre, désignation conventionnelle d'un objet de lecture, nom propre d'un texte lexicalisé en divers discours, accompagné ou non d'autres éléments signalétiques, ressortit à un métalangage. Son statut linguistique est l'autonymie". Le statut non réflexif, non autonymique du titre lui permet d'être traduit (cf. Rey-Debove, 1978, *276*).

En représentant le code comme *EC* (relation entre expression et contenu), nous pouvons résumer l'emploi des différents codes dans les différents types d'énoncés analysés et montrer comment ils s'imbriquent (cf. Barthes, 1968, *163-168*). La schématisation s'inspire des systèmes décrochés utilisés par Hjelmslev et Barthes, et élaborés dans Rey-Debove 1978.

— **nom commun**: E_1C_1 (code linguistique):

— **nom propre non fictionnel**: E_e (E_r C_r) le code d'embrayage déclenche le code référentiel; le code référentiel prend la place du contenu du code d'embrayage:

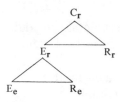

— **nom propre fictionnel**: E_e ($E_r(E_1C_1)$): le code d'embrayage déclenche le code référentiel, qui, lui, déclenche, à son tour, le code linguistique:

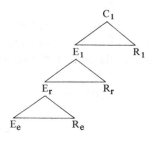

— **le titre-amorce**: E_m ($E_e[(E_r](E_1C_1)[)])$: le code métalinguistique déclenche les autres codes; les crochets indiquent que le code référentiel ne fonctionne pas dans les cas cités; le code d'embrayage déclenche alors directement le code linguistique;
— **le titre-citation**: E_{mm} (E_m ($E_e[(E_r](E_1C_1)[)])$)): le code métamétalinguistique déclenche les autres codes:

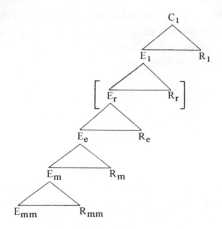

Tirons maintenant les conclusions suivantes:

1. Tout titre fonctionne comme un NP; tout titre est métalinguistique; **le titre est donc un NP métalinguistique**; le langage du titre étant un métalangage, le signe du titre est un métasigne.

2. Le procédé de signifiance, tel qu'il se présente dans le titre, nécessite une **distinction formelle entre signification et référence**.

3. Il y a une **différence réelle** d'une part **entre le NP et le NC** et d'autre part **entre le NP_f et le $NP_{non\ f}$**; le NP_f est porteur de sens (comme le NC) et de référence fixe (comme le $NP_{non\ f}$); au niveau du titre, tout NC fonctionne comme un NP.

4. **Le NP_f a une valeur sémantique** à spécifier par la suite (cf. § 4.5.2).

5. **Le NP a une valeur référentielle fixe**; sa puissance référentielle est assurée par son inaltérabilité; le NP, et donc le titre, constitue un élément fixe, qui ne peut être résumé sans perdre son statut linguistique; il ne connaît pas de synonymes.

6. **Le NP_f, le titre-amorce et le titre-citation et signifient,** quoique de manières différentes.

EXEMPLE 3:
- **NP_f** "le père Goriot" désigne l'ancien vermicellier, père de deux filles qu'il adore et pour qui il se ruine, décrit dans le roman de Balzac; "le père Goriot" **signifie** /familiarité/ (dans l'apostrophe "père"), /paternité/ (dans le mot "père") et /petite bourgeoisie/ (dans le nom "Goriot");
- **titre-amorce:** *Le père Goriot* **désigne** le co-texte; *Le père Goriot* **signifie** l'amorce d'un texte où il sera question d'un personnage appelé "le père Goriot";

– titre-citation: *"Le père Goriot"* désigne le roman en question de Balzac (titre et co-
texte), éventuellement telle édition ou tel exemplaire;
"Le père Goriot" signifie un mélange de /littérarité/, /romanesque/, /ro-
mantisme et réalisme/, /XIXe siècle/, /Paris/, /Balzac/, /exemple scolaire/,
etc.

RENVOI 3:   Nous allons dans la suite laisser hors de considération les aspects phonémique et
graphématique du NP (cf. Wimmer, 1973, *47-69*). Pour les aspects sociolinguistiques cf.
Chapman 1936 et Hartmann 1972; pour les aspects pragmatiques cf. Dobnig-Jülch 1977.
Nous ne croyons pas que le statut du NP puisse être défini par "approximation"; cf. Mánczak
1969 qui définit les NP comme des noms qui ne se traduisent pas; cette définition permettrait
de couvrir la plupart des NP; le pourcentage de NP dont il rend compte par cette définition
serait plus élevé que le pourcentage qu'atteindrait une autre définition.

4.5.1.2 *La syntaxe du nom propre.*

Dans le paragraphe précédent et
dans Hoek 1971a et 1971b, nous avons proposé des arguments pour
maintenir que la **distinction entre NP et NC**, basée sur une différence
dans le mode de production du sens, est une **distinction sémantique** et
qu'il n'existe pas de traits syntaxiques pertinents permettant de les
distinguer.

DÉMONSTRATION: Comme le NC, le NP supporte la présence de l'article et du pluriel (la
Tour Eiffel, l'Alhambra, les Pays-Bas); comme le NC, le NP est souvent traduit (la Place
Rouge, la Haye, Charles le Téméraire); comme le NP, le NC est parfois capitalisé (une Fran-
çaise, un Kodak, un Bic); comme le NC, le NP peut à lui seul désigner plus d'une personne à la
fois (les Jean de notre classe, les frères Goncourt) (cf. pour une démonstration analogue
Wimmer, 1973, *138*).

    Selon **Chomsky** (1971a, *141-142*) la distinction NP/NC relèverait
de la sous-catégorisation stricte, contextuelle, destinée à rendre
compte des verbes; pourtant, cette distinction se retrouve aussi dans
l'ensemble des règles de sous-catégorisation non contextuelles, destinées à rendre compte des noms communs (*ibid., 151, 167*) et Chomsky
(*ibid., 154* note 29) affirme que le trait [-] "désigne aussi bien les
Noms propres que ...".
    La **sémantique générative** ne reconnaît pas non plus le caractère
sémantique de la distinction entre NP et NC. McCawley (1968, *134*)
s'oppose à Chomsky, Katz et Postal, et affirme que dans la sélection
c'est l'information sémantique seule qui joue un rôle et non pas l'information syntaxique, telle que la distinction NP/NC. Lorsque Katz
(1972, *64* sq, *380* sq, *393* sq) lui présente l'exemple d'un verbe
comme "appeler", qui paraît toujours suivi d'un NP ("ils appellent
leur fils Jean") et qui prouverait que l'information syntaxique joue bel
et bien un rôle dans la sélection, McCawley trouve comme contre-

exemple la phrase "they named their son something outlandish", où le verbe "to name" semble ne pas être suivi d'un NP. Mais Katz fait remarquer simplement que le mot "outlandish" est marqué dans la profondeur par un trait sélectionnel [− +Propre], parce que ce mot relève de la même catégorie que "what" dans "what did they name their son". McCawley (1971b, *289*) répond que "outlandish" peut bien avoir ce trait sélectionnel mais que ce n'est pas encore par là un NP. De plus, Katz (1972, *381*) affirme que la distinction NP/NC ne peut pas être sémantique, parce qu'il n'existerait pas une phrase analytique dont le sujet est un NP. Or, une telle phrase peut être construite lorsqu'**on définit le NP comme un nom dont la définition implique la citation du NP**: "Claude est l'individu qui peut être reconnu par le fait que les gens l'appellent Claude" (cf. Algeo, 1973, *69, 85*; Hoek, 1971b, *126*; Récanati, 1979, *169*; pour un avis contraire cf. van Langendonck, 1978, *266* et § 4.5.1.3). **En principe la sémantique pourrait rendre compte du NP et le caractérisant sémantiquement**: "Le signifié de *Ortcutt*, c'est '*Ortcutt* comme on l'appelle (ainsi nommé, ainsi dit)' ou 'Ce qui est appelé Ortcut' ". (Rey-Debove, 1978, *270*). La solution proposée paraît pouvoir être réalisée dans le cadre d'un description générative telle qu'elle se_trouve dans Bach (1968, *121* note 17), qui rend compte du contenu sémantique des NP d'une façon analogue à celle dont il traite les NC: NP et NC pourraient être dérivés de phrases enchâssées qui comportent le prédicat ÊTRE APPELÉ (cf. pourtant McCawley, 1971b, *290*: "common nouns are underlying predicates, and (...) proper nouns (...) are not").

Smith (1975, *18*) propose de rendre compte du NP par la structure suivante:

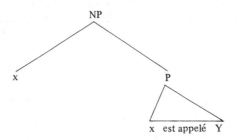

Une phrase comme "la personne qui est appelée Claude" peut ainsi rendre compte du NP "Claude". Selon Smith, le **sens "intrinsèque" du NP** peut être décrit par la substitution d'une structure plus ou moins compliquée à Y; par exemple "le Mont Blanc"

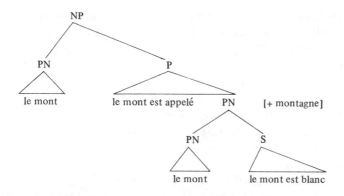

Il est plus difficile de rendre compte ainsi des NP qui n'ont pas de sens "intrinsèque" ou dont le sens est difficilement déterminable. De plus, le problème reste de savoir quel est le NC (x) qu'il faut substituer à PN (phrase nominale), x étant toujours un terme général comme "lieu", "animal", "fleuve", "personne", etc. Smith voudrait puiser cette information dans le contexte. Ces deux problèmes pourraient être résolus, à condition d'admettre que pour pouvoir fonctionner, les NP dépendent du **code référentiel**, qui trouve sa place dans la **partie présuppositionnelle de la représentation sémantique** du NP; cela veut dire que **la référence du NP dépend des présuppositions du locuteur**; pourtant **le sens du NP ne peut pas être épuisé complètement par le recensement de ses présuppositions**. Dans les deux exemples "Napoléon est vaincu à Waterloo" et "Buonaparte est vaincu à Waterloo" "Napoléon" et "Buonaparte" ont un sens différent, malgré l'identité de référence: /bonapartisme/ vs /anti-bonapartisme/ (cf Ouspenski, 1975, *37* sq). Cette différence de sens n'est sans doute pas réductible à une différence de présuppositions, comme l'affirme Droste (1976, *298*), mais doit trouver sa place dans le noyau sémique du NP. L'indice de la catégorie sémantique dont relève le NP ("Hairos II" peut être le nom d'un roi, d'un bateau, d'un cheval) pourrait trouver sa place dans la partie présuppositionnelle de la représentation sémantique du NP.

RENVOI: Cf. Droste, 1975, *1-2*: "It will be argued, then, that proper names differ markedly from common names. Although they dispose of a semantic nucleus, they depend for their functioning in an utterance almost exclusively and essentially on their presuppositional specification" et "proper names dispose of a meaning part with general value, comparable to the meaningful structure of a common name in non-specified use. In order to function adequately, however, they should be isolated from their (very general) set through the attachment of a presupposition, thus receiving the specific reference they fundamentally ask for" (*ibid., 13*); cf. aussi Keenan 1971, *48*.

Le **code d'embrayage** trouve sa place dans la **partie transformationnelle**: "An early transformation, PROPER-LABELLING, is required
to label any definite NP in position Y as [+ proper]. This simplifies
later reference to proper names" (Smith, 1975, *23*). Finalement Smith
propose encore un premier inventaire des transformations requises
pour rendre compte au moins des structures suivantes:

– roman qui est appelé *Le père Goriot*   (a)
– roman appelé *Le père Goriot*   (b)
– roman *Le père Goriot*   (c)
– *Le père Goriot*   (d)
– *Le père Goriot, roman*   (e)

Les transformations suivantes rendent compte du passage d'une structure à une autre: "relative clause reduction" pour le passage de (a) à
(b); une transformation optionnelle "called deletion" pour le passage
de (b) à (c); pour celui de (c) à (d) il faut une transformation "x –
deletion"; éventuellement, il faut prévoir aussi une transformation
"definite article deletion" pour rendre compte de la présence ou de
l'absence de l'article défini auprès du NP; le passage de (d) à (e) est
effectué par la transformation optionnelle "modifier shift" appliquée
à (c).

4.5.1.3   *La sémantique du nom propre*

HISTORIQUE: Pour **Platon** (*Cratyle*) les NP sont porteurs de sens par le fait qu'ils ne sont
pas complètement indépendants du code linguistique et que le nom correspond toujours dans
une certaine mesure à la nature de l'objet dénommé, même si ce nom ne trahit pas l'essence
même de l'objet mais n'en constitue qu'un reflet, et même si cette correspondance a dépéri
par l'usage dans le cours des siècles (cf. Genette 1976; Hoek 1978a).
    De nos jours, des **logiciens** comme Gardiner, Katz 1977b, Mill ou Wittgenstein (cf. Searle,
1972a, *217* note 7) répondent à la question de savoir si le NP porte oui ou non un sens, que
les NP ont en général un référé mais qu'ils manquent de signification (cf. pourtant Kirwan
1968); le NP en fiction, par contre, connote mais ne dénote pas (cf. Eco, 1972, *90* et *id.*,
1976, *87-88*): "Proper names are not connotative: they denote the individuals who are called
by them" (Mill cité dans Mates, 1975, *7*); "A proper name is a word or group of words
recognized as indicating or tending to indicate the object or objects to which it refers by
virtue of its distinctive sound alone" (Gardiner, 1954, *43*); à côté de ces NP purs Gardiner
distingue encore des NP moins purs, qui seraient moins arbitraires, c'est-à-dire plus ou moins
signifiants; cette distinction est critiquée par Lévi-Strauss, 1962, *245-246* et par Combrink
1964.
    Des philosophes aussi différents que Frege et Russell sont venus indépendamment à une
conclusion opposée à celle de Mill; **Russell** propose de considérer le NP comme une description définie identifiante: "Sir Walter Scott" est "l'auteur de Waverley"; une telle description
transforme le NP en NC et résout le problème par l'élimination des NP (cf. Kripke, 1972, *255*
sq). Pour **Frege** la description définie constitue précisément le sens du NP. Depuis Frege nous
avons appris à faire une distinction nette

– a) entre **sens** et **dénotation**: Napoléon et Buonaparte dénotent la même personne mais ont un sens différent (cf. § 4.5.1.2); identité de référence ne signifie pas identité de sens, mais l'identité de sens de deux NP entraîne l'identité de leurs référés, affirme Sǿrensen (cité et discuté dans Wimmer, 1973, *71*; cf. aussi Burks, 1951, *40*). Pour une discussion des rapports entre signification et référence cf. Sǿrensen 1970, qui fait l'inventaire de tous les concepts qu'on a pu confondre avec le sens (connotations, idées, dénotations, etc.). Pour circonscrire ce sens du NP, Sǿrensen 1963 propose une "definiens formula" ("P(roper name) = the x that ... at t(ime) and p(lace)") (cf. Wimmer, 1973, *71-72* et Hoek, 1971a, *205*). La signification du NP ne se confond ni avec sa dénotation ni avec sa définition (ou description définie).

– (b) entre **sens** et **connotation**, confondus par Mill (cf. Zabeeh, 1968, *12* et Sciarone, 1967, *75*): /nazisme/ est une connotation du NP "Hitler", pourtant les énoncés "Hitler naquit en 1889" et "le nazisme naquit en 1889" ne sont pas synonymes. Sǿrensen et Austin distinguent entre signification et connotation mais ne reconnaissent au NP que le pouvoir de dénotation (cf. Algeo, 1973, *54*).

– c) entre le **sens** du NP et les **propriétés du référé**: Butor n'est pas un butor et le Mont Blanc n'est pas un NP moins approprié ("pur") parce qu'il est blanc; les propriétés du référé ne portent aucunement atteinte au sens du NP: le nom Camus signifie "camus" mais l'auteur ne l'est pas (cf. Smith, 1975, *17*).

Outre les philosophes qui ont essayé de définir le sens du NP par la description définie, en substituant parfois à la sémantique une théorie de la référence, il faut citer les **linguistes** qui accordent souvent du sens au NP. Une différence entre l'approche logique et l'approche linguistique réside dans le fait que celle-là s'intéresse davantage au rapport entre le NP et son référé, tandis que celle-ci se demande plutôt comment est un NP, comment il fonctionne par rapport aux autres signes de la langue, comment il signifie (cf. Sciarone, 1967, *74* et Wimmer, 1973, *139*). D'ailleurs, les linguistes ne sont pas tous d'accord pour attribuer au NP un statut signifiant: "les noms propres n'ont pas de sens et, par conséquent, la notion de signification ne s'applique pas à eux. La fonction d'un nom propre est l'identification pure" (Ullmann, 1952, *24*): "the meaning of a proper name has no generalising power and therefore cannot be applied productively. (...) Therefore proper names have no meaning from the point of view of the language system" (Sciarone, 1967, *80-81*). Souvent, eux aussi, ils confondent signification et référence: "Les noms propres sont les plus individuels, les plus significatifs de tous, ils gagnent en extension ce qu'ils perdent en compréhension et vice versa" (Dauzat, 1925, *3*; cf. aussi Fleischer, 1964, *370*; Kuryłowicz, 1960, *182* sq. Sciarone, 1967, *79-80* et Bréal, 1904, *183*; parfois ils confondent signification et connotation (cf. Balázs, 1962, *155-157*); cf. § 4.5.2.4.

Plusieurs arguments plaident pour **la signifiance du NP**: d'abord, il est douteux qu'un discours par ailleurs signifiant connaisse des "trous noirs" dans la signification (cf. Rey-Debove, 1974, *108* et *id.*, 1978, *131*); la référence a une base grammaticalement homogène (cf. par contre Katz, 1977b, *3*); ensuite, dans une théorie sémiotique qui part du concept de code, une expression, qui peut et doit avoir une dénotation, doit avoir également un contenu correspondant, qui peut être analysé en des unités sémantiques élémentaires (cf. Eco, 1976, *86*); finalement, Mates (1975, *13*), après Ayer (cf. Droste, 1976, *298*), constate que deux phrases comme "Napoléon mourut à Sainte-Hélène" et "Wellington mourut à Sainte-Hélène" ont des valeurs de vérité opposées et donc des sens différents; cette différence de sens doit se cacher dans le deux NP différents.

Comment préciser ce sens? La plupart de ceux qui reconnaissent la signifiance du NP la définissent par la description définie; mais l'acceptation de la description définie comme remplaçante du NP ne signifie pas qu'on croie à la signifiance du NP (cf. Donnellan, 1972, *357*); nous croyons que le NP signifie mais nous ne cherchons pas cette signification dans la description définie. Il faut confronter deux théories: celle qui veut que la description définie constitue la signification du NP, soutenue par les adhérents de la "cluster theory", par exemple Searle (1972a, *215-227*), von Kutschera (1971, *136-137*), Strawson (1973, chap. 7, cf. Kripke, 1972, *278* sq). Cette théorie est critiquée par Kripke (1972, *280* sq et *309*), qui met en doute la spécificité des propriétés uniques que le locuteur attache au NP (et encore fautivement, peut-être) (cf. aussi Mates, 1975, *19*). Les adhérents d'une deuxième théorie, la "chain of communication theory", admettent que le sens est véhiculé par une chaîne causale à partir d'un acte de baptême initial, par exemple Kripke (1972, *302*) (cf. Mates, 1975, *19*). Le baptême initial, qui instaure la relation entre le NP et le référé, couvre à peu près notre code référentiel; faisons remarquer pourtant une différence capitale: tandis que l'acte de baptême initial explique pour Kripke 1972 précisément pourquoi le NP serait dépourvu de signification, nous croyons que le baptême initial n'exclut pas la signifiance du NP mais constitue au contraire une condition pour que le sens puisse se produire dans le NP; s'il est vrai que le sens d'un NP n'est pas "productif" (Sciarone, 1967, *80*), cela ne signifie pas qu'il n'y ait pas production de sens lors de l'emploi du NP. Si l'on admet que le sens du NP est produit à partir du référent, suite à un acte de baptême initial, on arrive à la conclusion que le NP peut être défini comme un mot dont la définition implique la citation du NP en question (cf. Algeo, 1973, *69, 85*). Et il n'est pas nécessaire que, pour être signifiant, le NP ait le même sens que celui qu'il aurait dans une telle phrase analytique (cf. Mates, 1975, *12*), ce que demande la grammaire générative (cf. Katz, 1972, *381* et Searle, 1972a, *219-220*). La production du sens d'un NP se fait à partir de l'acte de baptême initial (acte de référence), qui peut être décrit par le recensement pragmatique des conditions de félicité de cet acte: celui qui donne le nom doit être autorisé à le faire ou bien faire semblant de l'être, il doit être cru, il doit baptiser pendant une cérémonie officielle ou ce qui en tient lieu, etc. (cf. § 5.2.5 et Donnellan 1972; cf. Pavel 1979 pour les implications d'une théorie causale des noms dans le domaine de la fiction).

4.5.1.4 *La sigmatique du nom propre.* Deux problèmes concernant la référence du NP méritent d'être examinés: le NP est-il toujours référentiel? ne renvoie-t-il jamais à plus d'une seule chose à la fois? Nous nous demandons d'abord si la référence est une propriété possible ou bien nécessaire du NP (cf. Ducrot, 1972, *223*; Burks, 1951, *38*). Nous voulons défendre l'hypothèse selon laquelle **un NP réfère presque toujours**: il n'y a guère de NP sans référé correspondant. A cette règle il existe deux exceptions logiques: la première se présente dans l'acte de parole qui introduit un NP à la suite d'un acte de baptême ("Je vous nomme Antoine Doinel"), ou qui questionne cet acte de baptême ("Tu t'appelles vraiment Antoine Doinel?") (cf. Garner, 1970-1971, *362-363*; Wimmer, 1973, *89*). La deuxième se présente lorsqu'un NP n'est pas employé mais mentionné (" 'Antoine Doinel' a treize lettres") (cf. Searle, 1972a, *117-120*).

PRÉCISION 1: Garner 1970-1971 procède à une énumération de contextes où les NP ne seraient pas référentiels; il distingue les "mentioning contexts" (contextes où le NP est mentionné) des "calling contexts" (contextes où le NP est employé pour attirer l'attention de quelqu'un).

Les "**mentioning contexts**" sont les suivants:
1. "naming contexts": actes cérémoniels, salutations, baptêmes, etc.;
2. "mentioning context": cf. supra.

Ces deux contextes seuls nous paraissent contenir par définition des NP non référentiels (cf. Jakobson, 1963, *178*); les exemples suivants nous paraissent contenir des NP parfaitement référentiels ou bien n'être que des variantes de 2.
3. "example mentioning context": " 'Antoine Doinel' est l'exemple d'un nom propre"; dans ce cas le NP renvoie, quoique indirectement, à un personnage imaginaire ou réel, sans quoi "Antoine Doinel" ne serait pas un exemple d'un NP; de plus, vu le caractère métalinguistique de l'emploi du NP, le renvoi direct au NP est une simple variante de 2;
4. "signing context": signatures, etc.: "la lettre était signée Antoine Doinel"; la signature "Antoine Doinel" renvoie au personnage qui porte ce nom et qui garantit par sa signature l'écrit dont il se désigne comme destinateur;
5. "labeling context": étiquetage: "il portait une carte sur laquelle était écrit 'Antoine Doinel' "; le NP renvoie à l'homme qui porte la carte signifiant "je m'appelle Antoine Doinel", "il faut libérer Antoine Doinel", "nous votons pour Antoine Doinel", etc.; ce cas est une variante de 2.

Les "**calling contexts**" sont les suivants:
6. apostrophes: "Antoine Doinel, nous vous condamnons à mort"; le NP renvoie directement au personnage destinataire du message;
7. "adressing context": contexte où le NP ne sert pas à attirer l'attention de l'interlocuteur mais où il est une simple interjection: "mais, Antoine, tu ne crois pas qu'on va te laisser mourir comme ça, n'est-ce pas?";
8. "distinguishing context": le NP sert à isoler l'interlocuteur parmi plusieurs autres personnes: "toi, Antoine, on pourra te libérer cette nuit, j'espère, mais les autres auront moins de chance"; dans les cas 7 et 8 le NP renvoie toujours au personnage destinataire du message et aucune raison n'oblige à le considérer comme un NP non référentiel.

On peut encore citer d'autres exemples de cas où à première vue on pourrait douter de la référentialité du NP:

9. la négation ou la mise en doute du NP: "Antoine Doinel n'existe pas"; pour pouvoir faire cette affirmation il faut avoir compris que "Antoine Doinel" renvoie à un personnage imaginaire qui n'existe pas dans le monde réel;

10. emploi "fictionnel" du NP: "comme tu es jolie, ma Marilyn", adressé à Marie; dans ce cas le NP renvoie à Marie, à qui il attribue certaines qualités de Marilyn (cf. § 4.5.1.1 DIGRESSION);

11. nom propre fictionnel: les NP de personnages fictifs renvoient à des individus précis mais situés dans un autre monde;

12. finalement, la référence se présente dans l'esprit de celui qui parle, même s'il ne réussit pas à se faire entendre ou comprendre.

Le deuxième problème à examiner est celui de l'**uniréférentialité** du NP et forme plus ou moins la pierre de touche du statut des NP. Le principe de l'uniréférentialité dit que le NP ne renvoie jamais à plus d'un seul objet, et constitue une des opinions sur le NP les plus communément répandues, probablement à la suite des écrits de Mill et de la conception du NP comme description définie.

PRÉCISION 2:   La **notion d'uniréférentialité** prête à confusion: si l'on veut dire par là que le référé d'un NP consiste dans un seul et jamais plus d'un seul objet, nous citerions des exemples comme "Paris" dans "le Paris actuel" (cf. Dees, 1974), où le NP renvoie à plusieurs Paris possibles et où il est déterminé par "actuel", ou comme "les Girondins", "les Dupont", "les Bourbons", "les Bellifontains", "les frères Zemganno", etc.; si le terme d'uniréférentialité signifie que le NP est rattaché sur la base d'un code unique à un référé éventuellement multiple, nous accepterions cette notion pour caractériser le NP.

La thèse de l'uniréférentialité est défendue entre autres par Russell (cf. Wimmer, 1973, *77*), par Kuryłowicz (cf. Wimmer, 1973, *72-73*), par Sørensen (1963, *91*) et par Bloomfield (cf. Droste, 1975, *1*); cf. Hoek, 1971a, *201* pour d'autres exemples encore.

Dans Hoek (1971a, *202* sq) nous avons montré que **le NP ne sert pas à individualiser mais à identifier**: tout NP employé dans une situation de communication identifie un référé (ou prétend le faire), sans pour autant l'individualiser nécessairement: "Ce qui est nécessaire, en vérité, si je dois faire une assertion définie, ce n'est pas qu'une personne seulement soit nommée "Tommy Jones", mais que je me réfère à une personne précise, quel que soit par ailleurs le nombre des autres personnes qui portent le même nom qu'elle" (Linsky, 1974, *163-164*). Nous en inférons que **le NP qui renvoie à un référé plus ou moins déterminé fait cela dans le but de l'identifier** (cf. Droste, 1976, *299*; Hoek, 1971a, *207*). Comme l'identification peut, aussi bien que l'individualisation, être prise en charge par le NC (la Reine, le Pape), l'unicité référentielle ne saurait être considérée comme spécifique du

NP: "C'est une erreur de croire que 'l'expression référentielle' peut, par elle-même, assurer et garantir cette unicité" (Linsky, 1974, *164*; cf. Wimmer, 1973, *80*).
Le NP peut être déterminé par un adjectif, un article, une proposition déterminative, etc. Dans des énoncés comme "un autre J. Dubois", "Dumas père", *Fromont jeune et Risler aîné* (Daudet), "le jeune Marx", "la France du XIXe siècle", etc. les NP à eux seuls renvoient à plusieurs référés à la fois, qui constituent ensemble une seule classe (celle de tous les J. Dubois, de tous les Dumas, etc.); dans ces exemples le NP est déterminé de telle façon que la référence de l'énoncé entier est uniréférentielle (désignant Fromont jeune et non pas Fromont aîné, Jacques Dubois et non pas Jean Dubois, etc.).

NOTE: Cf. Dees, 1974, *194-196* et Vendler, 1971, *119*. L'article, l'adjectif démonstratif ou la proposition déterminative peuvent tous les trois restreindre l'extension de la référence du NP qu'ils déterminent ("le Paris actuel", "ce Paris du XIXe siècle", "ce Paris que mes parents ont encore connu"); dans les trois cas le NP Paris est multiréférentiel et cette multiréférentialité est transformée en uniréférentialité par les déterminants. Dees (1974, *195*) paraît suggérer que l'article devant le NP entraîne un référé uniréférentiel, tandis que l'adjectif démonstratif entraîne un référé multiréférentiel. Pour Raible (1972, *180*) le NP est par définition dénudé de sens et cesse d'être un NP dès qu'il est précédé d'un article.

Le NP multiréférentiel renvoie tantôt à des référés qui en réalité constituent une seule personne ("le Marx hégélien", "le Marx du *Capital*") et tantôt à plusieurs personnes différentes (Jacques Dubois et Jean Dubois); ces constructions où **le NP multiréférentiel est rendu uniréférentiel par ses déterminants** ne constituent pas des exceptions dans la langue, comme le croit Vendler (1971, *119*) (cf. Dees, 1974, *195*). Dans d'autres cas la référence du NP se trouve par contre élargie par l'adjonction de déterminants, à tel point que ces NP sont devenus des NC ("un deuxième Ravaillac", "un nouveau César", *Le nouveau Candide, La nouvelle Atala, Le Gil Blas du théâtre*, etc.); le sens de ces NP devenus NC ne dépend plus du code référentiel mais du code linguistique (cf. Vendler, 1971, *119* et Droste, 1976, *29* critiquant Wimmer, 1973, *132*; cf. aussi § 4.5.1.1 DIGRESSION). Dans des exemples comme "un Barthes n'aurait jamais dit cela" nous avons bien sûr affaire à un NP, l'article indéfini étant ici une contraction de "un auteur comme Barthes".

4.5.2   *Onomastique poétique*

Les problèmes suivants seront passés en revue: l'origine des NP (§ 4.5.2.1) les types de NP_f (§ 4.5.2.2), la (re-)motivation du NP_f (§ 4.5.2.3), la référentialité du NP_f (§ 4.5.2.4) et la fonctionnalité du NP_f (§ 4.5.2.5).

RENVOI: Les travaux consacrés à la théorie de l'onomastique poétique sont rares; on trouve, par contre, dans beaucoup de travaux des remarques sur l'emploi des noms par tel ou tel auteur, qui ne constituent pas une théorie du nom propre en littérature. Deux travaux théoriques sont à retenir: Grivel (1973a, *128-138* et 1973b, *97-111*) et Rigolot 1977b, qui contient une large bibliographie, à laquelle nous ajoutons: Bachellier 1972 (Sue), Dodille 1979 (Barbey d'Aurevilly), Birus 1978 (Lessing), Bonnefis 1976 (Zola), Bya 1971 (névrose du nom), Compagnon 1980 (Montaigne), Démoris 1975 (roman historique du XVIIIe siècle), et 1979 (Laclos), Dubois 1977 (Crevel), Eis 1970 (noms de personnes dans la littérature, noms d'animaux, noms dans le roman policier, la physionomie du nom), Glauser 1978 (*185-223*, Hugo), Grivel 1977 (Dumas père), Imbert 1975 (Hugo), Jefferson 1977 (Sarraute), Laugaa 1977 (Balzac), Meschonnic 1977 (*256-286*, Hugo), Milly 1974 (Proust), Nef 1980 (Maupassant), Nicole 1976 (Proust), Quemar 1977 (Proust), Reeder 1978 (M. Roche), Richard 1979a (Nerval-Labrunie), Rigolot 1977a (Bonaventure des Périers), Schor 1977 (Maupassant), Steinmetz 1979 (Borel), Vendryès 1972 (Proust), Versini 1961 (le roman du XVIIIe siècle), Vidal 1976 (Robbe-Grillet) et *Names* 11 1963, 16 1968 et 20 1972.

4.5.2.1   *L'origine du nom propre et les procédés dénominatifs.* On affirme souvent qu'à l'origine le langage était motivé; l'effacement de cette motivation (Babel) a pour corollaire l'institution de l'opacité du langage (l'arbitraire saussurien); c'est dans le NP et dans quelques onomatopées, qui sont, d'ailleurs, parfois à l'origine du NP (cf. Rigolot, 1977b, *88*), que sont gardés intacts pendant un certain temps quelques restes de ce langage originel transparent. Ainsi, **le NP forme plus ou moins l'archi-signe des noms**, qui, comme à l'aube du Christianisme, révélait la vocation d'une personne (cf. Derrida, 1967, *395*); depuis cette époque le propre a cédé le pas à l'appellatif. Les NP hériteraient de ces premiers noms transparents, originels de l'ère prébabylonienne; le sens du terme "nom propre" serait à la fois "nom qui est (était) propre à la chose" et "nom au sens propre", "nom par excellence" (Todorov, 1968a, *96*), "substantif(s) par excellence" (Bréal, 1904, *183*), "prototype" des noms (cf. van Langendonck, 1978, *266*).

RENVOI: Cf. Foucault, 1966, *51*: "Sous sa forme première, quand il fut donné aux hommes par Dieu lui-même, le langage était un signe des choses absolument certain et transparent, parce qu'il leur ressemblait. (...) Cette transparence fut détruite à Babel pour la punition des hommes. Les langues ne furent séparées les unes des autres et ne devinrent incompatibles que dans la mesure où fut effacée d'abord cette ressemblance aux choses qui avait été la première raison d'être du langage"; Derrida, 1967, *395*: "les premiers substantifs n'ont pas été des noms communs mais des noms propres"; Meschonnic, 1975, *61*: "Il y a eu coupure, cette première langue d'Adam fut perdue à Babel. La punition de l'homme fut l' 'oubli de sa langue antérieure' "; cf. aussi sur l'origine du langage Lieberman 1975, Stam 1976, Todorov, 1977, *266-278*. Il convient de rappeler encore que "les noms propres sont les premiers à être assimilés par l'enfant, les derniers à être perdus en cas de dissolution aphasique du langage" (Lotman et Ouspenski, 1976, *27*); en outre, c'est la notation des NP qui a donné lieu à l'évolution de l'écriture phonographique (cf. Escarpit, 1973, *43*; cf. § 1.2.3.1 HISTORIQUE).

On a de tout temps souligné **le caractère mythique du NP**: "la signification générale du nom propre à son niveau d'abstraction le plus haut ramène au mythe" (Lotman et Ouspenski, 1976, *23*; cf. Ogden et Richards, 1972, *24-47*): **nomen numen.** Cette croyance au pouvoir mythique du nom se reflète et se prolonge dans la tradition théologique selon laquelle le nom est un signe qui convient à la chose et qui dispose d'un pouvoir magique: **nomen omen.** Le nom attribué par Dieu dans la tradition judéo-chrétienne ou par l'onomaturge dans la tradition platonicienne, constitue une caution de l'alliance entre numen et nomen; le nom est sacré et tient lieu du numen; son pouvoir magique s'explique par **l'identification du nom à la chose qu'il désigne** (cf. Lotman et Ouspenski, 1976, *23*; Meschonnic, 1975, *55*; Maync, 1917-1918, *658*). L'invocation du nom d'un dieu ou d'une personne est censée être bénéfique à l'homme; l'abus du nom de Dieu lui serait maléfique; l'abus du nom d'une personne serait maléfique au porteur de ce nom: "Portant le discours du divin, le nom est une puissance négative qui dans le langage fait un antilangage, le détruit au profit des choses, mène, plus qu'à sa méconnaissance, à son rejet" (Meschonnic, 1975, *54*; cf. Kandler, 1950, *68-69* et Zabeeh, 1968, *5*).

HISTORIQUE: La croyance mythique à l'adéquation du nom à la chose a persisté longtemps. Foucault 1966 a montré comment la croyance à la littéralité des signes, basée sur un rapport de ressemblance entre le nom et la chose, persiste même jusqu'au XVIe siècle; au XVIIe siècle ce rapport est supplanté par un rapport de représentation (cf. l'influence de Port-Royal). La croyance à la littéralité du nom est au XVIIIe siècle un sujet de réflexion répandu, qu'on retrouve par exemple chez des auteurs comme Turgot, qui décrit le passage du stade prébabylonien au stade postbabylonien: "La première fois ils (les signes du langage) ne désignèrent qu'un objet déterminé; mais en s'appliquant à plusieurs objets, ils devinrent généraux" (cité dans Meschonnic, 1975, *63*), de même que Leibniz: "il y a quelque chose de naturel dans l'origine des mots, qui marque un rapport entre les choses et les sons et mouvements des organes de la voix" (cité *ibid.*, *65*; cf. aussi Duchet et Jalley 1977), Court de Gébelin, Condillac, le président de Brosses, etc.; cette théorie est exploitée de façon plus systématique par les romantiques (Joseph de Maistre, Nodier, et aussi Mallarmé) (cf. Genette 1976, Meschonnic 1975). Pour avoir gardé plus ou moins cette transparence originelle, le NP se trouve désigné comme instrument poétique anagrammatique par excellence. Saussure affirme qu' "il n'y a jamais eu d'autre manière d'écrire des vers latins que de paraphraser chaque *nom propre* sous les formes réglées de l'hypogramme" (publié par Starobinski, 1964, *260*; cf. aussi Starobinski 1971 et Wunderli 1972). Par cette transparence originelle le NP est capable d'être investi de signification et ne diffère plus des NC que par rapport au mode de production de ce sens. Dans la tradition sémiotique (Saussure, Peirce), le signe est parfaitement arbitraire et il faudrait donc pouvoir parler de l'origine des signes qui composent le langage sans parler des objets qu'il désignent (cf. Todorov, 1977, *275*); cela n'empêche pas le NP d'emprunter son sens du moins en partie au référé du signe.

Ce qui vaut pour le NP vaut aussi pour le titre, qui fonctionne comme le NP du texte. Dès les tout premiers titres, il se présente quelque chose comme une ré-proprialisation et une dé-babylonisation des noms. Avec le NP le titre partage ce pouvoir magique d'incantation et d'invocation: la récitation des titres des "grands auteurs" évoque à l'esprit la littérature française, la culture française, le génie français, etc., avec toutes les valeurs idéologiques que ces notions comportent: le titre est un numen. Avec le NP le titre partage aussi cette faculté d'être un nom ressemblant à l'objet désigné, du moins à ses débuts; traditionnellement on demande au titre de couvrir le contenu du co-texte; le titre doit prédire le co-texte: le titre est un omen. Il se manifeste dans le co-texte une pratique anagrammatique, basée sur le nom que porte le titre: "titre réaliste qui (...) met fortement à contribution le paradigme onomastique comme garant de la mimesis" (Schor, 1977, *53*; cf. Hamon, 1973, *426-427*); ainsi dans *Germinal* (Zola) le co-texte lit "germe", "mine", "minéral", "séminal", etc. Jusqu'à la fin du XVIe siècle les titres ont pris soin de rendre dans toute leur longueur les aventures racontées dans le co-texte, y compris le dénouement; ils sont alors parfaitement transparents; après la coupure épistémologique au cours du XVIIe siècle, décrite par Foucault 1966, lorsque la représentation a le dessus sur la ressemblance comme fondement du signe, les titres deviennent toujours moins transparents et ne couvrent plus complètement leur marchandise; les titres vont devenir des imposteurs. L'obnubilation de sens dans le titre est analogue à la perte de transparence des NP.

DÉVELOPPEMENT: Rigolot (1977b, *229-242*) a attiré l'attention sur le fait qu'il y a une coupure dans les procédés de dénomination littéraire dès le début du XVIe siècle; à l'époque des Grands Rhétoriqueurs, le nom est encore par allégorie le signe de la personne; les noms sont encore transparents et témoignent d'une plasticité totale; la sémantisation des noms est désordònnée et la dénomination transparente est un procédé pris tout à fait au sérieux. Avec la Pléiade, Rigolot constate un changement du modèle onomastique provoqué par l'influence du pétrarquisme: l'individualisation devient en poésie plus importante et avec elle la dénomination prend de plus en plus les allures d'un jeu ludique. Chez des auteurs comme Rabelais, Montaigne et Du Bellay on peut constater une contradiction entre théorie et pratique onomastiques; l'époque de la Pléiade est une époque de transition, parce que ses auteurs ne se privent pas du plaisir d'introduire dans leurs oeuvres littéraires des noms remotivés, transparents, tandis qu'ils ne cessent pas dans leurs travaux critiques d'affirmer que le nom ne saurait nous renseigner sur la chose qu'il dénomme, que les noms sont trompeurs, qu'ils séduisent et qu'il faut s'en méfier; ce sont des titres de gloire et l'on sait combien Montaigne par exemple fait peu de cas de la gloire: "le nom est un faux-semblant que la sottise de l'homme préfère à la complexité qu'il cache" (Rigolot, 1977b, *236*; cf. Montaigne, *Essais* I, 46; II, 16, 17; III, 9 et Compagnon 1980). Avec l'époque baroque finalement, la coupure est généralisée; le signe, devenu complètement arbitraire, ne fonctionne plus par ressemblance mais par représentation seulement. La coupure est complète dans la deuxième moitié du XVIIe siècle sous l'influence de la *Logique* et de la *Grammaire* de Port-Royal, qui introduisent de façon explicite le concept de représentation comme rapport entre les idées, les jugements et le raisonnement (cf. Foucault, 1966, *95-107*).

4.5.2.2 *Les types de dénomination.* Relevons ici les principaux procédés de dénomination, c'est-à-dire les différentes formes que le nom peut prendre dans le titre. Le NP peut se trouver dans les types de dénomination suivants:

a. **noms de personnes:**

(1) **prénom masculin ou féminin:** *Emile, Jacques, Angélique, Elisora*;

  prénoms coordonnés: *Alfred et Coralie, Adhémar et Théodeberge*;

(2) **prénom + nom de famille:** *Adolphe Selmour, Amélie de Reisberg*;

  nom de famille + prénom: *Lacombe Lucien* (film de Malle);

(3) **nom de famille:** *Struensee, Lauzun*;

(4) **titre** (civil, nobiliaire, ecclésiastique, etc.), **marque de filiation ou d'amitié** (oncle, fils, ami, etc.) + (1) − (3): *L'écuyer Dauberon, L'évêque Gozlin, Le père Maurin, Madame de Sommerville, Mon oncle Thomas, Le roi Margot, Mon ami Norbert*;

(5) **sigles, initiales, astérisques,** etc.: *La vie de Marianne ou les aventures de la comtesse de **** (Marivaux), *L'histoire d'O* (Réage);

(6) **surnoms, sobriquets:** *Boule de Suif* (Maupassant), *Mademoiselle Fifi* (id.), *La reine Hortense* (id.), *Madame Putiphar* (Borel), *Madame Sans-Gêne* (Sardou);

a'. **Noms d'animaux, noms de plantes:** *Chien-Caillou* (Champfleury) (cf. Eis 1970);

b. **noms de lieux:** villes, fleuves, régions, etc.: *Anatolie, Le café Procope*;

c. **noms d'objets:** noms de programmes politiques, de lois scientifiques, d'oeuvres d'art, de maisons, de bateaux, etc. (cf. Wimmer, 1973, *93-94*);

d. **noms d'événements**: noms d'opérations militaires, etc.

L'intitulation sous forme de nom de personne a un effet héroïsant. La mention du seul prénom s'oppose comme une dénomination qui rapproche par l'expression de rapports de familiarité, de popularité, d'amicalité ou d'intimité à celle du patronyme, celle-ci étant une dénomination qui éloigne et qui situe la personne hors du groupe; la dénomination par mention de prénom plus patronyme constitue le terme neutre intermédiaire entre les deux autres.

REMARQUE: La **postposition du prénom** par rapport au nom de famille peut être fonction-nelle, comme l'a démontré Lévi-Strauss (1962, *248-249*). En général, le patronyme dénote la classe, tandis que le prénom désigne l'individu. Or, il existe deux raisons pour inverser l'ordre habituel: d'abord, il paraît plus logique de spécifier en premier lieu la classe et ensuite seulement l'individu, qui a une extension moins grande; cette habitude est adoptée par les autorités administratives; il y a une deuxième raison possible: lorsque dans une famille le frère et le beau-frère portent le même prénom et qu'il faut donc ajouter le nom de famille pour les distinguer, le nom de famille dénote l'individu et le prénom la classe. Le prénom et le patronyme peuvent donc fonctionner différemment et leur ordre peut différer en vue de ce fonctionnement (cf. § 4.5.2.3.2 e).

RENVOI: Schor (1977, *70-71*) distingue quatre **types de surnoms** chez Maupassant:
    1. **surnoms-synecdoques** où la motivation est d'ordre physique: "Son embonpoint pré-coce ... lui avait valu le surnom de Boule de Suif" (*Boule de Suif*);
    2. **surnoms-citations** où la motivation est d'ordre idiolectal: "Mica! mica! mica! pour tout. Je ne vous appellerai plus que mademoiselle Mica" (*Les soeurs Rondoli*);
    3. **surnoms-portraits** où la motivation est physique et idiolectale à la fois: "Depuis son entrée en France, ses camarades ne l'appelaient plus que Mlle Fifi. Ce surnom lui venait de sa tournure coquette, de sa taille fine (...) et aussi de l'habitude qu'il avait prise (...) d'employer à tout moment la locution française – fi, fi donc ..." (*Mademoiselle Fifi*);
    4. **surnoms-énigmes** où la motivation vacille ou fait défaut: "On l'appelait dans Argen-teuil, la reine Hortense. Personne ne sut jamais pourquoi. Peut-être parce que ..." (*La reine Hortense*).
    Schor (1977, *71*) fait remarquer à juste titre que le surnom possède par rapport au NP une force accrue de vraisemblabilisation: "Le surnom représente donc le garant hyperbolique de la mimesis, surclassant le simple nom propre en tant que producteur d'un 'effet de réel' ". Par rapport au NP le **surnom** a l'avantage d'être plus explicite, plus lisible, de **dire par dénotation la même chose que le NP dit par connotation** (cf. Bachellier, 1972, *72* et Grivel, 1973b, *107*); les surnoms sont plus directs; Barthes (1971b, *171*) parle de la "rectitude" des surnoms dans Sade: Brise-cul, Bande-au-ciel, Clairwil.

4.5.2.3   *La remotivation des noms propres fictionnels.*   Pour la mimo-logie l'essence d'un objet se reflète dans son nom, qui en constitue un "portrait vocal" (Genette, 1976, *29*); dans cette optique les NP forment au fond les seuls objets satisfaisants pour la mimologie (cf. Genette

1976; *Poétique* 11 1972). La sémiotique, par contre, ne cherche ni à retrouver la motivation originelle du NP, c'est-à-dire cette relation d'analogie en reflet qui prouverait par mimesis phonique la justesse du nom, ni à rattacher les mots premiers (les NP) à des sons portant un sens défini. Au cours des siècles, les NP eux-mêmes ont perdu cette transparence qu'ils avaient gardé plus longtemps que les NC qui, eux, ont rapidement acquis un sens conventionnel. Une fois le sens originel perdu, les NP n'ont pas été immédiatement réinvestis de sens conventionnels; le NP est devenu un signe disponible, vide: "Le paradoxe de la théorie du nom est qu'il vide le signe" (Meschonnic, 1975, *75*). Or, c'est dans un contexte fictionnel que le NP s'est rechargé de sens et même outre mesure; il est devenu un signe "hypersémantique" (Weinreich), "un signe volumineux, un signe toujours gros d'une épaisseur touffue de sens" (Barthes, 1967a, *153*). Cette **hypersémanticité du NP$_f$** est exploitée par des auteurs comme Proust (cf. Genette, 1976, *315*). En profitant de la disponibilité du NP et de la croyance à la tradition théologique selon laquelle le NP est un signe adéquat pour la chose, **l'écrivain transforme le NP de signe naturel en signe motivé; le rapport entre le nom et le sens est prétendu naturel mais il est institué d'après les conventions de l'écriture** (cf. Grivel, 1973a, *130-131*).

RENVOI: Les **poéticiens** et les **sémioticiens** ne s'accordent pas plus que les linguistes pour attribuer un sens au NP. Certains affirment que **le NP est dénudé de signification**, mais dans ce cas-là ils parlent souvent du NP non fictionnel, ou ils veulent dire que le NP ne signifie pas en soi mais seulement par rapport aux autres NP, ou bien ils ajoutent des restrictions ("en principe") et précisent que les NP signifient parce qu'ils ont des connotations variables: "Le langage verbal comporte en fait des éléments réservés exclusivement à la dénotation: ce sont, idéalement, les noms propres" (Todorov, 1972, *278*); "La classe de mots de sens le plus pauvre est évidemment celle des *noms propres*" (Todorov, 1978b, *96*); "Un nom propre, comme chacun le sait, n'a en principe aucune "signification", mais seulement une fonction de désignation" (Genette, 1976, *22*); "..., qui, en tant que nom propre, est en principe vide de toute signification" (Greimas, 1976, *21*); "Rappelons à cet égard que la signification générale du nom propre est, par principe, tautologique: aucun d'eux ne se caractérise par des traits différentiels; ils se désignent les objets auxquels ils sont fixés; un ensemble d'objets de même nom ne partagent pas forcément de propriété spéciale outre celle de porter ce nom" (Lotman et Ouspenski, 1976, *20-21*); "Personal names are basically meaningless, or more exactly, are variable in the connotations they have for individual readers" (Hendricks, 1974, *14*). **La plupart des sémioticiens assignent au NP$_f$ un statut signifiant**: "Le Nom propre est lui aussi un signe, et non bien entendu, un simple indice qui désignerait, sans signifier, comme le veut la conception courante, de Peirce à Russell" (Barthes, 1967a, *152*); "le *nom propre* (...) qui n'a de sens que dans un contexte conventionnel de référence pré-défini" (Hamon, 1977b, *270*); "Le nom de personne (dans le système linguistique, dans le roman), bien qu'"arbitraire", n'est cependant pas dépourvu de signification" (Grivel, 1973a, *129*); "In einem Kunstwerk gibt es keine nichtssagenden Namen. Dort gibt es keinen unbekannten Namen. Alle Namen sagen etwas. Jeder Name, der in einem Werk der Literatur fällt, ist bereits Bezeichnung, die in allen verfügbaren Farben glitzert" (Tynianov, cité dans Grivel, 1973a, *129*); "Le nom même du héros peut avoir cette fonction (= de servir de masque). Dans ce sens, les traditions des noms-masques propres à la comédie offrent aussi un intérêt. (...) presque tous les noms dans les comédies désignent un trait caractéristique du personnage" (Tomachevski, 1965, *294*); cf. aussi Trost (1958, *869* et 1962, *276*), Kandler (1950, *68, 69*), Maync (1917-1918, *659*), Mühlenweg (1960, *16*).

Les **auteurs** eux-mêmes sont très souvent conscients de l'importance du nom: "Un nom propre est une chose extrêment importante dans un roman, une chose *capitale*. On ne peut pas plus changer un personnage de nom que de peau. C'est vouloir blanchir un nègre" (Flaubert, cité dans Bya, 1971, *140*); "Ils (les romanciers) appellent leurs personnages par des prénoms. C'est absurde. On ne les voit pas. Moi, tous mes personnages ont des noms. Si je dis qu'Ernest Dupont fume la pipe et porte une cravate papillon, le lecteur sait qu'il ne s'agit pas d'un séducteur" (Des Cars, 1973, *5*).

Comparé au signe linguistique arbitraire et immotivé (cf. Saussure, 1971, *100* sq), le NP$_f$ fonctionne comme "un système motivé, fondé sur un rapport d'IMITATION entre le signifiant et le signifié" (Barthes, 1967a, *154*). La remotivation du NP, basée sur ce rapport d'imitation, assigne au NP une signification qui peut être analysée. Le NP$_f$ ne signifie pourtant pas en soi-même; **la remotivation s'effectue par différenciation avec les noms des autres personnages: tout NP$_f$ fait partie d'un système de dénomination textuelle auquel il emprunte son sens** (cf. Barthes 1967a; Macherey, 1970, *57*; Grivel, 1973a, *128-138*; Hamon, 1977a, *149*). Le nom est toujours une "qualification différentielle" (Hamon, 1977a, *154*) par rapport aux autres NP: le sens définitif d'un NP$_f$ ne se laisse établir que par rapport au système onomastique textuel où ce NP$_f$ figure; il n'est pas question de "synesthésie spontanée" mais plutôt d'une "association lexicale" (Genette, 1976, *320*). Une telle observation sur l'origine de la remotivation vient à la suite de remarques de Claude Lévi-Strauss (1962, *248*; cf. § 4.5.1.1 PRÉCISION), qui définit le NP comme un "moyen d'assigner une position, dans un système qui comporte plusieurs dimensions". **La signification du NP$_f$ se manifeste surtout dans ses relations aux autres NP$_f$ mais aussi dans ses connotations**: "Descriptive names (...) are at best minor touches and typically do not serve as the complete characterization of the persons so named" (Hendricks, 1974, *14* note 6): le nom transparent (apparemment) ne signifie pas toujours une propriété du personnage, même en littérature; **par stratégie déceptive le NP peut servir des fins parodiques ou ironiques** et signifie par antiphrase le contraire de son sens.

DÉMONSTRATION: Une Virginie n'est pas toujours vierge (Virginie dans *L'assommoir* de Zola), une Christine n'est pas toujours chrétienne. Cellard 1975 cite plaisamment l'exemple de

la danseuse balzacienne qui s'appelle Héloïse Brisetout; Héloïse brise tout parce que, moins danseuse qu'intrigante, la lorette installée rue Notre-Dame-de-Lorette(!) change facilement de protecteur. Dans *L'homme qui rit* (Hugo) l'homme s'appelle Ursus et son chien-loup Homo: effet comique mais aussi fond de vérité: "homo homini lupus". Dans *Les deux amis* (Maupassant) l'un des deux braves bourgeois s'appelle Sauvage. **Dans de tel cas où le lien structural entre référé et signification du NP n'est plus un lien de conformité mais de désaccord, il se produit un effet comique qui repose souvent sur un lien plus ou moins secret entre le NP et le personnage, lien moins faux qu'il n'apparaît au premier coup d'oeil.** En outre, un NP$_f$ dont la signification ne s'accorde apparemment pas avec les propriétés du personnage dénommé, contribue à la vraisemblabilisation de ce personnage: un tel NP$_f$ se rapproche des NP$_{non\ f}$ dans la mesure où il paraît privé de signification connotative, et se présente comme un nom réel dont le sens dépend de la référence. Dans la pièce de théâtre intitulée *La folle de Chaillot* (Giraudoux) il est à certain moment question de la personne nommée dans le titre, or, lorsqu'on s'étonne et demande "une folle?", la réponse suivante est donnée: "Pourquoi folle? Je ne vous permets pas de l'insulter. C'est la Folle de Chaillot". Quand, en revanche, le nom est assumé de plein gré, le texte souligne le caractère fictionnel du nom:
"– Yseult: – Veux-tu mes conseils, chère petite Ondine?
– Ondine: – Oui, je suis une ondine" (Giraudoux, *Ondine*) (exemples cités d'après Raible, 1972, *180, 181*) (cf. § 4.5.1.1).

Le NP$_f$ ne fait que classer son porteur dans les hiérarchies prévues par le code littéraire et plus particulièrement par la convention de dénomination (cf. Grivel, 1973a, *130*). L'acte de dénomination est donc un **acte de mise en place du personnage dans le système romanesque.** Cette mise en place se fait par rapport à deux axes: un **axe d'indication de l'état socio-hiérarchique** et un **axe de valorisation positive ou négative.** La place du personnage sur les deux axes permet de le classer dans le système hiérarchique relationnel qui détermine son rôle narratif; c'est donc le NP$_f$ qui produit et remplit le personnage en fixant son rôle narratif: "le nom 'propre' désigne une fonction du récit" (Ricardou, 1971, *52*; cf. Barthes, 1970b, *74, 197* et Grivel, 1973a, *136*). L'indication de l'état social du personnage signifie son inscription dans un milieu noble, bourgeois ou ouvrier par divers procédés de remotivation. La valorisation positive ou négative du personnage est implicite dans ce procédés de remotivation et signifie la conformité du NP$_f$ (le bourgeois s'appelle Goriot et le noble de Beauséant dans *Le père Goriot* de Balzac) ou sa non-conformité (l'abbé s'appelle Frilair ou Castanède dans *Le rouge et le noir* de Stendhal) aux règles de composition des NP$_f$ typiques de telle classe sociale. Le nom se présente comme un "champ d'aimantation des sèmes" (Barthes, 1970b, *74*), un "spectre sémique" (*id.*, 1967a, *153*), qu'une analyse sémique peut décomposer en sèmes.

Nous procédons maintenant à l'inventarisation des principaux procédés de remotivation des NP$_f$, qui permettent de rattacher tel personnage par son nom à telle classe sociale et de le considérer comme positif ou négatif. Deux types de remotivation permettent d'assigner au NP$_f$ son statut signifiant: la remotivation culturelle (§ 4.5.2.3.1) et la remotivation discursive (§ 4.5.2.3.2) (cf. Hamon, 1977a, *147-150*). Nous voulons démontrer par là que le NP$_f$ est un élément ni inexpressif (cf. Hélin, 1956, *145-146*), ni inexplicable, ni uniforme (cf. Nagel, 1905, *16*), ni lié à la mode du jour (cf. Mühlenweg, 1960, *33*). Nous ne fournissons qu'un début de classification; la liste pourra être complétée sans doute par d'autres procédés de remotivation, qui prouvent également que le nom fonctionne comme "condensé de programme narratif" (Hamon, 1977a, *150*).

4.5.2.3.1   *La remotivation culturelle des NP$_f$*

(a) le **code ethnique** permet de classer tel nom comme français (Jean), italien (Giovanni), allemand (Johann), anglais (John), etc. Les noms sont motivés par le fait qu'ils traduisent une couleur locale: "francité", "germanicité", etc.

EXEMPLES 1:   Les NP chez Proust (Laumes, Argencourt, Villeparisis, Combray, Doncières, etc.) présentent une "plausibilité francophonique" (Barthes, 1967a, *156*); plutôt que des lieux précis ils désignent la "francité", leurs signifiants étant construits en conformité avec le phonétisme propre aux toponymes français. Voltaire tire profit de ce code dans *Candide*, où les noms des personnages sont choisis en fonction de leur nationalité, jusqu'à la parodie: le prusse Thunder-ten-thronck, le juif portugais don Issacar, le prince italien Massa-Carrarra, l'empereur marocain Muley-Ismaël, le gouverneur argentin Don Fernando d'Ibaraa, y Figueora, y Mascarenes, y Lampourdos, y Souza.

(b) le **code social** permet de classer tel nom dans une hiérarchie sociale; tel nom a des consonances bourgeoises, nobles, ouvrières, etc. La particule "de" marque la noblesse; l'article "la" devant un nom de femme signifie sa célébrité dans le beau monde (artiste, comédienne) ou la moquerie et l'ironie dans les milieux populaires (la Banban dans *L'assommoir* de Zola); les suffixes de dérivation populaire comme -ard ou -ouille sont connotés péjorativement par assimilation à des séries homogènes ("trouillard", "vantard", "fripouille") (cf. Hamon, 1977a, *149*). Lorsque la position sociale d'un personnage change, son nom aussi subit des changements: le **NP$_f$ est l'expression fidèle du pouvoir social d'un personnage**.

EXEMPLES 2:   Dans *Le rouge et le noir* (Stendhal), Julien Sorel va s'appeler M. le chevalier Julien Sorel de la Vernaye; dans *Bel-Ami* (Maupassant) Georges Duroy devient Georges Du

Roy de Cantel et même Baron Georges Du Roy; l'ancien fabricant de vermicelles se laisse nommer le père Goriot et non plus Monsieur Goriot (Balzac).

Grivel (1973b, *97-111*) fournit une description approximative de la remotivation sociale dans les noms qui figurent dans les romans français de 1870 à 1880. Il constate que le nom ouvrier est fondamental et que les autres noms constituent un écart par rapport au nom ouvrier: "Claude" vs "Claudien" vs "de Claudieuse" = nom ouvrier vs nom bourgeois vs nom noble. Le nom ouvrier est souvent un nom incomplet (prénom seul, patronyme seul), le nom bourgeois est souvent un prénom plus patronyme, le nom noble est caractérisé par le préfixe "de". La caractérisation peut se faire d'autres manières encore: Barthes (1971b, *171*) fait remarquer la "robustesse française des noms de roture" chez Sade: Foucolet, Gareau, Ribert, Vernol, etc.

Barthes (1967a, *156*) a montré comment, dans le système onomastique proustien, l'opposition /aristocratie/ vs /roture/ est actualisée dans la structure phonique de certains noms: les noms de l'aristocratie montrent la structure suivante: ... consonne et voyelle longue + consonne + e-muet # (Guermantes, Laumes, Agrigente), tandis que les noms bourgeois ont moins d'allure et sont plus brèves: ... voyelle + (consonne) # (Morel, Cottard, Jupien, Brichot). Ces règles n'expliquent pas tous les noms proustiens (cf. Courvoisier, Norpois, Villeparisis, Bréauté, Chatellerault, etc.). Genette (1976, *316*) allègue encore d'autres moyens pour motiver socialement les noms proustiens; il affirme que les noms nobiliaires tirent leur consonance aristocratique du fait qu'ils sont toujours des noms de pays, suggérant par là un lien entre la famille et le terroir, comme c'est le cas des noms aristocratiques traditionnels. Une troisième explication de la consonance aristocratique des noms proustiens est mentionnée dans Milly (1974, *65* note 2): la moitié de ces noms rappelle l'univers des *Mémoires* de Saint-Simon.

(c) le **code psycho-sociologique** permet de relier des (fragments de) NP_f à des noms de l'auteur ou de sa famille, par exemple.

EXEMPLES 3: Dans les prénoms proustiens de l'ancêtre des Guermantes, Milly (1974, *75*) retrouve la syllabe /b ε R/ (Albert, Fulbert, Gilbert), dont il explique la présence par le nom patronymique de la grand-mère maternelle de Proust, Adèle BERncastel. En comparant "Mont-Oriol" (Maupassant) à "Mont-Dore", Schor (1977, *52*) se demande: "ne pourrait-on pas voir en l'adjonction du *l* au radical *or* l'anagramme de Laure, le prénom de la mère de Maupassant?" (cf. aussi les travaux de Françoise Gaillard, par exemple sur *Aurélia* de Nerval).

(d) le **code de la tradition culturelle et intertextuelle** permet d'associer tel nom à des noms identiques ou ressemblants.

EXEMPLES 4: Proust retient dans le nom "Parme" non pas telle ville italienne réellement existante, mais deux choses particulières de son spectre sémique: la douceur stendhalienne et le reflet des violettes (cf. Barthes, 1967a, *153*). Roelens (1974, *13* note 10) signale que "Jacob renvoie à son ancêtre de la Bible, le Parvenu de l'Ancien Testament" dans *Le paysan parvenu* de Marivaux.

(e) le **code individuel mémoriel** permet de lier tel nom à des expériences, des associations ou des souvenirs personnels.

EXEMPLE: Barthes (1967a, *153*) rappelle la remotivation individuelle mémorielle présente dans le nom Balbec pour le narrateur dans Proust: Legrandin lui a dit que Balbec est un lieu de tempêtes en fin de terre, et Swann lui a dit que l'église de Balbec est du gothique normand à moitié roman. Aussi, "Balbec" signifie-t-il pour lui "architecture gothique et tempête sur la mer".

4.5.2.3.2   *La remotivation discursive des NP$_f$*

(a), le **code étymologique** (étymologie populaire et/ou savante); il existe deux avis radicalement opposés sur la pertinence de la remotivation étymologique. Parfois on refuse à l'étymologie du NP tout pouvoir de remotivation: "La lecture onomastique ne sera donc pas *référentielle*"; "Toute cette genèse intéresse bien peu l'activité littéraire qui, tournant le dos à l'onomastique scientifique, se forge ses propres lois transformationnelles et organise l'univers nécessaire de ses dérivations" (Rigolot, 1977b, *13, 14*); parfois aussi on considère la signification du NP$_f$ comme une ré-utilisation de son sens étymologique: "Was man nun in der Literatur redende Namen nennt, ist wieder etwas anderes. Das ist ein neues Gebrauchmachen von dem etymologischen Wortsinn der Namen, an den ja für gewöhnlich gar nicht gedacht wird" (Dornseif, 1940, *27*). Nous croyons que le sens étymologique du NP$_f$ ne doit pas être négligé, lorsqu'il s'agit de reconstruire son sens. Pourtant, la recherche du sens étymologique du NP$_f$ ne doit ni ne peut viser à déchiffrer le nom comme on déchiffrerait un roman à clefs; il s'agit non seulement de chercher ce sens étymologique, mais aussi de le rendre fonctionnel et productif.

EXEMPLES 1:   Des noms comme Théophile, Christine, Blanche, Dorothée, Virginie, etc. sont parfois très fonctionnels en vertu de leur sens étymologique (réel ou prétendu), même quand il est ironique. Cela vaut aussi pour les patronymes: de Grandville, Hauteserre, Aiglemont, Beauséant, etc. sont des noms balzaciens dont la noblesse se reflète dans leurs étymologies.
   La critique de Vendryès (1972, *127*), qui constate que les étymologies proposées par Brichot (Proust) sont absurdes, ne paraît pas pertinente; il conclut que Proust "croyait à l'étymologie, comme à un moyen rationnel de pénétrer le sens caché des noms et par suite de se renseigner sur l'essence des choses". Vendryès aurait pu y voir non seulement une critique de l'érudition pédantesque mais aussi un moyen de remotivation des noms. Genette (1976, *325-328*) signale que ce que Brichot fait en réalité, c'est rendre impossible les spéculations sur le sens des mots et dénoncer l'illusion réaliste, référentielle et sémantique.

(b), le **code morphématique** permet de retrouver le sens des NP par leur parenté avec des morphèmes dont le sens est connu ou suggéré. Les NC auxquels les NP$_f$ empruntent leur sens, peuvent appartenir à une autre langue que celle du texte où ils sont inscrits; dans ce cas la traduction suffit pour retrouver le sens. Le code étymologique diffère du code morphématique, parce que celui-là prend en considération la perspective diachronique. Le code morphématique explique le sens du NP$_f$ non seulement quand il est identique à un NC homophone mais aussi quand il lui ressemble pour l'oreille ou pour l'oeil (translittération); dans ce cas le NC a subi des transformations graphiques ou phoniques.

EXEMPLES 2: Lieuvain (*Madame Bovary*, Flaubert) peut être analysé comme "lieu + vain" (Duchet) mais aussi comme "levain" (Bonnefis, 1971, *160*); dans Bovary comme dans Bouvard on reconnaît le mot "boeuf". *Le Horla* (Maupassant) est "dehors + là" (Hamon, 1977a, *150*); Picsou et Gobseck sont des usuriers (*id.*, 1973, *426*). Dans Sade Philippe Sollers (1968b, *90*) découvre les correspondances suivantes: Noirceuil = noir + seuil, Saint-Fond = fond sacré, Clairwil = clair + vouloir, Mondor = mont + or, un financier, Brisa-Testa = un brigand, Lorsange = l'or + sang + ange, etc. Roelens (1974, *13*, note 10) fait remarquer que dans *Le paysan parvenu* de Marivaux "le directeur de conscience se nomme M. Doucin, le financier sensible, M. Bono". Dans Balzac, Lemprun est employé de banque, Lepitre directeur d'école et La Gonore dame de maison close (cf. Cellard 1975). Barthes (1973a, *34*) interprète le nom Valdemar (Poe) comme "vallée de la mer", thème cher à Poe. Dans le nom Le Perthuis (*Une vie*, Maupassant) Schor (1977, *54*) lit "la perte", qui est un thème majeur du livre; cette même perte se retrouve dans le titre qui est un titre secondaire typique de la biographie et n'annonce donc que le genre du texte; par là ce titre a perdu son sens; ensuite, l'héroïne du roman fait son voyage de noces en Corse, dont le nom suggère "corps" et "coeur" et bien entendu une certaine "corsitude" (la passion, la vendetta, la paresse, le maquis, etc). La translittération se présente dans le nom Lustucru qui signifie "l'eusses-tu cru?". La traduction donne le sens des noms suivants: *Stello* (Vigny) signifie "étoile", Que vlo-ve (*L'hérésiarque & Cie*, Apollinaire) "que voulez-vous?" et Nemo (*20.000 lieues sous la mer*, Verne) "personne". Rabelais emprunte souvent les morphèmes de ses NP$_f$ à la langue grecque (Panurge, Epistemon). Notamment les surnoms sont motivés par rapport aux NC homophones; la remotivation est souvent physique et parfois psychique: Cadet-Cassis, Gueule d'Or, Queue-de-Vache, Banban (*L'assommoir*, Zola); dans Michaux un des personnages s'appelle "Qui je fus" (cf. Raible, 1972, *179*); "le Borgne" est un borgne, "Simplet" un simple d'esprit (cf. Hamon, 1973, *426*).

(c) le **code anagrammatique**: la réorganisation anagrammatique des phonèmes ou graphèmes du nom permet la remotivation.

EXEMPLES 3: "grand-mère est l'anagramme de Guermantes" (Milly, 1974, *75*); le patronyme de *Hector Servadac* (Verne) est l'anagramme de "cadavres" et Ardan (*Autour de la lune*, Verne) l'est de "Nadar". Rigolot 1977b analyse l'anagrammatisme des noms figurant dans les textes poétiques de la Renaissance.

(d) le **code paragrammatique**: le dépliage paragrammatique (ex-plication) des phonèmes ou graphèmes du NP$_f$ dans le contexte où il figure (lecture syntagmatique) et dans le contexte virtuel (lecture paradigmatique) permet la remotivation.

EXEMPLE: Milly (1974, *79*) et Adam (1976, *93-94*) présentent une analyse du "Parme" proustien, dont ils retrouvent les phonèmes dans le contexte immédiat de ce nom.

(e) le **code de la connotation**: la connotation est provoquée par des éléments signifiants (matériel phonique ou graphique, faits prosodiques, construction syntaxique, faits lexicaux, dénotés extralinguistiques, etc.) ou par des éléments signifiés (connotations sémantiques, stylistiques, valeurs associées, significations implicites, etc.) (cf. Kerbrat-Orecchioni 1977a). Nous présentons quelques types, qui forment un début de classification:

— la **connotation métaphorique**: les personnages historiques dans un récit sont connotés par leur réputation historique: Mme de Pompadour, Hitler, Raspoutine, etc. (cf. Grivel, 1973b, *147*); l'extranéité complète et patente du NP_f étranger entraîne souvent la péjoration de son porteur; la latinité (terminaison latine) des noms féminins connote la sensualité, l'exotisme et donc la péjoration du porteur (dans le paradigme onomastique réaliste et naturaliste) (cf. *ibid.*, *103-104*).

— la **connotation métonymique**: "Le *nom propre* sert d'*indice* à un ensemble de discours que le thème résume. L'annonce du nom propre d'un lieu, d'un auteur ou du titre d'un ouvrage tient donc lieu du présupposé entier, de tout un univers de discours" (Kristeva, 1974, *341*). Des noms comme Hernani, René, Vigny, Obermann, etc. connotent le romantisme français. *Stello* (Vigny), qui signifie "étoile", connote métonymiquement son produit, "la lumière", d'autant plus que l'antagoniste de Stello s'appelle le docteur Noir!

— la **connotation syntaxique**: la composition du nom (sa syntaxe) entraîne des valeurs associées; la marque du seul prénom est un mélioratif, celle du seul patronyme une péjoration du porteur; la redondance du nom renforce la valorisation; le prénom et le patronyme peuvent se corriger, se compenser, bref, s'influencer (cf. Grivel, 1973b, *111*); le redoublement de noms identiques séparés par un trait d'union (Massin-Massin, Crémière-Crémière) est dans Balzac un trait caractéristique de la petite bourgeoisie (cf. Cellard 1975) (cf. § 4.5.2.2 d).

— la **connotation phonique** relève de l'harmonie imitative, du symbolisme phonétique (cf. *Poétique* 11 1972). Rudnyckyj (1959, *382-383*) parle dans ce cas de "relevance to the form" et Barthes tantôt de la "beauté des noms naturels" (1971, *171*) tantôt de "motivation naturelle" (1967a, *154*). Certains noms paraissent choisis pour des raisons d'euphonie; leur structure phonique paraît particulièrement "belle", "recherchée", "exotique", "déviante", etc. par rapport aux structures phoniques des autres NP dans un texte; une telle surdétermination sert dans un contexte précis à produire certaines connotations psycho-sociales précises: positivité ou négativité (cf. Bodman e.a. 1979). Dans Rimbaud on trouve par exemple des noms comme "Léonie Aubois d'Ashby" et "Louise Vanaen de Voringhem"; dans Sade ceux de Bertrande de Bagnols, Emessende de Salves, Rostain de Morières, etc. (cf. Barthes, 1971b, *171*). Barthes (1972, *103*) fait l'analyse du nom d'*Aziyadé* (Loti) et il y lit "une constellation d'îles, de peuples, l'Asie, la Géorgie, la Grèce; puis encore, toute une littérature: Hugo qui dans ses *Orientales* mit le nom d'Albaydé, et derrière Hugo tout le romantisme philhellène;

Loti, voyageur spécialisé dans l'Orient, chantre de Stamboul; la vague idée d'un personnage féminin (quelque Désenchantée); enfin le préjugé d'avoir à faire à un roman vieillot, fade et rose". Roelens (1974, *13* note 10) remarque que dans *Le paysan parvenu* (Marivaux) "les noms propres des personnages fonctionnent comme signes à l'intérieur de l'oeuvre et l'opposition *Or-* réservé à la noblesse, Fer-, Fe- retenu pour la nouvelle aristocratie financière, implique plus qu'un partage de l'espace social, déjà un jugement de valeur".

— la **connotation graphique** se fait par la remotivation d'un graphème: Aristide Rougon se choisit un nom "de guerre": "Saccard!... avec deux c... Hein! Il y a de l'argent dans ce nom-là; on dirait que l'on compte des pièces de cent sous ... un nom à aller au bagne ou à gagner des millions" (cité dans Hamon, 1977a, *150*). Ricardou (1971, *240-244*) discute les noms en M, en Pass-, en L dans *Le libera* (Pinget). Cellard 1975 signale une certaine organisation dans les noms des personnages de Balzac: "Les fanatiques de l'or, les usuriers, les avares, y paraissent en quelque sorte signés par le G initial de leur nom: (Grandet, Gobseck, Goriot); les noms des filles de joie commencent par C et/ou se terminent en -ine: Carabine, Cadine, Caroline, etc.; les noms des "braves commerçants, amis de la loi, de l'ordre et des écus, bons époux en général, et bons pères" se terminent en /o/: Cardot, Camusot, Birotteau, etc.

(f) le **code de la remotivation explicite immanente**: le récit lui-même travaille parfois à la désambiguïsation des noms opaques; dans un tel récit étiologique (cf. Bachellier 1972) la motivation d'un tel NP est prise en charge par un personnage secondaire, parfois le narrateur, qui explique pourquoi X est appelé Y: "Mais je n'en étais pas moins baptisé du nom de Berlick, et le nom m'en resta" (Dumas père, *Mes mémoires*; cf. Grivel 1977). Hamon (1977b, *279*) fait remarquer que l'élucidation d'un nom propre, qui est une activité métalinguistique, peut se faire narrativement par 1) une **scène d'imposition du nom** (baptême): le narrateur baptise l'horreur inconnue le Horla (Maupassant), 2) une **scène de glose**: dans *Germinal* (Zola) Bonnemort explique à Etienne son surnom, 3) une **scène d'utilisation et d'interprétation du nom**, comme dans Proust. Dans un récit conçu comme un échange d'information entre les personnages, il y a deux types de personnages "cybernétiques": ceux qui demandent à être informés (enfants, ingénus, amnésiques et, dans les textes réalistes, néophytes, apprentis, provenciaux, voyageurs, étrangers, etc.) et ceux qui informent (autochtones, commères, bavards, spécialistes didactiques, etc.) (cf. Hamon, 1977b, *278-281*).

Pour deux raisons il paraît difficile d'indiquer les **limites de la remotivation** du NP$_f$: d'abord, plusieurs types de remotivation peuvent jouer à la fois dans un seul NP$_f$, l'une entraînant l'autre; rien que la remotivation ethnique permet d'associer au nom toutes les connotations possibles de la "francité", de l' "italianité", etc.; ensuite, les limites de la remotivation dépendent finalement plus des conceptions que l'analyste se fait d'un texte "littéraire" que des propriétés immanentes du texte. Rigolot (1977b, *23*) adopte comme critères de l'acceptabilité de la remotivation la "perceptibilité" (contact entre lecteur et texte) et la "contextualité" (les remotivations doivent entrer dans un certain rapport biographique, historique, etc. avec le texte); s'il est vrai qu'ainsi il ne risque pas de tomber dans le piège de la "surréaction", il présuppose pourtant implicitement que le texte cache certains trésors (structures onomastiques signifiantes objectives) enfouis par l'auteur et limite en même temps l'interprétation du texte à des dimensions calquées sur la capacité de lecture de tel (quel?) lecteur.

Le type de motivation du NP_f est probablement plus ou moins caractéristique du genre, du type de discours et du code poétique: la motivation des NP_f dans le discours réaliste passe plus par la connotation d'un contenu social et moins par la dénotation d'un trait physique ou caractériel; cette caractéristique persiste dans la poétique naturaliste (cf. Grivel, 1973b, *97-111*). Dans le titre qui constitue pour le NP_f un lieu particulièrement stratégique, les NP_f bourgeois ou ouvriers exprimant la simplicité, la banalité, la vie quotidienne et précédés d'un titre civil ou familier, indiquent le genre réaliste ou naturaliste: *Madame Bovary* (Flaubert), *Madame Gervaisais* (les frères Goncourt), *Les aventures de Mlle Marietta* (Champfleury), *Les soeurs Rondoli* (Maupassant), *les soeurs Vatard* (Huysmans), *Les frères Zemganno* (Goncourt) (cf. Hamon, 1973, *426-427*). Barthes (1973a, *34*) affirme à propos du mot "Monsieur" dans le titre *La vérité sur le cas de M. Valdemar* (Poe) qu' "il emporte un effet de réalité sociale, de réel historique: le héros est socialisé, il fait partie d'une société définie, dans laquelle il est pourvu d'un titre civil".

DÉMONSTRATION: Le NP_f fait donc partie d'un **code de dénomination**, déterminé historiquement par des codes poétiques et textuellement par le système signifiant où il figure. En recensant un certain nombre de titres de récit romantiques (1830-1835, cf. Hoek 1973), nous avons pu constater qu'il y figure deux fois plus de noms de femmes que de noms d'hommes: la femme joue plus souvent que l'homme le premier rôle dans ces récits. De plus, les noms de femmes sont dans ces titres plus souvent d'un caractère noble, élevé, extraordinaire ou exotique que ceux des hommes et marquent ainsi une certaine distance par rapport au nom ordinaire de l'homme qui porte souvent des noms populaires ou bourgeois: Jean, Jules, Louis, Philippe, René, Georges, Gérard, Pierre, Emile, Henri, Jacques, André, etc. Les noms des femmes par contre montrent une grande ingéniosité; la grande majorité des noms de femmes romanesques romantiques se termine par / a / ou / ə /; la voyelle pénultième est très souvent /i/; les initiales les plus fréquentes sont C, E, I et A.

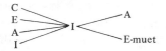

Cazilda, Clotilde
Eliska, Elfride
Almaria, Angélique
Inesilla, Iveline

Ces phénomènes se montrent clairement dans le seul prénom. Le prénom suivi de patronyme connote souvent l'aristocratie, et dans ce cas-là l'imagination de l'auteur est, par souci de vraisemblance, moins visible dans les patronymes: de France, de Provence, d'Albret, d'Aragon, de Châtelet, d'Autriche, de Flandres, de Naples, de Médicis, de Saint-Simon, etc.; les prénoms sont dans ce cas traditionnels: Isabelle, Jeanne, Philippine, Eléonore, Marguérite, Blanche, etc. La prééminence de la femme exprimée dans les seuls prénoms (noms féminins nobles, extra-ordinaires vs noms masculins bourgeois ordinaires) se retrouve dans les prénoms + noms de famille. Les prénoms masculins suivis de patronymes sont généralement bourgeois: *Georges Rey, Paul Briolat, Henri Farel*, etc. Les seuls patronymes masculins se rapportent générale-ment à des personnages historiques: *Mazeppa, D'Egmont, Cagliostro, Nostradamus, Struensee*, etc. Deux noms coordonnés sont ceux de deux hommes ou d'un homme et d'une femme: *Alfred et Coralie, Nelzir et Marie, Plik et Plok, Marius et Frédéric*.

4.5.2.4 *La référentialité des noms propres fictionnels.* La référen-tialité des NP_f qui figurent dans les titres de récits constitue un pro-blème. Une fois précisé le statut du texte par rapport à la réalité (cf. § 4.1) nous pouvons en induire celui du NP_f. Nous avons constaté qu'il faut distinguer entre signification et référence (cf. Kandler, 1950, *67*). Or, **la référence du NP_f ne peut jamais être immédiate:** "Napo-léon" ne renvoie pas à tel personnage historique et la signification du nom ne se laisse préciser que par rapport aux autres NP_f d'un système textuel. Il s'agit d'éviter une prise de position autonomiste ou hétéro-nomiste: le point de vue autonomiste est représenté dans Rigolot (1977b, *13, 14*), qui rejette toute signification référentielle du NP_f; le point de vue hétéronomiste consiste à vouloir distinguer entre NP_f imaginaires et NP_f empruntés (cf. Kratz, 1963, *20, 24* et la critique de Maurer 1963, qui démontre qu'une telle distinction est impossible (comment vérifier l'emprunt?) et inacceptable: "I consider well-chosen character names to be an integral part of a literary work of art" (*114*)). **Le nom doit être compris à l'intérieur du système textuel mais ne peut être expliqué que par ses remotivations culturelles et/ou discursives et donc par sa capacité de référence.**

Vu que le titre fonctionne comme un NP, nous pouvons en conclure qu'il ne constitue pas un reflet mécaniste du monde où il circule (cf. Duchet, 1973b, *52*). Benveniste (1966, *25*) a attiré l'attention sur le fait que le langage "re-produit" la réalité mais ne la représente pas, ni ne la reflète; par contre Flandrin 1965, Moncèlet (1972, *34*) et Furet et Fontana (1970, *97, 98*) considèrent le titre comme le reflet d'une histoire sociale ou littéraire (cf. Balibar, 1974, *19-23* sur la catégorie du reflet). **Le titre est un métareflet**, une représentation d'une présentation, parce qu'il renvoie à un monde fictif, qui, lui, entretient des rapports médiatisés par l'écriture avec le monde existentiel. Le NP_f, signe à la fois vide de sens et capable d'être chargé d'une multiplicité de sens, est particulièrement propre à assumer la représentation d'un grand nombre de structures sous-jacentes et à figurer comme titre d'un texte de fiction (cf. Keiter et Kellen, 1912, *446*; cf. aussi par contre Ostrop, 1918-1919, *219*).

4.5.2.5 *La fonctionnalité des noms propres fictionnels.* **Les NP_f ont pour fonction première de désigner et ensuite d'identifier:** par le NP_f l'auteur désigne les personnages pour pouvoir en parler; ensuite seulement, après que les personnages sont nommés et présentés au lecteur, ils sont identifiés, c'est-à-dire: ils reçoivent des propriétés distinctives qui les rendent signifiants et permettent leur incorporation dans un système relationnel. Nous distinguons donc trois stades successifs dans le fonctionnement des NP_f: **désignation, identification** et **signification**.

RENVOIS 1: Ces trois fonctions se retrouvent sous d'autres noms parfois chez différents auteurs: "Le nom propre dispose des trois propriétés que le narrateur reconnaît à la réminiscence: le pouvoir d'essentialisation (puisqu'il ne désigne qu'un seul référent), le pouvoir de citation (puisqu'on peut appeler à discrétion toute l'essence enfermée dans le nom, en le proférant), le pouvoir d'exploration (puisque l'on "déplie" un nom propre exactement comme on fait d'un souvenir): le nom propre est en quelque sorte la forme linguistique de la réminiscence" (Barthes, 1967a, *152*); cf. aussi Grivel, 1973a, *132-133* et Maync, 1971-1918, *658*.

Le NP_f peut désigner le personnage, le temps, le lieu de l'action etc. L'identification signifie l'enrôlement dans un système relationnel et opère donc la classification par la dramatisation; l'introduction du NP est le procédé le plus apte à provoquer cette dramatisation et à créer une illusion de réalité; le crédit dont jouit le NP_f constitue une caution de vérité, une contribution importante à la vraisemblabilisation du texte. Nous pouvons tirer deux conclusions de ces constatations: si **l'introduction du nom contribue à la vraisemblabilisation, sa suppression signifie une dédramatisation,** "une déflation capitale de l'illusion réaliste" (Barthes, 1970b, *102*).

EXEMPLES: Rudnyckyj 1959 énumère trois types pour analyser les **fonctions désignatives des noms**: a) "names relevant to the quality of the characters": l'héroïne qui s'appelle *Christine* sera probablement bonne et vertueuse, surtout lorsque ce titre principal est suivi du titre secondaire *ou la religion dans le malheur*; l'héroïne qui s'appelle *La Magdeleine* ne peut être qu'une fille de moeurs douteuses repentie: preuves, l'emploi péjoratif de l'article et l'emprunt du nom à celui de sa soeur biblique, pécheresse devenue sainte; le programme du roman est contenu dans ce titre; b) "names relevant to the place of action": *Jakaré-Ouassou* renvoie au Brésil, *Asrael et Nephta* à Israël, *Mazeppa* à l'Ukraine, *Bourloudoudour* à l'Orient et même de façon redondante par la succession de /u/ et la ressemblance avec le nom Borobudur; la parodie est confirmée par le titre secondaire *histoire qui n'est pas aussi orientale qu'on pourrait le supposer*; c) "names relevant to the time of action": *Jeanne d'Arc*.

La dramatisation peut être effectuée par la perspective narrative: dans ce cas, le choix du NP est fonction de telle perspective narrative: ainsi la presse parisienne change les dénominations de Napoléon à l'époque des Cent jours à mesure que celui-ci se rapproche de Paris: "Le monstre corse a débarqué à Golfe-Juan", "L'ogre se dirige vers Grasse", "L'usurpateur est entré dans Grenoble", "Bonaparte a pris Lyon", "Napoléon approche de Fontainebleau", "Sa majesté Impériale est attendue aujourd'hui dans son fidèle Paris" (cité dans Ouspenski, 1972, *125*: "Il est évident que l'adoption de tel ou tel point de vue est directement déterminée par le type de relation qui s'établit à l'égard de l'individu sujet de la conversation, et que ce choix remplit une fonction stylistique fondamentale"). Ainsi, **l'emploi de différents NP pour un seul personnage est, dans un texte littéraire, un procédé pour exprimer la présence contiguë de différents points de vue** parfois à l'intérieur d'un alinéa ou d'une seule phrase même. Ouspenski (1975, *37-41*) a analysé notamment les différentes dénominations de Napoléon dans *Guerre et paix* (Tolstoï): au terme neutre de "Bonaparte" s'opposent le terme positif de "Napoléon" et le terme négatif de "Buonaparte".

RENVOI 2: **Le NP provoque une illusion de réalité:** "Le nom propre permet à la personne d'exister en dehors des sèmes, dont cependant la somme la constitue entièrement. Dès lors qu'il existe un Nom (fût-ce un pronom) vers quoi affluer et sur quoi se fixer, les sèmes deviennent des prédicats, inducteurs de vérité, et le Nom devient sujet. On peut dire que le propre du récit n'est pas l'action mais le personnage comme Nom propre: le matériau sémique (correspondant à un certain moment de notre histoire du récit) vient *remplir* le propre d'être, le nom d'adjectifs" (Barthes, 1970b, *197*); "Le personnage romanesque n'est lisible que par son nom ou ce qui lui sert de nom. Disons qu'il est appel de lecture. Le personnage romanesque ne peut pas ne pas porter de nom. Cependant se donne à lire (re-présentation) dans ce même mouvement, qui vide le personnage de toute réalité comme un attribut. En ce sens qu'il lui est attribué. On s'appelle beaucoup dans le roman" (Bachellier, 1972, *70*). Cf. aussi Robbe-Grillet, 1963, *31*: selon la critique traditionnelle: "il (= 'le "vrai" romancier') crée des personnages" (...) "un personnage doit avoir un nom propre, double si possible: nom de famille et prénom".

HISTORIQUE: Tandis que les héros de la tragédie classique du XVIIe et du XVIIIe siècle ne pouvaient pratiquement pas ne pas avoir un nom d'inspiration grecque ou romaine, ou en tout cas exotique, les titres de récits entre 1830 et 1835 montrent l'absence quasi-totale de noms grecs et latins. Dans le cours du XIXe siècle, de Sue à Zola, l'importance des surnoms va en augmentant. Au début du XXe siècle il y a une tendance à nommer les héros romanesques par leur seul prénom (Michel dans *L'immoraliste* de Gide, Jean-Christophe dans les romans de Rolland). **Tout se passe comme si l'amoindrissement du caractère héroïque des personnages de roman trouve un parfait reflet dans la convention de dénomination.** Les héroïnes de *Tropismes* (Sarraute) ne portent plus de noms; des substantifs ou des pronoms suffisent. Dans le nouveau nouveau roman (Sollers, M. Roche, D. Roche, Thibaudeau, etc.), le NP est progressivement remplacé par le pronom. Cela ne veut pourtant pas dire que la suppression du NP soit inévitable dans la littérature contemporaine; seulement, sa fonction a évolué: au lieu d'être un instrument servant à désigner, à identifier et à signifier et donc à confirmer un certain ordre, il devient un instrument de production de sens pur, indépendant d'un référé concret, un générateur de sens par des opérations textuelles paragrammatiques (cf. Vidal 1976, Prigogine, 1972). Une fois qu'elle a reconnu cette capacité du nom, la critique s'est mise à découvrir ces mêmes procédés dans les littératures révolues et à y trouver des modernités insoupçonnées (cf. van Rossum-Guyon 1972, Rigolot, 1977b, Starobinski 1971 et Wunderli 1972): le NP est devenu "le maître mot, retrouvé comme un générateur dégénéré" (Vidal, 1976, *273*).

La suppression du NP provoque la dédramatisation: "Toute subversion, ou toute soumission romanesque commence donc par le Nom propre (...) Ce qui est caduc aujourd'hui dans le roman, ce n'est pas le romanesque, c'est le personnage; ce qui ne peut plus être écrit, c'est le Nom propre" (Barthes, 1970b, *102*); "Le roman de personnages appartient bel et bien au passé, il caractérise une époque: celle qui marqua l'apogée de l'individu" (...) "Avoir un nom, c'était très important sans doute au temps de la bourgeoisie balzacienne" (Robbe-Grillet, 1963, *33*) (Pour une analyse de l'onomastique robbe-grilletienne cf. Vidal 1976). Foucault, 1968, *22*: "Effacement d'abord de tout nom propre (fût-il réduit à sa lettre initiale) au profit du pronom personnel, c'est-à-dire d'une simple référence au déjà nommé dans un langage commencé depuis toujours; et les personnages qui reçoivent une désignation n'ont droit qu'à un substantif indéfiniment répété (l'homme, la femme) modifié seulement par un adjectif enfoui au loin dans l'épaisseur des familiarités (la femme en rouge)".

La deuxième conclusion est que **le NP est par sa capacité de se charger de significations non conventionnelles un élément stratégique qui se prête merveilleusement à véhiculer des valeurs idéologiques**: valeur sociale du NP comme caution de l'origine glorieuse, comme signe de la réputation établie, comme preuve de l'inscription classificatrice dans un système établi, etc.: "Le nom propre, c'est le type même de signifiant qui fonctionne dans la relation duelle: c'est le signifiant étiquette. Il est donc plus intéressant de subvertir ce signifiant-là qu'un autre, parce que c'est sans doute le signifiant idéologiquement le plus chargé. Dès qu'on traite le nom propre comme un signifiant anonyme, on pervertit un certain nombre de convictions idéologiques très précises (...) le nom propre est l'étiquette par excellence, c'est le mot qui s'efface le mieux sous le sens" (Raillon, 1976, *381*). Ce n'est pas un hasard que tant le titre que le NP s'écrivent, en général, avec majuscules (cf. Rigolot, 1977b, *94* et Vidal, 1976, *276*); l'un et l'autre ont une fonction directrice: en programmant la lecture du co-texte, l'un impose un type de lecture, l'autre permet de mettre en mouvement les structures dramatiques dans le système relationnel, de simuler la réalité, de déclencher des crises, des révolutions et des dénouements. **L'idéologie du NP et donc aussi celle du titre se manifeste dans sa nature économique**; le NP et le titre ne sont au fond rien d'autre qu'un "instrument d'échange" (Barthes, 1970b, *101*): le NP est l'équivalent de toute une constellation de traits sémiques, et quand l'auteur préfère le NP$_f$ à la description "c'est un artifice de calcul qui fait qu'à prix égal la marchandise condensée est préférable à la marchandise volumineuse" (*ibid.*). Comme le NP$_f$ exprime le pouvoir social basé sur le pouvoir économique (cf. § 4.5.2.3.1 b.), et que "le nom est donc comparable au prix tandis que son référent a le statut de la marchandise" (Nef, 1980), **le NP$_f$ ou le titre est le prix de la constellation sémique du NP$_f$ remotivé ou du co-texte:** "la société, pour des motifs commerciaux, ayant besoin d'assimiler le texte à un produit, à une marchandise, il lui faut des opérateurs de *marque*: le titre a pour fonction de marquer le début du texte, c'est-à-dire de constituer le texte en marchandise" (Barthes, 1973a, *33*). Le prix est fonction de la marchandise, mais aussi, et là nous versons dans la pragmatique, fonction de l'investissement de travail nécessaire à la production de cette marchandise: le NP et le titre dépendent de leur capacité de référence et du co-texte, mais aussi d'autres choses, comme les objectifs que lui imposent sa structure et ses fonctions.

5

Pragmatique du titre

Le titre est donc le lieu d'un conflit
idéologique pressant.

(Jean Ricardou)

5.0 PRAGMATIQUE ET THÉORIE DU TEXTE

En employant un titre, non seulement nous **disons** quelque chose,
nous **faisons** aussi quelque chose: par un acte de communication, nous
participons à une interaction sociale. Après avoir caractérisé le titre du
point de vue de sa forme syntaxique et de sa substance sémantique,
nous étudions à un niveau pragmatique **la valeur d'action du titre**; dans
l'approche pragmatique le titre devient d'objet **acte de parole** (cf. van
Dijk, 1977b, *190*). A cet effet, il faut analyser la situation de communication du titre et reconstruire son contexte communicatif possible;
nous nous demandons dans quelles conditions – et donc à partir de
quelles règles – l'emploi du titre est approprié ou acceptable. L'acceptabilité étant probablement un concept déterminé avant tout pragmatiquement – du moins plus que syntaxiquement ou sémantiquement (cf. Verdaasdonk, 1976, *218*) – il faut se poser la question de
savoir quand, pour qui (à l'intention de qui), dans quelle situation et
sur quels présupposés les utilisateurs des titres s'en servent. **La tâche
de la pragmatique consiste dans ce cas à formuler des conditions pour
l'acceptabilité de l'acte de parole intitulant dans un contexte communicatif précis.**

RENVOI: Nous nous limitons à une discussion globale et informelle de la pragmatique; une
pragmatique formelle a la tâche de préciser formellement les conditions dans lesquelles le
locuteur peut faire des affirmations appropriées; l'ensemble des règles formulées par elle

constitue une grammaire contextuelle (cf. van Dijk 1977b, van Dijk éd. 1976, Schmidt éd. 1974, Schmidt éd. 1976). Sur le rôle de la pragmatique linguistique cf. par exemple Bar-Hillel éd. 1971, Diller et Récanati éds. 1979, Récanati 1979, Stalnaker 1972, Todorov éd. 1970, Wunderlich 1970a, Wunderlich éd. 1972. Pour le rôle de la pragmatique en théorie du texte cf. van Dijk 1976b et 1980, Nierlich 1973, Pratt 1977. Sur les différents types d'actes de parole on consultera Austin 1970, Austin 1972, Cole et Morgan éds. 1975, *Communications* 32 1980, Dubois et Sumpf éds. 1969, Ducrot 1972, Ducrot 1977a, Ducrot 1977b, Ducrot 1978, *Linguistique et sémiologie* 4 1977, Maas et Wunderlich 1972 (*69-188*), Sadock 1974, Searle 1972a, Searle 1972b, Slakta 1974, Todorov 1970, Vendler 1970, Wunderlich 1976.

Nous partons de l'hypothèse controversée que le mécanisme de la communication littéraire ne diffère pas essentiellement du mécanisme de la communication en général (cf. van Dijk, 1977a, *107*): le schéma communicationnel impliqué dans l'énonciation est identique dans les deux cas, mais la nature des éléments impliqués et les conditions de l'emploi de l'acte peuvent différer d'une situation à l'autre. Dans tous les cas, l'acte de parole n'est définissable qu'à partir de la situation de communication; et cette situation de communication n'est délimitable qu'à partir du contexte de l'énonciation. On constate que la pragmatique qui analyse l'acte de parole dans son contexte est la base même de toute théorie du texte (cf. Schmidt, 1973b, *13-15*; Maas et Wunderlich, 1972, *112*; Verdaasdonk, 1974, *167, 178*).

Contrairement à la grammaire générative, l'analyse pragmatique ne part pas d' "un locuteur-auditeur idéal, appartenant à une communauté linguistique complètement homogène" (Chomsky, 1971a, *12*); un des reproches les plus sérieux faits à la grammaire générative est de ne pas tenir suffisamment compte de la situation de communication où figure l'énonciation (cf. Oller, 1972, *45*; Schmidt, 1973b, *41-42*). L'analyse de la compétence discursive (cf. § 2.1), qui relève d'une théorie de la performance, doit être doublée d'une analyse des conditions de l'utilisation de cette compétence discursive.

PRÉCISION: Avec Wunderlich 1970a et Schmidt (1973b, *35*) nous faisons une distinction entre **pragmatique** et **performance**: la théorie de la performance étudie l'utilisation individuelle et psychosociale de la compétence linguistique et de la compétence discursive; elle sert à décrire les possibilités dont l'émetteur dispose afin de construire son énoncé en vue d'une situation de communication précise et individuelle, de telle sorte que la communication se fasse effectivement. Dans la partie pragmatique de cette compétence discursive, appelée parfois pragmalinguistique, on étudie les conditions d'usage concret, actuel, réel de l'énoncé (cf. Schmidt 1973b, *39*)

L'analyse pragmatique du titre se fait en trois temps: d'abord, nous analysons la structure pragmatique du titre (§ 5.1); ensuite, nous regardons la structure du contexte (§ 5.2), et finalement nous formulons des hypothèses sur les relations entre le titre et son contexte, en examinant les fonctions et les effets du titre (§ 5.3).

5.1   LA STRUCTURE PRAGMATIQUE DU TITRE

L'emploi du titre dans une situation de communication précise constitue une **énonciation**, qui est donc l'acte individuel d'utilisation de la langue. Le résultat de cet acte s'appelle l'**énoncé** (cf. Todorov, 1970, *3* et Dubois e.a., 1973, *192*). Jusqu'ici nous avons analysé le titre comme énoncé; **le titre-énonciation équivaut donc à l'acte de production du titre-énoncé dans une situation de communication précise.** En tant que résultat de l'énonciation, le titre-énoncé est toute suite finie de mots d'une langue, structurée selon les règles relevées dans les chapitres précédents (cf. Jakobson, 1963, *181* et Dubois 1969); L'acte de parole du titre est "l'énoncé effectivement réalisé par un locuteur déterminé dans une situation donnée" (Dubois e.a., 1973, *8*).

5.1.1   *Les actes de parole*

HISTORIQUE: Selon **Austin** 1970 tout acte de parole consiste à faire quelque chose et peut être considéré sous trois aspects:
— **l'acte de locution**: la production de sons et de signification;
— **l'acte d'illocution**: la production conventionnelle de la façon dont les paroles doivent être comprises, en disant quelque chose (avertir, informer, commander, entreprendre, etc.);
— **l'acte de perlocution**: la production de certains effets (convaincre, persuader, empêcher, etc.), par le fait de dire quelque chose. La distinction entre illocution (conventionnelle) et perlocution (non conventionnelle) n'est pas toujours claire, car on ne sait pas trop bien comment définir cette conventionnalité.
  Searle 1972a et 1972b précise le statut des actes illocutionnaires, en constatant que les **énonciations illocutionnaires sont constitutives de relations entre les locuteurs** (cf. Searle, 1972b, *41*). Dans l'esprit de Searle (1972a, *61*), l'acte illocutionnaire est toujours un acte propositionnel par lequel on réfère et prédique et en même temps un acte d'énonciation. **L'acte perlocutionnaire** est pour lui l'acte qui est la **conséquence** ou l'effet de l'acte illocutionnaire (*ibid.*, *62*): l'argument a pour effet la persuasion; l'avertissement inquiète ou effraie; la demande amène quelqu'un à faire quelque chose, etc. En cela, il se distingue d'Austin, pour qui les conséquences de l'acte illocutionnaire, produites en vertu de sa force, ne sont pas identiques aux actes qui caractérisent l'acte perlocutionnaire; un acte perlocutionnaire peut aussi être la suite d'un acte locutionnaire (cf. Austin, 1970, *120-121*).
  Pour **Ducrot** (1972, *78*), l'acte illocutionnaire se définit "comme un cas particulier d'acte juridique, comme un acte juridique accompli par la parole"; l'**acte juridique** est un cas particulier de l'**action juridique**, qui est définie à son tour comme "l'activité (...) caractérisée par une transformation des rapports légaux existant entre les individus concernés" (*ibid.*, *77*), et il est

question d'acte juridique lorsque **la transformation des rapports légaux est un effet premier de l'activité** et non pas la conséquence d'un effet antérieur. Tandis qu'Austin paraît supposer que l'illocutionnaire est une transformation **réelle** du monde, Ducrot le conçoit plutôt comme une transformation **intentionnelle**, parce que la réussite de la transformation dépend encore de multiples conditions de félicité; la transformation effective relève du perlocutionnaire. D'ailleurs, l'intentionnalité, même conventionnelle, est au fond, comme le perlocutionnaire, un effet ou une conséquence (cf. Henry, 1977, *74*).

Nous constatons globalement ceci: dans l'acte de parole on distingue l'aspect locutionnaire, dont la description appartient en propre au domaine linguistique proprement dit, de l'aspect illocutionnaire et/ou perlocutionnaire, dont la description n'est plus exclusivement la tâche de la linguistique, puisqu'elle relève du contexte situationnel et notamment de la situation de communication. En tirant la leçon des observations de Searle et de Ducrot, on peut affirmer que **l'acte illocutionnaire est constitutif d'une relation juridique conventionnelle et intentionnelle entre les locuteurs, formant un "engagement devant un tiers"** (Flahaut, 1978, *58*) **et visant à opérer une transformation de la réalité** (cf. Ducrot, 1977a, *28*), à condition bien entendu que toutes les conditions de félicité de l'acte de parole soient remplies. **L'acte perlocutionnaire** est conçu comme la production d'une conséquence et/ou d'un effet d'un acte (il)locutionnaire et peut fort bien, lui aussi, être conventionnel, étant donné qu'il est souvent calculable (cf. Berrendonner, 1977, *9-10*). Seulement, le domaine du code mis en oeuvre dans l'acte d'illocution et dans l'acte de perlocution diffère: dans les actes illocutionnaires le code règle les rapports entre les locuteurs et l'énonciation; **l'illocutionnaire est** donc encore, au moins partiellement, **un fait de langue**; dans les actes perlocutionnaires, le code règle les rapports entre les locuteurs et les effets et/ou les conséquences de l'acte de parole; **le perlocutionnaire est un fait d'interaction humaine**, provoqué par la langue ou par autre chose (cf. Ducrot, 1977a, *21*).

PRÉCISION: Le problème, signalé par Kerbrat-Orecchioni (1977b, *70*), est de savoir **où le sens s'arrête et où son effet commence**. Pour elle, le modèle descriptif doit rendre compte de tout ce qui règle les énonciations et donc ne pas exclure le perlocutionnaire; Ducrot 1972 par contre y incorporait seulement l'illocutionnaire et non pas le perlocutionnaire. Or, le sens d'un énoncé dépend non seulement des conditions dans lesquelles on peut s'en servir, mais aussi de la signification que prend cet énoncé dans telle ou telle énonciation. A cette fin, il faut incorporer une description du contexte et notamment de la situation de communication; **la description sémantique de l'énoncé implique donc un recours à l'énonciation** (cf. Ducrot, 1978, *107-108*). Pour pouvoir rendre compte de l'usage effectif de la parole, la description sémantique de l'énoncé doit être munie des marques de l'acte de parole (*ibid.*, *109*). La description du sens de l'énoncé et celle des possibilités d'usage de l'énoncé relèvent du domaine de la linguistique. L'analyse des forces illocutionnaires et perlocutionnaires relève d'une théorie de l'usage de la langue (cf. Anderson, 1971, *24*); il s'ensuit qu'une énonciation est "heureuse" ou "malheureuse", tandis qu'un énoncé est vrai ou faux.

Dès lors qu'on tient à rendre compte de la force illocutionnaire des énonciations dans la représentation sémantique des énoncés, il y a deux possibilités: Katz et Postal ont proposé d'introduire à cet effet des "sentence qualifiers", des opérateurs qui peuvent être ajoutés à la proposition à décrire et qui spécifient l'énoncé comme affirmation, question ou impératif, par exemple. Une objection contre cette procédure est qu'elle présuppose que la phrase soit toujours clairement reconnaissable comme affirmation, question etc. Or, dans les actes de parole indirects cette distinction n'est pas toujours facile à faire. Une deuxième possibilité, celle de Ross et Sadock, consiste à introduire un verbe performatif, qui peut oui ou non apparaître dans la structure superficielle. Lakoff (1970b, *165-175*) présente la forme logique suivante pour rendre compte de cet état de choses:

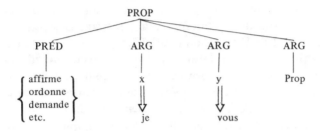

Tant les **conditions de félicité** qui sont présupposées par le prédicat performatif que **l'aspect perlocutionnaire** de l'acte de parole (les effets, les conséquences du prédicat performatif) restent hors de la description pragmatique linguistique de l'énoncé. **Une description sémiotique qui excède le cadre linguistique ne pourra pas ne pas tenir compte de la situation de communication** (cf. §§ 5.2.5 et 5.3).

Au fond, ce débat est centré autour de la question de savoir quelle est ou doit être exactement la relation entre langue et réalité; où s'arrête l'un et où commence l'autre? A la limite, on pourrait même dire que toutes les conditions de félicité doivent faire partie de la description de l'énoncé.

En tant qu'énoncé intitulant, **le titre se présente comme un acte illocutionnaire**: le titre est le point d'accrochage où l'attention du récepteur (acheteur, lecteur) d'un texte se dirige en premier lieu; la relation établie entre le locuteur (l'auteur) et l'interlocuteur (le lecteur) est conventionnelle tant par l'endroit où l'énoncé se manifeste traditionnellement que par son contenu, son intention et son effet. Le caractère juridique de la relation réside dans l'intention du locuteur d'établir un contrat avec son interlocuteur (cf. Ducrot, 1977a, *25-26*); cette intention du locuteur est souvent admise par l'interlocuteur qui accepte alors l'offre et achète et/ou lit le texte. Il faut faire une distinction entre **l'aspect illocutionnaire de l'énonciation d'un titre qui comprend l'offre d'un contrat**, et son aspect perlocutionnaire qui comprend l'acceptation ou le refus du contrat, ainsi que les conséquences qui pourraient en résulter pour les interlocuteurs. L'objet du contrat établi entre l'auteur et le lecteur est la livraison de plaisir et/ou d'information par l'auteur au lecteur/acheteur sous forme de texte. Les conditons auxquelles la "livraison" doit répondre pour que le contrat soit valable sont les **conditions de félicité**, qui dépendent de la situation de communication et qui demandent par exemple que les contractants soient sincères (cf. § 5.2.5). **La valeur illocutionnaire du titre consiste dans l'intention de proposer au lecteur l'établissement d'un contrat; son caractère perlocutionnaire réside dans l'effet de l'acceptation ou du refus du contrat;** pour l'auteur **l'effet de l'acceptation du contrat** consiste dans un profit matériel et, parfois, immatériel (la gloire, la célébrité, etc.); la personne qui accepte le contrat, se charge par là du rôle de lecteur (cf. Pratt, 1977, *60*): il veut lire le texte, le mettre dans sa bibliothèque, le donner en cadeau, le revendre, etc.; cet effet consiste dans l'achat, l'emprunt, le vol etc. de ce texte. Une des **conséquences de l'acceptation du contrat** peut être pour le lecteur la conviction par suite de l'argumentation, la distraction pendant la lecture, l'émoi, la déception, l'excitation psychique ou physique, le recueillement, la consolation, etc.; dans le cas où le lecteur n'a pas eu l'intention de lire le texte, la conséquence de l'acceptation du contrat peut être la reconnaissance de celui à qui il destine le livre, le bénéfice réalisé par la vente, le plaisir esthétique procuré par la présentation matérielle du livre (reliure, typographie, images, etc.).

5.1.2 *La performativité*

HISTORIQUE: **Austin** 1970 et 1972 propose une classification des actes de parole en **énonciations constatives**, qui ne font qu'affirmer ou décrire un état de choses et qui pourraient donc être vraies ou fausses, et **énonciations performatives**, qui accomplissent l'action décrite dans l'énoncé et qui pourraient réussir ou échouer. Cette distinction s'est avérée inacceptable, parce que les constatifs peuvent faire quelque chose, comme les performatifs (par exemple affirmer "je t'aime") et donc réussir ou échouer. De plus, il n'y a pas de différence grammaticale pertinente entre les deux types d'énoncés distingués intuitivement; le performatif serait caractérisé par la première personne du pronom, par la voix active et par l'explicitation de la façon dont l'énonciation doit être comprise ou reçue, par exemple comme promesse, avertissement, déclaration etc.

Ross 1970 essaie de définir le performatif en présentant jusqu'à quatorze arguments syntaxiques, qui dans leur totalité plaideraient pour l'existence des performatifs; mais aucun d'entre eux ne paraît décisif (cf. Anderson 1971, Grewendorf 1972, Siertsema 1972); la motivation syntaxique paraît donc exclue. Ross 1970 affirme encore que chaque phrase déclarative (ou "constative" dans la terminologie d'Austin) est recouverte par une proposition performative englobante dans la structure sémantique profonde: "je vous dis que ...", "j'ordonne que ...", "je vous promets que ...", etc. Cette hypothèse ne s'applique pas toujours aux phrases performatives dans le sens d'Austin, parce que la signification de l'énoncé est parfois modifiée par un tel enchâssement: "je promets que je vous promets de venir" n'est plus une promesse de venir, mais "je déclare que je promets de venir" reste bien une promesse (cf. Grewendorf, 1972, *165*). Les objections contre l'hypothèse de Ross sont surtout les suivantes: il est douteux que la performativité soit une propriété de toute énonciation; les performatifs ne figurent pas toujours en tête de l'arbre: "je vous fais remarquer que j'admets que vous avez raison" (cf. *ibid.*, *164-166*); il n'est pas toujours possible d'appliquer la transformation qui réduit un performatif explicite à un performatif implicite ("performative deletion"; cf. Ross, 1970, *249* sq), car la structure des performatifs explicites doit pouvoir être préservée (cf. Grewendorf, 1972, *164* sq).

Sadock 1969a reproche à Ross d'étendre le terme austinien de "performatif" aux phrases déclaratives ("constatives") et il propose d'enchâsser toute proposition dans une "hyperphrase", qui a donc une extension plus large que le performatif dans l'esprit de Ross. Une **hyperphrase** est une proposition abstraite figurant seulement dans la profondeur et éliminée ensuite par des transformations; le sujet et l'objet de cette proposition sont des SN référant au destinateur et au destinataire du message; le SV détermine le type de la phrase (affirmatif, interrogatif, impératif, etc.). Cela ne suffit pas encore pour Sadock 1969b, qui constate que les hyperphrases peuvent à leur tour être insérées dans une phrase englobante, une "super-hyperphrase": "je regrette d'avoir promis de venir", "je me fais un plaisir de vous apprendre que vous êtes promu au grade de lieutenant".

Sur la performativité cf. Anderson 1971, Andersson 1975, Danielsson 1973, Grewendorf 1972, Petöfi et Kayser 1978, Récanati 1980, Siertsema 1972, Vendler 1970; pour une discussion des rapports entre performatif et illocution cf. Ducrot 1977a, Katz 1977a; pour une critique althusserienne de Ducrot cf. Henry 1977.

Ces remarques se résument comme suit:

	"vous serez satisfait"	"je vous promets que vous serez satisfait"	"je vous fais remarquer qu je vous promets que vous serez satisfait"
Austin	constatif	performatif	
Ross	performatif implicite	performatif explicite	
Sadock	enchâssement dans une hyperphrase		enchâssement dans une super-hyperphrase

Le désir de rendre compte de la situation de communication et du contexte psychosocial d'une énonciation dans la représentation sémantique de l'énoncé correspondant amène les chercheurs à postuler une performativité universelle (Ross) et des constructions spéculatives comme les (super-super-...)hyperphrases (Sadock), qui appartiennent plutôt à la métathéorie qu'à la théorie même, puisque chaque phrase s'y prête plus ou moins (cf. van Dijk, 1972, *153*; Kummer, 1972,

90-91). Retenons qu'il existe des énonciations dont la performativité peut apparaître dans la structure superficielle de l'énoncé (**performatifs explicites**) et d'autres qui ne la montrent que dans leur structure profonde (**performatifs implicites**). Dans l'esprit d'Austin les performatifs constituent un groupe particulier au milieu des actes illocutionnaires; plusieurs catégories d'énoncés illocutionnaires ne forment pas en effet des performatifs (mentir, convaincre, insulter, etc. cf. Wunderlich, 1972a, *16* note 2). **Les verbes performatifs peuvent être considérés comme des verbes illocutionnaires qui peuvent remplacer des actes entièrement ou partiellement verbaux, indiqués par ces verbes** (cf. Siertsema, 1972, *24*); ce sont "des expressions d'une langue naturelle qui servent à la désignation et la réalisation d'actes performatifs" (Petöfi et Kayser, 1978, *150*); le verbe performatif est un **moyen d'accomplir** un acte illocutionnaire, plutôt que cet acte même (cf. Flahaut, 1978, *40*). **La performativité est une propriété de l'énonciation et non pas de l'énoncé**; il n'y a donc pas des énoncés plus performatifs que d'autres; la performativité qui surgit dans l'énonciation n'est pas nécessairement marquée dans la structure superficielle de l'énoncé (cf. Ducrot, 1977b, *190, 191*). La question est toujours de savoir s'il faut remédier à ce manque, comme le proposent Ross, Sadock ou Lakoff, ou s'il faut accepter que la linguistique ne décrive que l'énoncé et laisse "en l'air" (Siertsema, 1972, *29*) certaines valeurs que l'énoncé prend dans un contexte spécifique.

L'aspect illocutionnaire de l'énoncé intitulant consiste à proposer au lecteur un contrat concernant la livraison d'information, de distraction, d'art, etc. Le contrat est bilatéral: le texte (l'auteur, l'éditeur, le dessinateur, etc.) promet au lecteur de lui fournir une certaine marchandise affichée au niveau du titre (distraction, information, plaisir, consolation, etc.) et lui propose en échange d'acheter et/ou de lire le texte. **Le titre constitue donc une proposition de contrat,** c'est-à-dire une offre de la forme: si tu fais ceci, moi, je ferai cela. Comme le contrat n'est effectué que lors de l'acceptation par le lecteur, la valeur illocutionnaire du titre change d'une situation de communication à l'autre. **L'offre se transforme effectivement en contrat par un acte perlocutionnaire,** auquel le titre incite le lecteur: l'achat, l'emprunt, la lecture, etc. **La performativité du titre réside dans le fait que l'offre est remplacée par un énoncé qui ne trahit pas cet acte dans sa structure superficielle. En tant que proposition de contrat, le titre a la valeur performative d'une promesse d'information.**

PRÉCISION ET RENVOI: La **promesse** est généralement considérée comme un **acte performatif**, parce que (1) l'énoncé décrit une action présente du locuteur; (2) l'énonciation de la promesse est destinée (si elle est bien faite) à réaliser l'accomplissement d'un acte extralinguistique (juridique) décrit dans l'énoncé, en remplaçant cet acte (cf. Ducrot, 1972, *69*).

Le **titre** est généralement considéré comme un **acte performatif**: cf. Faust, 1972, *98*: "Der typische situationelle Bezug, der etwa als 'Dieses Werk heisst/stellt dar: ...' umschrieben werden kann, muss bekannt sein, wenn der Titel in der sprachlichen Kommunikation richtig verwendet werden soll"; Furet et Fontana, 1970, *98*: "Phrase particulière, dispensée de la fonction verbale, mais qui garde son caractère prédicatif fondamental, puisqu'elle est perpétuellement ouverte par le syntagme sous-entendu: 'ce livre contient', 'ce livre raconte', etc."; Elwert, 1968, *179*: "Auf ein Titelblatt gesetzt befindet sich das Wort *La Peste* jedoch in einem ganz bestimmten Zusammenhang. Dieser Zusammenhang bewirkt, dass *La Peste* nun nicht mehr ein isoliertes Wort ist, sondern eine Mitteilung, die besagt: 'das hier vorliegende Buch hat zum Inhalt eine Erzählung, worin von einer Pest die Rede ist' "; Behaghel, 1928, *464*: "In manchen Fällen kann das gebliebene Substantiv einem Subjekt oder einem Prädikatssubstantiv entstammen.

Dies gilt von den Überschriften: (...)

Diese Überschriften gehen zurück auf Vollsätze, in denen das Wort entweder Subjekt war: (... *hie hebet sich an das buch von den falken*); oder, wohl das Gewöhnlichere: es war Prädikat bei einer Satzeinleitung: dies ist, dies heisst: ..."; cf. aussi Scherner 1976, *300* qui décrit le titre comme une hyperphrase métacommunicative et performative. Il faut ajouter que le mot "performatif" est employé dans un sens un peu différent de celui qu'y attachait Austin 1970. Aussi n'est-il pas étonnant de supposer qu'Austin n'aurait probablement pas considéré le titre comme un énoncé performatif; pas plus que le mot FIN (à la fin d'un roman); comme performatifs il ne considère que les performatifs explicites, qu'on trouve dans un énoncé comme: "Sur ce je termine ma plaidoirie", donc un explicit et sans doute un incipit, où l'action est signalée *par* la parole ("by saying"): l'emploi du mot constitue l'acte même. Dans le titre et dans le mot FIN, par contre, il s'agit d'une mention d'une action, qui suit dans le cas du titre, celle de commencer, ou qui précède dans le cas du mot FIN, celle de terminer. Cette mention est considérée par Austin comme un signal de l'action et non pas comme l'action même (cf. Austin, 1970, *88*). Il s'ensuit que pour Austin ni le titre ni le mot FIN n'appartiennent en propre au texte; ils ne font que l'introduire ou le clore.

L'acte performatif de la promesse implique que l'énonciateur (l'auteur, l'éditeur) se présente comme obligé de faire ce à quoi il s'est engagé (cf. Ducrot, 1978, *114, 115*); la promesse doit être sincère et l'objet de la promesse, donc l'information fournie sur le co-texte, doit être vraie: le pavillon doit couvrir la marchandise; le titre s'engage à annoncer correctement son co-texte; le titre présuppose la vérité de l'information fournie. Il est vrai que le contrôle de la vérité de l'information se soustrait provisoirement aux observations du lecteur; et souvent l'information fournie par le titre ne couvre pas celle donnée dans le co-texte; le titre est souvent imposteur. Mais la vérité de l'information est toujours garantie, à tort ou à raison, par la sincérité de la promesse: l'auteur, de son côté, peut toujours sauver la vérité prétendue de l'information, en attachant au titre ou au co-texte un autre sens que le lecteur et démontrer que celui-ci avait mal lu; le lecteur, lui, admet parfois la non-vérité du titre et décide alors de jouer le jeu, tout en n'étant pas dupe de l'imposture du titre (cf. § 5.2.5.2).

Nous supposons que **chaque titre est concevable comme le restant d'une phrase enchâssée dans une (super-)hyperphrase, qui spécifie ses structures locutionnaires et illocutionnaires (éventuellement aussi per-locutionnaires) et qui est éliminée ensuite par des transformations** (cf. Lakoff, 1970b, *166* et Dressler, 1972, *92*):

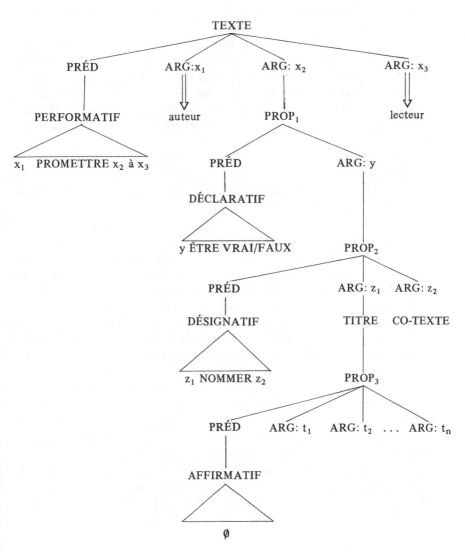

Dans cet arbre on reconnaît quatre niveaux ($PROP_3$, $PROP_2$, $PROP_1$, TEXTE), qui correspondent respectivement à différents types d'actes de parole:

(1) le **niveau locutionnaire** est le seul qui se manifeste à la surface; il rend compte du titre proprement dit avec sa structure superficielle. **La valeur du prédicat est affirmative**; ce prédicat est traditionnellement supprimé; il ne reste que les arguments. A ce niveau, **la fonction du titre est informative**; le titre présente au lecteur une information qui est la réponse à la question implicite du lecteur: "de quoi s'agit-il dans ce texte?".

(2) le **niveau illocutionnaire désignatif**: à ce niveau le titre se présente comme appellation du co-texte, qui reçoit un nom. Il s'établit un rapport métalinguistique entre le signe et la chose à laquelle il renvoie; ce rapport est un rapport de désignation; **la valeur du prédicat est désignative. La fonction du titre est à ce niveau appellative.** Désignation et appellation sont deux aspects du même phénomène; l'appellation est un type de désignation: le signe désigne la chose: "*Claude Gueux* désigne (nomme) un petit roman écrit par Hugo en 1834" (z_1 NOMMER z_2); et la chose est appelée par le nom, le signe: "le petit roman écrit en 1834 par Hugo s'appelle *Claude Gueux*" (z_2 S'AP-PELER z_1) (cf. Rey-Debove, 1969, *119-120* et *id.*, 1978, *185-189*).

(3) le **niveau illocutionnaire déclaratif** rend compte de la vérité ou de l'imposture du titre et permet la production d'énonciations trompeuses, qui, d'ailleurs, ne doivent pas être confondues avec des énonciations échouées par infraction aux conditions de félicité. La modalité ÊTRE VRAI/FAUX permet de rendre compte de la manipulation du lecteur, du mensonge intentionnel, etc. La ruse peut échouer lorsque le lecteur s'en aperçoit et se refuse à admettre la non-vérité (la fictionnalité) du titre (cf. Maas et Wunderlich, 1972, *241-248*). **La valeur du prédicat est déclarative** (vrai ou faux); à ce niveau, **le titre a une fonction de modalisation.**

(4) le **niveau illocutionnaire de promission**: le titre se présente comme une promesse d'information désirée par le lecteur. **Le prédicat a une valeur de promission. La fonction du titre est contractuelle;** la promesse est actualisée dans une offre de contrat. **L'arbre à quatre niveaux doit être lu comme "l'auteur promet au lecteur qu'il est vrai que le co-texte porte le titre $t_1...t_n$".** On peut pousser encore cette analyse en supposant que cet arbre est encore enchâssé dans une proposition englobante ayant comme prédicat FAIRE et comme argument le sujet de la proposition enchâssée (cf. Ross 1972):

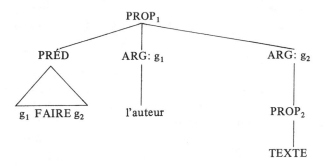

On peut ajouter un dernier niveau:

(5) le **niveau perlocutionnaire**: le prédicat a une valeur d'incitation; le titre incite le lecteur à agir (lire, acheter, emprunter, etc.); plutôt que d'un ordre, il s'agit d'une suggestion, l'auteur n'étant pas dans la position de donner un ordre au lecteur. A ce niveau, **le titre remplit une fonction persuasive.**

RENVOI: Pour une procédure comparable cf. Kern 1975, qui distingue quatre niveaux dans la production d'une énonciation: le niveau de la proposition, contenant la structure logico-sémantique de l'énoncé, le niveau de la métaproposition, renfermant les modalités de la validité, le niveau performatif, spécifiant les possibilités des actes de parole, et le niveau de la méta-illocution, où le locuteur fait mention de l'attitude qu'il prend dans son énoncé vis-à-vis de son interlocuteur ("je pourrais m'imaginer que ...", "vraiment", "mais pourtant", "finalement", etc.).

5.2 *Les structures du contexte*

La linguistique pragmatique a pour tâche de relier certains types d'actes de parole à certains types de contextes communicatifs (cf. Stalnaker, 1972, *383*; Maas et Wunderlich, 1972, *123*); l'acte de parole est conçu comme la paire texte/contexte. L'**analyse du texte** est une reconstruction abstraite des propriétés systématiques qu'emprunte l'énoncé à la langue; l'**analyse du contexte** est la reconstruction de la situation de communication où figure l'énonciation (cf. van Dijk, 1977a, *55*). La description de l'énoncé présente les aspects locutionnaires (phonostylistiques et logico-sémantiques) et celle de l'énonciation présente les aspects illocutionnaires.

La relation entre l'acte de parole et le contexte n'est pas fixe:
— dans un contexte communicatif (CC) précis, divers actes de parole (AP) peuvent avoir la même fonction communicative (F):

"ferme la fenêtre" (AP$_1$)
"veux-tu fermer la fenêtre" (AP$_2$)
"il y a un courant d'air ici" (AP$_3$)
$\}$ F: *ordre* dans CC$_p$

Ces énoncés ont la valeur d'un ordre dans le contexte communicatif p, où un locuteur se trouve dans la position de donner un ordre au moyen d'un acte de parole à un interlocuteur, et où le locuteur s'attend à ce que l'interlocuteur donne suite à cet ordre, indépendamment du type de l'acte de parole employé (ordre, question ou affirmation). L'ordre de fermer la fenêtre est donné, afin que le locuteur se trouve mieux physiquement (il avait froid) ou psychiquement (il avait peur d'être écouté, d'être gêné ou interrompu dans ses activités).

— tel acte de parole précis peut avoir dans des contextes communicatifs différents des fonctions différentes; par exemple, l'énoncé "mon manteau" peut signifier:

(1) l'ordre — le duc à son valet de chambre;
(2) la joie — le locuteur retrouve le manteau qu'il avait oublié l'autre jour à l'école;
(3) l'indignation, la colère — la mère découvrant que ses enfants s'amusent avec son manteau neuf, pour se déguiser;
(4) l'étonnement, la honte — le roi Saül reconnaissant une partie de son manteau entre les mains de David;
(5) l'angoisse — le manteau du locuteur est pris entre les portières automatiques d'une voiture du métro;
(6) l'information — titre du récit de Gogol.

Comme tout acte de parole, le titre comporte deux éléments: les participants (l'auteur et le lecteur) et l'événement conçu comme un changement dans une situation. Le contexte où figurent les actes de parole est conçu comme une situation d'interaction de la parole (cf. van Dijk, 1977b, *191*). L'acte de parole peut en principe être décrit par une **théorié des actes**; cf. Bubner e.a. éds. 1976, van Dijk 1976a, Meggle et Beckermann éds. 1977, Moles et Rohmer 1977, Schmidt éd. 1974 (les contributions de Frese, Hartman, Pike et Schmidt). La description du contexte communicatif (cf. Buddemeier 1973) actuel et potentiel d'un énoncé doit présenter au moins les éléments discutés dans les paragraphes suivants (cf. van Dijk, 1972, *317*; *id.*, 1977b, *51*, *195*; Todorov, 1970, *7*; Wunderlich, 1970a, *20-21*, *id.*, 1972b, *49*).

5.2.1   *Les locuteurs et les interlocuteurs*

Dans l'énonciation du titre, il y a au moins deux instances impliquées: un agent actuel, l'**émetteur** (l'auteur) et un agent potentiel, le **récepteur** (le lecteur), qui appartiennent tous les deux à au moins une seule communauté linguistique (dans le cas d'un texte verbal) ou culturelle (dans le cas d'un texte iconique: livre d'images, bande dessinée, film, etc.); il faut encore que les deux instances partagent les mêmes **conventions d'interaction** (cf. van Dijk, 1977b, *191*): l'émetteur doit produire un titre qui puisse intéresser le lecteur; le récepteur doit savoir comment se procurer le texte et, de plus, être physiquement, psychiquement et matériellement capable de se le procurer; il doit savoir quoi en faire: le lire, l'étudier, le ranger dans sa bibliothèque, etc. Ni l'émetteur ni le récepteur ne se laissent déterminer facilement.

La question est de savoir quelle est l'**instance émettrice du titre**. Scherner (1976, *300*) affirme que le titre est parlé par l'auteur et par l'éditeur. Käte Hamburger a fait remarquer que les héros romanesques sont racontés par le **narrateur**, lorsqu'ils sont présentés comme des **personnages réels**, par exemple dans la table des matières ou dans les **titres de chapitre**, parce que ce n'est pas l'auteur qui prétend que ses héros seraient des personnages réels, et parce qu'en vérité il n'est pas question dans le texte d'une réalité vraie mais d'une réalité imaginée. Dans le **grand titre**, par contre, les héros romanesques seraient l'objet du récit et non pas une partie du récit lui-même; ce seraient des **personnages non réels** présentés par l'**auteur** (cf. Wieckenberg, 1969, *22-23*). Dans son étude sur le titre de chapitre, Wieckenberg (1969, *22-25*) prétend, par contre, que c'est en général l'**auteur** qui serait responsable du **titre de chapitre** et du **grand titre**, parce que ces lieux seraient avec la préface les seuls endroits où l'auteur peut se manifester directement. Ces trois points de vue ne paraissent pas tout à fait corrects; d'abord, ils ne font pas de distinction entre **auteur réel**, **auteur implicite** et **narrateur extradiégétique** ou **intradiégétique** (cf. Genette 1972 et Bronzwaer 1978); ensuite, ils présupposent que le titre serait le domaine exclusif soit du narrateur soit de l'auteur. Le schéma suivant, qui est à peu près celui de Bronzwaer 1978 et de Schmid, sert à préciser le sens que nous donnons au termes mentionnés:

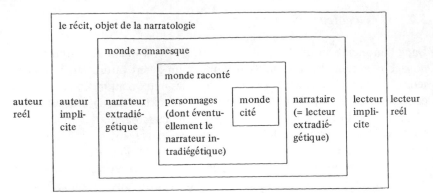

Tout porte à croire que **l'instance narrative qui parle dans le titre peut changer d'un récit à l'autre**, et d'un titre de chapitre à l'autre, comme c'est d'ailleurs le cas dans les séquences narratives d'un récit. Dans le cas où le héros romanesque est présenté comme un personnage réel, ce n'est pas nécessairement le narrateur qui est l'instance narrative, d'abord parce que l'auteur (implicite), lui aussi, peut présenter son héros comme vrai et réel: *Louis XI et la Normandie, Victor Amédée II, ou le siège de Turin. Nouvelle historique*; et ensuite, parce que le narrateur intradiégétique ou extradiégétique présente parfois son héros comme un personnage non réel: *Monsieur Cryptogame* (Toepffer), *Bourloudoudour, son orpheline et ses visirs, histoire qui n'est pas aussi orientale qu'on pourrait le supposer*. Comme le titre fait, dans notre conception, partie du récit et qu'il ne saurait donc être raconté par l'auteur réel, il faut supposer que **le titre est en général raconté au présent par l'auteur implicite** (cf. Stanzel, 1979, *59-60*), chaque fois qu'il 'désigne simplement un personnage, le lieu ou le temps de l'action, etc.: *Les misérables* (Hugo). Il peut arriver que le titre et le co-texte proviennent de deux instances émettrices différentes: *De sa grande amye* (Marot) est un titre proféré par un auteur implicite, qui, dans le co-texte, cède la parole à un narrateur: "Dedans Paris, (...), je prins alliance nouvelle ..."

RENVOI: Cf. par contre Bronzwaer, 1978, *18* note 15, discutant l'opinion de Wolf Schmid: "Schmid notes a number of textual features (mottoes, chapter-divisions *etcetera*) which form part of the narrative text but cannot be attributed to the implied author. Textual phenomena such as these must be related directly to the real author, and in that respect they disrupt both his own and my model, in both of which the real author stands outside the 'Erzählwerk' ".

L'auteur implicite prête la parole au **narrateur intradiégétique ou extradiégétique**, lorsque la situation de narration ou le type de narration dans le titre trahissent la présence de l'instance narrative et rendent le narrateur visible; c'est, par exemple, le cas de la conjonction "ou" dans le titre (cf. Geerts, 1976b, *109*), de *Sans titre* (Forneret) et d'un titre de chapitre comme *Ceci est le dénouement de l'histoire et on y apprend le sort ultérieur des personnages* (Gobineau, *Le prisonnier chanceux*, chap. XXX), titres qu'il faut attribuer à un narrateur extradiégétique, visible dans des formules métanarratives comme "où l'on voit que ...", "ce qui prouve que ...", "pourquoi ...", "comment ...", etc. (cf. Riffaterre, 1979, *164-166*). Lorsque le titre de chapitre renvoie en entier à l'acte de narration, il est écrit au présent ("Où le roman justifie son titre", chap. 7 du *Capitaine Fracasse* de Gautier); lorsqu'il renvoie à la diégèse au moyen d'une formule métanarrative, le titre est en général composé dans un temps du passé: comparez les titres des chapitres 2 et 5 du premier livre des *Misérables* (Hugo): "M. Myriel devient Mgr Bienvenu" et "Que Mgr Bienvenu faisait durer trop longtemps ses soutanes" (cf. Stanzel, 1979, *58-69*). Dans un titre comme *Mon oncle Benjamin* (Tillier) et dans des titres de chapitre comme *Ce qu'était mon oncle*, *Pourquoi mon oncle se décida à se marier* (*id.*) c'est un narrateur intradiégétique qui nous parle. Le titre *Vie de Henry Brulard* (Stendhal) est proféré par un auteur implicite; l'un de ses titres de chapitre *Petits souvenirs de ma première enfance* est raconté par un narrateur intradiégétique; les autres titres de chapitre comme *La première communion* sont racontés par un auteur implicite. Dans le cas où le titre renferme un proverbe, une moralisation, une maxime, une sentence, etc. qui commentent la situation ou les événements décrits dans le monde représenté, ces affirmations proviennent d'un narrateur extradiégétique ou intradiégétique, visible dans son commentaire: *Si le grain ne meurt* (Gide), *Le rouge et le noir* (Stendhal). Apparemment l'auteur implicite peut parfois céder la parole à un de ses **personnages**, surtout dans la comédie ou le vaudeville: *Mais ne te promène pas toute nue* (Feydeau), *Occupe-toi d'Amélie* (*id.*), *Comment va le monde, Môssieu? – Il tourne, Môssieu* (Billetdoux), *Rintru pa trou tar hin* (*id.*); dans ce cas, il arrive que le titre présente une caractérisation générale (sentence, proverbe, etc.) qui vers la fin du texte s'avère être empruntée à un des personnages. Il paraît plus juste de supposer qu'en fait le narrateur est responsable de tels titres, plutôt que le personnage cité par lui. Le commentaire du narrateur extradiégétique est illustré dans le co-texte par ce personnage et cite souvent un discours social dont la validité idéologique est démontrée ou contestée; c'est souvent le cas des titres mussétiens: *Il ne faut jurer de rien*, *Il faut qu'une porte soit overte ou fermée*, *On ne saurait penser à tout*.

	grand titre	titre de chapitre
Hamburger:	Auteur, présentant des personnages non réels	Narrateur, présentant des personnages réels
Wieckenberg:	Auteur	Auteur
Hoek:	généralement: un auteur implicite parfois: un narrateur intradiégétique ou extradiégétique apparemment: un personnage	

L'**instance réceptrice** (le lecteur) n'est guère plus facile à identifier que l'instance émettrice. Tout d'abord il faut distinguer entre le **destinataire** et l'**auditeur** (cf. Ducrot, 1977a, *31*): *J'accuse* (Zola), publié dans *L'Aurore* du 13 janvier 1898, est une lettre ouverte dont le Président de la République était le destinataire et dont les lecteurs sont comparables à des "auditeurs". Ensuite, il faut signaler que le terme de lecteur couvre des notions diverses: il désigne l'interlocuteur de l'auteur, appelé **lecteur réel**; il désigne l'interlocuteur de l'auteur implicite, appelé **lecteur implicite**, et finalement aussi l'interlocuteur du narrateur, appelé **narrataire**. Le narrataire est un lecteur explicite, qui peut figurer dans le texte mais qui n'est pas le lecteur réel:

EXEMPLES: "Ainsi ferez-vous, vous qui tenez ce livre d'une main blanche, vous qui vous enfoncez dans un moelleux fauteuil en vous disant: Peut-être ceci va-t-il m'amuser" (*Le père Goriot*, Balzac); "Cette amie que je veux te montrer sous le linge, ô lecteur ..." (*Mon amie Nane*, Toulet). Dans *Le rouge et le noir* Stendhal présente un titre qui est un résumé métaphorique et thématique du roman, raconté par un narrateur extradiégétique, qui se manifeste dans le texte à plusieurs endroits (les "intrusions" de l'auteur). Ce narrateur extradiégétique s'adresse à un narrataire (lecteur extradiégétique), en l'apostrophant comme "Monsieur"; ce "Monsieur" est un personnage secondaire, fortement concerné par la politique et défini par son manque de compréhension et même par son désaccord avec le narrateur extradiégétique (cf. Mouillaud, 1973, *32-35*). L'auteur implicite du texte a aussi un public, les lecteurs implicites, le fameux "happy few" qui peut comprendre l'intention de Stendhal. Finalement, l'auteur réel (Stendhal) a des lecteurs réels, le public des XIXe et XXe siècles.

Une différence capitale entre l'émetteur et le récepteur du titre est que l'auteur est une entité plus ou moins fixe, même dans le cas d'un texte anonyme, tandis que le lecteur est toujours une entité potentielle, déterminable socialement et économiquement parmi les lecteurs possibles. **La situation de communication du titre et de son co-texte est caractérisée par le fait que les interlocuteurs s'ignorent**; la communication se fait toujours "in absentia"; **production et réception sont des actes isolés matériellement** (temporellement, spatialement, actantiellement). Le contact est indirect, médiatisé en principe par l'écriture. Cette situation de communication défectueuse du titre se reflète dans le caractère elliptique du modèle esquissé de l'énoncé intitulant: l'auteur est réduit à la mention de son nom sur la page de titre et le lecteur est généralement passé sous silence, exception faite des textes dédicacés et de certains livres d'enfants où l'âge du public envisagé est parfois indiqué: "destiné aux enfants de 6-8 ans". Dans le titre, seul l'objet de communication est mentionné; le prédicat, qui traduit en général la relation entre émetteur et récepteur, est, lui aussi, supprimé. Somme toute, **la situation de communication du titre se caractérise par un discours monologique** (cf. Sandig, 1971, *24* sq).

5.2.2 *Le temps et le lieu de communication*

La distance qui sépare production et réception du titre se retrouve lorsqu'il faut préciser pour un titre le temps et le lieu de production et de réception. Le temps et le lieu actuels doivent être déterminés par rapport à un ensemble défini de moments et de lieux possibles. On sait que le temps et le lieu de production imposent au titre une forme assez précise et typique; le temps de réception (du Moyen Age au XXe siècle) et le lieu de réception (bibliothèque publique, librairie, supermarché, église, bureau, etc.) limitent d'avance les possibilités d'interprétation.

5.2.3 *Les présuppositions*

Les présuppositions des interlocuteurs constituent des éléments importants dans la description sémantique et contextuelle de l'énoncé intitulant. Le problème est toujours de savoir dans quelle mesure les présuppositions relèvent de la **description sémantique de l'énoncé** et dans quelle mesure elles constituent des conditions imposées à l'emploi normal et réussi de l'énoncé et ressortissent donc à la **description du contexte** (cf. Ducrot, 1972, *25* et § 5.1.1 PRÉCISION). Pour un titre

comme *Le prévôt de Paris* on se demande si la conviction du lecteur
que le prévôt de Paris est un magistrat puissant et qu'il est dangereux
de s'opposer à sa volonté ou de lui manquer de respect, fait partie du
sens du mot "prévôt" ou si cette conviction ressortit à la description
du contexte communicatif où figure ce mot. Il est probable que les
présuppositions déterminent, au moins en partie, l'objet linguistique
proprement dit, même lorsqu'elles n'en font pas partie directement.
La connaissance (les opinions, les présupposés, etc.) qu'un individu
porte sur le monde — sur le domaine d'interprétation de l'énoncé — a
son impact sur l'acceptabilité de cet énoncé (cf. Bellert, 1970, *361*).
L'erreur la plus grave de la grammaire transformationnelle consiste
précisément à passer sous silence les contextes communicatifs qui
prêtent aux énoncés leur sens définitif, ainsi que la connaissance du
monde que porte le locuteur (cf. Oller jr., 1972, *45*). Dans cette perspective il paraît acceptable que **les présuppositions font partie de la
représentation sémantique** (cf. Lakoff, 1970b, *193*; *id.*, 1971b, *234*
sq; *id.*, 1971a, *336-337*; pour un avis contraire cf. Seuren, 1975, *68*
sq):
représentation sémantique = significations de l'énoncé + présuppositions
Une distinction formelle entre d'une part les présuppositions, qui
feraient l'objet de la linguistique et qui pourraient être décrites par
elle, et d'autre part les présuppositions, qui pourraient être retracées à
base de notre connaissance du monde (cf. Bellert, 1970, *340-341*)
semble pourtant malaisée à pratiquer. Les présuppositions qui ressortissent à notre connaissance du monde concernent les aspects physiques
et culturels de ce monde et notamment les conventions de communication qui y sont en vigueur; il est important d'établir une typologie des actes communicatifs et de spécifier le type concret de l'acte
de production et de réception par rapport à l'ensemble des actes
communicatifs possibles (cf. Landwehr et Settekorn, 1973, *40-41*);
par exemple: **ainsi chaque titre est un acte à la fois informatif, performatif et persuasif.** Ducrot (1977b, *191*, *196*) affirme que la distinction
entre posé et présupposé peut déjà être marquée à l'intérieur de la
signification de l'énonciation et ne maintient plus comme dans Ducrot
1972 l'idée que cette disctinction serait toujours et par définition
inscrite dans la signification de l'énoncé. Dans certains cas, une présupposition marquée dans un énoncé peut disparaître dans l'énonciation
ou être remplacée par autre chose (cf. Ducrot, 1977b, *191*), par exemple lorsque l'acte de parole est indirect, et en général lorsque l'acte
illocutionnaire est différent de celui pour lequel l'énoncé est marqué.

Dans l'optique de Ducrot (1977b, *187*) **la présupposition est définie comme un acte de langage et plus particulièrement comme un acte illocutionnaire particulier.**

On fait une distinction entre présuppositions sémantiques ou lexicales, qui déterminent la grammaticalité sémantique, présuppositions référentielles, qui sont des conditions sur la valeur de vérité de la phrase imposées au monde possible de l'énoncé, et finalement présuppositions pragmatiques, qui déterminent l'acceptabilité de l'acte de parole (cf. van Dijk, 1972, *101*; Keenan, 1971, *45*; Kiefer, 1972b, *278*). **Les présuppositions sémantiques du titre ont trait aux éléments lexicaux:** le lecteur doit savoir reconnaître le sens lexical des mots; **les présuppositions référentielles du titre ont trait au monde possible auquel l'énoncé renvoie:** *L'oiseau bleu* renvoie à une nouvelle fantastique ou à un conte de fées, *Chronique du règne de Charles IX* (Mérimée) au roman historique, *L'enfant du carnaval* (Pigault-Lebrun) au roman populaire joyeux, et *Le diable amoureux* (Cazotte) au roman noir; **les présuppositions pragmatiques du titre ont trait au statut des interlocuteurs** (l'auteur a le droit et le devoir de parler au lecteur et non pas l'inverse, cf. Ducrot, 1972, *138*), **à leurs relations (sociales) possibles** (c'est l'auteur qui donne ou prétend donner un titre au texte et non pas le lecteur), **à leurs connaissances, leurs désirs et leurs intentions respectives, au lieu et au temps où leur relation s'établit** (au XVIIe siècle la lecture d'un roman signifie autre chose que de nos jours; au début du XIXe siècle la production et la réception de poésie ont l'importance qu'ont celles du roman actuellement, etc.), **et à ce que** (l'auteur croit que) **le lecteur a compris des énoncés précédents** (cf. Keenan, 1971, *49*; Landwehr et Settekorn, 1973, *45*; Wunderlich, 1972b, *49*).

EXEMPLE: *La prise de Constantinople* (Ricardou) et *La bataille de Pharsale* (Simon) sont des titres que le lecteur croit vrais, réels, sincères, du moment qu'ils lui sont présentés en un temps et en un lieu appropriés; le monde présenté dans ces titres mime un monde possible connu, celui du roman historique. Ces titres font appel à notre connaissance de l'histoire et véhiculent des présuppositions cognitives. Toutefois, l'amateur de romans historiques risque d'être déçu; et seul un lecteur averti, c'est-à-dire un lecteur qui sait évaluer toutes les présuppositions véhiculées par la page de titre, percevra la totalité du message: à cette fin il doit connaître les noms des nouveaux romanciers et leur réputation de littérarité et d'illisibilité, il doit savoir que le prix en est trop élevé pour un roman historique ordinaire, il doit se rendre compte de l'austérité de la couverture, etc.; ensuite, il doutera de ses premières impressions et conclura que les textes en question ne sont pas des romans historiques dans le sens traditionnel (cf. § 4.3.2).

RENVOIS: Nous avons considéré la présupposition d'un point de vue purement linguistique. Sur les présuppositions en général on consultera par exemple Ducrot 1972, Ducrot 1977b, Garner 1971, Henry 1977, Keenan 1971, Kempson 1975, Kiefer 1972b, Lakoff 1971a, Petöfi et Franck éds. 1973, Wunderlich 1978, Zuber 1972.

5.2.4 *Les types de contextes*

Il y a plusieurs types de contextes à distinguer pour l'énoncé intitulant:

(a) **le contexte psychologique et cognitif**: il convient de considérer psychologiquement la relation entre le locuteur et l'interlocuteur: le titre baigne dans un contexte psychologique, parce qu'il est donné intentionnellement dans l'espoir d'attirer et de convaincre le lecteur; le lecteur averti tient compte du fait que la page de titre et le titre promettent souvent plus que le co-texte n'accomplit. **Le contexte cognitif du titre se distingue du reste du contexte en ceci que non seulement l'information sémantique mais aussi l'information morphonologique et syntaxique y jouent un rôle**, un titre devant toujours être reproduit de la même façon; le titre ne souffre pas de résumé, tandis qu'un texte par contre peut être résumé de multiples manières. D'une part un même titre peut couvrir plusieurs co-textes (*Fables* de La Fontaine et de Florian, *Don Juan* de Molière et de Montherlant); dans ces cas il est question d'homonymie. D'autre part, des textes dont l'histoire est à peu près identique portent pourtant des titres différents (*Hippolyte* de Garnier, *Phèdre* de Racine et *Phèdre et Hippolyte* de Pradon). **Nous ne pouvons reproduire le titre que grâce à son caractère elliptique**, le terrain de stockage ("store") de l'information morphonologique et syntaxique dans la mémoire étant fort limité. **L'information sémantique du titre est stockée indépendamment de celle du co-texte**: si le lecteur se souvient d'un titre, ce n'est pas grâce aux souvenirs qu'il a éventuellement du co-texte; d'ailleurs, il ne connaît souvent que les titres; et, de plus, il se rend rarement compte de la distance qui sépare le titre du co-texte: il ne se pose pas plus la question de savoir pourquoi le texte s'appelle *Automne à Pékin* que celle de savoir pourquoi l'auteur s'appelle Boris Vian (cf. Kintsch et van Dijk 1975, van Dijk 1977a, *56, 62-68*).

(b) **le contexte social** (cf. *ibid., 116*): le titre vise un public déterminé socialement, est produit dans un milieu socio-culturel déterminé et circule dans des groupes sociaux déterminés. Le titre est produit dans un but particulier (son **intention**) et produit un **effet** concret;

intention et effet actuels d'un titre sont à spécifier par rapport aux intentions et aux effets possibles. Il s'ensuit que **la communication littéraire ne peut être définie qu'au sein d'un contexte déterminé socialement** (cf. § 5.3). La communication littéraire a lieu au sein des institutions consacrées (enseignement, recherche, presse, salons, etc.), qui influencent la structure et le style du titre; dans ces domaines la communication littéraire a parfois une fonction rituelle et le titre fonctionne alors comme instrument magique permettant de désigner les textes.

(c) **le contexte communicatif**: si, d'après Saussure 1971, la langue est un code, nous savons depuis Benveniste (1966, *23*) que **la langue fonctionne selon les règles d'un code**; et Ducrot (1972, *1-5*) souligne que la langue ne se borne pas à être un simple code ni un simple instrument dans la communication, mais qu'elle est **constitutive de la communication elle-même** par les règles du jeu communicatif qu'elle pose; l'ensemble des règles de ce jeu communicatif s'appelle **code**. La langue comporte "tout un dispositif de conventions et de lois, qui doit se comprendre comme un cadre institutionnel réglant le débat des individus" (Ducrot, 1972, *5*). **La communication n'est pas une fonction linguistique**, même fondamentale − telle que la transmission d'information: définition trop facile, trop limitée et même obnubilante de la communication (cf. Ducrot, 1972, *2*; Calvet, 1973, *19*) − mais **elle est l'actualisation de la langue même**, accomplissement qui connaît lui aussi ses règles et ses conventions; la communication doit être conçue comme la performance du code communicatif. Un auteur doit se soumettre à certaines règles pour produire des titres; la liberté d'écriture (dans un sens large) est donc bien réduite (cf. Meleuc, 1963, *95*).

AVERTISSEMENT: Le texte ne contient pas son propre code, qu'il suffirait d'extraire du texte pour en trouver le sens; un texte ne livre pas sa propre clef; cette clef est, implicitement ou explicitement, introduite par (les conceptions poétiques de) l'analyste. Cf. pour un avis contraire Grivel, 1973a, *188*; cf. aussi § 1.2.3.2.

La **situation de communication du titre** est "homogène et précise" (Furet et Fontana, 1970, *98*), donc uniforme, ne laissant pas de doute sur la modalité de l'énoncé: un émetteur fixe (auteur), un public précis mais large, un mode de transfert fixe (textuellement), un topique producteur d'intérêt et stéréotype à la fois, une forme elliptique (suppression du prédicat), codée selon des règles précises. C'est à cause de cette situation de communication que le titre ne montre pas nécessairement la structure superficielle d'une phrase complète (cf. Faust, 1972, *98*). La réduction de l'information offerte dans le titre est contrebalancée par la quantité de l'information puisée dans la situation de communication: **le contexte sert à effectuer la concision du titre.** De plus, le taux d'informativité du titre est très élevé par suite de son ellipticité et de son style nominal; la redondance est exclue (cf. § 2.2.1.2; van Dijk, 1972, *230-231*; Loffler, 1972, *89*; Sandig, 1971, *53-54*).

La présence ou **l'absence d'un titre** en tête d'un texte dépend de la situation de communication. Dans certains contextes, la présence d'un titre est superflue, facultative; cela est le cas lorsque le public visé, le locuteur et le thème (sujet, genre, modalité ou intention) peuvent, du moins apparemment, être deduits de la situation de communication, ou lorsqu'ils sont mentionnés explicitement dans le co-texte. La complétude d'une situation de communication dont tous les éléments sont connus permet l'emploi d'un langage elliptique dans le titre et dans les cas extrêmes l'absence de titre. **La richesse sémantique du contexte et du co-texte supplée à la concision du titre, voire à son absence** (cf. § 0.1).

(d) **le contexte pragmatique linguistique**: il s'agit ici de retracer les propriétés de la situation de communication où figure le titre, qui rendent l'énonciation convenable, appropriée, acceptable, réussie. A cet effet, il faut définir les conditions auxquelles l'énonciation doit satisfaire pour être heureuse, c'est-à-dire les **conditions de félicité.**

(e) **le contexte matériel** impose au titre de presse notamment sa longueur et sa forme typographique (cf. Agnès et Croissandeau, 1979, *48*).

5.2.5　*Les conditions de félicité*

Les conditions de félicité sont des présuppositions pragmatiques, déterminées par la structure linguistique de la phrase (cf. Kiefer, 1972a, *xii-xii*). Austin (1970, 2e et 3e conférences) a énuméré trois conditions de félicité pour les énonciations performatives: 1) **les présuppositions du locuteur doivent être correctes** (valables); 2) **l'acte en question doit être sincère et comporter des obligations pour le locuteur, qui doit les accepter;** 3) **la procédure ne doit pas être défectueuse.** Ces conditions ont été maintes fois corrigées et leur nombre a été élargi (cf. Ducrot 1972; Gordon et Lakoff 1973; Maas et Wunderlich,

1972, *141* sq; Searle, 1972a, *98* sq; Searle 1972b; Wunderlich 1972a). Comme le titre a trois valeurs pragmatiques différentes: une **valeur locutionnaire** qui définit sa **fonction informative**, une **valeur illocutionnaire** qui définit sa **fonction performative** (appellative, modalisatrice et contractuelle), et une **valeur perlocutionnaire** qui définit sa **fonction persuasive**, les conditions de félicité du titre se rapportent aux cinq types d'énonciation correspondants: l'**affirmation**, la **désignation** (= l'appellation), la **déclaration**, la **promesse** (cf. Searle, 1972a, *98* sq et *id.*, 1972b, *46* sq) et l'**incitation** (cf. Maas et Wunderlich, 1972, *202* sq). Les conditions de félicité peuvent se rapporter à la situation de communication (§ 5.2.5.1) et aux croyances des locuteurs et des interlocuteurs (§ 5.2.5.2).

5.2.5.1 *Les conditions de félicité de la situation de communication.* Pour que l'acte de parole exprimé dans le titre puisse réussir, il faut que:

(a) **la réalisation de l'acte puisse avoir lieu matériellement**: l'énonciation d'un titre demande qu'il y ait un texte qui porte ce titre et une instance responsable du texte (l'auteur, l'éditeur); elle demande aussi qu'il y ait un public qui puisse se procurer le texte et/ou le lire;

(b) **les conditions usuelles de production et de réception soient respectées**: l'auteur et le lecteur doivent savoir écrire et lire, et parler la même langue;

(c) **l'énonciation se présente en un temps et en un lieu convenus.** La mention de titres dans une discussion par exemple doit être annoncée par l'introduction d'un topique de conversation particulier, concernant le texte; le locuteur insère le titre dans une situation où il peut apparaître comme titre; cette situation est introduite par des formules telles que "il est paru récemment ..." "avez-vous lu ...", "il paraît que les Editions du Seuil publient ...", etc.

(d) **la modalité de l'énonciation** (affirmation, désignation, déclaration, promesse, incitation) **soit reconnue par convention.** La procédure doit être suivie par tous les participants impliqués dans l'acte de communication. Pour que l'acte d'intitulation soit heureux, il faut offrir le texte au public ou en avoir l'intention, et donc prendre soin d'assurer la fabrication et la diffusion d'un livre. De plus, la procédure doit être exécutée correctement; en principe, il faut "inventer" les titres et non pas les emprunter à d'autres textes déjà existants, exception faite des intitulations générales comme *Histoire de France*, *Poésies*, etc. Les suites de l'acte de parole seront nulles lorsque les conventions sont ignorées ou méprisées.

(e) le locuteur et l'interlocuteur soient dans une position d'équivalence; l'un et l'autre doivent pouvoir parler/lire librement; le lecteur n'est pas forcé de croire l'auteur sur parole ou de donner suite à sa demande; l'auteur n'est pas obligé de publier un texte et/ou de lui donner un titre;

(f) la situation de communication permette de décider si l'acte de parole doit être compris littéralement ou non, c'est-à-dire de décider si l'acte de parole est direct ou indirect (cf. Metzing 1978): un acte de parole est indirect, lorsqu'il pourrait être compris littéralement mais, au fond, ne voudrait pas ou ne devrait pas l'être. Cela est le cas quand une affirmation signifie une demande, ou quand une question signifie une affirmation (question rhétorique), etc. Dans les titres, il figure des questions, des ordres, des défenses, des menaces, etc., que le lecteur ne doit pas comprendre comme tels, grâce à la situation de communication: *Va jouer avec cette poussière* (Montherlant) n'est pas un ordre adressé au lecteur; *Aimez-vous Brahms?* (Sagan) n'est pas une question posée au lecteur; et *J'irai cracher sur vos tombes* (Vian) et *Je ne vous aime pas* (Achard) ne sont pas des menaces pour le lecteur. **Ordre, défense, menace, promesse, etc. dans le titre se rapportent au co-texte et constituent l'affirmation d'un fait, la désignation du co-texte, la déclaration de sincérité, la promesse d'intérêt et une incitation à la lecture.**

5.2.5.2 *Les conditions de félicité des interlocuteurs.* Pour que l'acte de parole exprimé dans le titre puisse réussir, il faut que:

(a) le locuteur croie que l'interlocuteur croit etc. que le locuteur a l'autorisation et la compétence de parler (informer, désigner, déclarer, promettre, inciter). Le lecteur doit croire que c'est l'auteur qui a donné le titre au texte, que c'est lui qui parle, même lorsqu'en réalité une autre personne ou une autre instance sert de porte-parole; ainsi Jouhandeau apprend au lecteur que c'était souvent sa femme Elise qui inventait pour lui les titres (*La mort d'Elise*, 1978, *106*). Cela implique qu'un texte ne peut changer de titre que dans des conditions particulières; pour que le nouveau titre soit accepté, il faut que les conditions d'intitulation soient heureuses: il faut par exemple que celui qui change le nom d'un texte en ait le droit; c'est le cas de l'auteur et/ou de l'éditeur.

EXEMPLES 1: *L'anglais sans peine* est devenu *La cantatrice chauve* (Ionesco), *La jeune fille Violaine* est devenu *L'annonce faite à Marie* (Claudel), *Lesbiennes* ou *Limbes* est devenu *Les fleurs du mal* (Baudelaire), *Le dernier Chouan, ou la Bretagne en 1800* est devenu *Les chouans ou la Bretagne en 1799* (Balzac), etc. A titre de curiosité nous reproduisons deux textes d'un éditeur qui fait part aux lecteurs du rebaptême d'une publication:

LE FEU AU COEUR
par BENJAMIN ROCHEFORT

Une erreur?... Oui, nous pensons que nous avons commis une erreur, quand il y a tout juste un an, nous avons intitulé : **Les mille et une folies de Fanfan La Tulipe** le premier volume des aventures du héros de Benjamin Rochefort. Une erreur sanctionnée par un relatif échec, alors que ce merveilleux roman de cape, d'épée et d'amours (au pluriel), spirituel et drôle, enlevé par une plume digne des grands romanciers anglais du XVIIIe siècle, avait tout pour séduire un public avide de lecture hautement divertissante. L'erreur, à notre sens — et après mûre réflexion — tient au fait que, dans le titre, nous avons mis en avant le nom de **Fanfan La Tulipe,** héros que la chanson et le film célèbres ont imposé comme personnage d'aventures essentiellement destinées à la jeunesse. Ce qui a fait que les adultes, pour qui Benjamin Rochefort avait écrit son roman, se sont détournés de ce livre qui ne leur semblait pas adressé. Et pourtant! Pourtant — que les graves censeurs nous pardonnent — ce roman ne manque pas de scènes libertines dans la plus belle tradition du XVIIIe siècle! Pourtant ses qualités de mouvement et d'écriture en font un véritable régal pour les esprits les plus délicats — c'est Gaston Bonheur qui en a vanté «l'allégresse, l'appétit, la grâce de style et la justesse historique»!...

Le tir rectifié... Alors, pour le deuxième volume : **Le Feu au cœur,** qui paraît aujourd'hui, nous avons décidé de rectifier le tir. En gommant **Fanfan** dans le titre de la série et en ne gardant que **La Tulipe** — de toute façon (entre nous) les exploits amoureux et guerriers que Benjamin Rochefort prête à son héros sont purement imaginaires, bien que vraisemblables. En mettant graphiquement en valeur le titre de chaque ouvrage et en les rebaptisant : le premier, **Fanfan et la Du Barry,** devient **LA FLEUR DU ROI**; et le deuxième, annoncé sous le titre **Fanfan et La Fayette,** s'intitule pour finir **LE FEU AU CŒUR.**

Et maintenant?... Maintenant, ayant ainsi confessé nos erreurs, dévoilé nos hésitations et notre démarche, il nous reste à faire appel à la confiance que vous nous avez toujours manifestée. Et c'est avec la plus profonde conviction que nous vous disons : lisez **LE FEU AU CŒUR** et, pour mieux goûter ce second tome des aventures de ce «diable de Français nommé La Tulipe», procurez-vous en même temps le premier : **LA FLEUR DU ROI** — qui se trouve, lui aussi, habillé de neuf, chez votre libraire. Croyez-nous : le plaisir que vous prendrez à cette double lecture, vous ne nous le reprocherez pas.

(*Vient de paraître* 198 (Laffont-Seghers), juin-juillet 1980, *4-5*).

● Le livre de **Fabrice Bardeau** et **Max Fesneau** que nous avons publié en juin dernier sous le titre **La médecine par les fleurs,** apparaît ces jours-ci en librairie sous un nouveau titre et une nouvelle couverture. Il s'intitule désormais : **La médecine aromatique,** avec ce sous-titre : "Propriétés et utilisations des huiles essentielles végétales". Pourquoi ce changement ? Tout simplement parce que nous nous sommes aperçus que le premier titre, imprécis, égarait le lecteur. Il ne s'agit pas en vérité dans cet ouvrage d'une thérapeutique **par les fleurs elles-mêmes,** mais **par les essences aromatiques** extraites des fleurs — dont l'efficacité est incomparable puisqu'elles renferment, sous une forme très concentrée, tous les principes actifs des végétaux... Comme il n'est point recommandé de s'obstiner dans l'erreur, nous confessons la nôtre, et rebaptissons donc le livre de Fabrice Bardeau, en souhaitant que les lecteurs, exactement informés de son contenu, lui réservent l'accueil qu'il mérite : **La médecine aromatique** a sa place dans toutes les familles. — (Un volume de 336 pages, illustré : 39 F).

FABRICE BARDEAU
MAX FESNEAU

La médecine aromatique

propriétés et utilisations des huiles essentielles végétales

ROBERT LAFFONT

(*Vient de paraître* 169 (Laffont), mars 1977, *2*)

C'est souvent l'éditeur qui propose aux auteurs des titres: on sait que le titre de *La nausée* fut imposé à Sartre par Gallimard et remplace *Melancholia*. Dans une lettre du 24 août 1918, Roger Martin du Gard avoue avoir vendu le titre initial de *Jean Barois* qui était *S'affranchir?* pour une couverture "distinguée" de la N.R.F. (Martin du Gard, 1958, *1128*). Adorno (1965, *9-12*) nous raconte comment l'éditeur allemand Peter Suhrkamp s'occupe activement de l'intitulation de ses publications. Dans d'autres cas ce n'est pas l'éditeur lui-même qui invente un titre pour ses publications, mais une agence de titres: "La manufacture industrielle s'est installée à cet endroit-là: aux Etats-Unis, il existe des agences qui font commerce des titres de livres ou de films. Elles ont des stocks. Elles font aussi sur mesure. On leur fournit une idée générale du bouquin, elles fabriquent un titre en trois mots, en cinq mots. Elles emploient des poètes travaillant à la chaîne" (Guénot, 1977, *166*).

(b)   le locuteur ait des raisons pour croire que l'interlocuteur est en position de donner suite à son incitation, de croire sa promesse, ses déclarations et sa désignation, et d'accepter ses affirmations; le locuteur doit croire aussi que l'interlocuteur y est disposé ou qu'il y a au moins une chance qu'il le soit. Un auteur s'adresse dans le titre à un public intéressé par son texte et capable de l'acheter. La publicité, assurée normalement par l'éditeur (*Bulletin de la maison, Lettre aux lecteurs*, service de presse, interviews, etc.) n'est pas faite au hasard mais vise un public d'acheteurs potentiels;

(c) le locuteur suppose que l'interlocuteur n'aurait pas donné suite à son incitation, n'aurait pas cru ses promesses, ses déclarations et sa désignation, et n'aurait pas accepté ses affirmations sans son intervention. L'éditeur a seulement envie de lancer son texte au moyen de toute une campagne publicitaire, s'il croit que les acheteurs le rembourseront de ses frais; dès le moment que les chiffres de vente prouvent que le livre est bien vendu, l'éditeur peut restreindre son service de presse; le texte se vend tout seul, dès que la machine publicitaire est mise en mouvement;

(d) (le locuteur croie ou fasse croire que) l'interlocuteur ne soit (est) pas encore au courant et désire être renseigné par lui; l'énonciation doit être informative et intéressante; le locuteur doit croire que l'interlocuteur préfère sur ce point son intervention à son abstention. L'éditeur aura donc soin de présenter son livre comme une nouveauté ou, de toute façon, comme un livre auquel les lecteurs s'intéressent et dont ils ont besoin; le titre présentera donc une valeur d'information ou d'intérêt, en renchérissant par exemple sur une "tradition" déjà établie: après *Maigret* (Simenon) il y aura *Maigret a peur, Maigret chez le ministre, Maigret se trompe*, etc.

(e) le locuteur ait une raison particulière pour énoncer son titre; l'énonciation n'est pas gratuite: elle doit être "pertinente" (Todorov, 1978b, *26-27*), "motivée" (Ducrot, 1972, *10*), "coopérative" (Grice, 1979, *61*); elle vise un effet particulier. L'éditeur veut surtout que le livre soit bien vendu et parfois que la publication fasse augmenter son crédit auprès du public. L'auteur est intéressé à gagner sa vie, à se faire une réputation auprès du public, à répandre ses idées, etc. En tant que porte-parole du texte, le titre produit encore un effet idéologique au niveau des superstructures (cf. § 5.3);

(f) le locuteur fasse croire à son interlocuteur qu'il fournit des renseignements complets, précis et justes, et que, s'il était dans la position de l'interlocuteur, il donnerait suite aux intentions exprimées dans le titre. Le locuteur doit faire croire à l'interlocuteur qu'il est honnête et sincère, sans quoi l'acte serait creux. Dans le système rhétorique la crédibilité du locuteur relèverait de l'ethos. La sincérité du locuteur implique que (il fait croire à son interlocuteur que) (1) le locuteur croit lui-même à la validité de ses paroles; (2) le locuteur a l'intention sincère de tenir sa promesse, c'est-à-dire d'accepter les obligations qui en résultent pour lui; 3) le locuteur apprécie ce à quoi il incite. Il s'ensuit que (1) l'information présentée présuppose la responsabilité du locuteur (vis-à-vis de ses affirmations; (2) l'appellation présuppose la justesse de la désignation; la modalisation présuppose la sincérité du locuteur; la promesse présuppose l'acceptation des obligations; (3) l'incitation présuppose le désir du locuteur de voir l'interlocuteur donner suite à cette incitation (cf. Ducrot, 1977a, *27* sq).

Il n'est donc pas nécessaire que le locuteur croie en réalité à la validité de ses affirmations, que le titre désigne vraiment le co-texte, que le locuteur dise vraiment la vérité, que le locuteur ait vraiment l'intention de créer et d'accepter des obligations et qu'il apprécie vraiment ce à quoi il incite. Il suffit qu'il le prétende: Ducrot (1978, *115*) ne définit-il pas la promesse comme "se présenter soi-même comme obligé"; cela n'implique pas encore qu'on le soit en vérité. Lorsque **l'acte de parole est insincère,** l'affirmation reste donc une affirmation, la promesse une promesse, l'appellation une appellation, la véridiction une véridiction et l'incitation une incitation, à condition seulement que l'interlocuteur reste dupe (cf. Siertsema, 1972, *21*). Lorsque celui-ci s'est aperçu de la duperie, il peut considérer l'acte de parole comme nul et la communication aura échoué; il peut aussi accepter la duperie et suivre l'exemple du trompeur en jouant le jeu; il lui reste encore un choix: il peut montrer au locuteur qu'il voit clair dans son jeu ou bien essayer de duper à son tour le locuteur en cachant son propre jeu.

Reste encore le problème du locuteur qui ignore qu'il est insincère; dans le cas d'une **duperie non intentionnelle** (cf. Maas et Wunderlich, 1972, *150*), la promesse n'en est pas moins sincère aux yeux du locuteur et de l'interlocuteur, mais l'acte de parole est néanmoins creux par suite de circonstances extérieures et n'a pas l'effet visé mais un autre effet. En principe, l'auteur essaie toujours de faire croire au lecteur que le titre est un bon titre, mais il arrive que l'éditeur donne une nouvelle couverture et un nouveau titre à un livre qui se vend mal, et le relance sur le marché (cf. EXEMPLES 1).

EXEMPLES 2: Rumpf 1938 dénie à l'éditeur le droit de donner un nouveau titre à une réédition ou une réimpression. Cf. Guise, 1972, *xix*, à propos des *Chouans* de Balzac: "Et le roman se vendit mal. Les invendus des 750 exemplaires de l'édition Vimont, permirent à Werdet, en 1836, de mettre en vente, sous une nouvelle couverture, une fausse "troisième édition" qui a trompé quelques bibliographes. Le 15 novembre 1836, il en restait 380 exemplaires qu'après la faillite de Werdet, Levavasseur remit en vente, en 1838, sous une nouvelle couverture et un nouveau titre, *Le chouan*". Pagnol affirme: "Il y a quelques années un éditeur avait publié *Un Cercueil pour Démétrios*, échec total! Il intitule une nouvelle édition: *Un Masque pour Démétrios*, immense succès!" (cité dans Moncelet, 1972, *219*). Ces pratiques sont devenues courantes, surtout dans les livres populaires américains (cf. Guénot, 1977, *166-168*).

L'auteur fait croire que le titre annonce correctement son co-texte, mais on sait que les titres imposteurs ne manquent pas (*Automne à*

Pékin de Vian ou *La cantatrice chauve* de Ionesco); l'auteur fait croire que le titre incite le lecteur à la lecture, mais finalement l'auteur est souvent plus intéressé à l'achat qu'à la lecture. Dans tous ces cas, l'auteur se présente toujours comme sincère; dans d'autres cas il avoue dès le titre son manque de sincérité, mais, paradoxalement, cet aveu constitue comme une nouvelle preuve de sincérité; c'est souvent le titre secondaire qui, dans un tel cas, infirme le titre principal: *Bourloudoudour, son orpheline et ses visirs, histoire qui n'est pas aussi orientale qu'on pourrait le supposer. Pour servir de document aux moeurs contemporaines et de manuel aux lecteurs.* Le lecteur qui connaît l'habitude des auteurs de fausser leurs titres fait semblant d'accepter l'imposture et continue à jouer le rôle du lecteur ignorant et dupe, tout en sachant que les règles du jeu demandent qu'il le soit; c'est l'attitude du lecteur averti, celle de l'analyste et aussi celle du lecteur amusé par le jeu communicatif et qui se met à relire le texte. Le lecteur ennuyé par les règles du jeu communicatif cherche d'autres textes; pour lui le code est usé et il attend d'autres stimuli de lecture.

5.3 FONCTIONS ET EFFETS DU TITRE

Sur la base de l'analyse pragmatique linguistique nous avons pu établir trois types de fonctions exercées par le titre, en tant qu'énoncé intitulant: le titre remplit une **fonction informative**, en vertu de sa **valeur locutionnaire**, qui fait qu'il **affirme** quelque chose; le titre remplit une **fonction performative**, en vertu de sa **valeur illocutionnaire**: parce qu'il **désigne** le co-texte, le titre a une **fonction appellative**; parce qu'il se **déclare** vrai, le titre a une **fonction modalisatrice**; et parce qu'il **promet** de l'information, le titre a une **valeur contractuelle**; le titre remplit une **fonction persuasive**, en vertu de sa **valeur perlocutionnaire** parce qu'il incite le lecteur à la lecture (cf. § 5.1.2 et § 5.2.5).

type d'acte de parole	type d'énoncé	fonction	
locution	affirmation	information	
illocution	désignation	perfor- mative	appellation
	. déclaration		modalisation
	promission		contractualisation
perlocution	incitation	persuasion	

Nous distinguons les **fonctions** du titre (§ 5.3.1) de ses **effets** (§ 5.3.2): il y a une différence entre ce que le titre fait (informer, servir de nom, se déclarer vrai, etc.) et ce à quoi il sert, c'est-à-dire: le titre est (à un temps x) utile à y (émetteur) par rapport à z (un but à attendre) (cf. Klaus, 1972a, *119-120*); le titre a été choisi à dessein; il y a une **intention** qui précède le choix et qui le motive mais aussi un **effet** produit auprès des récepteurs. La relation entre l'intention et l'effet d'un titre doit être comprise comme celle qui existe entre le destinateur et le destinataire, celle entre le système signifiant dans lequel le titre se produit et sa réalisation (cf. Glucksmann, 1971, *10*).

5.3.1   Les fonctions du titre

Nous discuterons successivement les fonctions relevées du titre (cf. § 5.3) et nous montrerons que toutes les fonctions qui ont été attribuées au titre s'y laissent réduire. A côté des **fonctions primaires** distinguées déjà, nous trouvons des **fonctions secondaires** dérivées des premières. Ainsi, l'analyse pragmatique permet de donner un fondement à diverses fonctions du titre distinguées intuitivement (cf. Grivel, 1973a, *169*; Kandler, 1950, *70*).

NOTE: ·En discutant la fonction du titre, la critique se borne le plus souvent à mentionner une ou deux fonctions possibles, sans indiquer leur fondement: par exemple: Levenston, 1978, *63*: "Labelling a poem serves two purposes: reference and contextualization". Kandler (1950, *70*) et Lämmert (1967, *143-144*) mentionnent plus ou moins correctement les fonctions principales du titre mais n'expliquent pas pourquoi le titre remplit ses fonctions:
— "Man würde, ähnlich wie bei den Personennamen, beim Literaturtitel mehrere Funktionen unterscheiden können:
(1)   das Werk identifizierbar zu machen (Primärfunktion)
(2)   den Inhalt anzudeuten
(3)   das Werk zu loben, interessant zu machen, die Neugierde des Publikums zu erwecken — besonders dort, wo das Werk (zumal das neuzeitliche gedrückte Buch, ebenso der Film) zum Wirtschaftsobjekt geworden ist: den Käufer zu werben" (Kandler, 1950, *70*);
— "Neben seiner allgemeinen Funktion der Identifizierung und Anpreisung eines Werkes gibt der Titel häufig genug schon direkte Hinweise zur Aufschlüsselung des Geschehens, des Themas oder des Werksinnes, ehe noch eine Aufklärung des Lesers durch den Text stattgefunden hat" (Lämmert, 1967, *144*);
— "*Le titre, et c'en est la fonction primaire, sert à identifier l'ouvrage*; (...) *Le titre sert à désigner le contenu de l'ouvrage*; (...) *Le titre sert à mettre en valeur l'ouvrage*; (...) Le titre définit, évoque, valorise; il remplit une triple fonction, *appellative, désignative, publicitaire*" (Grivel, 1973a, *169-170*).

5.3.1.1   *Fonction de l'énoncé intitulant locutionnaire.*   La **fonction informative** de l'énoncé intitulant locutionnaire consiste à fournir au

lecteur de l'information, à lui proposer un sujet de lecture. Cette information est transmise à diverses fins et de diverses manières: elle peut viser à résumer, à suggérer, à vraisemblabiliser, à programmer, etc.

5.3.1.2 *Fonctions de l'énoncé intitulant illocutionnaire*

1. En donnant un nom au co-texte qu'il désigne, le titre remplit une **fonction appellative** (a): cette fonction permet au titre d'**identifier** le co-texte (cf. Bammes, 1911, *10*; Faust, 1972, *98*; Kandler, 1950, *70*; Lämmert, 1967, *143-145*; Schoolmeesters, 1977, *15*); pour Escarpit (1976, *158*) le titre a dans ce cas-là une fonction "documentaire". De plus, pour pouvoir bien servir d'appellation, le titre doit se distinguer du co-texte; il a donc aussi une **fonction différentielle** (b) (cf. Grivel, 1973a, *167*): par sa forme elliptique particulière, par la stéréotypie du contenu sémantique affiché, par son statut métalinguistique et par sa triple valeur pragmatique, le titre se distingue du co-texte.

2. Quand le titre se déclare vrai (ou faux), il remplit une **fonction modalisatrice** (a), qui vise à **justifier** et à **vraisemblabiliser** le co-texte; on pourrait parler aussi de fonction justificative. La vraisemblance du co-texte est cautionnée par la véridicité du titre: "La vérité de la proposition du titre inaugure (et ainsi garantit dès l'abord) la vérité de l'énoncé romanesque en son entier" (Grivel, 1973a, *178*). Le titre fonctionne aussi comme modalité, dans la mesure où il influence l'attitude du lecteur vis-à-vis du co-texte, en se déclarant vrai, sincère (ou faux, imposteur): la lecture du titre délimite l'horizon de ses attentes et influence ainsi le procès de la réception du co-texte (cf. Schoolmeesters, 1977, *8*, *15*); le titre "fournit une grille de lecture" (Mitterand, 1979, *91*): c'est la **fonction cognitive** du titre (b). La lecture du titre circonscrit le cadre socioculturel et intertextuel où la réception peut avoir lieu; traduisant la macrostructure du discours, **le titre facilite la lecture et la compréhension du co-texte** (cf. van Dijk, 1976a, *315* note 17).

3. Par ses promesses le titre constitue une proposition de contrat. Les termes du contrat portent sur des éléments de contenu du co-texte, sur sa forme ou sur son fonctionnement. Cette **fonction contractuelle**, sans doute la plus importante pour les titres de fiction, comporte plusieurs autres fonctions dérivées: une fonction apéritive et une fonction anticipatrice qui se rapportent aux éléments du co-texte; une fonction de structuration qui se rapporte à la forme du co-texte; une fonction dramatique, une fonction poétique et une fonction de fictionnalisation qui concernent le fonctionnement du co-texte.

a. la **fonction apéritive** du titre (cf. Barthes, 1973a, *34*) vise à préparer le lecteur au co-texte   (cf. Kayser, 1967, *192-193*); le titre marque le début du co-texte et lui sert d'embrayeur (cf. Duchet, 1973b, *52*): il déclenche le mouvement du texte en ouvrant un monde narratif possible; le titre "origine" ainsi notre lecture (cf. Pleynet, 1968, *95*).

b. sous la dénomination générale de **fonction anticipatrice** on peut ranger deux types d'anticipation (cf. Lämmert, 1967, *143-145*). Le premier type d'anticipation consiste à annoncer le **sujet** du co-texte et à familiariser le lecteur avec ce sujet (cf. Kloepfer et Oomen, 1970, *160*); il sert à "interpréter" le co-texte (cf. Faust, 1972, *98*); pour indiquer la mise en vedette de tel ou tel aspect du co-texte, Escarpit (1976, *157*) parle de "fonction discursive"; et là où s'il s'agit de ce qui est énoncé par le titre, "lié à la contingence de ce qui suit", Barthes (1973a, *33*) parle de "fonction énonciatrice". Le deuxième type d'anticipation consiste à annoncer le **contenu** du co-texte (cf. Bammes, 1911, *10*; Dressler, 1972, *18*; Dupront, 1965, *201*; Elema, 1972, *315*; Flandrin, 1965, *939*; Friedel, 1965, *1*; Wieckenberg, 1969, *58*). Quand le contenu du co-texte est annoncé correctement, la lecture des titres peut parfois suffire au lecteur; par leur valeur informative, les titres lui permettent de trier dans la masse de textes offerts ceux qui l'intéressent; cela se présente pendant la lecture de textes journalistiques (cf. Bernard, 1977, *384*; Michael, 1949, *7*), mais aussi lors de la consultation de catalogues, bibliographies, dictionnaires, encyclopédies, tables de matières etc. Pour indiquer la ressemblance du titre au contenu de son co-texte, Escarpit (1976, *157*) parle de "fonction iconique". L'anticipation peut bien entendu s'avérer déceptive (cf. Hamon, 1975, *510* note 46; Lawson, 1934, *67*) et le titre est dit alors imposteur. Généralemént, les deux types d'anticipation sont confondus sous un dénominateur commun, "fonction signalétique" (Grivel, 1973a, *167*), "fonction référentielle" (Dubois e.a., 1970b, *94*; Duchet, 1973b, *49*).

c. la **fonction de structuration**: le titre structure, articule le co-texte (cf. Wieckenberg, 1969, *28*, *29*); il montre les articulations de la composition textuelle (cf. Kapr, 1963, *98*) et programme ainsi notre lecture (cf. Pleynet, 1968, *95*). La fonction de structuration programmatrice est surtout patente dans le cas des titres de chapitre, qui trahissent les articulations du récit. Dans le cas des titres de cycles de romans ou de romans fleuves, ils assignent à chaque texte du cycle une portion de l'histoire: **Claudine à Paris, Claudine en ménage, Claudine s'en va, La maison de Claudine** (Colette). La structuration se présente aussi par rapport à un seul co-texte, notamment lorsque le titre contient des noms de nombre: *Trois contes* (Flaubert), *Les sept épées* (Apollinaire) (cf. Hamon, 1975, *510* note 46).

d. la **fonction dramatique** du titre consiste à produire de l'intérêt (cf. Grivel 1973a), c'est-à-dire à créer une attente, une tension, une impatience: **le sens en suspens produit du suspense** (cf. Dressler, 1972, *61*; Haas, 1958, *218*; Kapr, 1963, *98*; Lämmert, 1967, *143-145*; Lawson, 1934, *67*; Schoolmeesters, 1977, *8*; Volkmann, 1967, *1166*; cf. pour un développement § 4.2).

e. la **fonction poétique** de l'esthétique du titre (cf. Dubois e.a., 1970b, *94*; Duchet, 1973b, *49*) fournit de l'information sur le code poétique employé et exprime le goût d'une époque, les préférences d'un émetteur (cf. Elema, 1972, *315*; Mühlenweg 1960 et § 0.3.3).

f. par sa **fonction de fictionnalisation** un titre fictionnel signale qu'un morceau de fiction va suivre et forme donc une indication de fictionnalité (cf. Maatje, 1970, *69*); Barthes (1973a, *33*) parle dans ce cas de "fonction déictique". L'introduction du fictionnel dans le titre annonce le **drame** (cf. Grivel, 1973a, *73, 82*), le bonheur étant par définition l'inracontable. L'introduction du non-fictionnel annonce l'exposé, l'explication, la réflexion, etc. Dans une certaine mesure le titre permet de prédire le type de co-texte et de constater dans quelle mesure il s'inscrit en faux contre les normes poétiques en vigueur ou au contraire dans quelle mesure il les respecte. Il ne nous paraît pas juste d'assigner au titre une fonction "indicielle" dans le sens que donne à ce terme Barthes (1966b, *8-9*) (cf. Delas et Filliolet, 1973, *159*); le titre a plutôt une fonction "fonctionnelle", parce qu'il permet de renvoyer à un type de texte et qu'il a des conséquences d'ordre diégétique dans le co-texte: un récit intitulé *Les sabots* ou *La ficelle* (Maupassant) appelle (sauf imposture) l'usage de ces attributs dans le co-texte; dans les termes de Barthes (1970b, *24*) le titre fait partie du **code herméneutique**, parce qu'il appelle une élaboration, une précision, une réponse; le titre constitue une séquence qui est fermée dans le co-texte et qui forme donc une "fonction" du récit.

5.3.1.3 *Fonctions de l'énoncé intitulant perlocutionnaire.* Comme la plupart des textes, le titre est à la fois informatif et persuasif (cf. Kibédi Varga, 1974, *16*), quoiqu'à des degrés différents; ainsi Agnès et Croissandeau (1979, *47*) distinguent deux grandes catégories de titres de presse: les titres informatifs et les titres incitatifs. Le lecteur est l'objet de cette **fonction persuasive** du titre: le titre sert à solliciter le lecteur à lire le co-texte; cela veut dire qu'il sert à accrocher l'attention du lecteur, à l'appâter, à valoriser le texte et à en stimuler la vente; quatre fonctions secondaires donc:

a.   la **fonction conative** (cf. Dubois e.a., 1970b, *94*; Duchet, 1973b, *49*) sert à attirer l'attention du lecteur (cf. Flandrin, 1965, *939*; Haas, 1958, *218*), à l'intéresser au sujet affiché (cf. Elema, 1972, *315*; Kandler, 1950, *70*).

b.   la **fonction provocatrice** (cf. Porcher, 1976, *153*) vise à racoler et à séduire le lecteur (cf. Dubois e.a., 1970b, 94; Dupront, 1965, *201*; Eckert, 1936, *195*), à exciter sa curiosité (cf. Dressler, 1970a, *70*; Duchet, 1973b, *49*; Kandler, 1950, *70*; Mühlenweg, 1960, *3*; Rothe, 1969, *299*), à le divertir (cf. Friedel, 1965, *1*), et à créer une certaine ambiance (cf. Kayser, 1967, *192*), sans nécessairement satisfaire les sentiments éveillés. A ces fins, le titre fonctionne comme "amorce" (cf. Michel, 1965, *230* note 14), "boniment", "appetizer" (cf. Barthes, 1973a, *34*), "leurre". Escarpit (1976, *157-158*) affirme que le titre sert à "provoquer une association connotative" (cf. la légende d'une illustration). La suggestion au lecteur doit respecter le secret du co-texte et ne doit être ni trop générale ni trop précise (cf. Adorno, 1965, *8-9*; cf. aussi Kayser, 1967, *69*, qui est d'un avis contraire).

c.   la **fonction valorisante** du titre doit mettre en valeur le co-texte par des procédés laudatifs (cf. Kandler, 1950, *70*; Lämmert, 1967, *143-144*; Volkmann, 1967, *1181*).

d.   la **fonction publicitaire** du titre présente le texte comme un objet vendable; il s'agit ici de "constituer le texte en marchandise" (Barthes, 1973a, *33*). Nous verrons encore que le titre n'affiche jamais ouvertement cette fonction; elle n'en est pas moins présente dans tout titre (cf. Elema, 1972, *315*; Schoolmeesters, 1977, *18*).

L'ensemble de ces fonctions présente une structure hiérarchique de buts poursuivis (G) (cf. Parisi et Castelfranchi, 1976, *10-12*):
/titre/ → G_1 information → G_2 appellation → G_3 modalisation → G_4 contractualisation → G_5 persuasion. La spécification des buts fournit le schéma suivant:

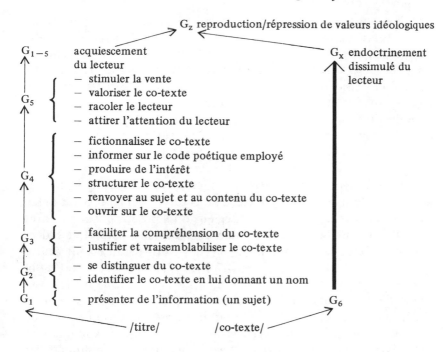

En suivant les suggestions de Parisi et Castelfranchi (1975, *11*), nous pouvons affirmer que **le discours est caractérisé par la rencontre de (au moins) deux séquences liées par un but commun qu'aucune des séquences n'aurait atteint à elle seule mais qu'elles remplissent conjointement.** Les fonctions remplies par le titre sont représentées dans le schéma; structurées hiérarchiquement, elles constituent le but du titre ($G_{1\text{-}5}$) qui est d'entraîner implicitement, et donc généralement à son insu, **l'acquiescement du lecteur**; le but atteint par le discours est la **dissimulation de l'endoctrinement du lecteur.** La conjonction des deux buts produit le but final: **la reproduction ou la répression des valeurs idéologiques de la classe dominante et de celles de la classe dominée** (cf. Althusser 1970).

5.3.2 *Les effets du titre*

On sait que "le lien qui relie les 'significations' d'un texte aux conditions socio-historiques de ce texte n'est nullement secondaire, mais constitutif des significations elles-mêmes" (Haroche e.a. 1971, *98*). Le titre doit donc nécessairement être replacé "dans le cadre de la socialité" (Barthes, 1974a, *12*; cf. Klaus, 1972a, *27* sq; Kristeva, 1969c, *10*; Nierlich, 1973, *9* et § 5.2.4 b). Le titre se définit finalement par son rôle **social** (cf. Glucksmann, 1971, *10*), qui est un rôle **idéologique**. Pour circonscrire ce rôle, nous considérons successivement le rapport entre idéologie et dissimulation (§ 5.3.2.1), la force idéologique du titre qui se manifeste dans son autorité (§ 5.3.2.2) et le lieu particulier où la (re-)production des valeurs idéologiques du titre est assuré, l'appareil idéologique scolaire (§ 5.3.2.3).

5.3.2.1 *Idéologie et dissimulation.* L'effet du titre sur le lecteur et sur le co-texte ne se remarque pas à la lecture; c'est un produit caché qui passe inaperçu. Par le lieu stratégique qu'il occupe et par son effet dissimulé, **le titre se désigne comme un réceptacle naturel de l'idéologie**, considérée ici comme un terme descriptif parfaitement neutre (cf. Althusser 1971, 1973, 1976; Grivel 1973a, *299* sq; Hoek 1980b, Lojkine 1970). L'idéologie renvoie moins à une doctrine qu'à un ensemble de représentations, d'idées, de valeurs, et de normes, qui reflètent la conscience sociale d'une certaine classe sociale à une époque déterminée, et qui assurent la distribution des rôles (exploitants vs exploités) et donc le pouvoir social économique et politique des classes. En suivant Althusser (1970, *24* et *id.*, 1971, *239-240*) mais aussi la critique d'Althusser formulée dans Rancière (1974, *227-277*) et dans Badiou et Balmès 1976, nous définissons l'**idéologie** comme la forme imaginaire de la représentation des rapports réels des individus à leurs conditions d'existence. La lutte des classes se manifeste dans l'opposition entre l'idéologie dominante et l'idéologie dominée. L'idéologie dominante a pour caractéristique de se dissimuler et de choisir l'**illusion** comme forme d'apparition, du moins dans le mode de reproduction capitaliste (cf. Lojkine, 1970, *10*). Aussi a-t-on démontré que l'idéologie dominante est représentée de façon **inconsciente** (cf. Althusser, 1970, *25-26*; *id.*, 1971, *239-240*; Grivel, 1973a, *300*); l'idéologie dominante est toujours dérobée, elle ne s'avoue jamais comme telle (cf. Althusser, 1970, *32*). La **dissimulation**, fondamentale pour l'idéologie dominante, a toujours un but, elle n'est jamais gratuite: elle tend au bénéfice de celui qui s'en sert (cf. Grivel, 1973a, *302*). Ce bénéfice consiste dans la défense des intérêts de la classe dominante et donc dans le contrôle des rapports de production; ce contrôle a lieu non seulement par rapport aux classes exploitées mais aussi à l'intérieur de la classe dominante, et à l'insu tant de ceux qui

sont appelés à défendre les positions stratégiques de la classe dominante que de ceux à qui l'idéologie dominante fait reconnaître et
défendre les valeurs de la classe dominante contre leurs propres intérêts, en présentant celles-ci comme universelles, c'est-à-dire valables
pour toujours et pour tout le monde. **Ce que l'idéologie dominante
dissimule donc en fait, c'est la reproduction des rapports de production.**

Les formes les plus développées étant les plus dissimulatrices (cf.
Lojkine, 1970, *10*), l'idéologie dominante et la dissimulation – et
donc le conflit des classes – se manifestent avant tout dans les **structures linguistiques** (cf. Balibar 1974) et **discursives** du texte (cf. Balibar et Macherey 1974, Grivel 1973a). Le texte étant lui-même une
pratique idéologique, **l'idéologie du texte** (littéraire ou non) **est caractérisée par la dissimulation de sa propre pratique** (cf. Grivel, 1973a,
299-300); dans le texte, toutes les formes idéologiques de la lutte des
classes peuvent être discutées sauf précisément celles qui montrent les
opérations de l'idéologie littéraire elle-même et travaillent à leur propre
reproduction et indirectement à celle des rapports de production
(cf. Balibar et Macherey, 1974, *34, 36*; Balibar, 1974, *119*).

RENVOI: La nécessité de dissimuler l'impact idéologique et notamment politique, indispensable à la production de l'effet textuel, a été signalée par Engels dans sa lettre à Minna
Kautsky (16-11-1885): "Die Tendenz muss aus der Situation und Handlung selbst hervor-
springen, ohne dass ausdrücklich darauf hingewiesen wird, und der Dichter ist nicht genötigt,
die geschichtliche zukünftige Lösung der gesellschaftlichen Konflikte, die er schildert, dem
Leser an die Hand zu geben" et dans sa lettre à Margaret Harkness (début avril 1888): "Je
mehr die Ansichten des Autors verborgen bleiben, desto besser für das Kunstwerk". L'idée
que l'oeuvre est plus efficace à mesure que les idées politiques de l'auteur sont cachées se
retrouve d'ailleurs chez maints auteurs: **l'évacuation du politique explicite se fait au profit
d'un retour massif de l'idéologie.** Pour Stendhal l'insertion de la politique dans un roman est
comparable à l'effet d'un coup de pistolet au milieu d'un concert (*Le rouge et le noir*): elle
tue la littérature et est un bruit "déchirant sans être énergique". Balzac affirme; "ce ne sera
pas la faute de l'auteur si les choses parlent d'elles-mêmes et parlent si haut". Pour Valéry "la
pensée doit être cachée dans les vers comme la vertu nutritive dans un fruit. Un fruit est
nourriture, mais il ne paraît que délice. On ne perçoit que du plaisir, mais on reçoit une
substance. L'enchantement voile cette nourriture insensible qu'il conduit" (*Littérature* in: *Tel
Quel*). Guy Des Cars (1973, 6) déclare: "Ce qu'il faut, c'est retirer la politique de la littérature. Le romancier n'a pas à donner un message. Le roman c'est l'évasion. Je dirai que dans le
roman tous les genres sont possibles sauf le genre emmerdant". Et on constate: "Roman
signifie dépolitisation" (Grivel, 1973a, *306* sq).

Puisqu'il n'y a aucun texte qui soit "innocent" (Macherey, 1970,
38-39), **il n'y a aucun titre qui ne porte les traces de son idéologie.** On
a souvent constaté que le titre se trouve au centre d'une très forte

activité idéologique qui se présente d'ailleurs fort innocemment comme naturelle (cf. Dubois, 1973, *107*; Ricardou, 1972, *382*) et non relayée car offerte immédiatement au public dès l'amorce du texte (cf. Baudry, 1971, *261*). **Le titre romanesque dissimule la pratique idéologique réelle du co-texte** auquel il se superpose et auquel il attribue d'avance un sens réduit: **le titre romanesque présente le co-texte comme de la fiction placée hors de portée de la réalité** (cf. § 4.5.2.4). Cette valeur idéologique du titre est renforcée par son pouvoir magique: l'énoncé intitulant où se trouvent inscrites les possibilités de son usage et particulièrement sa valeur illocutoire, se trouve chargé d'un pouvoir évocateur particulier: **le titre est évocateur d'un type de texte, d'un auteur, d'un genre, d'un courant littéraire, d'une culture, d'une société**, etc. Notre hypothèse est que **le titre conventionnel contribue à dissimuler l'idéologie littéraire du texte** tandis que **le titre non conventionnel par sa forme, sa signification ou son activité peut incidemment dénoncer l'idéologie du texte**; il y a donc des titres qui échappent au rôle idéologique traditionnel du titre, qui consiste à subsumer le co-texte (cf. § 5.3.2.2). Selon Althusser 1968, l'oeuvre artistique est d'une part soumise à l'idéologie dominante et y répond, mais d'autre part elle peut incidemment prendre ces distances par rapport à cette idéologie, s'y refuser et même la rendre perceptible, c'est-à-dire lui enlever sa force.

EXEMPLE: Au XIXe siècle, les titres qui annoncent leur co-texte en en désignant l'héroïne principale par un titre civil bourgeois (Madame, Mademoiselle, Monsieur) sont particulièrement fréquents: *Madame Putiphar* (Borel) et *Mademoiselle de Maupin* (Gautier) sont des exemples de l'époque romantique, *Madame Bovary* (Flaubert) et *Les aventures de mademoiselle Mariette* (Champfleury) datent de l'époque réaliste, et *Madame Gervaisais* (les Goncourt) et *Mademoiselle Fifi* (Maupassant) sont des titres de textes naturalistes. La dénomination de l'héroïne par un titre civil bourgeois a un effet particulièrement idéologique dans ce siècle où la bourgeoisie a réussi à s'emparer du pouvoir politique: la plupart des titres de ce type confirment le statut social de l'héroïne et indirectement de sa classe sociale. C'est le cas de titres comme *Madame Dorvigny, ou les amours d'un colonel de cavalerie*, *Madame de Sommerville*, *Madame de Varennes*, *Mademoiselle de Kérouare* (Sandeau), *Mademoiselle de La Seiglière* (Sandeau), *Mademoiselle Justine de Liron*, *Mademoiselle de Rohan*, *Mademoiselle de Valville*, et toutes ces autres madames et mademoiselles tombées dans l'oubli. Or, quelquesuns de ces titres ont réussi à s'arracher à l'emprise de l'idéologie: en dénonçant l'impact idéologique du co-texte, ils n'ont pas pour fonction de subsumer ce co-texte mais de l'éclairer (cf. § 5.3.2.2). C'est le cas par exemple de *Madame Bovary* (Flaubert), dont le titre est issu d'un discours social mais qui reprend ce langage pour le pervertir. *Madame Bovary* est un intitulé archétypal bourgeois et désigne un personnage, Emma Rouault, qui ne s'accommode pas de sa situation sociale d'épouse d'un bourgeois; l'abîme qui sépare Emma Rouault de madame Bovary ne saurait être exprimé par un titre romantique comme **Emma* (modèle: *Corinne* de madame de Staël ou *Indiana* de Georges Sand), ni par **Emma Bovary* (modèle: *Eugénie Grandet* de Balzac), qui individualise trop et ne permet pas de placer le sujet dans la socialité: " 'Madame', substituée au prénom, socialise entièrement l'inscription titulaire, la met au pluriel. *"Madame Bovary! ... Eh! tout le monde vous appelle comme cela! ... Ce n'est pas votre nom, d'ailleurs; c'est le nom d'un autre!"* (p.160 éd. Gothot-Mersch, Garnier, 1971): le mensonge romantique de Rodolphe énonce une vérité romanesque. Rien dans ce titre n'appartient à Emma, et le roman sera précisément le roman de ce titre, le roman de la Socialité d'Emma, non pas 'roman de moeurs', mais 'roman *des* moeurs', précisément" (Duchet, 1976, *144*; cf. Hemmings 1970, Topazio 1971).

5.3.2.2 *L'autorité du titre* Le titre exerce une autorité, tant par sa place que par sa forme. Cette autorité est toujours exercée impercep-tiblement et présentée comme innocente: le titre romanesque ne ferait autre chose qu'annoncer le sujet du co-texte.

Placé en tête du texte, au milieu d'un blanc, isolé du co-texte sur une page spéciale et écrit en majuscules, le titre s'affirme comme dirigeant du co-texte: il programme d'avance la lecture et impose au lecteur la valeur de son énoncé. Il est évident que le titre n'exerce cette fonction dirigeante que dans la mesure où le lecteur se souvient de l'intitulé et le prend en considération pendant la lecture, ce qui n'est pas toujours le cas: dans l'esprit du spectateur, les titres de films notamment ont une tendance à se détacher du film qu'ils désignent. Le blanc qui entoure le titre a une fonction magique rituelle et re-hausse sa gloire; ce blanc illustre et symbolise en même temps ce que le titre contient d'indicible et − dans plus d'un cas − d'innommable. On comprend que Derrida (1970, *6*), en paraphrasant Mallarmé, carac-térise le titre comme suit: "le titre qui, comme la tête, le capital, l'oraculeux, porte front haut, parle trop haut, à la fois parce qu'il élève la voix, en assourdit le texte conséquent, et parce qu'il occupe le haut de la page, le haut devenant ainsi le centre éminent, le commence-ment, le commandement, le chef, l'archonte"; on comprend aussi pourquoi Mallarmé (1956, *386-387*) enjoint au titre de se taire: "Lire − Cette pratique − Appuyer, selon la page, au blanc, qui l'inaugure son ingénuité, à soi, oublieuse même du titre qui parlerait trop haut": l'autorité du titre qui suspend le co-texte doit elle-même être suspen-due (cf. Derrida, 1970, 7).

La forme nominale elliptique et la stéréotypie sémantique du titre confirment généralement les attentes du public et, en même temps, une image idéologique du monde que peut avoir le lecteur.

En tant qu'acte de parole locutionnaire, le titre a une fonction informative et provoque une fictionnalisation du co-texte dont l'effet est la subsomption du co-texte. Les indications du temps et du lieu dans le titre produisent indirectement cet effet: en désignant les lignes

de démarcation spatiale et temporelle du monde fictif, le titre propose
au lecteur un monde dont les lois sont visiblement fixées. Ce monde
dont les structures narratives se veulent analogues au monde réel, en
diffère pourtant, parce qu'il se présente essentiellement comme un
monde coupé du monde réel et fermé hermétiquement. Le roman
voudrait ressembler à la réalité que connaît le lecteur, en construisant,
à partir du titre (thématique notamment) une réalité particulière par
analogie au monde réel; il en diffère pourtant par la présentation d'une
image particulière du monde: cette particularité, traduite dès le titre,
consiste dans la présence d'une justice infaillible dans le cas du roman
policier, de sentiments désintéressés dans le roman d'amour, de héros
romanesques exemplaires dans le roman historique, etc. **Le roman
présente des mondes où tout se passe comme l'idéologie voudrait que
le lecteur croie que le monde devrait aller;** l'escapisme s'avère être en
même temps éducation ou endoctrinement. **Le titre suspend un
monde fictionnel, dont les ingrédients garantissent la cohérence idéologique dès l'amorce.** En suspendant la réponse à la question posée par
le titre et en suspendant la confirmation (ou l'infirmation) des attentes
éveillées dans le titre, **celui-ci s'affirme comme déclencheur de vérité,
cache son imposture idéologique et subsume le co-texte.**

   **Acte de parole illocutionnaire, le titre présente le co-texte sous un
nom spécifique et procède à une personnification dont l'effet est une
fétichisation de l'humanisme.** On sait quelle est l'importance du nom
de l'individu mentionné par la plupart des titres traditionnels. Le débat Althusser – Lewis (Althusser, 1973, *33* sq) rappelle que ce sont les
masses qui font l'histoire et non pas les individus. **Le titre qui propose
le nom d'un héros comme point central propose par là en même temps
aussi une interprétation idéologique du monde.** De plus, le titre, acte
illocutionnaire, est basé sur l'autorité d'un auteur qui nomme, déclare,
promet et dont la parole est sacrée.

   En tant qu'**acte de parole perlocutionnaire, le titre a pour effet
d'innocenter le co-texte** en le recommandant au lecteur (cf. Barthes,
1970b, *134*) et par là de détourner l'attention du public de son caractère mercantile. Nous avons vu que le titre est comparable au discours
publicitaire par au moins une de ses fonctions: **le discours intitulant
est sujet aux mêmes mécanismes de marché que le discours publicitaire**
(cf. Schoolmeesters, 1977, *19*). En insérant le produit de culture dans
la rangée des autres produits, l'auteur est un producteur, son texte est
sa marchandise, son project ou son idée est son investissement, le
lecteur est le consommateur et **le titre du texte constitue la marque du**

produit. Nous reprenons à Bya 1974 ce qu'il affirme à propos du discours publicitaire, pour l'appliquer au discours intitulant:

a. **le discours intitulant masque le caractère économique du livre** et se présente soit comme phénomène de langage ou de communication, soit comme phénomène esthétique. Le titre se présente alors comme "reflet direct de la réalité réduite à un système de normes" (*ibid.*, *80*) et comme instrument d'investigation de la réalité, capable de saisir la réalité comme ensemble significatif. Le titre serait comme le fameux miroir stendhalien promené sur une grande route par la publicité. **L'effet du discours intitulant est un effet de reconnaissance que l'idéologie fait passer pour un effet de connaissance du co-texte et du monde réel** (cf. *ibid.*, *86*).

RENVOI: Cf. Flandrin, 1965, *939*: "la fréquence d'un mot au niveau des titres est signe du rayonnement licite de la notion qu'il exprime"; cf. par contre et plus justement: Duchet, 1973b, *52*: "on ne peut en attendre une saisie directe des attitudes mentales d'une époque". Ce qu'on pourrait faire c'est tout au plus "repérer l'histoire des différentes formes qu'a prises l'idéologie (...) à travers les titres donnés aux recueils de poèmes, au théâtre, au roman et maintenant aux films: noms de personnages impliquant le champ représentatif, l'écrasement du niveau symbolique par le recours à une spéculation visant à déclencher une hallucination réaliste; adjectifs orientant les tendances esthétisantes ou moralisantes; titres à caractère abstrait ('amour', 'quête', 'mal', 'bien', 'corps', 'dieu', 'démon' 'âme', etc.) spéculant directement sur le besoin impatient du plein idéologique et faisant appel au dualisme métaphysique d'éléments opposés et exclusifs" (Baudry, 1971, *261*); (cf. §§ 4.1, 4.5.2.4, 0.3.3).

D'autre part, notamment **en poésie, le discours intitulant se présente comme un discours esthétisant**: les normes et valeurs qui président à sa manifestation dans l'amorce du texte seraient gratuites, arbitaires, immanentes au texte, somme toute prescrites par un code esthétique qui laisse la réalité hors de la portée du texte.

b. **la fonction publicitaire du titre "tend à biffer et à refouler la détermination mercantile des produits vantés,** pour présenter ceux-ci comme des objets, si possibles des **objets naturels** et, comme tels, toujours **nécessaires à la satisfaction des besoins naturels"** (Bya, 1974, *86*) (nous soulignons).

c. en établissant une situation de communication ("moi, auteur, je m'adresse à toi, lecteur") **le titre procure au lecteur l'illusion d'un dialogue, l'illusion de communication** ("l'auteur a quelque chose à dire", "voici le livre que vous avez attendu"). Le lecteur est appelé à être victime de l'illusion d'être libre de lire ou de ne pas lire, de l'illusion d'un bonheur momentané promis dans le titre, de l'illusion de l'escapisme, de l'illusion de la connaissance d'un secret promis dans le titre et du message particulier de l'auteur; **par ces illusions le titre acquiert un faux air de solidarité, de sécurité et de prestige, masquant la relation mercantile réelle**: "la relation commerciale (réelle) est occultée et dérobée au profit d'une relation (fictive) de transitivité" (*ibid.*, *81*). Conséquemment, pour donner au lecteur cette illusion de solidarité etc., le titre masque le plus possible le rôle de l'éditeur (et de l'auteur) comme bénéficiaires de la plus-value au sein des rapports de production (cf. *ibid.*, *87*); la mention du nom d'auteur sert aussi à masquer celui de l'éditeur. **A l'image de l'instance responsable de la production commerciale, la page de titre substitue l'image de "l'homme et l'oeuvre", l'humanisme, le fétichisme d'une idéologie de l'Homme comme entité éternelle et mythe de l'idéologie bourgeoise** (cf. Althusser, 1973, *33*).

d. **le discours intitulant tend à se substituer au co-texte** comme le nom à la personne; métonymiquement, le titre désigne le texte en entier, le remplace: **le titre est l'oeuvre**.

Bya 1973 et 1974 signale l'occultation du mode de fonctionnement de la pratique publicitaire, à savoir "son mode d'intervention dans la sphère économique et la relation entre le discours qu'elle profère — discours réputé fictif ou poétique — et l'évidence d'un référent mercantile" (Bya, 1973, *37*). **L'idéologie fait que le titre présente le texte comme un objet naturel et donc comme de la non-marchandise**, hors de portée de l'idéologie, alors que le texte fonctionne en réalité comme un effet particulier du discours de l'appareil idéologique dominant scolaire (cf. § 5.3.2.3). Le titre voudrait être un discours cohérent, autonome, non référentiel, se rapportant au co-texte qu'il connote et qu'il réussit généralement à remplacer voire à subsumer; se présentant comme **objet culturel plutôt qu'économique**, et comme **objet esthétisant plutôt qu'idéologique**, le titre est un "discours détourné de la marchandise, discours qui ne produit son effet que d'une tension: exalter (hyperboliquement) des valeurs d'usage et masquer les valeurs d'échange réductibles à l'équivalent universel" (Bya 1973, *43*).

Le différend entre le titre et son co-texte est généralement vidé au bénéfice du premier. La "révolte" (Ricardou, 1978, *145*) du co-texte contre son titre est étouffée dans l'efficacité des stéréotypies et dans la rapidité du résumé que propose l'ellipse du titre: "Tout se passe donc pour l'instant comme si d'immenses forces idéologiques s'opposaient à la rupture du texte et de son nom" (*ibid.*, *150*). Il paraît pratiquement impossible de battre en brèche l'autorité du titre (cf. Ricardou, 1971, *227-228*; *id.* dans la discussion qui suit Hoek, 1972, *307-308*; *id.*

1978, *143-150*; cf. aussi la fin de § 4.2.2). La solution ne consiste pas non plus à effacer le nom de l'auteur de la couverture (cf. *Manteia* XVI, 1973, *5*), car le titre revient au pas de course sous forme de l'incipit (cf. Ricardou, 1978, *150*). Il reste tout au plus à chercher à produire "un texte que rien ne saurait intituler. Sans titre, ni chapitre. Sans tête ni capitale" (Goux, 1969, *59*). En feignant un rapport d'analogie par rapport au développement du co-texte, le résumé partiel qu'est le titre a traditionnellement le dessus: **le sujet annoncé dans le titre l'emporte sur la matière du co-texte** (cf. la fin de § 4.2.1). Le titre s'efforce d'enfermer, d'emprisonner le co-texte. **Découvrir l'idéologie du texte signifie en même temps dénoncer l'imposture du titre qui voudrait innocenter (fictionnaliser) le co-texte**: "Eclairer le texte donc, c'est subvertir le titre" (Ricardou, 1978, *145*). Le titre réussit à s'imposer au co-texte par "dissimulation et simulation" (Ricardou, 1971, *228*): le titre fait semblant de simuler le co-texte, en le réduisant à ses éléments fictionnels et en l'enfermant dans l'autonomie d'un monde possible sans liens avec sa production ou avec sa réception. En même temps le titre ne se limite pas à proposer un résumé partiel de la fiction; **il s'efforce de dissimuler par la fictionnalisation l'impact idéologique du co-texte**; et même cette dissimulation ne suffit pas encore, il faut aussi que la dissimulation elle-même soit cachée (cf. Ricardou, 1978, *145*).

Nous avons pu constater que l'activité du titre n'est pas une activité neutre mais une pratique idéologique fort déterminée par son ancrage à la réalité textuelle et sociale du co-texte qu'elle dissimule. L'effet du titre est un double effet: **il produit la hiérarchisation et la suspension**; l'un est produit par le titre qui subsume son co-texte et l'autre par celui qui le suspend, tout en étant lui-même suspendu dans un blanc qui en rehausse l'éclat.

5.3.2.3 *Le titre dans l'appareil scolaire.* La **reproduction de la valeur idéologique du titre** ne peut se faire en dehors d'une situation de communication bien déterminée. Nous supposons que **cette situation de communication est celle de l'Ecole.**

RENVOI: Sur les problèmes sociaux et idéologiques de la scolarisation cf. Baudelot et Establet 1971, Bourdieu et Passeron 1970, Snijders 1976; pour l'influence de l'Ecole sur la formation de la langue et de la littérature françaises cf. Balibar 1974, Balibar et Laporte 1974, Grivel (1973a, *317-348*), Grivel 1976, *Littérature* 7 1972, *Manteia* XII-XIII 1971, *Revue des Sciences Humaines* 174 1979.

Dans l'appareil scolaire les rôles sont nettement répartis: la distribution de la connaissance a traditionnellement lieu par les enseignants, les enseignés constituant un réceptacle naturel. Cette répartition des rôles porte en elle les germes de l'idéologie à répandre, dans la mesure où les individus y sont interpellés en sujets (cf. Althusser, 1970, *29*), de façon à ce qu'ils se reconnaissent comme tels avec leurs droits et leurs devoirs. **Cette répartition des rôles à l'Ecole, comme dans la société, constitue la matrice culturelle de la vie littéraire, où les sujets sont appelés par leurs noms:** l'**Auteur** qui distribue la connaissance et le **Lecteur** qui la reçoit, le **Texte** qui est désigné par son **Titre** avec ses **Personnages** désignés par leurs noms, leur condition sociale, leur état civil, leur forme d'apparition, etc. (cf. Balibar et Macherey, 1974, *40*). Althusser (1970, *7*) a montré que "l'Ecole (...) enseigne (...) des 'savoir-faire', mais dans des formes qui assurent l'assujettissement à l'idéologie dominante ou la maîtrise de sa pratique". L'Ecole est un des "Appareils Idéologiques d'Etat" (cf. *ibid.*, *12-16*, *18*, *20*) et remplit un "service de classe" (Grivel, 1973a, *320*). **Le service de classe d'un AIE consiste dans la reproduction des rapports de production** (cf. Althusser, 1970, *19*; Bourdieu et Passeron 1970); **à l'Ecole elle se fait au moyen de la distribution des connaissances et notamment des connaissances de la langue.** Balibar et Laporte 1974 montre le rôle qu'a joué l'institution d'une langue commune après la Révolution de 1789 et les bénéfices qui en résultent pour la classe dominante, la bourgeoisie. Cette nouvelle langue nationale est fortement liée à la forme politique instituée par la société libérale, la démocratie bourgeoise. Or, l'unité linguistique apparente masque en fait la lutte des classes et permet de reproduire imperceptiblement les rapports de classe et les rapports sociaux de production (cf. Henry, 1977, *77*). Paradoxalement, **l'unité linguistique fictive fonctionne précisément comme moyen de division linguistique et scolaire** (cf. Balibar et Macherey, 1974, *35*); il existe deux réseaux de scolarisation différents (cf. Baudelot et Establet, 1971 *9-123*): le privilège linguistique assuré à la bourgeoisie consiste dans l'apprentissage d'une certaine pratique du français qui englobe et domine le français élémentaire. Cette pratique spéciale du français demande à être cachée aux yeux du public, tant de la classe dominante qui en tire les bénéfices que de la classe dominée qui en subit la perte. Il paraît que "les français fictifs", des types de français réputés littéraires, s'y prêtent parfaitement. **A l'enseignement normatif du français à l'école primaire s'oppose l'enseignement du français littéraire dans l'enseignement secondaire** (cf. Balibar 1974).

NOTE: Maintenant que l'enseignement universitaire joue le rôle idéologique de l'enseignement secondaire au XIXe siècle et que l'enseignement des "français fictifs", quoique toujours
normatif, est distribué à tous dans l'enseignement secondaire, on peut supposer que la reproduction de l'idéologie de la classe dominante s'est réfugiée dans l'enseignement universitaire,
par exemple dans l'enseignement néopositiviste des méthodes de recherche (structuralisme,
transformationnalisme, une certaine théorie de la réception, etc.).

L'enseignement de la littérature, c'est-à-dire l'enseignement des textes
réputés littéraires, soutenu par des manuels, des dictionnaires, des
histoires de la littérature, etc. **consiste dans l'insertion de pratiques
linguistiques dans un procès de scolarisation produisant un effet de
fiction** pour répandre plus efficacement l'idéologie bourgeoise dominante (cf. Balibar et Macherey, 1974, *33-34*). L'histoire littéraire, rendue cohérente par l'introduction de concepts comme "réaction", "période", "genre", "auteur", etc., présente les oeuvres comme une série
de perles enfilées sur un collier et feint ainsi une unité fictive de
l'oeuvre littéraire, créée par un Auteur et désignée par un Titre.

Le genre qui se prête le plus facilement à la fictionnalisation et à
l'illusion du reflet, c'est le **genre romanesque**, devenu avec l'avènement
de la bourgeoisie le genre le plus répandu. Aussi l'apprentissage scolaire du code des classes a-t-il lieu dans toutes les disciplines par le biais
du récit: dictée, style, histoire, géographie, etc. **Le romanesque envahit
l'Ecole et s'avère être lui-même une Ecole qui forme la conscience de
classe du lecteur.** L'autorité de l'enseignant et la position d'infériorité
de l'enseigné servent à faire passer l'enseignement: l'autorité de l'enseignant est transférée métonymiquement à la matière enseignée.
L'Ecole fonctionnant à l'imitation des exemples présentés dans le
récit, **les vérités fictives du récit s'imposent de force à l'enseigné,**
malgré lui (cf. Grivel, 1973a, *317-318*). Ces normes et ces valeurs de la
classe dominante, érigées en vérités par ceux qui possèdent les moyens
de leur reproduction, ne se nient pas; l'autorité de l'enseignement ne
s'avoue pas mais s'impose subrepticement à la suite de l'admiration de
l'enseigné pour l'exemplification. En tant que parole de classe dominante, **le récit fonctionne comme un outil de manipulation idéologique, démontrant la justesse de la répartition des moyens de production.**

Or, **le titre fonctionne comme outil de transfert social de l'idéologie,** dans la mesure où, appris dans les porte-parole de l'institution
littéraire (manuels, encyclopédies, histoires littéraires, etc.), qui est
avant tout matière d'enseignement (cf. Barbéris, 1974, *50*), **il incarne
le texte et son auteur;** il les remplace. Double fonction: **le titre intitule**

le texte et attitre l'auteur (cf. Compagnon, 1979, *331-332*). **Le titre attitrant dénote l'auteur**, c'est-à-dire il finit par se substituer à lui pour transformer l'individu (l'auteur) en sujet (l'Auteur) apte à servir de modèle dans l'institution scolaire; ce sujet idéologique (l'Auteur modèle) sert à son tour à interpeller l'élève-individu en sujet idéologique (cf. Althusser, 1970, *29* sq). L'effet "littéraire" du titre s'explique donc par son statut scolaire et sa fonction idéologique (cf. Balibar, 1974, *141*) et non pas inversement. Le titre est un nom prestigieux qu'il suffit d'avancer pour "parler littérature" ou pour paraître s'occuper d'histoire littéraire: **le titre fonctionne à la conformation de la réputation de l'oeuvre.** Il ne permet pas l'interrogation car il constitue une donnée intouchable, mystérieuse, irrationnelle qui confirme la vérité de l'oeuvre littéraire et que seul le "génie" de l'Auteur serait à même d'expliquer. Le titre est destiné à l'éternité par son unicité: il est inimitable, authentique et originel, prouvant par là l'autonomie de la production littéraire; il garantit le statut littéraire et artistique de l'oeuvre correspondante. **Caution de littérarité et d'artisticité, le titre de récit dissimule généralement l'idéologie de la classe dominante répandue dans le co-texte; il permet de véhiculer une parole de classe cachée, en contrôlant, manipulant et dominant ce co-texte.**

Conclusions générales

0. PROBLÉMATIQUE DU TITRE

0.1 *Un objet d'étude légitime.* — Tout texte étant susceptible de porter un titre, relativement autonome par rapport au co-texte, nous croyons qu'on a intérêt à commencer l'analyse des structures et fonctions d'un texte par celle du titre, qui prime tous les autres éléments du texte. Cette hypothèse est corroborée par les constatations suivantes: le titre ouvre le texte; le titre se rapporte à chaque phrase du texte; le titre s'affiche et offre le texte à la lecture; le titre, l'élément le plus diffusé du texte, est parfois le seul à participer du discours social; **le titre est l' "état civil" du texte.**

0.2 *Un objet d'étude méconnu.* — Ni la critique littéraire, ni l'histoire littéraire, ni la critique philologique, ni la linguistique n'ont résolu les problèmes que pose le titre: comment définir le titre? quelle est sa structure spécifique? quelles sont les conditions textuelles et contextuelles qu'un texte impose à son début? quelles sont les fonctions que remplit le titre? quels sont les rapports que le titre entretient avec son co-texte, avec un titre secondaire, avec d'autres textes?

0.3 *Etat présent de la "titrologie".* — Avant le XXe siècle, les remarques faites à propos du titre sont surtout normatives et visent à inciter les auteurs à intituler correctement leurs oeuvres: le titre doit être conforme au texte qu'il intitule, il doit être bref, frappant, original, intéressant, surprenant, spécifique, clair. Les descriptions contemporaines du titre s'efforcent tantôt de démontrer que le titre est un reflet immédiat des goûts d'une époque, tantôt d'en décrire l'imposture, la longueur ou la thématique.

La philologie décrit surtout l'étymologie et les variantes des titres; la linguistique s'occupe surtout des titres de presse et des titres publicitaires; l'histoire littéraire relève surtout les thèmes des titres propres à certaines époques et s'intéresse fort peu aux problèmes théoriques.

Le présent ouvrage entend offrir une étude d'ensemble des problèmes théoriques du titre.

1. PRÉLIMINAIRES À UNE SÉMIOTIQUE DU TITRE

1.1 *Préliminaires méthodologiques*. — Cette monographie présente une description sémiotique des **invariants** du titre; l'universalité du modèle présenté est obtenue par le biais d'une **spécificité partielle**, celle des observations sur certains ensembles de titres. L'exemplarité du titre romanesque français des XIXe et XXe siècles est basée sur sa prépondérance, son universalité et son rendement idéologique.

La méthode utilisée pour décrire la structuration sémiotique et le fonctionnement socio-historique du titre est d'ordre hypothético-déductif; la théorie est un système métasémiotique qui permet l'explication du phénomène de l'intitulation. Le choix d'une méthodologie n'est jamais arbitraire et dépend d'une vision du monde: la science dont l'objet est constitué par les rapports que le Sujet entretient avec le Monde, a une fonction sociale en tant que force productrice, catalysatrice du progrès social.

1.2 *Préliminaires sémiotiques*. — **Le titre désigne, appelle et identifie un co-texte**; il en annonce le contenu, renvoie indirectement à un monde possible et racole le lecteur. Par là, il permet la circulation et l'échange de biens culturels dans une société. **Le titre participe ainsi à un processus culturel, où il fonctionne comme signal**, comportant un signifiant, un signifié et un référent; il peut donc faire l'objet d'une sémiotique.

D'une part la **sémiotique appliquée** que nous pratiquons dans ce travail, met à profit les acquis de la **sémiotique descriptive**; d'autre part elle constitue une réflexion théorique qui a une rétroaction régularisante sur la sémiotique descriptive. **Théorie et pratique à la fois, la sémiotique est en même temps objet de réflexion et élaboration d'un modèle d'une pratique signifiante particulière, l'intitulation.** Cette pratique est envisagée sous quatre points de vue, correspondant aux quatre composantes sémiotiques distinguées opératoirement: syntaxe, sémantique, sigmatique et pragmatique.

Objet **graphématique**, le titre relève de l'ordre scriptural et n'est ni la transcription d'un ordre oral, ni la transcription bibliographique, qui traite la scription du titre comme le reflet d'un ordre oral. En tant qu'archi-écriture, la scription du titre est en fait indépendante de la parole mais en est traditionnellement éclipsée, de façon à figurer comme simple instrument de notation.

Une **méthodologie structuraliste**, qui considère le texte comme un système clos ahistorique et les structures comme des entités objectives, indépendantes des conceptions poétiques de l'analyste, est incapable de rendre compte du fonctionnement socio-historique des structures relevées. La sémiotique, tout en s'inspirant du concept linguistique de signe, est plus générale et plus compréhensive que la linguistique, qui forme donc une discipline auxiliaire de la sémiotique et non pas un modèle exclusif.

2. SYNTAXE DU TITRE

2.1 *La compétence discursive.* – La grammaire générative nous aide à élaborer un modèle syntaxique du titre, qui rend compte de la **compétence passive qu'ont tous les locuteurs de comprendre les titres** et de **la compétence active qu'ont certains locuteurs de les produire**; cette dernière n'est pas innée mais doit être apprise et reste souvent à l'état latent.

2.2 *La semi-grammaticalité des titres.* – La semi-grammaticalité du titre spécifique se manifeste dans son **caractère elliptique** et dans son **style nominal**. La structure incomplète qui résulte de la contraction stéréotypée que manifeste le titre ne paraît pas entamer son sens. La situation de communication renseigne le lecteur sur le type de contexte et donc sur le caractère intitulant du syntagme nominal; **le titre constitue donc** (généralement) **une ellipse contextuelle. Lorsque le lecteur est renseigné par le co-texte verbal, le titre constitue une ellipse co-textuelle.** Comme le titre fait fonction de prédicat nominal, il forme une **ellipse de constituant**; comme il attire l'attention du lecteur sur le co-texte, il est une **ellipse déictique**. A cause de son ellipticité co(n)textuelle, le titre doit formellement être regardé comme un **syntagme**, plutôt que comme une phrase tronquée.

Le titre est caractérisé par un style nominal qui le place hors de portée du temps et du mode grammaticaux. La phrase nominale du titre, qui forme un prédicat nominal sans copule, est caractérisée par son **assertivité**, sa **cohésion**, son **informativité accrue**, sa **descriptivité**, sa **stéréotypie** et sa **dépendance** par rapport au co-texte.

Le titre spécifique forme une séquence peu grammaticale, quoique bien appropriée à sa situation de communication et donc parfaitement acceptable. La description du titre est l'étude d'un type de déviation régularisée par la **compétence discursive**, qui permet d'engendrer des séquences semi-grammaticales; la réalisation concrète de la séquence du titre avec toutes ses imperfections possibles relève de la **performance discursive**. Les écarts de la norme peuvent être classés selon trois paramètres: **grammaticalité vs agrammaticalité, compétence vs performance, acceptabilité vs non-acceptabilité**. D'une part, les séquences semi-grammaticales du titre sont **autonomes** dans la mesure où leur interprétation ne dépend pas de la compétence linguistique mais de la compétence discursive; d'autre part, elles **dépendent** de la compétence linguistique, parce que leur semi-grammaticalité ne se laisse mesurer que par rapport à la probabilité d'application des règles de la compétence linguistique. C'est que les titres sont interprétés par analogie avec des phrases grammaticales et que leur description se fait à base d'une comparaison entre les règles de la compétence linguistique et celles de la compétence discursive.

2.3 *Les types d'écarts*. — Indépendamment de sa forme grammaticale, le titre fonctionne comme un substantif; cela ne l'empêche pas de se manifester sous la forme des constituants les plus divers: constituants nominaux, adverbiaux, adjectifs, phrastiques et interjectifs. **Par la présence de (pré-)déterminants et/ou d'articles, le titre est soumis à une généralisation ou à une particularisation.**

Malgré sa forme elliptique, le syntagme nominal que forme le titre spécifique fonctionne comme une phrase complète et sa structure profonde est parfaitement grammaticale; par rapport à la séquence grammaticale, la spécificité syntaxique du titre est donc repérable au niveau de la surface textuelle. Une transformation de suppression (en général non récupérable) permet de rendre compte de la structure superficielle du titre à base du co(n)texte.

La description syntaxique explicite fournit la meilleure base pour une typologie syntaxique des titres; les typologies existantes souffrent toutes de deux défauts: incomplètes, elles ne couvrent pas toute la diversité des titres possibles, et inconsistantes, elles ne présentent pas la systématicité souhaitée dans une classification.

2.4 *La syntaxe du titre secondaire*. — Le titre principal est souvent suivi d'un titre secondaire, qui se rapporte à lui et à travers lui au co-texte. Le titre secondaire qui se trouve au même niveau linguistique que le titre principal s'appellera "**second titre**"; le titre secondaire qui se situe à un niveau linguistique différent s'appellera "**sous-titre**".

3. SÉMANTIQUE DU TITRE

3.1 *Conceptions sémantiques.* — L'analyse des **sens immanents** du titre se fait à l'aide d'une sémantique empirique, qui considère les représentations sémantiques comme des traductions de structures mentales, qui sont, à leur tout, des traductions de structures du monde. Ces représentations sémantiques contiennent une représentation du sens de l'énoncé et une définition des conditions psycho-sociales (présuppositions) du titre réussi.

3.2 *Structures sémantiques du titre.* — L'analyse des structures sémantiques du titre et donc de ses sens lexicaux se fait en fonction du mode de lecture de l'époque.

Structures thématiques du titre. — Dans le titre on distingue les **opérateurs fictionnels** des **opérateurs métafictionnels**. Les opérateurs sont reliés entre eux par des **formateurs**: des **quantificateurs** (noms de nombre, adjectifs possessifs, démonstratifs, etc., articles) et des **opérateurs propositionnels**, qui opèrent un rattachement logique entre les opérateurs (disjonction, conjonction, inclusion, exclusion, etc.).

Les **opérateurs métafictionnels** sont des indications de type générique, qui précisent la forme ou le mode de fabulation du récit. Par son aspect pragmatique la dénomination métafictionnelle précise **la nature des rapports entre le texte et le lecteur** (*oraison, lettre, journal*); l'aspect syntaxique de la dénomination métafictionnelle précise **la structure interne du contenu** (*anthologie, recueil*); son aspect sigmatique (intertextuel) définit le texte en question par rapport à **un autre texte** (*abrégé, résumé*). La dénomination métafictionnelle sémantique des textes argumentatifs exprime **l'attitude de l'auteur par rapport à la matière discutée** (*plaidoyer, critique, réflexion, explication,* traduisánt respectivement l'adhésion, le rejet, la recherche et le résultat); la dénomination métafictionnelle des textes narratifs précise **la nature du texte intitulé par rapport à la réalité** (*chronique, légende, confession, tableau,* renvoyant respectivement à l'historicité, la fictionnalité, l'authenticité et l'imitation).

Les **opérateurs fictionnels** consistent en **arguments** (opérateurs empruntés à la diégèse du co-texte) et **prédicats** (qualifications des arguments). Les éléments de la diégèse donnent lieu à la distinction des arguments suivants: **opérateurs actantiels**, définis par leur condition sociale, familiale et événementielle, par leur nom et par leur qualification; **opérateurs temporels**, définis par la durée, le déplacement dans le temps et la temporalisation; **opérateurs spatiaux**, définis par la distance, le déplacement spatial et la localisation; **opérateurs objectaux**, définis par la classe sociale où les objets sont en usage; **opérateurs événementiels** statiques qui connotent le bonheur, le malheur, l'incertitude ou la dualité dans la vie conjugale, sociale ou religieuse; opérateurs événementiels dynamiques qui connotent l'alliance, le conflit, l'incident ou la modification dans la vie conjugale, sociale ou religieuse; **opérateurs thématiques** ou **commentatifs** qui proposent un type de lecture.

Les prédicats, qualifications des arguments, valorisent le titre positivement ou négativement dans quatre domaines différents: le **social** (supériorité vs infériorité), l'**économique** (richesse vs pauvreté), le **physique** (beauté vs laideur), le **moral** (bonté vs méchanceté). De cette valorisation il résulte un effet textuel et un effet idéologique: l'**effet textuel** consiste dans la **dramatisation** opérée par l'extraordinaire du titre et cette dramatisation est équilibrée et corrigée par la vraisemblabilisation que le titre opère aussi. L'**effet idéologique** est rendu visible dans la superposition de deux carrés sémiotiques: le premier représente une **valorisation des propriétés individuelles** des agents (beauté implique bonté et laideur implique méchanceté); le deuxième valorise leurs **propriétés sociales et économiques** (richesse égale supériorité, pauvreté égale infériorité). Dès le titre, on peut ainsi lire les catégories sémantiques du roman: **le titre est un résumé idéologique du roman**.

Structures rhétoriques du titre. — L'analyse des structures rhétoriques du titre montre qu'en tant qu'amorce textuelle le titre est par définition ambigu. **Les figures rhétoriques modalisent l'ambiguïté intentionnelle du titre**; cette ambiguïté du titre est **non inhérente**, parce que le titre constitue un énoncé incomplet. La **défectuosité** que le titre manifeste dans sa construction elliptique syntaxique correspond, au niveau sémantique, à l'**obscurité** provoquée par l'ambiguïté et, au niveau pragmatique, à la **curiosité** du lecteur, éveillée par l'intérêt du titre. Au cours de la lecture la **complétude** se substitue à l'ellipse, la **clarté** à l'ambiguïté et la **connaissance** à l'intérêt et à la curiosité du lecteur.

Le complément rhétorique permet mieux que la formalisation syntaxique de rendre compte des propriétés individuelles des titres.

Les figures de style ne s'avèrent pas toutes également caractéristiques des titres: parmi les **métaplasmes** c'est l'**adjonction** (mots-valises, paronomase, allitération) qui caractérise le titre; au niveau **métataxique** la **suppression** (ellipse) joue un rôle important; au niveau **métasémique** la **substitution** de sèmes explique trois figures fondamentales pour les titres: l'oxymore, la métaphore et la métonymie; au niveau **métalogique** c'est la **permutation**, présente dans tout titre, qui est pertinente.

4. SIGMATIQUE DU TITRE

4.1 *Autonomie et hétéronomie.* – La théorie de la référence étant distinguée de la sémantique intensionnelle et de la pragmatique, elle demande une place à part: la composante sigmatique. Pour pouvoir procéder à une analyse adéquate du titre, il faut partir d'une relation dialectique entre la conception autonomiste et la conception hétéronomiste du texte: **le titre de fiction est autonome mais non pas indépendant de son contexte verbal et situationnel.** Les relations entre le titre (ou le texte) et la réalité sont à situer au plan de la structuration logico-sémantique de ses formes signifiantes, immanentes au texte; cette structuration détermine son effet social. La signification sociale des formes et structures textuelles (du titre par exemple) réside dans leur mode de présentation idéologique. Lorsqu'on analyse le titre, il faut tenir compte des évolutions littéraires-historiques; dans le titre l'expression de la réalité est médiatisée par des données sociologiques qui font du titre un "fait social" préludant sur le co-texte autant qu'un "signe autonome" relativement indépendant du co-texte. Le titre ne se limite donc pas à faire fonction d'anticipation, ni à afficher son indépendance relative au point de devenir gratuit et arbitraire: le rôle socio-critique du titre est d'apporter au lecteur une nouvelle vision des mondes narratif et référentiel.

4.2 *Le titre et le co-texte.* – Le titre est autonome par rapport au co-texte sans en être indépendant: les relations entre les deux sont d'ordre (sémantico-)syntaxique et (logico-)sémantique. En principe, **le titre dépend du co-texte dans la mesure où il lui emprunte sa thématique, et il est autonome dans l'actualisation syntaxique de cette structure thématique.** Les rapports du titre au co-texte se situent donc tant sur l'axe de la syntagmaticité syntaxique que sur l'axe de la paradigmaticité sémantique.

Relations syntaxiques. — Titre et co-texte sont en relation de dépendance contextuelle et d'indépendance textuelle. Nous distinguons deux types de relation syntaxique entre eux: l'**enchaînement** du titre au début du co-texte et la **référence** du titre au corps du co-texte. Cette relation, qui ne consiste pratiquement jamais dans une continuation syntaxique immédiate du titre dans le co-texte, est **anaphorique** lorsque le co-texte reprend littéralement ou non son titre; elle est **cataphorique** lorsque le titre renvoie explicitement au co-texte qu'il annonce. Les règles concernant la relation entre le titre et son co-texte sont indépendantes du genre ou du type de co-texte.

Syntaxiquement, l'enchaînement est réalisé par la **substitution syntagmatique** d'un substituens à un substituendum. La constitution de texte par continuation incombe à une phrase qui contient un substituens dont le substituendum se trouve dans la phrase précédente; la constitution de texte par délimitation incombe à une phrase qui ne contient aucun substituens sans substituendum co-référentiel. Or, on constate facilement que cette dernière condition imposée aux phrases initiales d'un texte régulier est loin d'être toujours respectée dans les textes romanesques: leurs débuts irréguliers se caractérisent par des techniques constitutives de **fictionnalité**. L'indépendance textuelle du titre est prouvée par le fait qu'en général celui-ci ne peut pas servir de substituendum à un substituens dans ces phrases initiales irrégulières; et quand cela se produit quand même, c'est encore une technique productrice de fictionnalité.

Le titre se trouve toujours à un niveau métalinguistique par rapport au co-texte; entre titre et co-texte il n'existe pas d'isotopie sémiotique.

Dans les titres de textes fictionnels, **tant la présence que l'absence d'article a une fonction particularisante**; dans les titres de textes non fictionnels, la présence et l'absence d'article tantôt généralise tantôt particularise le sens du titre.

La relation entre le titre et le co-texte peut être décrite comme celle entre **topique** et **commentaire**. Le titre peut être considéré tant comme topique que comme commentaire; nous constatons que le titre se présente comme topique lorsqu'on le considère comme un sujet qui est à élaborer dans un développement (**expansion cataphorique**); il se présente plutôt comme commentaire lorsqu'on le considère comme un résumé d'une matière affirmée (**contraction anaphorique**).

Relations sémantiques. — Le **titre dénotatif** se trouve en relation d'isotopie sémantique avec le co-texte; le **titre connotatif** est en relation de discordance avec le co-texte. Le titre contient normalement des éléments connotatifs et des éléments dénotatifs. **La partie dénotative du titre peut désigner le genre du co-texte: ces indices génériques signalent un changement de code.** L'indice peut se trouver aux niveaux lexical, syntaxique, morphologique, syntagmatique ou phrastique. La partie dénotative du titre informe le lecteur sur le co-texte; la partie connotative du titre retient cette information, de sorte que le co-texte garde son intérêt. Ainsi le titre romanesque installe le lecteur dans l'incertitude: le titre forme une question à laquelle le co-texte doit répondre. **En tant que texte indépendant, le titre présente une information incertaine; en tant que texte dépendant, il anticipe sur le co-texte. La relation entre le titre et le co-texte est une relation concurrentielle, non pacifique: le titre essaie toujours de subsumer son co-texte.** Le titre d'avant-garde essaie de perturber cette relation de domination en produisant un dysfonctionnement du titre par rapport au co-texte. **Les relations logico-sémantiques entre le titre et le co-texte peuvent être rendues par cinq types de transformations que le titre peut subir par suite de la lecture du co-texte:** transformations de co-textualisation, de conjonction, d'addition, de substitution et de disjonction.

Relations pragmatiques. — Le titre désigne souvent l'**instance narrative** du co-texte ou des circonstances extérieures particulières: provenance, destinateur, destinataire, prise de position de l'auteur, incipit.

4.3 *L'intertitularité.* — L'intertitularité est le rapport dialogique entre le titre d'un texte et d'autres titres et/ou textes: chaque titre est en rapport intertitulaire avec d'autres exemplaires de la même série où il se trouve intégré et dont il diffère en même temps: **l'intitulation est une imitation différentielle.** Par ces rapports avec d'autres titres ou textes il est possible de déterminer le contexte historique, social et culturel du titre.

Intertitularité implique citation et donc la relation entre un **texte cité** et un **texte citant.** Les structures de la citation intertitulaire sont déterminées par quatre paramètres: le **domaine,** la **nature,** la **technique** et le **fonctionnement** de la citation. Le domaine de la citation est défini par celui du texte cité et du texte citant. La nature de la citation est déterminée par son orientation (intertextualité typologique vs intertextualité indexicale), par sa qualité (citation littérale vs citation globale, référentielle) et par sa quantité (dimension du texte cité vs dimension du texte citant). La technique de la citation consiste à marquer la citation par rapport à son contexte verbal et à la signer.

La citation a pour fonction de répéter le texte cité et donc d'être redondante mais aussi de cautionner le texte citant en présentant l'information qui le confirme, bref, d'être **redondante et informative** à la fois. Dans les textes argumentatifs la citation vise l'**autorisation de la parole énoncée**; dans les textes d'avant-garde elle vise l'**autorisation à la parole**; dans les textes de fiction traditionnelle elle est une imitation et provoque la **conventionnalisation.** La citabilité d'un texte est déterminée par le type de texte; **dans le texte argumentatif et dans le texte fictionnel la citation est productive ou évaluative;** si elle est évaluative elle peut être **positivisante** ou **negativisante.**

4.4 *Sigmatique du titre secondaire.* — Le titre secondaire, qui forme par sa structure même une indication générique, renvoie au titre principal et ensuite par le biais de ce dernier au co-texte. Par rapport au titre principal il forme une adjonction de sens, qui constitue souvent une anomalie sémantique. Trois types de relations logiques peuvent être établis entre le titre principal et le titre secondaire: **particularisation, généralisation** et **identification; la généralisation et la particularisation consistent dans une décomposition distributive ou attributive.**

4.5.1 *Onomastique linguistique.* — Nous avons étudié le **nom propre** (NP), parce qu'il constitue l'**élément le plus fréquent** dans les titres et que **le titre forme en soi le NP du texte. Le NP se distingue du nom commun par l'emploi d'une convention individuelle qui en détermine la référence.** Le sens du NP n'est pas productif mais dépend de cette référence. Nous distinguons entre le **nom propre fictionnel (NP_f)**, qui constitue une forme surdéterminée dont le sens provient d'abord du référent et ensuite du signifiant, et le $NP_{non\ f}$ dont le sens provient du référent seul. En tant que NP, le titre peut être employé a) au début du texte, b) pour citer le texte ou son titre. **Le titre-citation constitue un emploi métalinguistique par rapport au titre-amorce, qui à son tour est un emploi métalinguistique par rapport au co-texte.** Tout titre forme donc un NP métalinguistique qui signifie et réfère. **La distinction entre NP et NC est d'ordre sémantique: le NP doit être défini comme un nom dont la définition implique la citation de ce NP.** La description du code référentiel trouve sa place dans la partie présuppositionnelle de la représentation sémantique du NP; la description du sens, produit à la suite de la référence (et du signifiant dans le cas d'un NP_f), trouve sa place dans le noyau sémique du NP. A l'exception du

NP mentionné, les NP portent un référé. **Tout NP est porteur de signification à partir d'un baptême initial et de référence faite dans le but d'identifier.** Un NP multiréférentiel peut être rendu uniréférentiel par ses déterminants.

4.5.2 *Onomastique poétique.* — Le NP, qui avait gardé plus longtemps que les noms communs une transparence prébabylonienne, a, lui aussi, fini par se vider de sens; archisigne des noms, le NP vidé de son sens originel a bientôt acquis un pouvoir mythique et magique; on continue à identifier le référé à son nom. L'auteur profite du signe vide pour le réinvestir de sens textuel dans les textes fictionnels. En tant que NP du texte, le titre s'associe au NP et partage ses pouvoirs mythiques, magiques et donc idéologiques. Le type de dénomination (prénom, surnom, etc.) du personnage (et du texte) est porteur de sens: familiarité du prénom, motivation physique ou psychique du surnom. **Le NP$_f$ devient par là un signe hypersémantique dont le sens prétendu naturel** (non motivé, arbitraire) **est en fait institué d'après les conventions de l'écriture. La remotivation s'effectue au sein d'un système de dénomination onomastique textuelle**: l'auteur n'est pas libre dans le réinvestissement sémantique des NP; la remotivation du NP se fait par différenciation avec les noms des autres personnages; **avec la dénomination le NP reçoit une charge sociale** (indication de la situation sociale), **et morale** (valorisation positive ou négative), **qui permettent la classification dans le système hiérarchique relationnel.** La remotivation des NP peut être **culturelle** ou **discursive**; la remotivation culturelle se fait à base de divers codes possibles: codes ethnique, social, psycho-sociologique, culturel, intertextuel, individuel; la remotivation discursive se fait à base des codes suivants: codes étymologique, morphématique, anagrammatique, paragrammatique, connotatifs et le code de remotivation explicite. Le type de remotivation est plus ou moins caractéristique du type de discours (genre) et du code poétique (courant).

La référentialité des NP$_f$ est toujours médiatisée: le NP ne renvoie pas mécaniquement à un référé extratextuel; le NP doit être compris à l'intérieur du système textuel mais ne peut être expliqué que par ses remotivations culturelles ou discursives et donc aussi par ses capacités de référence.

Les NP ont pour fonction de désigner, d'identifier et de signifier; provoquant toujours une certaine illusion de réalité, le NP$_f$ contribue à la **vraisemblabilisation**; sa suppression dédramatise. Le NP réinvesti de significations non conventionnelles véhicule des valeurs idéologiques, qui se manifestent par exemple dans sa nature économique: **le NP /le titre est par rapport à sa description/ au co-texte le condensé de la marchandise, c'est-à-dire son prix.**

5. PRAGMATIQUE DU TITRE

5.1 *La structure pragmatique du titre.* — Le titre est un acte de parole qui peut réussir ou échouer; nous formulons les conditions de son acceptabilité dans un contexte communicatif défini. **Le titre constitue un acte illocutionnaire et la valeur illocutionnaire du titre consiste dans l'intention de proposer au lecteur l'établissement d'un contrat. Son caractère perlocutionnaire réside dans l'effet de l'acceptation ou du refus du contrat.** Le performatif est un type particulier d'acte illocutionnaire; il peut remplacer des actes entièrement ou partiellement verbaux indiqués par le verbe illocutionnaire. **La performativité du titre réside dans le fait que l'offre est remplacée par un énoncé qui ne trahit pas cet acte dans sa structure superficielle; en tant que proposition de contrat, le titre a la valeur performative d'une promesse d'information et il présuppose la vérité de cette information.** Chaque titre est concevable comme le restant d'une phrase enchâssée dans une phrase englobante, qui spécifie ses structures locutionnaires et illocutionnaires. **Au niveau locutionnaire, le prédicat du titre a une valeur affirmative; au niveau illocutionnaire, sa valeur est désignative, déclarative et promissive; au niveau perlocutionnaire, elle est incitative.**

5.2 *Structures du contexte du titre.* — Entre l'acte de parole et le type de contexte communicatif il n'y a pas de relation fixe; le **contexte communicatif** est défini par a) les **interlocuteurs**, b) le **temps** et le **lieu** de communication, c) les **présuppositions**, d) le **type de contexte communicatif** et e) les **conditions de félicité** de l'acte de parole.

Ad a): **le titre romanesque provient en général de l'auteur implicite,** qui dans quelques cas peut prêter la parole au narrateur. Production et réception du titre étant des actes isolés, la situation de communication du titre est caractérisée par la médiatisation d'un discours monologique. Ad c): les présuppositions faisant partie de la représentation sémantique, il faut rendre compte du fait que chaque titre est un acte à la fois informatif, performatif et persuasif. **Les présuppositions sé-**

mantiques du titre ont trait aux éléments lexicaux; ses présuppositions référentielles se rapportent au monde possible auquel l'énoncé renvoie; les présuppositions pragmatiques du titre ont trait au statut des interlocuteurs (les relations qui existent entre eux, leurs connaissances, leurs désirs, leurs intentions, etc.). Ad d): le titre se trouve dans divers contextes: un **contexte psychologique et cognitif** où l'information morphonologique et syntaxique joue un rôle à côté de l'information sémantique; un **contexte social** où l'intention et l'effet du titre entraînent des conséquences particulières; un **contexte communicatif homogène et précis** qui permet la contraction de l'énoncé intitulant ou même sa suppression si la richesse sémantique du co(n)texte supplée à la concision du titre; un **contexte pragmatique linguistique** qui détermine les conditions de félicité, et un **contexte matériel**, qui impose au titre de presse, par exemple, sa longueur et sa forme typographique. Ad e): on peut formuler les conditions suivantes: la réalisation de l'acte de parole doit pouvoir lieu matériellement; les conditions de production et de réception doivent être respectées; le texte doit porter un titre perceptible à un moment et un lieu convenus; la modalité de l'énonciation doit être reconnaissable par convention; les interlocuteurs doivent être libres de prendre part à la communication et la situation de communication doit permettre de juger de la littéralité de l'acte de parole, étant donné que le titre n'est jamais une défense, une menace, un ordre etc. vis-à-vis des interlocuteurs; le locuteur doit être compétent et autorisé à écrire et son discours doit être pertinent; l'interlocuteur doit être un partenaire acceptable dans le procès de communication; il ne doit pas encore être au courant du message et il doit désirer cette information qui sera présentée comme complète, précise et juste.

5.3 *Fonctions et effets du titre.* — En tant qu'acte de parole **locutionnaire**, le titre est une **affirmation** qui a pour fonction de présenter de l'**information**; en tant qu'acte de parole **illocutionnaire**, le titre est a) une **désignation** ayant pour fonction l'**appellation** du co-texte, b) une **déclaration** ayant pour fonction la **modalisation** de l'énoncé, c) une **promission** ayant pour fonction la **contractualisation**; en tant qu'acte de parole **perlocutionnaire**, le titre est une **incitation** qui a une **fonction persuasive**. Ces fonctions primaires sont doublées de fonctions secondaires, dérivées des fonctions premières: la fonction appellative renferme une fonction identificatrice et une fonction différentielle; la fonction modalisatrice renferme une fonction vraisemblabilisante ainsi qu'une fonction cognitive; la fonction contractuelle renferme les fonctions apéritive, anticipatrice, structurante, dramatique, poétique et fictionnalisante; la fonction persuasive renferme une fonction conative, une fonction provocatrice, une fonction valorisante et une fonction publicitaire. L'ensemble de ces fonctions présente une structure hiérarchique de buts poursuivis: **le but du titre est d'entraîner implicitement et donc généralement à son insu l'acquiescement du lecteur.**

Le but du titre n'est donc déterminable que quand on le place dans la **socialité**: son rôle est éminemment idéologique; l'idéologie du titre dissimule en fait la reproduction des rapports de production dans et par les structures linguistiques et textuelles. **Le titre romanesque conventionnel dissimule la pratique idéologique réelle du co-texte par la fictionnalisation et la subsomption de ce dernier. Le titre non conventionnel, par contre, peut incidemment dénoncer cette idéologie, lors-ʾ qu'il ne subsume pas son co-texte.** Normalement pourtant le titre dirige la lecture, fictionnalise, humanise, innocente, et suspend le co-texte, bref le subsume. **Il masque le caractère économique du livre et le présente comme un objet esthétisant, culturel, non économique;** il présente au lecteur l'illusion d'un dialogue et tend à se substituer au co-texte. **Découvrir l'idéologie du titre signifie en même temps dénoncer son imposture et mettre fin à son autorité.** C'est l'**appareil scolaire** qui a investi le titre de cette autorité: le texte est réduit à un Auteur, un Titre et une Date. L'enseignement traditionnel de la littérature consiste dans l'apprentissage de ce dispositif teinté idéologiquement par sa fictionnalisation: le titre fonctionne à cet égard comme un outil travaillant à la confirmation de la réputation de l'homme et de l'oeuvre; cautionnant la littérarité de l'oeuvre, le titre fonctionne comme un outil qui dissimule et véhicule l'idéologie du texte.

Bibliographie*

A. OUVRAGES GÉNÉRAUX

Abraham, Werner und Binnick, Robert I.
1969   "Syntax oder Semantik als erzeugende Komponenten eines Grammatikmodells?", in: *Linguistische Berichte* 4, 1969, 1-28.
Abraham, Werner and Braunmüller, Kurt
1973   "Towards a Theory of Style and Metaphor", in: *Poetics* 7, 103-148.
Adam, Jean-Michel
1976   *Linguistique et discours littéraire. Théorie et pratique des textes*, avec la collaboration de Jean-Pierre Goldenstein, Larousse.
Adorno, Theodor W.
1974   *Théorie esthétique*, Klincksieck (1ere éd. allemande 1970).
Agnès, Yves et Croissandeau, Jean-Michel
1979   *Lire le journal*, F.P. Lobies.
Agricola, E.
1978   "Texte, actants textuels, noyau informatif", in: *Linguistique et Sémiologie* 5, 201-243 (1ère publ. en allemand 1976).
Al, Bernard P.F.
1971   "Compétence et performance", in: *Rapports/Het Franse Boek* XLI, 3, 90-96.
1975   *La notion de grammaticalité en grammaire générative-transformationnelle. Etude générale et application à la syntaxe de l'interrogation directe en français parlé*, Leyde, Presse Universitaire de Leyde.
1977   *Normatieve taalkunde*, Muiderberg, Coutinho.
Algeo, John
1973   *On Defining the Proper Name*, Gainesville, University of Florida Press.
Althusser, Louis
1968   *Lénine et la philosophie*, Maspéro.
1970   "Idéologie et appareils idéologiques d'état. Notes pour une recherche" in: *La Pensée* 151, 3-38.
1971   *Pour Marx*, Maspéro.

* La graphie des noms d'auteurs a été unifiée. La date mentionnée renvoie à l'année de publication de l'édition utilisée. Sauf indication contraire, le lieu de publication est Paris.

1973   *Réponse à John Lewis*, Maspéro.
1976   *Positions*, Ed. Sociales.
Amossy, Ruth
1980   *Les jeux de l'allusion littéraire dans* Un Beau Ténébreux *de Julien Gracq*, Neuchâtel, La Baconnière.
Anderson, Stephen R.
1971   *On the Linguistic Status of the Performative/Constative Distinction*, reproduced by the Indiana University Linguistics Club, Bloomington.
Andersson, Jan S.
1975   *How to Define "performative"*, Uppsala, University of Uppsala.
Arrivé, Michel
1964   "A propos de la construction *La ville de Paris*: rapports sémantiques et rapports syntaxiques", in: *Le Français Moderne* XXXII, 3, 179-184.
1969   "Postulats pour la description linguistique des textes littéraires", in: *Langue Française* 3, 3-13.
Arrivé, Michel et Chevalier, Jean-Claude éds.
1969   *Langue Française* 3 "La stylistique", Larousse.
Austin, J.L.
1970   *Quand dire, c'est faire*, Seuil (1ère éd. anglaise 1962).
1972   "Performative-Constative", in: J.R. Searle ed., *The Philosophy of Language*, London, Oxford University Press, 13-22.
Bach, Emmon
1966   "Linguistique structurelle et philosophie des sciences", in: *Diogène* 51, 117-136.
1968   "Nouns and Nounphrases", in: Bach et Harms eds. 1968, 90-122.
Bach, Emmon and Harms, Robert T. eds.
1968   *Universals in Linguistic Theory*, London etc., Holt Rinehart and Winston.
Bachellier, Jean-Louis
1972   "Sur-Nom", in: *Communications* 19, 69-92.
Badel, Pierre-Yves
1969   *Introduction à la vie littéraire du Moyen Age*, Bordas-Mouton.
Badiou, Alain
1969   *Le concept de modèle. Introduction à une épistémologie matérialiste des mathématiques*, Maspéro.
Badiou, Alain et Balmès, François
1976   *De l'idéologie*, Maspéro.
Bakhtine, Mikhaïl M.
1970   *Problèmes de la poétique de Dostoïevski*, Lausanne, L'Age d'Homme (1ère éd. russe 1963).
Balázs, Jean
1962   "Le nom propre dans le système de signes linguistiques", in: *Atti e memorie del Congresso della Sezione toponomastica* (= VII Congresso Internazionale di Scienze onomastiche), Firenze, vol. 1, 153-159.

Balibar, Renée
1974   *Les français fictifs. Le rapport des styles littéraires au français national*, avec la collaboration de Geneviève Merlin et Gilles Tret, Présentation de Etienne Balibar et Pierre Macherey, Hachette.
Balibar, Renée et Laporte, Dominique
1974   *Le Français national. Politique et pratiques de la langue nationale sous la Révolution française*, Présentation de Etienne Balibar et Pierre Macherey, Hachette.
Balibar, Etienne et Macherey, Pierre
1974   "Sur la littérature comme forme idéologique. Quelques hypothèses marxistes", in: *Littérature* 13, 29-48.
Bantel, Otto
1972   *Grundbegriffe der Literatur*, Frankfurt am Main, Hirschgraben (9. erweiterte Ausgabe).
Barbéris, Pierre
1971   "Eléments pour une lecture marxiste du fait littéraire: lisibilités successives et signification", in: *Littérature et idéologies* (= *La Nouvelle Critique* 39 bis), Colloque de Cluny II, 16-28.
1974   "Littérature et société" (dialogue avec Georges Duby), in: *Ecrire ... Pour quoi? Pour qui?*, Grenoble, Presses Universitaires de Grenoble, 35-65.
Bar-Hillel, Yehoshua ed.
1971   *Pragmatics of Natural Languages*, Dordrecht, Reidel
Barker, Ronald E. et Escarpit, Robert dir.
1973   *La faim de lire*, Unesco et Presses Universitaires de France.
Barthes, Roland
1964   "Rhétorique de l'image", in: *Communications* 4, 40-51.
1966a   *Critique et Vérité*, Seuil.
1966b   "Introduction à l'analyse structurale des récits", in: *Communications* 8, 1-27.
1967a   "Proust et les noms", in: *To honour Roman Jakobson I*, La Haye-Paris, Mouton, 150-158.
1967b   *Système de la mode*, Seuil.
1968   *Le degré zéro de l'écriture, suivi de Eléments de sémiologie*, Gonthier.
1970b   *S/Z*, Seuil.
1971a   "Ecrivains, intellectuels, professeurs", *Tel Quel* 47, 3-18
1971b   *Sade, Fourier, Loyola*, Seuil.
1972   "Le nom d'Aziyadé", in: *Critique* 297, 103-117.
1973a   "Analyse textuelle d'un conte d'Edgar Poe", in: Claude Chabrol éd., *Sémiotique narrative et textuelle*, Larousse, 29-54.
1973b   *Le plaisir du texte*, Seuil.
1974a   "Où/ou va la littérature?" (dialogue avec Maurice Nadeau), in: *Ecrire ... Pour quoi? Pour qui?*, Grenoble, Presses Universitaires de Grenoble, 7-33.
1974b   "De la parole à l'écriture", in: *La Quinzaine Littéraire* 182, 3-4.
1978   *La leçon*, Seuil.

Bartsch, Renate und Vennemann, Theo Hrsg.
1973   *Linguistik und Nachbarwissenschaften*, Kronberg, Scriptor.
Baudelot, Christian et Establet, Roger
1971   *L'école capitaliste en France*, Maspéro.
Baudry, Jean-Louis
1971   "Dialectique de la production signifiante", in: *Littérature et idéologies* (= La Nouvelle Critique 39 bis), Colloque de Cluny II, 260-265.
Behaghel, Otto
1928   *Deutsche Syntax. Eine geschichtliche Darstellung*, Band III *Die Satzgebilde*, Heidelberg, Carl Winter.
Bellert, Irena
1970   "On a Condition of the Coherence of Texts", in: *Semiotica* II, 4, 335-363.
Bense, Max
1962   *Theorie der Texte. Eine Einführung in neuere Auffassungen und Methoden*, Köln, Kiepenheuer und Witsch.
Benveniste, Emile
1966   *Problèmes de linguistique générale*, Gallimard.
1969   "Sémiologie de la langue 2", in: *Semiotica* I, 2, 127-135.
Berger, Dieter
1966   "Name, Titel, Terminus", in: *Die wissenschaftliche Redaktion* 3, Mannheim, 67-78.
1976   "Zur Abgrenzung der Eigennamen von den Appellativen", in: *Beiträge zur Namenforschung* N.F. Bd. 11, Hft. 4, 375-387.
Bernard, Yves
1977   "Typographie et presse quotidienne", in: *L'espace et la lettre*, 371-392.
Berrendonner, A.
1977   "Présentation de 'L'illocutoire' ", in: *Linguistique et Sémiologie* 4, 5-16.
Best, Otto F.
1972   *Handbuch literarischer Fachbegriffe. Definitionen und Beispiele*, Frankfurt am Main, Fischer Taschenbuch.
Beugnot, Bernard
1976   "Un aspect textuel de la réception critique: la citation", in: *Oeuvres & Critiques* I, 2, 5-19.
Bieri, Jean
1952   *Ein Beitrag zur Sprache der französischen Reklame*, Zürich, Rappold, Ravensburg.
Bierwisch, Manfred
1970   "Semantics", in: J. Lyons ed., *New Horizons in Linguistics*, Harmondsworth, Penguin Books, 166-184.
1971   "On Classifying Semantic Features", in: Steinberg et Jakobovits eds. 1971, 410-435.

Birus, Hendrik
1978   *Poetische Namengebung. Zur Bedeutung der Namen in Lessings "Nathan der Weise"*, Göttingen-Zürich, Vandenhoeck & Ruprecht.
Blanchard, Gérard
1977   "Le scriptovisuel ou cinémato-graphe", in: *L'espace et la lettre*, 393-438.
Blanche-Benveniste, Claire et Chervel, André
1966   "Recherches sur le syntagme substantif", in: *Cahiers de lexicologie* IX, 2, 3-37.
Bodman, Pamela L. and Mincher, Michael and Williams, Christine and Lindauer, Martin S.
1979   "What's in a Name? Evaluations of Literary Names in Context and in Isolation", in: *Poetics* VIII, 5, 491-496.
Bonnefis, Philippe
1971   "L'activité littérale", in: *Revue des Sciences Humaines* 142, 157-184.
1974   "Le descripteur mélancolique", in: *La description* par le Centre de Recherches Spécialisées, Lettres, Art, Pensée XIXe siècle, Université de Lille III, Ed. Universitaires, 103-151.
1976   "Intérieurs naturalistes", in: *Intime, intimité, intimismes*, Ed. Universitaires, 163-198.
Bosseur, D. et J.-Y.
1971   "Michel Butor et la musique", in: *Musique en jeu* 4, 63-72.
Bossuyt, Alain
1977   "Langue/parole en competence/performance", in: *Forum der Letteren* XVIII, 1, 6-14.
Bourdieu, Pierre et Passeron, Jean Claude
1970   *La reproduction. Eléments pour une théorie du système d'enseignement*, Minuit.
Brandstetter, Alois
1968   "Das Telegramm und seine syntaktische Situation", in: Rath und Brandstetter 1968, 23-43.
Bréal, Michel
1904   *Essai de sémantique*, Hachette (3e éd., 1ère éd. 1897).
Brettschneider, Gunter
1971   "Zur Repräsentation koordinierter Nominalphrasen", in: Wunderlich Hrsg. 1971, 148-153.
Breuer, Dieter
1974   *Einführung in die pragmatische Texttheorie*, München, Fink.
Brinker, Klaus
1971   "Aufgaben und Methoden der Textlinguistik", in: *Wirkendes Wort* XXI, 217-237.
Brinkman, H.J.
1974   "De ongeloofwaardigheid van tekstgrammatica", in: *Forum der Letteren* XV, 3, 213-232.
Bronzwaer, W.
1978   "Implied Author, Extradiegetic Narrator and Public Reader: Gérard

Genette's Narratological Model and the Reading Version of *Great Expectations*", in: *Neophilologus* LXII, 1, 1-18.

Brunot, Ferdinand
1922   *La pensée et la langue*, Masson.

Bubner, R., e.a. Hrsg.
1976   *Handlungstheorie*, Göttingen, Vandenhoeck & Ruprecht.

Buddemeier, Heinz
1973   *Kommunikation als Verständigungshandlung. Sprachtheoretische Ansätze zu einer Theorie der Kommunikation*, Frankfurt am Main, Athenäum.

Burks, Arthur W.
1951   "A Theory of Proper Names", in: *Philosophical Studies* II, 3, 36-45.

Butor, Michel
1968   "La littérature, l'oreille et l'oeil", in: *id.*, *Répertoire III*, Minuit, 391-403.

1969   *Les mots dans la peinture*, Genève, Skira.

Buyssens, Eric
1967   *La communication et l'articulation linguistique* (= Trav. Fac. Phil. et Lett. t. XXXI), Bruxelles, Université Libre de Bruxelles.

1970   "The Common Name and the Proper Name", in: R. Jakobson and S. Kawamoto eds., *Studies in General and Oriental Linguistics*, Tokyo, TEC Company, 21-23.

Bya, Joseph
1971   "La loi du père et la névrose du nom: littérature/idéologie", in: *Manteia* 12-13, 139-145.

1973   "La publicité ou le discours détourné de la marchandise", in: *Littérature* 12, 36-48.

1974   "La publicité et sa propagande", in: *La Pensée* 178, 77-88.

Cain, Julien e.a. éds.
1972   *Le livre français. Hier. Aujourd'hui. Demain*, Imprimerie Nationale.

Calvet, Louis-Jean
1973   *Roland Barthes, un regard politique sur le signe*, Payot.

Carlsson, Lennart
1966   *Le degré de cohésion des groupes subst. + de + subst. en français contemporain étudié d'après la place accordée à l'adjectif épithète*, Uppsala, Almqvist & Wiksell.

Carnap, Rudolf
1970   *Foundations of Logic and Mathematics*, Chicago, The University of Chicago Press (1ère éd. 1939).

Carney, James D.
1977   "Fictional Names", in: *Philosophical Studies* XXXII, 4, 383-391.

Cellard, Jacques
1975   "Patronymes de romans", in: Sélection hebdomadaire du *Monde*, lundi 17 novembre, 12.

Chapman, R.W.
1936   "Names, Designations and Appellations", in: *S.P.E. Tract* XLVII, Clarendon Press.
Charles, Michel
1977   *Rhétorique de la lecture*, Seuil.
Charolles, Michel
1978   "Introduction aux problèmes de la cohérence des textes", in: *Langue Française* 38, 7-41.
Cherchi, Lucien
1978   "L'ellipse comme facteur de cohérence", in: *Langue Française* 38, 118-128.
Chomsky, Noam
1957   *Syntactic Structures*, La Haye, Mouton.
1964   "Degrees of Grammaticalness", in: Fodor et Katz eds. 1964, 384-389.
1970   "Remarks on Nominalization", in: Jacobs and Rosenbaum eds. 1970, 184-221.
1971a   *Aspects de la théorie syntaxique*, Seuil (1ère éd. 1965).
1971b   "Deep Structure, Surface Structure, and Semantic Interpretation", in: Steinberg and Jakobovits eds. 1971, 183-216.
1972   "Some Empirical Issues in the Theory of Transformational Grammar", in: Peters ed. 1972, 63-130.
1975   *Logical Structure of Linguistic Theory*, New-York, Plenum (1ère publication de 1955).
Chomsky, Noam and Lasnik, Howard
1977   "Filters and Control", in: *Linguistic Inquiry* VIII, 3, 425-504.
Clark, Roger J.B.
1972   "Introduction" in: Alexandre Dumas Fils, *La dame aux camélias*, London, Oxford University Press, 7-48.
Code typographique, Syndicat national des Cadres et Maîtrises du Livre, de la Presse et des Industries graphiques, s.d.
Cole, Peter and Morgan, Jerry L. eds.
1975   *Syntax and Semantics*, Vol. III *Speech Acts*, New York, Academic Press.
Combrink, J.G.H.
1964   "Alan Gardiner se 'pure' en 'less pure proper names', 'n studie oor die semantiese aspek van die eienaam", in: *Tydskrif vir Geesteswetenskappe* IV, 249-264.
Communications 17, 1971 "Publicité".
Communications 32, 1980 "Les actes de discours".
Compagnon, Antoine
1979   *La seconde main ou le travail de la citation*, Seuil.
1980   *Nous, Michel de Montaigne*, Seuil.
Coquet, J.C. et Derycke, M.
1972   *Le lexique d'E. Benveniste II* (= Documents de travail et pré-publica-

tions du Centro Internazionale di Semiotica e di Linguistica 16), Università di Urbino.

Corneille, Jean-Pierre
1976   *La linguistique structurale. Sa portée, ses limites*, Larousse.

Coseriu, Eugenio
1967   "El plural en los nombres propios", in: *id., Teoria del lenguaje y lingüistica general. Cinco estudios*, Madrid, Gredos, 261-281.

Coulet, Henri
1970   *Le roman jusqu'à la Révolution*, tome 1: *Histoire du roman en France*, Colin (1ère éd. 1967).

Coyaud, Maurice
1972   *Linguistique et documentation. Les articulations logiques du discours*, Larousse.

Culicover, P.W.
1970   "One more Can of Beer", in: *Linguistic Inquiry* I, 3, 366-369.

Curtius, Ernst Robert
1948   *Europäische Literatur und lateinisches Mittelalter*, Bern, Francke.

Dällenbach, Lucien
1976   "Intertexte et autotexte", in: *Poétique* 27, 282-296.

Dahl, Östen
1969   *Topic and Comment. A Study in Russian and General Transformational Grammar*, Göteborg-Stockholm, Almqvist and Wiksell.

Dahl, Östen ed.
1974   *Topic and Comment, Contextual Boundness and Focus*, Hamburg, Buske.

Danell, Karl Johan
1974   *Le groupe substantif + préposition + substantif en français contemporain. Etude sémantique et syntaxique*, Uppsala, Acta Univ. Upsaliensis.

Daneš, Frańtišek
1970   "Zur linguistischen Analyse der Textstruktur" in: *Folia Linguistica* IV, 1/2, 71-78.
1978   "De la structure sémantique et thématique du message", in: *Linguistique et Sémiologie* 5, 177-200 (1ère publ. en allemand 1976).

Danielsson, Sven
1973   *Some Conceptions of Performativity*, Uppsala, University of Uppsala.

Dauzat, Albert
1925   *Les noms propres, origine et évolution*, Delagrave.

Dees, A.
1974   "Semantische aspecten van het franse demonstrativum", in: *Handelingen van het 32e Nederlands Filologencongres te Utrecht 1972*, Amsterdam, Holland Universiteits Pers, 193-197.

Delas, Daniel
1978   "L'inscription du texte poétique", suivi de "L'espace du poème", in: *Pratiques* 21, 71-85.

Delas, Daniel et Filliolet, Jacques.
1973   *Linguistique et poétique*, Larousse.
Delas, Daniel et Thomas, J.-Jacques éds.
1978   *Langages* 51 "La poétique générative".
Delhez-Sarlet, Claudette
1968   "La Princesse de Clèves: *Roman* ou *Nouvelle?*", in: *Romanische Forschungen* LXXX, 53-85, 220-238.
Deloffre, Frédéric
1967   *La nouvelle en France à l'âge classique* Didier.
Démoris, René
1975   "De l'usage du nom propre: situation du roman historique au XVIIIe siècle", in: *Revue d'histoire littéraire de la France* LXXV, 2-3, 268-288.
1979   "La symbolique du nom de personne dans *Les liaisons dangereuses*", in: *Littérature* 36, 104-119.
Derrida, Jacques
1967   *De la grammatologie*, Minuit.
1968   "Sémiologie et grammatologie", in: *Information sur les sciences sociales* VII, 3, 135-148.
1970   "La double séance I", in: *Tel Quel* 41, 3-43.
1972   "Hors livre, préfaces", in: *id., La dissémination*, Seuil, 9-67.
Des Cars, Guy
1973   "Le crédo de Guy Des Cars, propos recueillis par Claude Bonnefoy", in: *La Quinzaine Littéraire* 169, 5-6.
Desclès, J.P. et Guentcheva Desclès, Z.
1977   *Métalangue, métalangage, métalinguistique* (= Documents de travail et pré-publications du Centro Internazionale di Semiotica e di Linguistica 60/61), Università di Urbino.
Devine, Philip E.
1974   "The Logic of Fiction", in: *Philosophical Studies* XXVI, 5/6, 389-399.
Dijk, Teun A. van
1969   "Sémantique structurale et analyse thématique. Un essai de lecture: André Du Bouchet: 'Du bord de la fáux' ", in: *Lingua* XXIII, 1, 28-53.
1970   "Metodologie en literatuurwetenschap", in: *Levende Talen* 267, 267-286.
1971   "Some Problems of Generative Poetics", in: *Poetics* 2, 5-35.
1972   *Some Aspects of Text Grammars. A Study in Theoretical Linguistics and Poetics*, The Hague-Paris, Mouton.
1973   "Modèles génératifs en théorie littéraire", in: D'Arco Silvio Avalle e.a., *Essais de la théorie du texte*, Galilée, 79-99.
1976a   "Philosophy of Action and Theory of Narrative", in: *Poetics* V, 4, 287-338.
1976b   "Pragmatics and Poetics", in: *id.* ed. 1976, 23-57.
1976c   "Pragmatics, Presuppositions and Context Grammars", in: Schmidt Hrsg. 1976, 53-82.

1977a   *Het literatuuronderwijs op school. Een kritische analyse*, Amsterdam, Van Gennep.
1977b   *Text and Context. Explorations in the Semantics and Pragmatics of Discourse*, London-New York, Longman.
1980   *Studies in the Pragmatics of Discourse*, The Hague, Mouton.
Dijk, Teun A. van ed.
1976   *Pragmatics of Language and Literature* Amsterdam-Oxford, North-Holland Publishing Company.
Dik, Simon C.
1968   *Coordination: its Implications for the Theory of General Linguistics*, Amsterdam, North-Holland Publishing Company.
Diller, A.-M. et Récanati, F. éds.
1979   *Langue Française* 42 "La pragmatique".
Dobnig-Jülch, Edeltraud
1977   *Pragmatik und Eigennamen. Untersuchungen zur Theorie und Praxis der Kommunikation mit Eigennamen, besonders von Zuchttieren*, Tübingen, Niemeyer.
Dodille, Norbert
1979   "L'amateur de noms. Essai sur l'onomastique aurevillienne", in: *Revue des Sciences Humaines*, 174, 131-150.
Doležel, Lubomir
1976   "Narrative Semantics", in: *PTL* I, 1, 129-151.
Donnellan, Keith
1972   "Proper Names and Identifying Descriptions", in: Harman and Davidson eds. 1972, 356-379.
Dornseif, F.
1940   "Redende Namen", in: *Zeitschrift für Namenforschung* XVI, 24-38, 215-218.
Dressler, Wolfgang
1969   "Theorie und Empirie in der Sprachwissenschaft", in: *Linguistische Berichte* 4, 70-75.
1970a   "Modelle und Methoden der Textsyntax', in: *Folia Linguistica* IV, 1/2, 64-71.
1970b   "Textsyntax", in: *Lingua e Stile* 2, 191-213.
1972   *Einführung in die Textlinguistik*, Tübingen, Niemeyer.
Dressler, Wolfgang und Schmidt, Siegfried J.
1973   *Tektlinguistik. Kommentierte Bibliographie*, München, Fink.
Droste, F.G.
1975   "On Proper Names", in: *Leuvense Bijdragen* LXIV, 1-14.
1976   compte rendu de Wimmer 1973, in: *Foundations of Language* XIV, 297-300.
Dubois, Jacques
1973   *L'assommoir de Zola. Société, discours, idéologie*, Larousse.
Dubois, Jacques e.a. (= Groupe Mu)
1970a   *Rhétorique générale*, Larousse.

1972   *Rhétorique poétique: le jeu des figures dans un poème de P. Eluard*
          (= Documents de travail et pré-publications du Centro Internazionale
          di Semiotica e di Linguistica 10) Università di Urbino.

Dubois, Jean
1969   "Enoncé et énonciation", in: *Langages* 13, 100-110.

Dubois, Jean e.a.
1973   *Dictionnaire de linguistique*, Larousse.

Dubois, Philippe
1977   "L'énonciation narrative du récit surréaliste. L'identité du sujet et de
          l'objet couplée à la conquête du Nom. Vers une circularité de la
          narration", in: *Littérature* 25, 19-41.

Dubois-Charlier, Françoise et Galmiche, Michel
1972   *Langages* 27 "La sémantique générative".

Dubois, J. et Sumpf, J. éds.
1969   *Langages* 13 "L'analyse du discours".

Duchet, Claude
1973a   "Une écriture de la socialité", in: *Poétique* 16, 446-454.
1976   "Discours social et texte italique dans *Madame Bovary*", in:
          Langages de Flaubert, Actes du colloque de London (Canada) 1973,
          texte établi par M. Issacharoff, Lettres Modernes, Minard, 143-169.

Duchet, Michèle et Jalley, Michèle éds.
1977   *Langue et langages de Leibniz à l'Encyclopédie*, U.G.E..

Ducrot, Oswald
1972   *Dire et ne pas dire. Principes de sémantique linguistique*, Hermann.
1977a   "Illocutoire et performatif", in: *Linguistique et Sémiologie* 4, 17-53.
1977b   "Note sur la présupposition et le sens littéral", in: Henry 1977,
          169-203.
1978   "Structuralisme, énonciation et sémantique", in: *Poétique* 33,
          107-128.

Ducrot, Oswald et Todorov, Tzvetan
1972   *Dictionnaire encyclopédique des sciences du langage*, Seuil.

Dupront, Alphonse
1965   "Livre et culture", in: G. Bollème e.a., *Livre et société dans la
          France du XVIIIe siècle* vol. 1, Paris-La Haye, Mouton, 185-238.

Eco, Umberto
1965   *L'oeuvre ouverte*, Seuil (1ère éd. italienne 1962).
1972   *La structure absente. Introduction à la recherche sémiotique*,
          Mercure de France (1ère éd. italienne 1968).
1976   *A Theory of Semiotics*, Bloomington-London, Indiana University
          Press.

Eis, Gerhard
1970   *Vom Zauber der Namen. Vier Essays*, Berlin.

Escarpit, Robert
1964   *Sociologie de la littérature*, Presses Universitaires de France.
1973   *L'écrit et la communication*, Presses Universitaires de France.
1976   *Théorie générale de l'information et de la communication*, Hachette.

316   *La marque du titre*

Eskénazi, A.
1967   "Quelques remarques sur le type *ce fripon de valet* et sur certaines
         fonctions syntaxiques de la préposition *de*", in: *Le Français
         Moderne* XXXV, 3, 184-200.
L'espace et la lettre. Ecritures, typographies (= Cahiers Jussieu 3, Université de
         Paris 7), U.G.E., 1977.
Etiemble
1961   *L'écriture*, Delpire.
Fauconnier, Gilles
1974   *La coréférence: syntaxe ou sémantique?*, Seuil.
Fillmore, Charles J.
1972a   "Ansätze zu einer Theorie der Deixis", in: Kiefer Hrsg. 1972,
         147-174.
1972b   "On Generativity", in: Peters ed. 1972, 1-19.
1976   "Pragmatics and the Description of Discourse", in: Schmidt Hrsg.
         1976, 83-104.
Fillmore, Charles J. and Langendoen, D. Terence eds.
1971   *Studies in Linguistic Semantics*, New York, Holt Rinehart and
         Winston.
Finkielkraut, Alain
1979   *Ralentir: mots-valises*, Seuil
Flahaut, François
1978   *La parole intermédiaire*, Seuil.
Fleischer, Wolfgang
1964   "Zum Verhältnis von Name und Appellativum im Deutschen", in:
         Wissenschaftliche Zeitschrift der Karl-Marx-Universität XIII,
         369-378.
Fodor, Jerry A. and Katz, Jerrold J. eds.
1964   *The Structure of Language*, Englewood Cliffs (New Jersey), Prentice
         Hall.
Fontanier, Pierre
1968   *Les figures du discours*, Flammarion (1ère éd. 1827).
Formentelli, Eliana
1977   "Reverdy, présences du blanc, figures du moins", in: *L'espace et la
         lettre*, 257-294.
Foucault, Michel
1966   *Les mots et les choses. Une archéologie des sciences humaines*,
         Gallimard.
1968   "Distance, aspect, origine", in: *Théorie d'ensemble*, Seuil, 7-24.
1969   *L'archéologie du savoir*, Gallimard.
Fowler, Roger
1971   "Zur Interpretation von 'Nonsense-Ketten'", in: Ihwe Hrsg.
         1971-1972, II, 2, 358-370 (1ère publ. 1969).
François, Michel
1964   "Introduction", in: Marguerite de Navarre, *L'heptaméron*, Garnier,
         i-xx.

Galliot, M.
1955   *Essai sur la langue de la réclame contemporaine*, Toulouse, Privat.
Galmiche, Michel
1975   *Sémantique générative*, Larousse.
Gardiner, Alan
1954   *The Theory of Proper Names. A Controversial Essay*, London, Oxford University Press (1ère éd. 1932).
Garner, Richard T.
1970/1 "Nonreferring Uses of Proper Names", in: *Philosophy and Phenomenological Research* XXXI, 358-368.
1971   " 'Presupposition' in Philosophy and Linguistics", in: Fillmore and Langendoen eds. 1971, 22-42.
Gaskell, Philip
1974   *A New Introduction to Bibliography*, Oxford, Clarendon Press (1ère éd. 1972).
Gelas, Bruno
1978   "Eléments pour une étude de la citation", in: *Linguistique et Sémiologie* 6, 163-187.
Genette, Gérard
1969   "La littérature et l'espace", in: *id., Figures II*, Seuil, 43-48.
1972   *Figures III*, Seuil.
1976   *Mimologiques. Voyage en Cratylie*, Seuil.
Glauser, Alfred
1978   *La poétique de Hugo*, Nizet.
Glucksmann, Christine
1971   "Sur la relation littérature et idéologies", in: *Littérature et idéologies* (= La Nouvelle Critique 39 bis), Colloque de Cluny II, 9-15.
Goldmann, Lucien
1964   *Pour une sociologie du roman*, Gallimard.
Gopnik, Myrna
1977   "Scientific Theories as Meta-semiotic Systems", in: *Semiotica* 21, 3/4, 211-225.
Gordon, David et Lakoff, George
1973   "Postulats de conversation", in: *Langages* 30, 32-55 (1ère publ. 1971).
Goux, Jean-Joseph
1969   "Numismatiques II", in: *Tel Quel* 36, 54-74.
Gray, Bennison
1975   *The Phenomenon of Literature*, The Hague, Mouton.
Greimas, Algirdas Julien
1966   *Sémantique structurale*, Larousse.
1970   *Du sens. Essais sémiotiques*, Seuil.
1976   *Maupassant. La sémiotique du texte: exercices pratiques*, Seuil.
Grevisse, Maurice
1969   *Le bon usage. Grammaire française avec des remarques sur la langue française d'aujourd'hui*, Gembloux-Paris, Duculot-Hatier (9e éd. revue).

Grewendorf, Günther
    "Sprache ohne Kontext. Zur Kritik der performativen Analyse", in: Wunderlich Hrsg. 1972, 144-182.
Grice, H. Paul
    1979   "Logique et conversation", in: *Communications* 30, 57-72 (1ère publ. 1975).
Grivel, Charles
    1973a   *Production de l'intérêt romanesque. Un état du texte (1870-1880), un essai de constitution de sa théorie*, The Hague-Paris, Mouton.
    1973b   *Volume complémentaire*, auprès de Grivel 1973a, Hoofddorp, Hoekstra.
    1974   "Théorie du récit ou théorie du texte?", in: Charles Grivel et A. Kibédi Varga éds., *Du linguistique au textuel*, Assen, Van Gorcum, 127-152.
    1975   "Quant à l'intertexte. Plan d'un livre ou possible ou futur", in: *Mélanges Geschiere*, Amsterdam, Rodopi, 153-180.
    1976   "Du traitement d'apprentissage des textes", in: *Pratiques* 10, 19-36.
    1977   "Le fond du texte. Alexandre Dumas: Berlick, berlock. Exercice de lecture progressive", in: *Rapports/Het Franse Boek* XLVII, 3, 105-112, et 4, 137-148.
    1978   "Les universaux de texte", in: *Littérature* 30, 25-50.
Gülich, Elisabeth
    1976   "Ansätze zu einer Kommunikationsorientierten Erzähltextanalyse" in: W. Haubrichs Hrsg., *Erzählforschung 1*, Göttingen, Vandenhoeck & Ruprecht, 224-256.
Gülich, Elisabeth und Raible, Wolfgang
    1974   "Überlegungen zu einer makrostrukturellen Textanalyse. J. Thurber, *The lover and his Lass*", in: E. Gülich, K. Heger und W. Raible, *Linguistische Textanalyse. Überlegungen zur Gliederung von Texten*, Hamburg, Buske, 73-126.
    1977   *Linguistische Textmodelle*, München, Fink.
Guénot, Jean
    1977   *Ecrire, guide pratique de l'écrivain avec des exercices*, Saint-Cloud, chez l'auteur.
Guillemin, Henri
    1968   "Chronologie et préface", in: Zola, *Germinal*, Garnier-Flammarion, 5-23.
Guiraud, Pierre et Kuentz, Pierre éds.
    1970   *La stylistique*, Klincksieck.
Guise, René
    1972   "Introduction", in: Balzac, *Les Chouans*, Librairie Générale Française, v-xxi.
Gunnarson, Kjell-Åke
    1972   *Le complément de lieu dans le syntagme nominal*, Lund, Gleerup.
Gunter, Richard
    1963   "Elliptical Sentences in American English", in: *Lingua* XII, 137-150.

Haas, C.R.
1958   *La publicité. Théorie, technique et pratique*, Dunod (2e éd; 1ère éd. 1948).
Hamon, Philippe
1973   "Un discours contraint", in: *Poétique* 16, 411-445.
1975   "Clausules", in: *Poétique* 24, 495-526.
1977a   "Pour un statut sémiologique du personnage", in: R. Barthes, e.a., *Poétique du récit*, Seuil, 115-180.
1977b   "Texte littéraire et métalangage", in: *Poétique* 31, 261-284.
Harman, Gilbert and Davidson, Donald eds.
1972   *Semantics of Natural Language*, Dordrecht, Reidel.
Haroche, Claudine
1975   "Grammaire, implicite et ambiguïté (à propos des fondements de l'ambiguïté inhérente au discours)", in: *Foundations of Language* XIII, 215-236.
Haroche, Claudine et Henry, Paul et Pêcheux, Michel
1971   "La sémantique et la coupure saussurienne: langue, langage, discours", in: *Langages* 24, 93-106.
Hartmann, Dietrich
1972   "Der Gebrauch von Namen und Personenbezeichnungen als Ausdruck sozialer Beziehungen in einer Kleingruppe", in: K. Hyldgard-Jensen Hrsg., *Linguistik 1971*, Frankfurt am Main, Athenäum, 285-306.
Hartmann, Peter
1971   "Texte als linguistisches Objekt", in: Stempel Hrsg. 1971, 9-29.
Harweg, Roland
1968a   *Pronomina und Textkonstitution*, München, Fink.
1969   "Unbestimmter und bestimmter Artikel in generalisierender Funktion", in: *Orbis* XVIII, 2, 297-331.
1971a   "Die textologische Rolle der Betonung", in: Stempel Hrsg. 1971, 123-159.
1971b   "Zur Textologie des Typus *ein Herr Meier*. Perspektiven einer nichtsubstitutionnellen Textologie", in: *Orbis* XX, 2, 323-346.
1973   "Textgrammar and Literary Texts: Remarks on a Grammatical Science of Literature", in: *Poetics* 9, 65-91.
Hatcher, Anna Granville
1960   "An Introduction to the Analysis of English Noun Compounds", in: *Word* XVI, 356-373.
Hausmann, Franz Josef
1974   *Studien zu einer Linguistik des Wortspiels*, Tübingen, Niemeyer.
Hendricks, William O.
1973   "Linguistic Contributions to Literary Science", in: *Poetics* 7, 86-102.
1974   "The Relation between Linguistics and Literary Studies", in: *Poetics* 11, 5-22.
Henry, Paul
1977   *Le mauvais outil. Langue, sujet et discours. Avec une postface de Oswald Ducrot*, Klincksieck.

Hiller, Helmut
1958   *Wörterbuch des Buches*, Frankfort am Main, Klostermann.
Hoek, Leo H.
1971a   "Ce qui n'est pas dans le nom. A propos de quelques études récentes
            d'onomastique", in: *Rapports/Het Franse Boek* XLI, 4, 198-209.
1971b   "Onomastique, sémiotique, grammaire générative", in: *Rapports/Het
            Franse Boek* XLI, 3, 115-128.
1975   "Contribution à une délimitation séquentielle du texte: l'exemple du
            Chevalier au Lion (Yvain)", in: *Mélanges Geschiere*, Amsterdam,
            Rodopi, 181-208.
1978a   "Cratyle redécouvert. Noms propres, propres noms", in: *Rapports/
            Het Franse Boek* XLVIII, 3, 151-156.
1978b   "Verhaalstrategieën. Aanzet tot een semiotisch georiënteerde nar-
            ratologie", in: Charles Grivel red., *Methoden in de literatuurweten-
            schap*, Muiderberg, Coutinho, 44-69.
1980a   "De la segmentation à la signification. Analyse narratique de *La
            Mort et le Bûcheron* (La Fontaine)", in: *C.R.I.N.* 3.
1980b   "Sémiosis de l'idéologie dans *Claude Gueux* de Victor Hugo", in:
            Degrés.
Hundsnurscher, Franz
1971   *Neuere Methoden der Semantik. Eine Einführung anhand deutscher
            Beispiele*, Tübingen, Niemeyer (2e éd. revue).
Ihwe, Jens
1971   "Das Problem der poetischen Sprache: ein Scheinproblem (Zur
            Relation von Sprach- und Literaturtheorie)", in: *id.* Hrsg.,
            1971-1972, II, 2, 603-616.
1972   *Linguistik in der Literaturwissenschaft. Zur Entwicklung einer
            modernen Theorie der Literaturwissenschaft*, Bayerischer Schulbuch-
            Verlag.
Ihwe, Jens Hrsg.
1971/2   *Literaturwissenschaft und Linguistik. Ergebnisse und Perspektive*,
            I, II/1, II/2, III, Frankfurt am Main, Athenäum.
Imbert, Patrick
1975   "Pensée et action dans *Han d'Islande* ou le pouvoir des noms
            propres", in: *Revue de l'Université d'Ottawa* XLV, 2, 238-243.
Isačenko, A.V.
1965   "Kontextbedingte Ellipse und Pronominalisierung im Deutschen",
            in: *Beiträge zur Sprachwissenschaft, Volkskunde und Literaturfor-
            schung* (= Festschrift Renate Steinitz), Berlin, 163-174.
Isenberg, Horst
1970   *Der Begriff "Text" in der Sprachtheorie* (= *ASG-Bericht* 8).
Jackendoff, Ray S.
1972   *Semantic Interpretation in Generative Grammar*, Cambridge (Massa-
            chusetts), MIT-Press.
Jacobs, Roderick A. und Rosenbaum, Peter S.
1973   *Transformationen, Stil und Bedeutung*, Frankfurt am Main, Athe-
            näum-Fischer.

Jacobs, Roderick A. and Rosenbaum, Peter S. eds.
1970   *Readings in English Transformational Grammar*, Waltham, Ginn and Cy.
Jakobson, Roman
1963   *Essais de linguistique générale*, Minuit.
Jefferson, Ann
1977   "What 's in a Name? From Surname to Pronoun in the Novels of Nathalie Sarraute", in: *PTL* II, 203-220.
Jouanny, Robert A.
1972   "Chronologie, introduction et archives de l'oeuvre", in: Zola, *La bête humaine*, Garnier-Flammarion, 5-50.
Kandler, Günther
1950   *Zweitsinn. Vorstudien zu einer Theorie der sprachlichen Andeutung*, Bonn.
Kapr, Albert
1963   *Buchgestaltung*, Dresden, VEB.
Karlsen, Rolf
1959   *Studies in the Connection of Clauses in Current English.Zero. Ellipsis and Explicit Form*, Bergen.
Karttunen, Lauri
1972   "Textreferenten", in: Kiefer Hrsg. 1972, 175-197.
Katz, Jerrold J.
1964   "Semi-sentences", in: Fodor and Katz eds. 1964, 400-416.
1972   *Semantic Theory*, New York, Harper & Row.
1977a   *Propositional Structure and Illocutionary Force: a Study to the Contribution of Sentence Meaning to Speech Acts*, Hassocks, The Harvester Press.
1977b   "A Proper Theory of Names", in: *Philosophical Studies* XXXI, 1, 1-80.
Katz, Jerrold J. and Fodor, Jerry A.
1964   "The Structure of a Semantic Theory", in: Fodor and Katz eds. 1964, 479-518.
Kayne, Richard S.
1977   *Syntaxe du français. Le cycle transformationnel*, Seuil.
Kayser, Wolfgang
1967   *Das sprachliche Kunstwerk. Eine Einführung in die Literaturwissenwissenschaft*, Bern, Francke (1ère éd. 1948).
Keenan, Edward L.
1971   "Two Kinds of Presupposition in Natural Language", in: Fillmore and Langendoen eds. 1971, 44-52.
Keiter, Heinrich und Kellen, Tony
1912   *Der Roman. Theorie und Technik des Romans, und der erzählenden Dichtung, nebst einer geschichtlichen Einleitung*, Essen, Fredebeul und Koenen (1ère éd. 1876).
Kempson, Ruth M.
1975   *Presupposition and the Delimitation of Semantics*, Cambridge, Cambridge University Press.

322   *La marque du titre*

Kerbrat-Orecchioni, Cathérine
1977a   *La connotation*, Presses Universitaires de Lyon.
1977b   "Note sur les concepts d'"illocutoire' et de 'performatif'", in: *Linguistique et Sémiologie* 4, 55-98.
Kern, Peter Chr.
1975   "Textreproduktionen. Zitat und Ritual als Sprachhandlungen", in: M. Schecker und P. Wunderli Hrsg., *Textgrammatik. Beiträge zum Problem der Textualität*, Tübingen, Niemeyer, 186-213.
Kibédi Varga, A.
1970   "Vertelstructuren van het franse klassicisme", in: *Forum der Letteren* XI, 3/4, 160-169.
1974   *De wetenschappelijkheid van literatuurwetenschap*, Assen, Van Gorcum.
Kiefer, Ferenc
1972a   "Einleitung. Semantik und generative Grammatik", in: *id.* Hrsg. 1972, vii-xxi.
1972b   "Über Präsuppositionen", in: *id.* Hrsg. 1972, 275-303..
Kiefer, Ferenc Hrsg.
1972   *Semantik und Generative Grammatik* 2 Bd., Frankfurt am Main, Athenäum.
Kintsch, Walter et van Dijk, Teun A.
1975   "Comment on se rappelle et on résume des histoires", in: *Langages* 40, 98-116.
Kirwan, Christopher
1968   "On the Connotation and Sense of Proper Names", in: *Mind* LXXVII, 500-511.
Klaus, Georg
1972a   *Die Macht des Wortes. Ein erkenntnistheoretisch-pragmatisches Traktat*, Berlin, VEB (1ère éd. 1964).
1972b   *Semiotik und Erkenntnistheorie*, Berlin, VEB (1ère éd. 1963).
Klaus, Georg und Buhr, Manfred Hrsg.
1975   *Marxistisch-Leninistisches Wörterbuch der Philosophie* 3 Bd., Reinbek bei Hamburg, Rowohlt (1ère éd. 1964 Leipzig, VEB).
Kloepfer, Rolf und Oomen, Ursula
1970   *Sprachliche Konstituenten moderner Dichtung. Entwurf einer deskriptiven Poetik. Rimbaud*, Bad Homburg, Athenäum.
Kondratov, A.
1968   *Sons et signes*, Moscou, Mir (1ère éd. 1966).
Kooij, Jan G.
1971   *Ambiguity in Natural Language. An Investigation of Certain Problems in its Linguistic Description*, Amsterdam, North-Holland Publishing Company.
Kosing, A.
1975   "Wissenschaftstheorie in der Sicht der marxistischen Philosophie", in: Sandkühler Hrsg. 1975, 3-18.

Kratz, Henry
1963 "A Methodological Critique of W.R. Maurer's 'Names from the Magic Mountain' ", in: *Names* XI, 20-25.
Kripke, Saul A.
1972 "Naming and Necessity", in: Harman and Davidson eds. 1972, 253-355.
Kristeva, Julia
1968 "La sémiologie: science critique et/ou critique de la science", in: *Théorie d'ensemble*, Seuil, 80-93.
1969a "Narration et transformation", in: *Semiotica* I, 4, 422-448.
1969b "La sémiologie comme science des idéologies", in: *Semiotica* I, 2, 196-204.
1969c Σημειωτική. *Recherches pour une sémanalyse*, Seuil.
1970 *Le texte du roman. Approche sémiologique d'une structure discursive transformationnelle*, The Hague-Paris, Mouton.
1974 *La révolution du langage poétique. L'avant-garde à la fin du XIXe siècle: Lautréamont et Mallarmé*, Seuil.
1977 *Polylogue*, Seuil.
Kristeva, Julia éd.
1971 *Langages* 24 "Epistémologie de la linguistique".
Kröber, G. und Laitko, H.
1975 "Der marxistisch-leninistische Wissenschafsbegriff und das System der Wissenschaftstheorie", in: Sandkühler Hrsg. 1975, 110-148.
Kuentz, Pierre éd.
1970 *Langue Française* 7 "La description linguistique des textes littéraires".
Kummer, Werner
1971 "Referenz, Pragmatik und zwei mögliche Textmodelle", in: Wunderlich Hrsg. 1971, 175-188.
1972 "Sprechsituation, Aussagesystem und die Erzählsituation des Romans. Ein Beitrag zu einer Theorie der Kommunikationsspiele", in: *Zeitschrift für Literaturwissenschaft und Linguistik* 5, 83-105.
Kuryłowicz, Jerzy
1960 "La position linguistique du nom propre (1956)", in: *id., Esquisses linguistiques*, Wrocław-Kraków, 182-192.
Kutschera, Franz von
1971 *Sprachphilosophie*, München, Fink.
Lämmert, Eberhard
1967 *Bauformen des Erzählens*, Stuttgart, Metzlersche Verlagsbuchhandlung (1ère éd. 1955).
Laitko, H.
1975 "Zur Wissenschaftsauffassung der marxistisch-leninistischen Wissenschaftstheorie", in: Sandkühler Hrsg. 1975, 94-109.
Lakoff, George
1970a *Irregularity in Syntax*, New York, Holt Rinehart and Winston.
1970b "Linguistics and Natural Logic", in: *Synthese* 22, 151-271.
1971a "Presupposition and Relative Well-formedness", in: Steinberg and Jakobovits eds. 1971, 329-340.
1971b "On Generative Semantics", in: Steinberg and Jakobovits eds. 1971, 232-296.

Lakoff, Robin
1971   "If's, and's, and but's about conjunction", in: Fillmore and Langendoen eds. 1971, 114-149.
Landwehr, Jürgen und Settekorn, Wolfgang
1973   "Lesen als Sprechakt?", in: *Zeitschrift für Literaturwissenschaft und Linguistik* 9-10, 33-51.
Lang, Ewald
1972   "Quand une 'grammaire de texte' est-elle plus adéquate qu'une 'grammaire de phrase'?", in: *Langages* 26, 75-80.
Langages 51, 1978, v. Delas et Thomas 1978.
Langendonck, Willy van
1978   "On the Theory of Proper Names", in: *XIIIth International Congress of Onomastic Sciences*, Cracow, August 21th-25th. "Nomina appellative et nomina propria" Summaries of the Papers, 266.
Laufer, Roger
1972   *Introduction à la textologie. Vérification, établissement, édition des textes*, Larousse.
Laugaa, M.
1977   "Système des marques graphiques et du nom propre (A partir d'un récit de Balzac)", in: *Recherches en sciences des textes*, P.U. Grenoble, 189-218.
Lawson, Marjorie F.
1934   *Spannung in der Erzählung*, Bonn, Rohrscheid.
Le Bossu
1714   *Traité du poëme épique*, t. 1, La Haye, Scheurleer (6e éd.; 1ère éd. 1675).
Leech, Geoffrey N.
1966   *English in Advertising. A Linguistic Study of Advertising in Great Britain*, London, Longmans.
Lees, Robert B.
1960   *The Grammar of English Nominalizations*, The Hague, Mouton.
Lefebvre, Henri
1975   *L'idéologie structuraliste*, Seuil.
Lénine, Vladimir
1969   *Que faire? Les questions brûlantes de notre mouvement*, Paris-Moscou, Ed. Sociales – Ed. du Progrès (1ère éd. 1902).
Leroi-Gourhan, André
1964a   *Le geste et la parole. Technique et langage*, Michel.
1964b   *Les religions de la préhistoire*, Presses Universitaires de France.
Levin, Samuel R.
1971   "The Analysis of Compression in Poetry", in: *Foundations of Language* VII, 38-55.
Lévi-Strauss, Claude
1962   *La pensée sauvage*, Plon.
Liber Librorum. 5000 ans d'art du livre. Présenté par Hendrik D.L. Vervliet, Bruxelles, Arcade, 1973.

Lieb, Hans-Heinrich
  1971a   "On Subdividing Semiotic", in: Bar-Hillel ed. 1971, 94-119.
  1971b   "Das System eines Verständigungsmittels und seine Grundlage im
           Sprecher. Zur Kritik des Kompetenzbegriffes", in: Wunderlich Hrsg.
           1971, 16-23.
Lieberman, Philip
  1975   *On the Origins of Language: an Introduction to the Evolution of
           Human Speech*, New York – London, Macmillan.
Linguistique et Sémiologie 1, 1976, "L'isotopie"; *ibid.* 2 "L'ironie".
Linguistique et Sémiologie 4, 1977, "L'illocutoire".
Linsky, Leonard
  1974   *Le problème de la référence*, Seuil.
Littérature 7, 1972, "Le discours de l'Ecole sur les textes".
Littérature 27, 1977, "Métalangage(s)".
Littré, Emile
  1970   *Dictionnaire de la langue française* Tome 7, Gallimard-Hachette
           (1ère éd. 1863-1872).
Lojkine, Jean
  1970   *Pour une théorie marxiste des idéologies* (= Cahiers du C.E.R.M. 69),
           C.E.R.M.
Lombard, Alf
  1930   *Les constructions nominales dans le français moderne. Etude
           syntaxique et stylistique*, Uppsala – Stockholm.
  1931   " 'Li fel d'anemis', 'ce fripon de valet', étude sur les expressions de
           ce type en français et sur certaines expressions semblables dans les
           langues romanes et germaniques", in: *Studier i modern språkveten-
           skap*, Uppsala.
Longaud, Félix
  1969   *Dictionnaire de Balzac*, Larousse.
Lotman, Iouri
  1974   *La structure du texte artistique*, Gallimard.
Lotman, Iouri et Gasparov, Boris
  1979   "La rhétorique du non-verbal", in: *Rhétoriques, sémiotiques* (= *Revue
           d'Esthétique* 1-2, 1979), U.G.E., 75-95.
Lotman, Iouri M. et Ouspenski, B.A.
  1976   "Mythe, nom, culture", in: *id.* éds., *Travaux sur les systèmes de
           signes par l'Ecole de Tartu*, Bruxelles, Complexe.
Lyons, John
  1970   *Linguistique générale, introduction à la linguistique théorique*,
           Larousse (1ère éd. anglaise 1968).
Maas, Utz und Wunderlich, Dieter
  1972   *Pragmatik und sprachliches Handeln. Mit einer Kritik am Funkkolleg
           "Sprache"*, Frankfurt am Main, Athenäum.
Maatje, Frank C.
  1970   *Literatuurwetenschap. Grondslagen van een theorie van het literaire
           werk*, Utrecht, Oosthoek.

McCawley, James D.
1968   "The Role of Semantics in a Grammar", in: Bach and Harms eds.
          1968, 124-169.
1971a   "Where do Noun Phrases Come from?", in: Steinberg and Jakobovits
          eds. 1971, 217-231.
1971b   "Interpretative Semantics Meets Frankenstein", in: *Foundations of
          Language* VII, 285-296.
1972a   "Bedeutung und die Beschreibung von Sprachen", in: Kiefer Hrsg.
          1972, 361-388 (1ère publ. en anglais 1967).
1972b   "A Program for Logic", in: Harman and Davidson eds. 1972,
          498-544.
Macherey, Pierre
1970   *Pour une théorie de la production littéraire*, Maspéro (1ère éd.
          1966).
McKerrow, Ronald B.
1972   *An Introduction to Bibliography for Literary Students*, Oxford,
          Clarendon Press (1ère éd. 1928).
Mallarmé, Stéphane
1956   "Quant au livre", in: *Oeuvres complètes*, Gallimard, 369-387.
Mańczak, Witold
1969   "Différence entre nom propre et nom commun", in: *Actes du 10e
          Congrès International de Sciences Onomastiques*, Vienne, Verlag der
          Wiener Medizinischen Akademie, 285-291.
Manteia 12/13, 1971, "L'appareil idéologique d'état et sa dépense: le père dans
          le texte".
Manteia 16, 1973, "Etat", 3-9.
Martin, Richard
1979   "Deux questions sémantiques à propos de l'oxymore", in: *Rhéto-
          riques, sémiotiques* (= *Revue d'Esthétique* 1-2, 1979), U.G.E.,
          96-115.
Martin du Gard, Roger
1958   "Consultation littéraire. Lettres à Pierre Margaritis", in: *La Nouvelle
          Revue Française* VI, 72, 1117-1135.
Martin, Robert M. and Scotch, Peter K.
1974   "The Meaning of Proper Names", in: *Philosophical Studies* XXVI,
          5/6, 377-388.
Mates, Benson
1975   *On the Semantics of Proper Names*, Lisse, Peter de Ridder Press.
Maurer, Warren R.
1963   "Another View of Literary Onomastics", in: *Names* XI, 106-114.
Maync, Harry
1917/8   "Nomen et Omen. Von bürgerlicher und dichterischer Namen-
          gebung", in: *Westermann's Monatshefte* LXII, Bd. 123, II, Heft
          738, 653-664.
Meggle, Georg und Beckermann, Ansgar Hrsg.
1977   *Analytische Handlungstheorie*, Frankfurt am Main, Suhrkamp.

Meisel, Jürgen M.
1973   *Einführung in die transformationelle Syntax II. Anwendung auf das Französische*, Tübingen, Niemeyer.
Meleuc, Serge
1963   "Structure de la maxime", in: *Langages* 13, 69-99.
Meschonnic, Henri
1975   "La théorie du nom contre le langage", in: *id., Le signe et le poème*, Gallimard, 54-82.
1976   "Les proverbes, actes de discours", in: *Revue des Sciences Humaines* 163, 419-430.
1977   *Ecrire Hugo. Pour la poétique IV*, t. 1, Gallimard.
Metzing, Dieter
1978   "Verfahren zur Produktion/Interpretation indirekter Sprechakte", in: R. Meyer-Hermann Hrsg., *Sprechen, Handeln, Interaktion*, Tübingen, Niemeyer.
Meyer, Hermann
1967   *Das Zitat in der Erzählkunst. Zur Geschichte und Poetik des europäischen Romans*, Stuttgart, Metzler (1ère éd. 1961).
Milly, Jean
1974   "Sur quelques noms proustiens", in: *Littérature* 14, 65-82.
Milner, Jean-Claude
1977   "A propos des génitifs adnominaux en français", in: Chr. Rohrer Hrsg., *Actes du collogue franco-allemand de linguistique théorique*, Tübingen, Niemeyer, 67-107.
Mitterand, Henri
1973   "Fonction narrative et fonction mimétique. Les personnages de *Germinal*", in: *Poétique* 16, 477-490.
Moirand, Sophie
1975   "Le rôle anaphorique de la nominalisation dans la presse écrite", in: *Langue Française* 28, 60-78.
Moles, Abraham et Rohmer, Elisabeth
1977   *Théorie des actes. Vers une écologie des actions*, Castermann.
Moody, Marvin D.
1973   *A Classification and Analysis of "Noun+de+Noun" Constructions in French*, The Hague, Mouton.
Morris, Charles
1971   *Writings on the General Theory of Signs*, The Hague-Paris, Mouton.
Mouillaud, Geneviève
1973   *Le Rouge et le Noir de Stendhal, le roman possible*, Larousse.
Mouillaud, Maurice
1968   "Le système des journaux", in: *Langages* 11, 61-83.
Mounin, Georges
1969   *La communication poétique, précédé de Avez-vous lu Char?*, Gallimard.
Nef, Frédéric
1980   "Noms et échange dans "Le rosier de Madame Husson" de Maupassant", in: *Versus*.

Nef, Frédéric éd.
1976   *Structures élémentaires de la signification*, Bruxelles, Complexe.
Newmeyer, Frederic J.
1970   "On the Alleged Boundary between Syntax and Semantics", in: *Foundations of Language* VI, 178-186.
Nicole, Eugene Henri
1976   *La fiction dans ses noms propres. Etude du fonctionnement des noms propres dans "A la recherche du temps perdu"*, New York, New York University.
Niculescu, Alexandru
1961   "Sur un emploi particulier de l'ellipse du prédicat dans le style narratif", in: *Poetics, Poetyka, Poètika*, The Hague-Warsaw, Mouton, 445-452.
Nierlich, Edmund
1973   "Pragmatik in die Literaturwissenschaft", in: *Zeitschrift für Literaturwissenschaft und Linguistik* 9/10, 9-32.
Nies, Fritz
1974   "Die ausgeklammerte Hauptsache. Vorüberlegungen zu einer pragmatischen Systematik des literarwissenschaftlichen Gegenstandsbereichs", in: *Germanisch-Romanische Monatsheft* N.F. XXIV, 265-283.
Ogden, C.K. and Richards, I.A.
1972   *The Meaning of Meaning. A Study of the Influence of Language upon Thought and of the Science of Symbolism*, London, Routledge and Kegan Paul (1ère éd. 1923).
Oller jr., John W.
1972   "On the Relation between Syntax, Semantics and Pragmatics", in: *Linguistics* 83, 43-55.
Oomen, Ursula
1973   *Linguistische Grundlagen poetischer Texte*, Tübingen, Niemeyer.
Ouspenski, Boris A.
1972   "Poétique de la composition", in: *Poétique* 9, 124-134.
1975   *Poetik der Komposition. Struktur des Künstlerischen Textes und Typologie der Kompositionsform*, Frankfurt am Main, Suhrkamp.
Parisi, Domenico and Castelfranchi, Cristiano
1976   *The Discourse as a Hierarchy of Goals* (= Working Papers and Pre-Publications of the Centro Internazionale di Semiotica e di Linguistica 54/55), Università di Urbino.
Partee, Barbara Hall
1971   "On the Requirement that Transformations Preserve Meaning", in: Fillmore and Langendoen eds. 1971, 1-42.
Pasternack, Gerhard
1975   *Theoriebildung in der Literaturwissenschaft. Einführung in Grundfragen des Interpretationspluralismus*, München, Fink.
Pavel, Thomas G.
1979   "Fiction and the Causal Theory of Names", in: *Poetics* VIII, 1/2, 179-191.

Pelc, Jerzy
1971   *Studies in Functional Logical Semiotics of Natural Language*, The Hague-Paris, Mouton.
Péninou, Georges
1972   *Intelligence de la publicité. Etude sémiotique*, Laffont.
Pernoud, Régine
1967   "La littérature médiévale", in: Raymond Queneau éd., *Histoire des littératures III: Littératures françaises, connexes et marginales*, Gallimard, 1-163.
Peters, Stanley ed.
1972   *Goals of Linguistic Theory*, Englewood Cliffs (New Yersey), Prentice Hall.
Petöfi, János S.
1971   *Transformationsgrammatiken und eine ko-textuelle Texttheorie. Grundfragen und Konzeptionen*, Frankfurt am Main, Athenäum.
1974   *Semantics, Pragmatics, Text Theory* (= Working Papers and Pre-Publications of the Centro Internazionale di Semiotica e di Linguistica 36), Università di Urbino.
Petöfi, János S. et Kayser, H.
1978   "Les actes de langage et l'interprétation sémantique", in: *Linguistique et Sémiologie 5*, 137-175.
Petöfi, János S. und Franck, Dorothea Hrsg.
1973   *Präsuppositionen in Philosophie und Linguistik*, Frankfurt am Main, Athenäum.
Peytard, Jean
1968   "Problèmes de l'écriture du verbal dans le roman contemporain", in: *Linguistique et Littérature*, Colloque de Cluny (= Numéro spécial de *La Nouvelle Critique*), 29-34.
1971   *Syntagmes. Linguistique française et structures du texte littéraire*, Les Belles Lettres.
Pike, Kenneth L.
1974   "Sprache und Verhalten", in: Schmidt Hrsg. 1974, 21-51.
de Plas, Bernard et Verdier, Henri
1974   *La publicité*, Presses Universitaires de France.
Plett, Heinrich F.
1975   *Textwissenschaft und Textanalyse. Semiotik, Linguistik, Rhetorik*, Heidelberg, Quelle und Meyer.
Pleynet, Marcelin
1968   'La poésie doit avoir pour but ...", in: *Théorie d'ensemble*, Seuil, 94-126.
Poétique 11, 1972.
Poétique 27, 1976, "L'intertextualitée".
Poétique 36, 1978, "L'ironie".
Popper, Karl R.
1973   *La logique de la découverte scientifique*, Payot (1ère éd. en allemand 1934).

Porcher, Louis
1976   *Introduction à une sémiotique des images. Sur quelques exemples d'images publicitaires*, Didier.
Postal, Paul M.
1972   "The Best Theory", in: Peters ed. 1972, 131-170.
Pratt, Mary Louise
1977   *Toward a Speech Act Theory of Literary Discourse*, Bloomington-London, Indiana University Press.
Prieto, Luis J.
1972   *Messages et signaux*, Presses Universitaires de France (1ère éd. 1966).
1975   "L'écriture, code substitutif?", in: *id.*, *Etudes de linguistique et de sémiologie générales*, Genève, Droz, 85-93.
Prigogine, Hélène
1972   "L'aventure ricardolienne du nombre", in: Ricardou et van Rossum-Guyon dir. 1972, t. 2, 353-377.
Propp, Vladimir
1970   *Morphologie du conte, suivi de Les transformations des contes merveilleux*, Seuil (1ère éd. russe 1928).
Proust, Marcel
1973   *Contre Sainte-Beuve*, Gallimard (1ère éd. 1954).
Quemar, Claudine
1977   "Rêverie(s) onomastique(s) proustienne(s) à la lumière des avant-textes", in: *Littérature* 28, 77-99.
Raible, Wolfgang
1971   " 'Thema' und 'Rhema' im französischen Satz", in: *Zeitschrift für französische Sprache und Literatur* LXXXI, 208-224.
1972   *Satz und Text. Untersuchungen zu vier romanischen Sprachen*, Tübingen, Niemeyer.
Raillon, Jean-Claude
1976   "Je fais mon rapport, un point c'est tout", in: Ricardou dir., 1976, 334-390.
Rancière, Jacques
1974   *La lecon d'Althusser*, Gallimard.
Rath, Rainer
1968   "Unvollständige Sätze im heutigen Deutsch. Eine Studie zur Sprache des Wetterberichts", in: Rath und Brandstetter 1968, 9-22.
Rath, Rainer und Brandstetter, Alois
1968   *Zur Syntax des Wetterberichtes und des Telegrammes*, Mannheim, Duden.
Récanati, François
1979   *La transparence et l'énonciation*, Seuil.
1980   *Les performatifs explicites* (à paraître).
Reeder, Claudia
1978   "Nom-Identité ou A la recherche du nom perdu", in: *Littérature* 31, 22-43.
Rees, Cornelis J. van
1974   "Une théorie à la recherche de son objet. Quelques remarques mé-

thodologiques à propos de la formation d'une éventuelle 'théorie littéraire' ", in: Ch. Grivel et A. Kibédi Varga éds., *Du linguistique au textuel*, Assen, Van Gorcum, 153-176.

1975   "Wellek & Warren en de literatuurtheorie", in: *Spektator* IV, 434-450.

1978   compte rendu de Lotman 1974 in: *Rapports/Het Franse Boek* XLVIII, 1, 24-26.

Rees, Cornelis J. van en Verdaasdonk, H.

1974   "Methodologie en literatuurbeschouwing", in: *Controversen in taal- en literatuurwetenschap*, Den Haag, Servire, 101-136.

Renier, Victor

1974   *Le problème du récit sémiotique* (= Cours et documents 3), Louvain, Institut de linguistique de l'Université Catholique de Louvain.

Revue des Sciences Humaines 174, 1979, "La littérature dans l'école. L'école dans la littérature".

Rey-Debove, Josette

1969   "Les relations entre le signe et la chose dans le discours métalinguistique: être, s'appeler, désigner, signifier et se dire", in: *Travaux de linguistique et de littérature* publiés par le Centre de Philologie et de Littératures romanes de l'Université de Strasbourg VII, 1, 113-129.

1974   "Autonymie et sémiotique littéraire", in: *Littérature* 16, 107-116.

1978   *Le métalangage. Etude linguistique du discours sur le langage*, Le Robert.

Ricardou, Jean

1971   *Pour une théorie du nouveau roman*, Seuil.

1972   "Naissance d'une fiction" in: Ricardou et van Rossum-Guyon dir. 1972, t. 2, 379-417.

1974   "Le Nouveau Roman existe-t-il? (dialogue avec Georges Raillard), in: *Ecrire ... Pour quoi? Pour qui?*, Grenoble, Presses Universitaires de Grenoble, 97-120.

1978   *Nouveaux problèmes du roman*, Seuil.

Ricardou, Jean dir.

1976   *Robbe Grillet: analyse, théorie, 1. roman/cinéma*, U.G.E.

Ricardou, Jean et Rossum-Guyon, Françoise van dir.

1972   *Nouveau roman: hier, aujourd'hui; 1. Problèmes généraux, 2. Pratiques*, U.G.E.

Richard, Jean-Pierre

1979a   "Le nom et l'écriture", in: *id., Microlectures*, Seuil, 13-24.

Richaudeau, François

1969   *La lisibilité. Langage, typographie, signes ... lecture*, Denoël.

van Riemsdijk, Hendrik C.

1978   *A Case Study in Syntactic Markedness. The Binding Nature of Prepositional Phrases*, Lisse, Peter de Ridder Press.

Ries, John

1927   *Beiträge zur Grundlegung der Syntax: Heft I was ist Syntax?*, Prag, Taussig und Taussig.

1931   *Beiträge zur Grundlegung der Syntax: Heft III Was ist ein Satz?*, Prag, Taussig und Taussig.

Riffaterre, Michael
1978   *Semiotics of Poetry*, Bloomington-London, Indiana University Press.
1979   "Production du récit (II): l'humour dans *les Misérables*", in: *id., La production du texte*, Seuil, 163-174.
Rigolot, François
1977a   "L'émergence du nom propre dans la nouvelle: des Périers onomaturge", in: *Modern Language Notes* XCII, 4, 676-690.
1977b   *Poétique et onomastique. L'exemple de la Renaissance*, Genève, Droz.
Robbe-Grillet, Alain
1963   *Pour un nouveau roman*, Gallimard.
Robert, Paul
1970   *Dictionnaire alphabétique et analogique de la langue française*, Société du Nouveau Littré.
Roelens, Maurice
1974   "Les silences et les détours de Marivaux dans "Le paysan parvenu", L'ascension spéciale de Jacob", in: *Le réel et le texte*, Colin, 11-30.
Rohner, Ludwig
1973   *Theorie der Kurzgeschichte*, Frankfurt am Main, Athenäum.
Ronat, Mitsou éd.
1977   *Langue. Théorie générative étendue*, Hermann.
Ross, John Robert
1970   "On Declarative Sentences", in: Jacobs and Rosenbaum eds. 1970, 222-272.
1972   "Act", in: Harman and Davidson eds. 1972, 70-126.
van Rossum-Guyon, Françoise
1970   *Critique du roman. Essai sur "la Modification" de Michel Butor*, Gallimard.
1972   "Le Nouveau Roman comme critique du roman", in: Ricardou et van Rossum-Guyon dir. 1972, t. 1, 215-254.
1974   "Aventures de la citation chez Butor", in: G. Raillard dir., *Butor*," U.G.E., 17-39
Rudnyckyj, J.B.
1959   "Functions of Proper Names in Literary Work", in: P. Böckmann Hrsg., *Stil- und Formprobleme in der Literatur. Vorträge des VII. Kongresses der Internationalen Vereinigung für modernen Sprachen und Literaturen in Heidelberg*, Heidelberg, Winter, 378-383.
Ruwet, Nicolas
1968   *Introduction à la grammaire générative*, Plon.
1969   "A propos des prépositions de lieu en français", in: *Mélanges Fohalle*, Gembloux, Duculot, 115-135.
1972   *Théorie syntaxique et syntaxe du français*, Seuil.
Sabatier, Robert
1971   "L'écrivain et les métamorphoses de l'édition", in: M. Mansuy éd., *Positions et oppositions sur le roman contemporain*, Klincksieck, 27-42.

Sadock, Jerrold M.
1969a   "Hypersentences", in: *Papers in Linguistics* I, 283-370.
1969b   "Super-hypersentences", in: *Papers in Linguistics* I, 1-15.
1974   *Toward a Linguistic Theory of Speech Acts*, New York, Academic Press.
Sampson, G.
1973   "The Concept 'Semantic Representation' ", in: *Semiotica* VII, 2, 97-134.
Sandig, Barbara
1970   "Probleme einer linguistischen Stilistik", in: *Linguistik und Didaktik*, 3, 177-194.
Sandkühler, Hans Jörg
1975   "Einleitung", in: *id*. Hrsg. 1975, viii—xlii.
Sandkühler, Hans Jörg Hrsg.
1975   *Marxistische Wissenschaftstheorie. Studien zur Einführung in ihren Forschungsbereich mit einer Einleitung des Herausgebers*, Frankfurt am Main, Fischer Athenëum.
Saussure, Ferdinand de
1971   *Cours de linguistique générale*, Payot (1ère éd. 1915).
Scherner, Maximilian
1976   "Kommunikationsebenen und Texteinbettung. Zur Textlinguistik der Rededarstellung und einiger textueller Rahmenangaben", in: *Wirkendes Wort* XXVI, 292-304.
Schmidt, Siegfried J.
1970/1 "Literaturwissenschaft als Forschungsprogram. Hypothesen zur wissenschaftstheoretischen Fundierung einer kritischen Literaturwissenschaft", in: *Linguistik und Didaktik* 4, 269-282, 5, 43-59.
1973a   "On the Foundations and the Research Strategies of a Science of Literary Communication", in: *Poetics* 7, 7-35.
1973b   *Texttheorie. Probleme einer Linguistik der sprachlichen Kommunikation*, München, Fink.
Schmidt, Siegfried J. Hrsg.
1974   *Pragmatik I. Interdisziplinäre Beiträge zur Erforschung der sprachlichen Kommunikation*, München, Fink.
1976   *Pragmatik/Pragmatics II. Zur Grundlegung einer expliziten Pragmatik*, München, Fink.
Schopenhauer, Arthur
1913   *Parerga und Paralipomena. Kleine philosophische Schriften*, 2. Band (= *Sämtliche Werke*, 5. Band), München, Piper & Co.
Schor, Naomi
1977   " 'Une vie'/Des vides, ou le nom de la mère", in: *Littérature* 26, 51-71.
Schulte—Sassen, Jochen und Werner, Renate
1977   *Einführung in die Literaturwissenschaft*, München, Fink.
Schuwer, Philippe
1977   *Dictionnaire de l'édition. Art, techniques, industrie et commerce du livre*, Cercle de la Librairie.

Sciarone, Bondi
1967   "Proper Names and Meaning", in: *Studia Linguistica* XXI, 2, 73-86.
Searle, John R.
1972a   *Les actes de langage. Essai de philosophie du langage*, Hermann.
1972b   "What is a Speech Act?", in: *id.* ed., *The Philosophy of Language*, London, Oxford University Press, 39-53 (1ère éd. 1971).
Sebag, Lucien
1969   *Marxisme et structuralisme*, Payot (1ère éd. 1964).
Seuren, Pieter A.M.
1969   *Operators and Nucleus. A Contribution to the Theory of Grammar*, Cambridge, Cambridge University Press.
1972   "Taaluniversalia in de transformationele grammatica", in: *Leuvense Bijdragen* LXI, 311-370.
1975   *Tussen taal en denken. Een bijdrage tot de empirische funderingen van de semantiek*, Oosthoek, Scheltema en Holkema, Utrecht.
Seuren, Pieter A.M. ed.
1974   *Semantic Syntax*, London, Oxford University Press.
Sgall, Petr and Hajičová, Eva and Benešová, Eva
1973   *Topic, Focus and Generative Semantics*, Kronberg, Scriptor.
Shopen, Timothy A.
1972   *A Generative Theory of Ellipsis. A Consideration of the Linguistic Use of Silence*, University of California, U.C.L.A., Bloomington, Indiana University Linguistic Club.
1973   "Ellipsis as a Grammatical Indeterminacy", in: *Foundations of Language* X, 65-77.
Shwayder, D.S.
1972   "Meaning and Saying", in: *Foundations of Language* IX, 65-97.
Siertsema, B.
1972   "De linguistische status van J.L. Austin's 'performatives' en hun verwanten", in: *Forum der Letteren* XIII, 1, 11-31.
Slakta, Denis
1974   "Essai pour Austin", in: *Langue Française* 21, 91-105.
Smith, Norval S.H.
1975   "Proper Names — Whence, Why and How?", in: A. Kraak ed., *Linguistics in the Netherlands* 1972-1973, Assen, Van Gorcum, 17-24.
Snyders, Georges
1976   *Ecole, classe et lutte des classes. Une relecture critique de Baudelot-Establet, Bourdieu-Passeron et Illich*, Presses Universitaires de France.
Sollers, Philippe
1968a   "Ecriture et révolution", in: *Théorie d'ensemble*, Seuil, 67-79.
1968b   *Logiques*, Seuil.
Sørensen, Holger Steen
1963   *The Meaning of Proper Names, with a Definiens Formula for Proper Names in Modern English*, Copenhagen, G.E.C. Gad.
1970   "Meaning and Reference", in: A.J. Greimas and R. Jakobson and M.R. Mayenowa eds., *Sign, Language, Culture*, La Haye-Paris, Mouton, 68-80.

Spencer, Michael
1976   "Avatars du mythe chez Robbe-Grillet et Butor: étude comparative
        de *Projet pour une révolution à New York*, et de *Mobile*", in: Ricar-
        dou dir. 1976, 64-84.
Stalnaker, Robert C.
1972   "Pragmatics", in: Harman and Davidson eds. 1972, 380-397.
Stam, James H.
1976   *Inquiries into the Origin of Language: The Fate of a Question*, Lon-
        don, Harper & Row.
Starobinski, Jean
1964   "Les anagrammes de F. de Saussure", in: *Mercure de France*,
        243-263.
1971   *Les mots sous les mots, les anagrammes de Ferdinand de Saussure*,
        Gallimard.
Stegmüller, Wolfgang
1969   *Probleme und Resultate der Wissenschaftstheorie und analytischen
        Philosophie. Band 1: Wissenschaftliche Erklärung und Begründung*,
        Berlin, Springer.
1970   *Probleme und Resultate der Wissenschaftstheorie und analytischen
        Philosophie, Band 2: Theorie und Erfahrung*, Berlin, Springer.
Steinberg, Danny D. and Jakobovits, Leon A. eds.
1971   *Semantics. An Interdisciplinary Reader in Philosophy, Linguistics
        and Psychology*, Cambridge, Cambridge University Press.
Steinberg, S.H.
1974   *Five Hundred Years of Printing*, Harmondsworth, Penguin Books
        (1ère éd. 1955). ,
Steiner, George
1967   *Language and Silence*, New York, Atheneum.
Steinmetz, Jean-Luc
1979   "L'ouïe du nom: Pétrus Borel", in: *Littérature* 33, 86-99.
Stempel, Wolf-Dieter Hrsg.
1971   *Beiträge zur Textlinguistik*, München, Fink.
Strawson, P.F.
1973   *Les individus*, Seuil.
1977   *Etudes de logique et de linguistique*, Seuil.
Structuralisme et marxisme, U.G.E., 1970.
Stubbs, Michael
1980   *Language and Literacy. The Sociolinguistics of Reading and Writing*,
        London, Routledge & Kegan Paul.
Sumpf, J.
1968   "Linguistique et sociologie", in: *Langages* 11, 3-35.
1971   *Introduction à la stylistique du français*, Larousse.
Tertulian, Nicolas
1976   "Sur l'autonomie et l'hétéronomie de l'art" in: *Lire. Revue d'esthé-
        tique* 2/3, U.G.E., 110-140.
Thomas, J.
1970   "Syntagmes du type 'ce fripon de valet', 'le filet de sa mémoire',

'l'ennui de la plaine' ", in: *Le Français Moderne* XXXVIII, 3, 293-306; et 4, 412-439.

Thompson, Sandra Annear
1971   "The Deep Structure of Relative Clauses", in: Fillmore and Langendoen eds. 1971, 78-94.

Thorne, James Peter
1973   "Stylistique et grammaires génératives", in: *Change* 16/17, 85-113. (1ère publ. en anglais 1965).

Todorov, Tzvetan
1967   *Litterature et signification*, Larousse.
1968a   "La grammaire du récit", in: *Langages* 12, 94-102.
1968b   "Poétique", in: O. Ducrot e.a., *Qu'est-ce que le structuralisme?*, Seuil, 97-166.
1970   "Problèmes de l'énonciation", in: *Langages* 17, 3-11.
1972   "Introduction à la symbolique", in: *Poétique* 11, 273-308.
1977   *Théories du symbole*, Seuil.
1978a   "Une complication de texte: les *Illuminations*", in: *Poétique* 34, 241-253.
1978b   *Symbolisme et interprétation*, Seuil.

Todorov, Tzvetan éd.
1970   *Langages* 17, "L'énonciation".

Tomachevski, B.
1965   "Thématique", in: T. Todorov éd., *Théorie de la littérature*, Seuil, 263-307.

Topazio, Virgil W.
1971   "Emma vs Madame Bovary", in: *Rice University Studies* LVII, 2, 103-113.

Toulmin, Stephen 1973
1973   *L'explication scientifique*, Colin (1ère éd. anglaise 1961).

Trost, Pavel
1958   "Zur Theorie des Eigennamens", in: *Omagiu lui Iordan*, Bukarest, 867-869.
1962   "Der Gegenstand der Toponomastik", in: *Wissenschaftliche Zeitschrift der Karl-Marx-Universität* XI, 275-277.

Troubnikoff, Marie.
1972   "Les données numériques", in: Cain e.a. éds. 1972, 95-129.

Tuţescu, Mariana
1969   "Le nominal *ce fripon de valet*", in: *Revue de Linguistique Romane* XXXIII, 299-316.
1972   *Le groupe nominal et la nominalisation en français moderne*, Klincksieck.

Tynianov, J. et Jakobson, R.
1965   "Les problèmes des études littéraires et linguistiques", in: T. Todorov éd., *Théorie de la littérature*, Seuil, 138-140.

Ullmann, Stephen
1952   *Précis de sémantique française*, Bern, Francke.

Vendler, Zeno
1970   "Les performatifs en perspective", in: *Langages* 17, 73-90.

1971   "Singular Terms", in: Steinberg and Jakobovits eds. 1971, 115-133.
Vendryès, J.
1972   "Marcel Proust et les noms propres", in: *Mélanges Huguet*, Genève, Slatkine Reprints, 119-127 (1ère éd. 1940).
Verdaasdonk, Hugo J.A.
1973   "Het konsept 'intertekstualiteit' ", in: K. Fens e.a. ed., *Literair Lustrum 2*, Amsterdam. Athenaeum-Polak & Van Gennep, 344-365.
1974   "Triviaalliteratuur, suggesties voor een probleemstelling", in: *Populaire Literatuur*, Amsterdam, Thespa, 165-194.
1974/5   "Vormen van literatuurwetenschap", in: *De Revisor* I, 7, 18-24; I, 8, 38-41; II, 1, 62-68; II, 2, 35-40; II, 3, 56-62; II, 4, 57-65.
1976   "Concepts of Acceptance and the Basis of a Theory of Texts", in: Van Dijk ed. 1976, 179-227.
1979   *Critique littéraire et argumentation*, Amsterdam (thèse, Université Libre) (à paraître chez Delarge).
Verdaasdonk, Hugo and Rees, C.J. van
1977   "Reading a Text vs. Analyzing a Text", in: *Poetics* VI, 55-76.
Vernier, France
1974   *L'écriture et les textes, essai sur le phénomène littéraire*, Ed. Sociales.
Versini, L.
1961   "De quelques noms de personnages dans le roman du XVIIIe siècle", in: *Revue d'Histoire Littéraire de la France* LXI, 2, 177-187.
Victoroff, David
1970   *Psychosociologie de la publicité*, Presses Universitaires de France.
Vidal, Jean-Pierre
1976   "Le souverain s'avarie. Lecture de l'onomastique R-G au rusé Ulysse", in: Ricardou dir. 1976, 273-333.
Vincent, M.
1974   "L'aventure du sens dans les écrits de Lautréamont", in: *Handelingen van het 32e Nederlands Filologencongres te Utrecht 1972*, Amsterdam, Holland Universiteits Pers, 176-187.
Vogelaar, Jacq Firmin
1970   "Topografie van een materialistiese literatuurteorie", in: *Raster* IV, 3, 338-373.
Weinreich, Uriel
1966   "Explorations in Semantic Theory", in: Th. Sebeok ed., *Current Trends in Linguistics III*, The Hague, Mouton, 395-477.
Weinrich, Harald
1966   *Linguistik der Lüge*, Heidelberg, Lambert Schneider.
1971a   "The Textual Function of the French Article", in: S. Chatman ed., *Literary Stylistics: a Symposium*, London-New York, Oxford University Press, 221-240.
1971b   "Kommunikative Literaturwissenschaft", in: *id., Literatur für Leser. Essays und Aufsätze zur Literaturwissenschaft*, Stuttgart, Kohlhammer, 7-11.

Wellek, René and Warren, Austin
1966   *Theory of Literature*, Harmondsworth, Penguin Books (1ère éd. 1949).
Wells, Rulon
1966   "Nominal and Verbal Style", in: Th. A. Sebeok ed., *Style in Language*, Cambridge (Mass.), MIT-Press, 213-220.
1977   "Criteria for Semiosis", in: Th.A. Sebeok ed., *A Perfusion of Signs*, Bloomington-London, Indiana University Press, 1-21.
Wilpert, Gero von
1969   *Sachwörterbuch der Literatur*, Stuttgart, Kröner (1ère éd. 1955).
Wimmer, Rainer
1973   *Der Eigenname im Deutschen. Ein Beitrag zu seiner linguistischen Beschreibung*, Tübingen, Niemeyer.
Wimsatt, William K. and Brooks, Cleanth
1970   *Literary Criticism. A Short History. I: Classical Criticism*, London, Routledge & Kegan Paul (1ère éd. 1957).
Woods, John and Pavel, Thomas G. eds.
1979   *Poetics* VIII, 1/2 "Formal Semantics and Literary Theory".
Wunderli, P.
1972   *Ferdinand de Saussure und die Anagramme*, Tübingen, Niemeyer.
Wunderlich, Dieter
1970a   "Die Rolle der Pragmatik in der Linguistik", in: *Der Deutschunterricht* 4, 5-41.
1970b   "Syntax und Semantik in der Transformationsgrammatik", in: *Sprache im technischen Zeitalter* 36, 319-355.
1971   "Warum die Darstellung von Nominalisierungen problematisch bleibt", in: *id.* Hrsg. 1971, 189-217.
1972a   "Zur Konventionalität von Sprechhandlungen", In: *id.* Hrsg. 1972, 11-58.
1972b   "Pragmatique, situation d'énonciation et deixis", in: *Langages* 26, 34-58 (1ère publ. en allemand 1971).
1976   *Studien zur Sprechakttheorie*, Frankfurt am Main, Suhrkamp.
1978   "Les présupposés en linguistique", in: *Linguistique et Sémiologie* 5, 33-56 (1ère publ. en allemand 1973).
1979   *Foundations of Linguistics*, Cambridge, Cambridge University Press (1ère éd. allemande de 1974).
Wunderlich, Dieter Hrsg.
1971   *Probleme und Fortschritte der Transformationsgrammatik. Referate des 4. Linguistischen Kolloquiums Berlin 6 bis 10 Oktober 1969*, München, Hueber.
1972   *Linguistische Pragmatik*, Frankfurt, Athenäum.
1976   *Wissenschaftstheorie der Linguistik*, Kronberg, Scriptor.
Zabeeh, Farhang
1968   *What is in a Name?*, The Hague, Nijhoff.
Zima, Pierre V.
1978   *Pour une sociologie du texte littéraire*, U.G.E.

Zuber, Ryszard
  1972   *La structure présuppositionnelle du langage*, Dunod.
Zumthor, Paul
  1976   "Le carrefour des Rhétoriqueurs. Intertextualité et rhétorique", in: *Poétique* 27, 316-337.
Zwanenburg, Wiecher
  1975   *Ambiguïté dans le lexique*, Lisse, Peter de Ridder.

B. OUVRAGES CONSACRÉS TOTALEMENT OU EN MAJEURE
PARTIE À L'ANALYSE DE L'AMORCE TEXTUELLE ET
NOTAMMENT DU TITRE.

Adorno, Theodor W.
  1965   "Titel, Paraphrasen zu Lessing", in: *id.*, *Noten zur Literatur III*, Frankfurt, Suhrkamp, 7-18.
Albera, F.
  1975   "Ecriture et images, notes sur les intertitres dans le cinéma muet", in: *Dialectiques* 9.
Alberti, F.G. ed.
  1965   *Title Pages and Initials*, London, Coptic Press.
Amossy, Ruth et Rosen, Elisheva
  1978   "Du titre au poème: une expérience surréaliste", in: *Revue des Sciences Humaines* 172, 153-171.
Angenot, Marc
  1970   "Le roman et l'articulation du titre", in: *Le Flambeau* LIII, 236-247.
Arbizzoni, Guido
  1978   *L'allèchement du lecteur: technique du titre dans la littérature italienne au XVIIe siècle* (communication personnelle).
Arnold, Robert F.
  1901/2 "Zur Bibliographie der deutschen Restaurationszeit", in: *Zeitschrift für Bücherfreunde* V, Bd. I, 141-147, Bd. II, 358-360.
  1903/4 "Zur Geschichte des Buchtitels", in: *Mitteilungen des österreichischen Vereins für Bibliothekswesen* VII, 167-173, VIII, 28-31.
Art of the Printed Book 1455-1955. Masterpieces of Typography through Five Centuries from the Collection of the Pierpont Morgan Library New York, London, The Bodley Head Ltd., 1973.
Audin, Marius
  1924   "Le titre", in: *Le livre, son architecture, sa technique*, Crès, 175-244.
  1929   *Histoire de l'imprimerie par l'image. Tome III Esthétique du livre*, Jonquières.
Backus, Joseph M.
  1965   " 'He came into her line of vision walking backward': Nonsequential Sequence-Signals in Short Story Openings", in: *Language Learning* XV, 1/2, 67-83.

Bader, K.
1902/3   "Vom Büchertitel einst und jetzt", in: *Zeitschrift für Bücherfreunde* VI, Bd. I, 68-73.
Bailey, Ninette
1977   "Le mur dans *Le Mur*: étude d'un texte à partir de son titre", in: *L'Esprit Créateur* XVII, 1, 36-50.
Baillet, Adrien
1725   "Préjugés du Titre des Livres", chapitre XIII in: *Jugemens des Savans sur les principaux ouvrages des auteurs*, nouvelle éd. tome I, Amsterdam, 489-546 (1ère éd. 1685-1686).
Bammes, Reinhold
1911   *Der Titelsatz, seine Entwicklung und seine Grundsätze*, Leipzig, Verlag des Deutschen Buchgewerbevereins.
Barbier, Jean Paul
1973   *Ma bibliothèque poétique. Editions des XVe et XVIe siècles des principaux poètes français. Première partie de Guillaume de Lorris à Louise Labé*, Genève, Droz.
Barthes, Roland
1970a   "Par où commencer?", in: *Poétique* 1, 3-9.
Bauer, Friedrich
1905   "Der moderne Buchtitel", in: *Klimsch's Jahrbuch* VI, 1-22.
Bergengrün, Werner
1960   *Titulus. Das ist: Miszellen, Kollektaneen und fragmentarische, mit gelegentlichen Irrtümern durchsetzte Gedanken zur Naturgeschichte des deutschen Buchtitels oder unbetitelter Lebensroman eines Bibliotheksbeamten*, Zürich, Arche Verlag.
Berliner, A.
1904   "Jüdische Büchertitel. Eine literarische Kauserie", in: *Jahrbuch der jüdische literarische Gesellschaft*, Frankfurt am Main, 331 sq.
1905   *Hebräische Büchertitel*, Frankfurt am Main.
Berry, W. Turner and Johnson, A.F.
1953   *Encyclopaedia of Type Faces*, London, Blandford Press.
Bettmann, Otto
1929   "Bucherfolg und Titelgebung", in: *Börsenblatt für den Deutschen Buchhandlung* XCVI, 42, 188-189.
Beugel, Gabriele
1969   "Zur Syntax der Schlagzeile. Perfekt, Präteritum, und Partizip II", in: U. Engel und P. Grebe Hrsg., *Neue Beiträge zur deutschen Grammatik* (= Duden Beiträge 37), Mannheim, Duden.
Bidermann, Joh. Gottl.
1743   *De insolentia titulorum libraiorum Numburgi*.
Blanck, Jacob
966   *The Title-Page as Bibliographical Evidence*, Berkeley, University of California.
Blinkenberg, Andreas
1950   "Quel sens Montaigne a-t-il voulu donner au mot *Essais* dans le titre de son oeuvre?", in: *Mélanges de linguistique et de littératures romanes offerts à M. Roques*, t.1, Bade-Paris, Ed.Art et Science, Didier, 3-14.

Boase, Alan M.
1968   "The early History of the *Essai* - Title in France and Britain", in: *Studies in French Literature, presented to H.W. Lawton*, Manchester, Manchester University Press, 67-73.
Bogeng, G.A.E.
1929   "Über die Entstehung und die Fortbildung des Titelblattes", in: *Buch und Schrift* 1929, 74-94.
Bouyssy, M.T., e.a.
1970   *Livre et société dans la France du XVIIIe siècle II*, Paris-La Haye, Mouton.
Brandt, Herbert
1951   "Der gute Buchtitel", in: *Börsenblatt für den Deutschen Buchhandel* (Frankfurter Ausgabe) VII, 26.
Buch und Schrift. Jahrbuch des deutschen Vereins für Buchwesen und Schrifttum III: "Das Titelblatt im Wandel der Zeit", Leipzig, Verlag des deutschen Vereins für Buchwesen und Schrifttum, 1929.
Bücher, Karl
1912   *Eine Titelfrage*, Leipzig, J. Wörners Verlag.
Caillois, Roger
1975   "Monde d'images", in: *Cahiers du 20e siècle*, 15-18.
Casadei, Emanuela
1980   "Contributi per una teoria del titulo. Le novele di Federico Tozzi", in: *Lingua e Stile* XV, 1, 3-25.
Cassel, D.
1890   "Schicksale von Büchertitel", in: *Allgemeine Zeitung des Judenthums* LIV, 219 sq.
Claudin, A.
1900   *Histoire de l'imprimerie en France au XVe et au XVIe siècle*, 4 tomes, Imprimerie Nationale.
Cloonan, William
1973/4   "Racine's Titels", in: *Romance Notes* XV, 297-302.

Conner, Wayne
1963   "Les titres de Balzac", in: *Cahiers de l'Association Internationale des Etudes Françaises* 15, 283-294.
Critik der Titel oder wie soll man die Büchertitel einrichten? Ein Versuch zum Vortheil der Litteratur, Halle, bei Hendel, 1804.
Denecke, Ludwig
1939   "Edward Schröders 'Anfang des Deutschen Buchtitels' ", in: *Zentralblatt für Bibliothekswesen* LVI, 129-134.
Desné, Roland
1974   "Le titre du manuscrit de Jean Meslier: 'Testament' ou 'Mémoire'?", in: *Approches des Lumières. Mélanges Fabre*, Klincksieck, 155-168.
Diorio, Dorothy May
1972   "*Le Rouge et le Noir*: The Enigma of a Title", in: *Philological Papers of the West Virginia University* XIX, series 73, 1-1, 12-19.

Dubois, Jacques e.a. (= groupe Mu).

1970a   "Les métataxes dans les titres de presse", in: *id., Rhétorique générale*, Larousse, 86-90.

1970b   "Titres de films", in: *id.*, "Rhétoriques particulières", in: *Communications* 16, 94-102.

Duchet, Claude

1973b   " 'La Fille abandonnée' et 'La Bête humaine', éléments de titrologie
romanesque", in: *Littérature* 12, 49-73.

Eckert, Gerd

1936   "Der Buchtitel in fünf Jahrhunderten", in: *Börsenblatt für den
Deutschen Buchhandel* CIII, 51, 195-196.

Elema, Hans

1972   "Deutsche Buchtitel", in: F. van Ingen e.a. Hrsg., *Dichter und Leser.
Studien zur Literatur*, Groningen, Wolters-Noordhoff, 315-331.

Elwert, W. Theodor

1968   "Zur Syntax der Schlagzeilen in der Französischen Presse", in:
H. Stimm und J. Wilhelm Hrsg., *Verba et Vocabula. Ernst Gamillscheg
zum 80. Geburtstag*, München, Fink, 177-194.

Fabre, Frantz

1975   "Sur les titres des romans et des nouvelles de J.-K. Huysmans", in:
Mélanges Pierre Lambert, Nizet, 291-315.

Faust, Manfred

1972   "Diachronie eines Idiolekts: syntaktische Typen in den Bildtiteln
von Klee", in: *Zeitschrift für Literaturwissenschaft und Linguistik* 8,
97-109.

Feinberg, Hilda

1973   *Title Derivative Indexing Techniques: a Comparative Study*, Metu-
chen (New York), Scarecrow Press.

Flandrin, Jean-Louis

1965   "Sentiments et civilisation. Sondage au niveau des titres d'ouvrages",
in: *Annales, Economies, Sociétés, Civilisations* 20, 939-966.

Fontana, Alessandro

1970a   "L'ensemble 'méthode'. Définitions (ensemble, distribution, domaine, modèle, matière, copie, archimodèle, analyse)", in: Bouyssy
e.a. 1970, 151-228.

1970b   "Sémantique et histoire. Problèmes, procédures et analyse de l'ensemble 'méthode' ", in: Bouyssy e.a. 1970, 121-149.

Fraenkel, Gottfried S.

1968   *Pictorial and Decorative Title Pages from Music Sources. 201 Exam-
ples from 1500 to 1800*, New York, Dover Publications.

Frankfurter, S.

1905   "Unrichtige Büchertitel", in: *Mitteilungen des österreichischen Vereins für Bibliothekswesen* IX, 230-244.

Friedel, Herbert

1965   "Überschriften, die funktionieren", in: *Praktischer Journalismus* 84,
1-5.

Fürst, Rudolf

1900/1   "Die Mode im Buchtitel", in: *Literarisches Echo* III, 16, 1089-1098.

Furet, François
1970　"L'ensemble 'histoire' ", in: Bouyssy e.a. 1970, 101-120.
Furet, François et Fontana, Alessandro
1970　"Histoire et linguistique", in: Bouyssy e.a. 1970, 95-99.
Gebhardt, Otto von
1900　"Gefälschte Büchertitel", in: *Zentralblatt für Bibliothekswesen* XVII, 94-96.
Geerts, Walter
1976a　"L'épigraphe ou l'exergue intégré: contribution à une sémantique littéraire," in: *Orbis Litterarum* 31, 302-307.
1976b　"Sur *L'immoraliste* d'André Gide: titre, unités de signification, discours d'auteur, mise en abyme", in: *Revue Romane* XI, 1, 99-112.
Gray, Nicolette
1938　*XIXth Century Ornamented Types and Title-Pages*, London, Faber and Faber.
Grevenstett, Heinz
1909　"Romantitel, Plauderei", in: *Velhagen und Klasings Neue Monatshefte* XXIV, 221-224.
Griffin, R.
1967　"Title, Structure and Theme of Montaigne's 'Des Coches' ", in: *Modern Language Notes* LXXXII, 285–290.
Grosse, Siegfried
1968　"Mitteilungen ohne Verb", in: *Festgabe für Friedrich Maurer*, Düsseldorf, Schwann, 50-68.
Gutmann, Paul-Otto
1970　"Titel von Kurzgeschichten", in: *Germanistische Studien* II, Braunschweig, Waisenhaus, 89-97.
Harrys, Georg
1826　*Das Buch mit vier Titeln, um den Titulomanie Genüge zu leisten*, Hannover.
Harweg, Roland
1968b　"Textanfänge in geschriebener und in gesprochener Sprache", in: *Orbis* XVII, 2, 343-388.
Hayn, Hugo
1899/　"Bibliographie der Bücher mit fingierten Titeln. Ein Beitrag zur Ku-
1900　riositäten-Literatur", in: *Zeitschrift für Bücherfreunde* III, 1, 84-90.
Hélin, Maurice
1956　"Les livres et leurs titres", in: *Marche Romane* VI, 3/4, 139-152.
Hemmings, F.W.J.
1970　"Emma and the 'Maw of Wifedom' ", in: *L'Esprit Créateur* X, 1, 13-23.
Hoek, Leo H.
1972　"Description d'un archonte: préliminaires à une théorie du titre à partir du Nouveau Roman", in: Ricardou et van Rossum-Guyon dir. 1972, t. 1, 289-326.
1973　*Pour une sémiotique du titre. I. Théorie du titre, II. Haut-parleurs romantiques, essai de description structurale du titre à partir du titre*

de récit à l'époque romantique *1830-1835* (= Documents de travail
et pré-publications du Centro Internazionale di Semiotica e di Linguistica 20/21), Università di Urbino.
1974   "L'imposture du titre ou la fausse vraisemblance", in: Ch. Grivel et
A. Kibédi Varga éds., *Du linguistique au textuel*, Assen, Van Gorcum, 111-120.
en pré- Le cadre du texte. *Instances bibliologico-sémiotiques de la péri-*
paration graphie du livre: la page de titre.
Hollander, John
1975   " 'Haddocks' Eyes': A Note on the Theory of Titles", in: *id., Vision
and Resonance. Two Senses of Poetic Form*, New York, Oxford
University Press, 212-226.
Imbert, Henri-François
1971   "Conjectures sur l'origine scottienne du titre de *Rouge et Noir*", in:
Revue de Littérature Comparée XLV, 3, 305-322.
Johnson, A.F.
1928   *One Hundred Title-Pages 1500-1800*, London, John Lane – The
Bodley Head.
1966   *Type Designs. Their History and Development*, s.l., André Deutsch
(3e éd, 1ère éd. 1934).
Kamerbeek jr., J.
1970   "Le titre de 'La condition humaine' dans sa perspective historique",
in: *Le Français Moderne* XXXVIII, 3, 440-446.
Kaminker, J.-P.
1976   "Pour une typologie des lectures. Réflexion sur un corpus de titres
de presse", in: *Semiosis* 4, 32-42.
Kanyó, Zoltan
1975   "Anmerkungen zur Frage des Textanfangs der literarischen Ge-
schichten" in: Arpád Bernáth und Karoly Czuri und Zoltan Kanyó,
Texttheorie und Interpretation, Kronberg, Scriptor, 89-128.
Keiter, Heinrich und Kellen, Tony
1912   "Der Titel", in: *Der Roman. Theorie und Technik des Romans und
der erzählenden Dichtung, nebst einer geschichtlichen Einleitung*,
Essen, Fredebeul und Koenen, 441-457 (1ère éd. 1876).
Kellman, Steven G.
1975   "Dropping Names: the Poetics of Titles", in: *Criticism* XVII, 2,
152-167.
Kiessling, Gerhard
1929   "Die Anfänge des Titelblattes in der Blütezeit des deutschen Holz-
schnitts, in: *Buch und Schrift* III, 1929, 9-45.
Kleemeier, Fr. J.
1909   "Die Wahl des Buchtitels", in: *Börsenblatt für den Deutschen Buchhandel* LXXVI, 65, 3447-3450.
Klenz, Heinrich
1923   "Seltsame und altgangsame Büchertitel", in: *Zeitschrift für Bücherfreunde* N.F. XV, 91-98, 136-140.
Komorzynski, Egon von
1903/4 "Zur Geschichte der Blume im deutschen Buchtitel", in: *Zeitschrift
für Bücherfreunde* VII, Bd. II, 284-287.

Kothe, W.
1905   "Über Titelformung", in: *Börsenblatt für den Deutschen Buchhandel* LXXII, 235, 8998-9000.

Kröll, Christina
1968   *Die Bildtitel Paul Klees, eine Studie zur Bezeichnung von Bild und Sprache in der Kunst des zwanzigsten Jahrhunderts*, Bonn, Diss.

Kuhnen, Johannes
1953   *Die Gedichtüberschrift. Versuch einer Gliederung nach Arten und Leistungen*, Frankfurt am Main, Inaugural-Dissertation.

Lehmann, Paul
1948+   *Mittelalterliche Büchertitel* (= Sitzungsberichte der Bayerischen Aka-
1953   demie der Wissenschaften, Philosophisch-historische Klasse, Heft 4 1948, und Heft 3 1953), München, Verlag der Bayerischen Akademie der Wissenschaften.

Le Petit, Jules
1969   *Bibliographie des principales éditions originales d'écrivains français du XVe au XVIIIe siècle*, Amsterdam, J.C. Gieben (1ère éd. 1888).

Levenston, E.A.
1978   "The Significance of the Title in Lyric Poetry", in: *The Hebrew University Studies in Literature* 6, 1, *63-78*.

Levin, Harry
1977   "The Title as a Literary Genre", in: *The Modern Language Review* LXXII, 4 xxiii-xxxvi.

Lewis, John
1967   *The Twentieth Century Book. Its Illustration and Design*, London, Studio Vista.

Lewis, John and Brinkley, John
1954   *Graphic Design, with Special Reference to Lettering, Typography and Illustration*, London, Routledge & Kegan Paul.

Loffler-(Laurian), A.M.
1972   "L'emphase dans les titres de journaux. Aspect lexical", in: *Cahiers de Lexicologie* XXI, 2, 87-134.
1975   "Lexique et fonctions dans les titres de presse", in: *Cahiers de Lexicologie* XXVI, 1, 110-124.

Mahin, Helen Ogden
1924   *The Development and Significance of the Newspaper Headline*, diss. Michigan, Ann Arbor, Wahr.

Maurer, H.
1972   *Die Entwicklung der englischen Zeitungsschlagzeile von der Mitte der zwanziger Jahre bis zur Gegenwart*, Bern-München.

Meisner, Heinrich
1904   "Büchertitelmoden", in: *Zeitschrift für Bücherfreunde*, VIII, 1, 38-43.

Michael, Fritz
1949   "Technik der Überschrift", in: *Die Deutsche Zeitung* (Bielefeld) III, 12, 7-8.

Michel, Karl Markus
1965   "Das Härlein an der Feder. Romananfänge aus der deutschen Trivial-literatur", in: Miller Hrsg. 1965, 206-272.
Miller, Norbert
1965a   "Einleitung", in: Miller Hrsg. 1965, 7-10.
1965b   "Die Rollen des Erzählers. Zum Problem des Romananfangs im 18. Jahrhundert", in: Miller Hrsg. 1965, 37-91.
Miller, Norbert Hrsg.
1965   *Romananfänge. Versuch zu einer Poetik des Romans* (= Literarisches Kolloquium), Freiburg-Breisgau, Walter Verlag.
Minor, J.
1904   "Dramentitel und Bildertitel", in: *Neue Freie Presse* 14164.
Mitterand, Henri
1979   "Les titres des romans de Guy des Cars", in: Cl. Duchet éd., *Sociocritique*, Nathan, 89-97.
Molino, J. e.a.
1974   "Sur les titres des romans de Jean Bruce", in: *Langages* 35, 87-116.
Moncelet, Christian
1972   *Essai sur le titre en littérature et dans les arts*, Le Cendre, Bof.
Morison, Stanley
1925a   *L'art de l'imprimeur. Deux cent cinquante reproductions des plus beaux spécimens de la typographie depuis 1500 jusqu'à 1900*, Dorbontiné.
1925b   *Four Centuries of Fine Printing*, London, Benn.
Mühlenweg, Regina
1960   *Studien zum deutschen Romantitel (1750-1914)*, Diss. Wien.
Nachmanson, Ernst
1941   *Der Griechische Buchtitel, einige Beobachtungen*, (= Göteborgs Högskolas Årsskrift XLVII, 19).
Nagel, Siegfried Robert
1905   "Die Technik des deutschen Romantitels", in: *Literarische Deutsch-Österreich* V, 7, 12-20.
Nesbitt, Alexander
1964   *200 Decorative Title-Pages*, New York, Dover Publications.
Nestle, Ed.
1905   "Irreleitende Titel", in: *Zentralblatt für Bibliothekwesen* XXII, 373-375.
Ostrop, Max
1918/9   "Zur Geschichte des Eigennamens als Buchtitel", in: *Zeitschrift für Bücherfreunde* N.F. X, Bd. II, 219-222.
Pollard, Alfred W.
1891   *Last Words on the History of Title-Pages with Notes on Some Colophons and Twenty-Seven Fac-Similes of Title-Pages*, London, John C. Nimmo.
Rang, Bernhard
1925   *Die Kunst der Überschrift in der Lyrik, ein historisch-systematischer Versuch über die Gedichtbenennung, ihre Entstehung und ihre*

Formen vom 17. Jhdt bis zur Romantik (Auszug aus der Dissertation), Giessen.

Regels voor de titelbeschrijving, vastgesteld door de Rijkscommissie van advies inzake het bibliotheekwezen, Leiden, Sijthoff (13 éd.), 1971.

Rey-Debove, Josette
1979   "Essai de typologie sémiotique des titres d'oeuvres", in: S. Chatman and U. Eco and J.-M. Klinkenberg eds., *A Semiotic Landscape. Proceedings of the First Congress of the International Association for Semiotic Studies, Milan, June 1974*, The Hague-Paris-New York, Mouton, 698-701.

Richard, Jean-Pierre
1979b   "Petite remontée dans un nom — titre", in: *id., Microlectures*, Seuil, 195-203.

Richter, Elise
1937   "Zur Syntax der Inschriften und Aufschriften", in: *Vox Romanica* II, 1, 104-135.

Rieser, Hannes
1971   "Allgemeine textlinguistische Ansätze zur Erklärung performativer Strukturen", in: *Poetics* 2, 91-118.

Robberecht, P.
1975   "Some Aspects of the Syntax of Newspaper Headlines", in: *Studia Germanica Gandensia* XVI, 93-119.

Rosskopf, Veit
1927   *Der Titel des lyrischen Gedichts*, Tübingen, Diss.

Rothe, Arnold
1969   "Der Doppeltitel. Zu Form und Geschichte einer literarischen Konvention", in: *Akademie der Wissenschaften und der Literatur, Abhandlungen der geistes- und sozialwissenschaftlichen Klasse* Nr. 10, 295 (1) — 331 (37).

Rumpf, Walter
1938   "Alte Bücher — neue Titel", in: *Börsenblatt für den Deutschen Buchhandel* CV, 6, 22-23.

Samuel, Ralph
1931   "Four Centuries of Book Titles, or What Price Glory", in: *The Colophon* 8, s.p.

Sandig, Barbara
1971   *Syntaktische Typologie der Schlagzeile. Möglichkeiten und Grenzen der Sprachökonomie im Zeitungsdeutsch*, München, Hueber.

Schmalzriedt, Egidius
1970   *Peri Physeos. Zur Frühgeschichte der Buchtitel*, München, Fink.

Schmidt, Alfred
1927   "Der schöne Buchtitel im Laufe der Jahrhunderte", in: *Börsenblatt für den Deutschen Buchhandel*, XCIV, 64, 304-305.

Schneider, R.
1970   "Les titres des Psaumes en éthiopien", in: *Mélanges Marcel Cohen*, La Haye-Paris, Mouton, 424-428.

Schoolmeesters, Jan
1977   "Titel en tekst. Aspecten van een theorie van de literaire titel", in: *Spiegel der Letteren. Tijdschrift voor Nederlandse Literatuurgeschiedenis en voor Literatuurwetenschap* XIX, 1, 1-20.
Schottenloher, Karl
1927   "Titelreime mit Buchanpreisungen aus der Frühdruckzeit. Ein Beitrag zur Geschichte des Titelblatts", in: *Börsenblatt für den Deutschen Buchhandlung* XCIV, 33, 1-4.
1928   "Der Holzschnitt-Titel im Buch der Frühdruckzeit", in: *Buch und Schrift* II, 17-24.
1939   "Titelsatz, Schrift und Satzspiegel im alten und neuen Buch", in: *Archiv für Buchgewerbe und Gebrauchsgraphik* LXXVI, 167-186.
Schröder, Edward
1937   "Aus den Anfangen des deutschen Buchtitels", in: *Nachrichten von der Gesellschaft der Wissenschaften zu Göttingen, Philologisch-Historische Klasse* N.F., Fachgruppe IV, Bd. II, 1-48 (= Echte, rechte, schlechte Titel).
1938a   "Einiges vom Buchtitel in der Englischen Literatur des Mittelalters", in: *Anglia* LXII, 234-257.
1938b   "Echte, rechte, schlechte Titel in der altdeutschen Literaturgeschichte", in: *Imprimatur* 8, 153-160 (Auswahl und Zusammenfassung von Schröder 1937).
Schulze, Fr.
1952   "Stilwandel des Titelblattes", in: *Börsenblatt für den Deutschen Buchhandel* (Frankfurter Ausgabe) VIII, 52, 253-254.
Sondheim, Moritz
1927   *Das Titelblatt*, Mainz, Gutenberg-Gesellschaft.
Stanzel, Franz K.
1979   *Theorie des Erzählens*, Göttingen, Vandenhoeck & Ruprecht (particulièrement: § 2.4. "Synoptische Kapitelüberschriften", 58-67).
Straumann, Heinrich
1935   *Newspaper Headlines. A Study in Linguistic Method*, London, Allen and Unwin.
Sutter, Christian
1955   *Zur Entwicklung und Syntax der französischen Zeitungsschlagzeilen*, Chur, Bündner (Diss. Zürich).
Traumann, F.E.
1907   "Büchertitel", in: *Frankfurter Zeitung* 219.
Trinkhus, Georg
1668   *Dissertatiuncula de ineptis librorum titulis*, Gera.
Turner, G.W.
1972   "The Grammar of Newspaper Headlines containing the Preposition *on* in the Sense 'about' ", in: *Linguistics* 87, 71-86.
Vinne, Theodor Low De
1904   *A Treatise on Title-Pages with Numerous Illustrations in Facsimile and Some Observations on the Early and Recent Printing of Books. The Practise of Typography*, New York, The Century Co. (1ère éd. 1902).

Vivier, Robert
1973   "*Sagesse*: le ou les sens d'un titre", in: *Approches de l'art. Mélanges Arsène Soreil*, Bruxelles, La Renaissance du Livre, 145-151.
Volkmann, Herbert
1967   "Der deutsche Romantitel (1470-1770). Eine buch- und literaturge-schichtliche Untersuchung", in: *Archiv für Geschichte des Buchwesens* Bd. VIII, 1145-1324.
Vries, G.J. de
1958/9 "Fantasietitels, nu en in de Oudheid", in: *Hermeneus* XXIX, 87-90.

Vroomen, Pim de
1970   "Over het eerste gereedmaken van krantekoppen voor linguistische doeleinden", in: *Forum der Letteren* XI, 3/4, 234-252.
Wagenseil, Christian Jac.
1827   "Von wundersamen Büchertiteln", in: *Literarische Almanach*.
Wentzlaff-Eggebert, Harald
1972   " 'Réflexion' als Schlüsselwort in La Rochefoucaulds *Réflexions ou Sentences et Maximes morales*", in: *Zeitschrift für französische Sprache und Literatur* LXXXII, 3, 217-242.
Wieckenberg, Ernst-Peter
1969   *Zur Geschichte der Kapitelüberschrift im deutschen Roman vom 15. Jahrhundert bis zum Ausgang des Barock*, Göttingen, Vandenhoeck und Ruprecht.
Wiegand, Julius
1942a   "Beginn und Ende lyrischer Gedichte", in: *Zeitschrift für Ästhetik und allgemeine Kunstwissenschaft* XXXVI, Bd. 1.
1942b   "Die Überschrift des lyrischen Gedichts", in: *Germanisch-Romanische Monatsschrift* XXX, 7/9, 171-179.
Wilke, Hans-Jörgen
1955   *Die Gedicht-Überschrift. Versuch einer historisch-systematischen Entwicklung (Auszug)*, Diss. J.W. Goethe Universität, Frankfurt am Main.
Zilliacus, Henrik
1938   "Boktiteln i antik litteratur", in: *Eranos* 36.

Index des noms

Index analytique*